Joachim Bröcher

Didaktische Variationen bei Schulverweigerung und Verhaltensproblemen

Impulse für Schul- und Unterrichtsentwicklung, sozialpädagogische Projekte und Coaching

Band 3: Veränderungsprozesse

Impressum

In das montierte Titelbild (von J. B.) gingen ein: Die durch einen Schüler ausgestaltete Zeichenvorlage aus der Serie „Dragon Ball Z" (im Hintergrund) und zwei Bleistiftskizzen aus der Hand von Friedrich von Bömches.

Alle Rechte liegen beim Autor.

Inhalt

Vorwort 5
Variation als Meta-Prinzip 8
Didaktisches Handwerkszeug für die Erziehungshilfe 9
Offener oder adaptiver Unterricht? 14
Die Bedeutung von Unterrichtsthemen 20
Erweiterter Didaktik-Begriff 30
Variabel Führen 32
Ansatzmöglichkeiten bei ADHS 41
Bildungstheoretische Bezugnahmen 59
Handelndes Lernen, Projektlernen 62
Balance zwischen Schüler- und Sachorientierung 73
Lernen im fächerübergreifenden Handlungsrahmen 78
Intensivierte biographische Einzelförderung 84
Identitätsbildende Prozesse 93
Selbststeuerung und Selbstreflexion 108
Die heuristische Funktion symbolischer Prozesse 114
Heterogenität und didaktische Struktur 137
Vom lateralen Denken zur Lateralen Didaktik 158
Bausteine aus der Problemlöseforschung 193
Elemente aus der angewandten Kreativitätsforschung 183
Die impressionistische Methode:
Versuch über das Fremdsprachenlernen 204
Universitärer Sommercampus und SkyLight-Pädagogik 217
Gifted Education auf dem High/Scope-Campus 220
Coaching für Lernende und Lehrende 234
Coaching als Kunst des Fragens 245
Konflikt-Coaching 255
Sprachmuster erkennen und gezielt einsetzen 257
Impulse zur Analyse des Lernprozesses 270
Reframing von Motiven 273
Protokoll eines Neuanfangs (23.-33. Tag) 274

VORWORT

Die vorliegende Arbeit versucht, den Raum zweier Jahrzehnte (1984–2004) pädagogischen Engagements des Autors zu durchmessen, auszuloten und auszuwerten. Ziel ist, die Essenz, den tieferliegenden Sinngehalt der in den verschiedenen Kapiteln angesprochenen oder dokumentierten pädagogischen Erfahrungen aus Schulen, Sonderschulen und außerschulischen Projekten herauszufiltern und in Handlungskonzepte zu übertragen.

Es war der lange Sommer des Jahres 1984, ich arbeitete in einem Programm der High/Scope Educational Research Foundation in Michigan, ein zweimonatiges internationales Projekt zur Bildung von hochintelligenten und hochmotivierten Jugendlichen. Dies war ein Sommer, der für mich ein besonderes Schlüsselerlebnis darstellte und der für die Analysen, Rekonstruktionen, Erkundungen und Entwürfe, die ich in diesem Buch vornehmen werde, den zeitlichen Einstieg markiert.

Am anderen Ende dieser berufsbiographischen Epoche steht, neben meinem stets parallel laufenden theoretischen Reflektieren, Dokumentieren, Analysieren, Diskutieren, Publizieren usw. und einer gewissen Verwicklung in universitäre Ausbildung und berufliche Weiterbildung, die raue pädagogische Wirklichkeit einer Sonderschule für Erziehungshilfe in einer deutschen Großstadt. Doch innerhalb des durch diese Eckpunkte markierten Zeitraums liegt so manches andere. All diese Zwischenstationen werden nach und nach, oft jedoch nur indirekt, zur Sprache kommen und ihre jeweilige Bedeutung für das Gesamte, um das es mir hier geht, beisteuern.

Eine zwanzig Jahre währende Reise durch pädagogische Projekte und die Mega-Organisation Schule, ein beständiges Durchqueren, Durchwandern, immer wieder neu vor Herausforderungen stehen, sich im Übergang zu etwas anderem befinden, sich entwickeln an neuen Aufgaben und Anforderungen, die eigenen Sichtweisen überschreiten, erweitern, was auch bedeuten kann, zu einer tiefergehenden Betrachtung der Dinge zu gelangen. Das archetypische Bild der Reise vermag vielleicht am ehesten auszudrücken, dass hier aktiv nach dem Neuen und Unbekannten Aus-

schau gehalten wurde, und dass auch einiges an Entdeckungen gemacht worden ist.
Ich schreibe meine Bücher vorzugsweise im Golf von Neapel zuende. Vielleicht ist es die spürbare und sichtbare Nähe der brodelnden Kammern des mitunter explosiven Erdinneren, was ja durchaus metaphorische Bedeutung für die hier zur Diskussion stehende Bildungsproblematik, die letztlich eine gesellschaftliche, ja eine existenzielle Problematik ist, haben könnte. Und doch blüht und wächst es auf vulkanischem Boden ja wie auf kaum einem anderen.

„Le isole del nostro arcipelago, laggiú, sul mare napoletano […] sono per grande parte di origine vulcanica; e, specialmente in vicinanza degli antichi crateri, vi nascono migliaia di fiori spontanei, di cui non rividi mai piú i simili sul continente", schreibt Elsa Morante, die neben Ibsen und vielen anderen bevorzugt in dieser Gegend an ihren Texten arbeitete, in ihrem Roman "L´isola di Arturo".[1]

Blüht und wächst es also auch mit solcher Kraft und in solcher Vielfalt auf den *extremen* pädagogischen Feldern, von denen in diesem Buch die Rede sein wird? Eines der Hauptmotive des genannten Romans ist die freiwüchsige Kindheit des Halbwaisen Arturo, teilweise unbehütet, doch immerhin völlig unberührt von jeder institutionellen oder anderweitig organisierten Beeinflussung. Einerseits zeichnet der Roman der Morante das farbenprächtige Bild eines fast vergessenen Italien, doch vor allem ist er das suggestive Gegenbild zu der hochinstitutionalisierten Lebenswirklichkeit heutiger Kinder und Jugendlicher, in die sich eine offenbar größer werdende Gruppe nicht mehr einfügen kann oder will...

Aber mehr noch ist es wohl die Berührung mit der süditalienischen *leggerezza*, die ein wenig Distanz zur Ernsthaftigkeit des

---

[1] Morante, Elsa (1957): L´isola di Arturo. Torino 1995, S. 12. Die zitierte Textstelle lautet in deutscher Übersetzung: „Die Inseln unseres Archipels dort unten im Meer von Neapel sind […] zum großen Teil vulkanischen Ursprungs, und besonders in der Nähe der einstigen Krater sprießen Tausende von Blumen wild empor, wie ich sie ähnlich niemals auf dem Festland wiedersah" (Morante, E. [1959]: Arturos Insel. Berlin 2002, hier: S. 8)

pädagogischen Alltags schafft. In diesem anderen Ambiente entsteht eine fast heitere Betrachtungsweise der Dinge. Die an sich sehr schwere Materie ist plötzlich leichter zu handhaben. Bedeutungen kommen wie von selbst an die Oberfläche. Ein spielerischer Umgang mit den Themen und Problemen erscheint viel eher möglich. Und genau hierin wurzelt das tiefere Wesen der Variation, auch der didaktischen Variation, als eines geistigen Prinzips, das den roten Faden all dieser pädagogischen Bemühungen, Prozesse, Erfahrungen und Erkenntnisse darstellt.

Durch die konsequente Anwendung des Prinzips der Variation wird Pädagogik, gerade dort, wo sie mit extremen Ausgangsbedingungen zu tun hat, sei es in Richtung Verweigerung, Verhaltensproblematik oder Lernproblematik, sei es in Richtung hoher Begabung, hoher Motivation, hoher Intelligenz (oder Mischformen all dessen) zum *adaptive enterprise* – hoffentlich aufgeladen mit neuer Lebendigkeit und Bedeutungshaftigkeit für alle am Bildungsgeschehen Beteiligten.

Joachim Bröcher, Ischia-Ponte, Oktober 2004

„Es ist gleich tödlich für den Geist, ein System zu haben und keines zu haben. Er wird sich entschließen müssen, beides miteinander zu verbinden"
(Friedrich Schlegel)[2]

VARIATION ALS META-PRINZIP
Die Variation gilt mir hier als Meta-Prinzip, das alles andere in diesem Buch Dargelegte und Diskutierte überspannt. Reden wir von Pädagogik, Didaktik, Verhalten, Konflikten usw. sind wir mit einer schwindelerregenden Zusammenballung von Theorien, Modellen, Methoden, Verfahren, einer ungeheuren Melange konfrontiert, mit einer Vielzahl von Applikationsversuchen, die immer nur ansatzweise glücken können, weil es der in sich so widerspenstige Gegenstand, reden wir über Verhaltensprobleme und Schulverweigerung, so vorsieht.

Das Prinzip der Variation bringt die vielen, für meine Untersuchung relevanten Einzelaspekte nun miteinander in Beziehung und hält sie in einem losen Verbund zusammen. Das Prinzip der Variation existiert innerhalb dieses didaktischen Systems zunächst unabhängig von Erfolgen. Es steht für Bewegung und Veränderung. Allein darin muss, in Anbetracht der *Schwere* mancher pädagogischer Praxisfelder, schon ein Wert an sich gesehen werden. Es geht hier um die Kunst, unter großen Zwängen, etwas Ungezwungenes zu schaffen. Öffnen und Schließen sind dabei zentrale, komplementäre Prinzipien. Eine hochgradige Lehrerzentrierung ist phasenweise genauso möglich, sinnvoll oder notwendig, wenn nicht zwingend, wie auch ihr Gegenteil, das Anbieten von offenen Handlungsspielräumen für die Kinder und Jugendlichen.

Die Sichtweise auf das Erziehungshilfe- und Schulverweigerer-Feld unter dem Leitthema der *Didaktischen Variation* dürfte noch einigermaßen neu sein, jedenfalls soweit meine Kenntnisse der genannten Gebiete reichen. Meine sicherheitshalber vorgenommenen Recherchen, allerdings erst *nachdem* ich mich für diese Konzeptualisierung entschieden hatte, weil sie die logische Konsequenz von nunmehr zwanzig Jahren praktischer Pädagogik darstellt, diese Recherchen ergaben also, dass bereits F. Eberle,

---

[2] F. Schlegel, 1797, Athenäums-Fragment, Nr. 53

wenn auch für den Bereich der Religonspädagogik, einen vergleichbaren Buchtitel veröffentlicht hat. Dies sei hier ausdrücklich hervorgehoben.[3] Andere Vorläufer konnte ich mit Hilfe der heutzutage verfügbaren *Suchmaschinen* nicht ausmachen. Sollte es sie dennoch geben, nehme ich gerne entsprechende Hinweise auf.

Weitere fundamentale, die Variation ergänzende und wiederum komplementäre, Prinzipien sind didaktische Vereinfachung und Reduktion[4] auf der einen Seite und Anreicherung bzw. Enrichment[5] auf der anderen Seite. Die hier bezeichneten Lehr-Lern-Prozesse brauchen trotz aller Offenheit und Beweglichkeit auch eine Richtung. Wenn man keine Richtung, keine Dramaturgie erkennt, dann bleibt man auf der Stelle stehen. Zumeist bekommt der Prozess aus sich selbst heraus eine Richtung, splittert auf, wird phasenweise chaotisch und formiert sich wieder neu. In der Vielfalt der didaktischen Formen, Themen und Materialien lebt für mich die Freiheit, in der die Dinge zu sich selbst finden können.

DIDAKTISCHES HANDWERKSZEUG FÜR DIE ERZIEHUNGSHILFE

Beeinflussungsmöglichkeiten für auffällige oder inadäquate Verhaltens- und Erlebnisweisen, Bewältigungs- und Verarbeitungsmuster oder Persönlichkeitsmerkmale wurden bisher eher auf dem Gebiet der Erziehung, der Therapie oder in der formalen Organisation von Unterricht oder Lerneinheiten gesehen, kaum jedoch in der Auseinandersetzung mit spezifischen *Themen*, die dann allerdings auch ein wenig anders aufbereitet werden müssten, als von den Fachdidaktiken (der allgemeinen Schulen) vorgesehen.

Fasse ich Verhaltensauffälligkeiten oder schulaversives Verhalten als Ausdruck von unbewältigten Lebenskonflikten auf, wie

---

[3] Eberle, F.: Didaktische Variationen. Grundmodelle eines erfahrungsbezogenen Religionsunterrichts. München 1986
[4] Willand, H.: Didaktische Reduktion als Kernstück des Unterrichts in seiner Bedeutung für lernschwache und lernbehinderte Schüler. In: vds NRW (Hrsg.): Sonderpädagogische Förderung in NRW, 2000, H. 1, 24 - 54
[5] Renzulli, J. S.: The Enrichment Triad Model. Mansfield Center, Connecticut 1977. – Ders.: The Schoolwide Enrichment Model. Mansfield Center, Connecticut 1985.

ich es lange Zeit getan habe, dann müsste von der Auseinandersetzung mit den subjektiv relevanten Themen auch eine Verhaltensänderung auf Seiten der jungen Menschen mit Verhaltensproblemen zu erwarten sein. In „Lebenswelt und Didaktik" vertrat ich die These, dass sich diese Themen durch die Analyse der jeweiligen lebensweltlichen Strukturen und biographischen Prozesse auffinden lassen und dass sie zum Dreh- und Angelpunkt des Unterrichts oder der sozialpädagogischen Projektarbeit gemacht werden müssen.

Nun würde ich heute einschränkend sagen, dass dies nicht in allen Fällen zu gehen scheint, nämlich dann, wenn zugleich ausgeprägte Lernbehinderungen, Intelligenzrückstände oder spezielle Phänomene wie ADHS oder eine Alkoholembryopathie zu den Besonderheiten im emotionalen und sozialen Bereich hinzutreten. Für die größte Gruppe an Kindern und Jugendlichen mit Verhaltensschwierigkeiten und/ oder schulaversivem Verhalten, schul- und unterrichtsvermeidender Einstellung, würde ich jedoch nach wie vor an einer lebensweltorientierten Didaktik festhalten wollen.

Die in diesem Zusammenhang dann vorzunehmende Lebensweltanalyse kann sich in besonderer Weise auf alltagsästhetische Prozesse, das heißt den Umgang der Heranwachsenden mit Musik, Kleidung, Video, Computern, Handys, Spiel- oder Sammelkarten u.a. stützen. Es sind die formalen Dimensionen *Offenheit* und *Projektorientierung* die sich hierbei als grundlegend für die Konstruktion didaktischer „Handlungsrahmen"[6] erweisen. Der thematisch vorstrukturierte Handlungsrahmen füllt sich im Zuge eines prozesshaften Geschehens mit Inhalten, Problemen usw., die sich aus der Analyse der Lebenswelten der Schülerinnen und Schüler ableiten.

In der Erziehungshilfeforschung gibt es noch immer eine Dominanz der Themen *Erziehung*, *Therapie* und *Beratung* gegenüber dem Thema *Unterricht*, was sicher der allgemeinen Ratlosigkeit diese Problematik betreffend geschuldet ist. Goetze &

---

[6] Kuhn, W.: Spezifisch sonderpädagogische Unterrichtsarbeit. Unveröff. Manuskript, Düsseldorf 1990

Gatzemeyer[7] analysierten die Beiträge zur Verhaltensauffälligenpädagogik in fünf bekannten deutschsprachigen Fachzeitschriften über einen Zeitraum von 10 Jahren. Nur 6,3 % der Veröffentlichungen bezogen sich zum damaligen Zeitpunkt auf Unterricht. Zur Zeitschrift „Heilpädagogische Forschung" heißt es etwa: „Dem Anspruch, ein Sammelpunkt auch für die Unterrichtsarbeit [...] zu sein, wird für die Verhaltensgestörtenpädagogik eindeutig nicht genügt, da [...] Unterricht i.e.S. gar nicht veröffentlichungsbezogen vorkommt".[8]

Es wäre sicher an der Zeit, eine neue, aktuelle Bestandsaufnahme zu unternehmen. Soweit ich die Veröffentlichung von Zeitschriftenartikeln während der vergangenen zehn bis zwölf Jahre mitverfolgt habe, hat sich an der genannten Situation jedoch nichts Wesentliches geändert. Eine Analyse von Schulkonzepten (Schulen für Erziehungshilfe, Verhaltensgestörte usw.)[9] erbrachte gewisse Hinweise auf die Präferenz bestimmter Sozialformen wie Gruppenarbeit sowie methodischer Prinzipien wie Handlungsorientierung, Differenzierung usw. Unter dem inhaltlichen Aspekt des Unterrichts zeigten sich in dieser Untersuchung jedoch keine besonderen Schwerpunktsetzungen.

Es wird wahrscheinlich auch kaum möglich sein, über eine Fragebogenuntersuchung hier zu verlässlichen, und wissenschaftlich auswertbaren Informationen zu kommen. Welches Kollegium ist sich wirklich einig, wie im Unterricht gearbeitet wird? Selbst wenn es klassenübergreifende Entscheidungen hinsichtlich eines Arbeitskonzeptes geben sollte, und selbst wenn diese in Form eines Schulprogramms verschriftlicht worden sind, bedeutet dies in keiner Weise, dass alle Lehrkräfte diese Vor- oder Grundsatzentscheidungen in standardisierter oder einheitlicher Weise auch umsetzen. Auch spricht Vieles dafür, dass erstellte Schulprogramme das eine, die tagtägliche Realisierung von Unterricht das

---

[7] Goetze, H. & U. Gatzemeyer (1992): Verhaltensgestörtenpädagogik im Spiegel der Fachzeitschriftenliteratur. Eine Inhaltsanalyse. Heilpädagogische Forschung XVIII, 11 – 21, hier: S. 17
[8] Goetze & Gatzemeyer, Verhaltensgestörtenpädagogik im Spiegel..., S. 19
[9] Petermann, U., Umann, D. u.a.: Schule für Verhaltensgestörte: Analyse von Schulkonzepten. Sonderpädagogik 3, 1993, 23. Jg., 142 - 155

andere ist. Auch ist die Dynamik in den konkreten Lerngruppen teilweise so verschieden, dass in dem einen Fall diese, in einem anderen Fall jene Methode Vorrang hat. Auch hatten ja bei der Untersuchung von Petermann et al. zahlreiche Schulen den Fragebogen gar nicht erst bearbeitet oder zurückgeschickt, was zusätzlich auf allerlei Schwierigkeiten verweist, die ich vor dem eigenen Erfahrungshintergrund in zahlreichen Lehrerkollegien interpretativ wie folgt versuchen würde zu verstehen: Die Kolleginnen und Kollegen an den Schulen haben eine sehr hohe Alltagsbelastung. Das Nicht-Ausfüllen und nicht Zurück-Schicken des Fragebogens könnte daher eine Zeitmanagement-Maßnahme sein. Ferner ist es vielleicht unmöglich, ein als relativ diffus und unklar wahrgenommenes Konzept zu benennen. Drittens besteht eventuell wenig Sinnerwartung an eine ansonsten als praxisfern und wenig am eigenen Tun interessiert erlebte Hochschulforschung.

Als Ergebnis dieser Situation warten wir noch immer auf ein fundiertes und nach Möglichkeit wissenschaftlich geprüftes Modell. Es existieren natürlich Entwürfe. C. Hillenbrand[10] hat ältere und neuere Ansätze für einen Unterricht unter erschwerten Bedingungen zusammenfassend dargestellt und einer kritischen Diskussion unterzogen.

Ein umfassendes und allgemein anerkanntes Modell für den Unterricht an Schulen für Erziehungshilfe, Verhaltensgestörte usw., das wir auch noch auf die sozialpädagogische Projektarbeit mit Schulverweigerern übertragen könnten, gibt es dagegen bisher nicht. „Unterricht an der SfV kennt keine eigens entwickelte Didaktik" stellt Hußlein[11] fest. Demnach bliebe nur der Rückgriff auf die allgemeinen didaktischen Modelle. Doch schränkt Hußlein hier wiederum ein: „Allerdings wird die Mehrzahl der be-

---

[10] Hillenbrand, C.: Didaktik bei Unterrichts- und Verhaltensstörungen. München, Basel 1999. – vgl auch: Hillenbrand, C.: Einführung in die Verhaltensgestörtenpädagogik. München, Basel 1999
[11] Hußlein, E.: Unterricht in der Schule für Verhaltensgestörte. In: Goetze, H. (Hrsg.): Fördern von Schülern mit Verhaltensstörungen. Bericht über die Fachtagung in Hamburg vom 17. bis 19.11.1986: In: Zeitschrift für Heilpädagogik, Beiheft 13, Juni 1987, 26 – 29, hier: S. 26

kannten didaktischen Theorien der besonderen Lebensgeschichte und -situation von Problemschülern weniger gerecht".[12]

Es muss also weiter an einer speziellen Didaktik für Unterricht und Projektarbeit mit Problemschülern gearbeitet werden. Positionen zur *Form* des Unterrichts sind dagegen vorhanden. K.-J. Kluge[13] orientiert sich etwa an der Sozialform des Gruppenunterrichts im Sinne von P. Petersen. Schumacher[14] setzt auf die „Durchstrukturierung" des Unterrichts. Neukäter[15] erbrachte den empirischen Nachweis, dass während einer projektorientierten Lernphase die Schüler signifikant mehr unterrichtsbezogenes Verhalten und weniger störendes Sozialverhalten äußern. Goetze[16] und Goetze & Jäger[17] applizierten die Prinzipien offenen Unterrichts auf den Bereich der Schule für Erziehungshilfe. M. Vernooij[18] plädiert im Rahmen eines „therapeutisch orientierten Sonderunterrichts (TOS)" dafür, dass grundsätzlich therapeutische Konzepte und Handlungsansätze, es können durchaus verschiedene sein, mit in die didaktischen Konstruktionen eingehen.

Nach Auffassung von Garz zeichnet sich für Kinder mit Verhaltensproblemen „in der Verschränkung von praktischem Lernen

---

[12] ebd.
[13] Kluge, K.-J. (1969): Pädagogik der Schwererziehbaren. Ein Beitrag zur Praxis und Theorie der Erziehungsschwierigenpädagogik. Berlin 1973, 2. erw. Aufl.
[14] Schumacher, G.: Neues Lernen mit Verhaltensgestörten und Lernbehinderten. Der durchstrukturierte Klassenraum. Berlin 1975
[15] Neukäter, H.: Projektorientiertes Lernen in der schulischen Arbeit mit verhaltensgestörten Schülern. Sonderpädagogik 10, 1980, 151 – 158. – Ders.: Projektunterricht. In: Goetze, H. & Neukäter, H. (Hrsg.): Handbuch der Sonderpädagogik. Band 6: Pädagogik bei Verhaltensstörungen. Berlin 1989
[16] Goetze, H.: Offenes Unterrichten bei Schülern mit Verhaltensstörungen. In: Goetze, H. & Neukäter, H. (Hrsg.): Handbuch der Sonderpädagogik. Band 6: Pädagogik bei Verhaltensstörungen. Berlin 1989, 569 – 584
[17] Goetze, H. & W. Jäger: Offenes Unterrichten bei Schülern mit Verhaltensstörungen. Unterrichtsversuch in einer 6. Klasse der Schule für Verhaltensgestörte. Sonderpädagogik 1, 1991, 28 - 37
[18] Vernooij, M.: Unterricht in der Schule für Erziehungshilfe nach dem Prinzip TOS – exemplarisch dargestellt an der (sonder-)pädagogischen Nutzung der Transaktionsanalyse. In: Goetze, H. (Hrsg.): Pädagogik bei Verhaltensstörungen – Innovationen. Bad Heilbrunn 1994, 104 – 126. – Dies.: Unterricht in der Schule für Erziehungshilfe nach dem Prinzip TOS. Die neue Sonderschule 39, 1994, 39 – 49

mit systemaktivierendem fachorientiertem Lernen ein anderer Unterricht ab, der ihrem inneren Erleben einen realen Ort zur Bewältigung ihrer Problematik bietet. Mögliche Stichworte zur Unterrichtsorganisation lauten: Projektunterricht, Werkstattunterricht oder andere Formen selbstgesteuerten, partizipativen oder offenen Lernens".[19]

OFFENER ODER ADAPTIVER UNTERRICHT?

Offenere Unterrichtskonzepte, so sehr sie von einigen Vertretern des Faches auch geschätzt und empfohlen werden, haben jedoch stets auch ihre Kritiker, generell und speziell auf dem Gebiet der Sonderpädagogik, sicher nicht ohne Grund. Nun hat sich B. Hartke intensiver mit der Materie auseinandergesetzt. Ich will seiner Argumentation und seinen Recherchen hier ein wenig nachgehen, um zu sehen, welche Anhaltspunkte sich gewinnen lassen. Zunächst beklagt Hartke, sicher zurecht, die „begrifflichen Unklarheiten" bezüglich offenen Unterrichts in der Fachdiskussion und in den Publikationen.[20] Es handele sich oftmals um „verschwommene theoretische Begründungszusammenhänge auf einem eher explorativen Niveau".[21]

Die folgenden, durch Hartke aufgeworfenen Fragen sind für den Schulpraktiker von besonderem Belang: „Können Individualisierung und Differenzierung selbstbestimmt durch die Schüler erfolgen oder bedarf es hierzu der Fremdsteuerung durch eine Fachperson, und sollte dies so sein, wie offen wäre dann noch der Unterricht?"[22] Und weiter: "Welche grundlegenden Fertigkeiten und Fähigkeiten benötigen Schüler, wenn sie selbstgesteuert lernen (sollen) wollen, und sind diese Fähigkeiten bei allen Schülern gleich ausgeprägt? Handelt es sich beim offenen Unterricht überhaupt um ein passendes Konzept für Kinder mit Lernproblemen,

---

[19] Garz, H.-G.: Sorgenkind Schule für Erziehungshilfe – Pädagogische und psychologische Perspektiven zum Umgang mit schwierigen Kindern. In: Zeitschrift für Heilpädagogik, 55. Jg., H. 1, 2004, 17 – 23, hier: S. 19
[20] Hartke, B.: Offener Unterricht – ein überbewertetes Konzept? Sonderpädagogik 32. Jg., 2002, H. 3/ 4, 127 – 139, hier: S. 129
[21] Hartke, Offener Unterricht…, S. 130
[22] Hartke, Offener Unterricht…, S. 128

mit Verhaltensstörungen oder anderen Beeinträchtigungen? Welche Qualitätsmerkmale sollten im Offenen Unterricht erfüllt sein, damit alle Kinder von diesem Konzept profitieren?" Und schließlich: „Erreichen Pädagoginnen und Pädagogen ihre selbstgesteckten Ziele mittels Offenem Unterricht überhaupt und welche Elemente des Offenen Unterrichts bewirken welche Effekte?"[23]

Hartke[24] diskutiert im Folgenden eine von Giaconia & Hedges anhand von 150 Untersuchungen durchgeführte Meta-Analyse, wobei Offener Unterricht mit traditionellem Unterricht verglichen wurde. Bezüglich der Bereiche Sprache, Rechnen, Lesen und weiterer Schulleistungen sowie der Leistungsmotivation ergeben sich Hinweise auf eine gewisse Überlegenheit eines traditionellen (nicht offenen) Unterrichts. Die Einstellung zur Schule und zum Lehrer als auch die Ausprägung von Kooperativität, Kreativität, Neugier, Selbstständigkeit und des Selbstbildes sowie generelle mentale Fähigkeiten werden anscheinend durch Offenen Unterricht etwas besser gefördert."

Ergänzend untersuchten Giaconia & Hedges die „Wirksamkeit verschiedener Dimensionen Offenen Unterrichts"[25] im Hinblick auf bedeutsame Auswirkungen bezüglich Selbstbild, Kreativität, Einstellung zur Schule und Schulleistungen. Diese Dimensionen sind die Eigenaktivität des Kindes, lernbegleitende diagnostische Tätigkeiten und Rückmeldungen durch die Lehrkraft; Vielfalt, Zugänglichkeit und Freiheit im Umgang mit Unterrichtsmaterial; individualisierter Unterricht; Flexibilität der Raumaufteilung, Team Teaching und die Altersheterogenität der Lerngruppe.

Welche Ergebnisse erbrachten die Meta-Analysen nun? „Auf die nicht leistungsbezogenen Schülermerkmale positives Selbstbild, Kreativität (Warum Kreativität hier in die Gruppe der nicht leistungsbezogenen Variablen eingeordnet wird, erscheint allerdings nicht nachvollziehbar, J. B.) und positive Einstellung zur Schule wirkt sich ein offener Unterricht mit einer hohen Ausprägung der Dimensionen Eigenaktivität des Kindes, lernbegleitende Diagnostik und Vielfalt, Zugänglichkeit und Freiheit im Umgang

---

[23] ebd.
[24] Hartke, Offener Unterricht…, S. 130 f.
[25] Hartke, Offener Unterricht …, S. 130

mit Unterrichtsmaterial sowie individualisierter Unterricht positiv aus. Gesteigerte Schulleistungen stehen in einem Zusammenhang mit einer hohen Ausprägung der Dimensionen Vielfalt, Zugänglichkeit und Freiheit im Umgang mit Unterrichtsmaterial sowie Team Teaching. Positive Effekte von Offenem Unterricht scheinen durchgängig mit einer deutlich ausgeprägten Dimension Vielfalt, Zugänglichkeit und Freiheit im Umgang mit Unterrichtsmaterial in Verbindung zu stehen."[26]

Von besonderem Interesse ist der folgende Befund: „Insbesondere Schüler mit schwachen Schulleistungen profitieren vom Offenen Unterricht nicht automatisch, sondern bedürfen Hilfen zur Steigerung der Arbeitsintensität sowie klar strukturierter, für sie passend gestufter Lernprogramme".[27] „Lerner mit wenig lerngegenstandsbezogenem Vorwissen neigen dazu, vorhandenes Lernmaterial wenig systematisch zu bearbeiten und es schnell zu überfliegen. Die dargebotenen Informationen werden nicht genügend in für das Thema relevante Informationen sowie weniger bedeutsame Aspekte sortiert. Lernschritte des Behaltens entfallen in diesem Zusammenhang häufig, weil unklar bleibt, was memoriert werden soll. In solchen Situationen sollten individuelle Lernhilfen angeboten werden, die mit zunehmendem lerngegenstandsbezogenem Wissen und Überblick über das Thema ausgeblendet werden können."[28]

Aufgrund der genannten Ergebnisse sind nach Auffassung von Hartke für Schüler mit „relativ schwach ausgeprägten Intentionen Übungen zur Förderung der Selbstkontrolle (Selbstbeobachtung, -bewertung und –verstärkung)" und eine „Reduktion von äußeren Lernhindernissen hilfreich."[29] „Vereinzelt könnte eine gelegentliche Erinnerung oder angeleitete Reflexion bezüglich der Lernabsicht angezeigt sein."[30] Ein weiterer Interventionsvorschlag be-

---

[26] Hartke, Offener Unterricht..., S. 131
[27] Hartke, Offener Unterricht..., S. 131 f.
[28] Hartke, Offener Unterricht..., S. 132
[29] ebd.
[30] ebd.

steht im Aktivieren von Metakognitionen bezüglich der eigenen Lern- und Arbeitsprozesse."[31]

Bei Lern- und Verhaltensproblemen kommt für Hartke denn auch weniger ein offener, als ein „adaptiver Unterricht" (adaptive instruction) in Betracht, was ich bis hierhin aufgrund meiner eigenen empirischen Erfahrungen in der Schulpraxis dieser Gebiete durchaus nachvollziehen kann. Sicher muss es hier noch einmal einen Unterschied zwischen den Förderschwerpunkten Lernen und Verhalten geben, auch wenn sich in der Praxis alles miteinander überschneidet. Geht es mehr in Richtung des Förderschwerpunktes Verhalten, plädiere ich für eine stärker prozesshafte und offenere Variante von Unterricht, als in denjenigen Fällen, wo eindeutig eine Lernproblematik im Vordergrund steht. Speziell Erziehungshilfeschüler erheben, oftmals in sehr bizarrer Form, Anspruch auf Mitgestaltung und Mitbestimmung. Und dennoch bedarf es auch hier konsequenter Strukturierungen und Ordnungen. Ich strukturiere nur *anders*, eben unter Einbeziehung der durch die Schüler eingebrachten Ideen, Wünsche, Anliegen, Konflikte, ihrer oftmals enormen Widerständigkeit usw.

Hartke fährt fort: „Bestimmungstücke dieser Alternative zum Offenen Unterricht sind ein hochgradig strukturiertes, lehrerzentriertes, lückenschließendes, zielerreichendes Lernen, eine unterrichtsbegleitende lernzielorientierte Evaluation des Lernerfolges über kurze Lernzieltests sowie gegebenenfalls Förderunterricht, ein informelles, schülerzentriertes Explorieren von bestimmten Themen in Lernzentren und ein hierzu passend gestalteter Klassen- und Tagesablauf."[32]

Die positiven Effekte eines solchen adaptiven Unterrichts bezüglich der Variablen Sozialverhalten, Lernmotivation, Eigenverantwortung und Schulleistung sind offenbar nachgewiesen.[33] Nun muss natürlich jeweils genau hingesehen werden, um welche Art von Gruppenzusammensetzung, auch um welche Gruppengröße es sich bei einer konkreten Lerngruppe handelt. Welche Beson-

---

[31] ebd.
[32] Hartke, Offener Unterricht..., S. 134
[33] Wember, F.: Adaptiver Unterricht. Sonderpädagogik 3, 2001, 161 - 181

derheiten hinsichtlich Intelligenz, Konflikthaftigkeit, Verweigerungsverhalten usw. dominieren?

Schon innerhalb ein- und derselben Schule für Erziehungshilfe oder Lernbehinderte können hier etwa enorme Schwankungen bestehen. Befinde ich mich an einer Schule für Erziehungshilfe in einer Großstadt mit zahlreichen sozialen Brennpunkten, im integrativen Hauptschulunterricht auf dem Lande, in einem Schulverweigererprojekt in einer deutschen Metropole, in einer privaten Schule für Erziehungshilfe oder an einer großen Schule für Lernbehinderte, die erheblich unter Verhaltensproblemen zu leiden hat, so verlangen diese unterschiedlichen Kontexte durchaus eine je eigene Herangehensweise.

Praktisch kann meine Arbeitssituation auch von der Belastung her sehr stark differieren, etwa von sechzehn Schülern an der Schule für Lernbehinderte, davon fünfzig Prozent stark verhaltensauffällig, die ganze Woche allein durch mich zu unterrichten bis hin zu einer privaten Schule für Erziehungshilfe, vielleicht sechs oder sieben Schüler in einer Klasse, wenn ich Glück habe, mit einer Besetzung durch zwei Lehrkräfte, annähernd die ganze Unterrichtswoche lang. Die strukturellen Rahmenbedingungen müssen daher immer mitgedacht werden, wenn wir über die Art der Unterrichtsgestaltung reden. Manchmal kann ich mir Offenheit oder Geschlossenheit im Unterrichten leisten, manchmal bin ich vielleicht eine Zeitlang zu der einen oder der anderen Variante *gezwungen* (manchmal auch, um die Unterrichtstage überhaupt *überstehen* zu können), je nach dem. Das direktive Unterrichten in einer sehr großen, heterogenen und herausfordernden Gruppe, die ich ganz allein zu führen habe, kann sehr kräftezehrend sein. Zuviel Offenheit in einer solchen Situation kann genau so ruinös für meine Nerven sein.

Die Dimension Offenheit, so ist auch meine eigene empirische Erfahrung, führt nicht per se zu didaktischen oder pädagogischen Erfolgen. Es gibt Gruppen, da scheint Offenheit zunächst völlig fehl am Platze, zumindest für eine Zeitlang. Es gibt ferner Gruppen, je nach Vorgeschichte der einzelnen darin befindlichen Kinder oder Jugendlichen, und je nach gemeinsamer Lerngeschichte, wo dagegen schon im Ansatz mit einer offeneren Struktur gearbeitet werden kann. Auf eine klare Strukturierung durch die Lehrkraft, die Pädagogin oder den Pädagogen, selbst im Bereich der Hochbegabtenförderung, ist jedoch nie zu verzichten. Es muss jederzeit eine unterschiedlich offene oder weite *Struktur* geschaffen werden. Öffnen und Schließen geschehen in beständigem Wechsel. Von daher kommt mir der Terminus des „adaptiven Unterrichts" auch nahe, nur würde ich dafür plädieren, wann immer situationsbedingt machbar, die Lehrerzentrierung zugunsten offenerer Phasen zurückzunehmen, um am Ende doch so viel **Raum für Selbststeuerung und Lernexperimente der Kinder und Jugendlichen zu geben wie eben möglich.**

Auch in „Lebenswelt und Didaktik" habe ich ja nicht für eine maximale Offenheit des Unterrichts plädiert. Es ging dort eher um eine nach bestimmten Parametern *strukturierte* Offenheit und Prozesshaftigkeit. Heute, nach all den Jahren in der Lernbehindertenpädagogik, der Erziehungshilfepädagogik an Sonderschulen und integrativen Grund- und Hauptschulen, und den davor liegenden Jahren in der außerschulischen Hochbegabtenförderung, sehe ich eher die Notwendigkeit offen, prozesshaft zu arbeiten und *zugleich* sehr lehrerzentriert, sehr aktiv, mitunter sehr präsent, im Lernbehindertensektor gelegentlich regelrecht *massiv* und *dominant* zu sein. Sobald Eskalationen und Zusammenbrüche hinsichtlich der Selbststeuerung im Verhalten bei einzelnen oder mehreren Schülern gleichzeitig auftreten, sehe ich mich veranlasst, die Steuerung des jeweiligen Teilgeschehens oder des gesamten Geschehens sofort und ohne Kompromisse in die Hand zu nehmen.

Ist die Selbststeuerungsfähigkeit auf Schülerseite wieder vorhanden, lasse ich erneut locker und gebe den Kindern und Jugendlichen den eigenen Handlungsspielraum und die Möglichkeit zu eigenen lernbezogenen Entscheidungen zurück. Zugleich lege ich die Gründe meines eigenen Verhaltens und Handelns den Heranwachsenden gegenüber offen, damit sie sukzessive innerlich nachvollzogen werden. Auf der Basis einer vertrauensvollen pädagogischen Beziehung sehen die Heranwachsenden in der Regel selbst, dass es besser für alle Beteiligten ist, wenn ich in Extremsituationen oder bereits in nur *unklaren* Situationen steuere und die Ordnung aufrecht erhalte, insbesondere dann, wenn die Kinder oder Jugendlichen sich nicht mehr oder noch nicht steuern können.

So gesehen könnte ich meine didaktischen Bemühungen ohne weiteres auch als *adaptiv* bezeichnen, im Grunde handelt es sich bei dem gesamten hier zur Diskussion stehenden Unternehmen um ein *adaptive enterprise*, und doch würde ich jederzeit den Begriff der *didaktischen Variation*, wie ich ihn zuerst in einem 1997 erschienenen Aufsatz[34] verwendet habe, vorziehen. Dies, weil der Begriff der Variation Elemente des Spiels, der Beweglichkeit, der Prozesshaftigkeit und der ständigen Veränderung einschließt. Ich passe meine didaktischen Bemühungen zwar auch den Lernvoraussetzungen der Kinder und Jugendlichen an, doch wollen die didaktischen Variationen ebenso Neuland und bisher unbekannte, ungenutzte Möglichkeiten im lernenden Miteinander erkunden.

DIE BEDEUTUNG VON UNTERRICHTSTHEMEN

Gehen wir nun noch einmal zur Situation der Forschung in der Erziehungshilfepädagogik zurück, so lässt sich ohne Übertreibung sagen, dass nicht nur das Thema Unterricht, sondern speziell auch die *thematische* Dimension des Unterrichts bisher eher vernachlässigt worden ist. Die Möglichkeit, eine direkte didaktische Verknüpfung zwischen den Phänomenen psychosozialer Auffälligkeit, den Lebensproblemen der Schüler, dem soziokulturellen und lebensweltlichen Kontext einerseits und den Unterrichtsinhalten andererseits herzustellen, wurde innerhalb des Fachgebietes der Verhaltensauffälligenpädagogik bzw. -didaktik bisher eher am Rande in Betracht gezogen.

Es ist natürlich auch schwer, pädagogische und didaktische Prozesse im Bereich der Erziehungshilfe im Nahbereich zu erforschen. Nehme ich einmal meine derzeitige siebte Klasse einer Schule für Erziehungshilfe in einer Großstadt, so wäre es völlig

---

[34] Bröcher, J.: Zur heuristischen Funktion kunsttherapeutischer Verfahren für den sonderpädagogischen Unterricht - Didaktische Variationen zum zeichnerischen Werk eines verhaltensauffälligen Jungen. Musik-, Tanz- und Kunsttherapie 8, 1997, H. 2, 80 - 91

undenkbar, dass ein Wissenschaftler von außen in die Lerngruppe hineinkäme, um etwas zu beobachten. Die Jugendlichen würden ihn zunächst als Eindringling empfinden und vermutlich beleidigen und beschimpfen. Käme dagegen ein Team von zwei oder drei Forschern, würden die Jugendlichen vermutlich aus dem Felde gehen und aus dem Klassenraum herauslaufen.

Um tatsächlich relevante Prozesse aus der Nähe, am pädagogischen Geschehen teilnehmend, beobachten zu können, müsste sich ein von außen kommender Forscher vermutlich drei bis vier Monate in eine solche Lerngruppe hineinsozialisieren. Bleiben somit nur noch Fragebogenuntersuchungen an Lehrkräften, wie in letzter Zeit immer häufiger anzutreffen? Was hier angegeben wird, ist jedoch schon sehr weit weg von dem, was tatsächlich in den Lerngruppen vor Ort geschieht. Was da erhoben wird, sind zumeist schon Abstraktionen, Bedeutungskonstruktionen, Kategorisierungen der Lehrkräfte, die Scharzweißkopie eines farbigen, sehr viel reicheren Bildes?

Suchen wir also weiter nach den wenigen vorhandenen Anhaltspunkten. Nach Ertle[35] muss Unterricht mit Kindern und Jugendlichen mit Verhaltensproblemen „situative Konflikte, situative sach- und realitätsbezogene Fragestellungen zulassen. Solche situativen Konflikte und Fragestellungen müssen zu Themen gemacht werden."

Speziell „aus dem Gelegenheitsunterricht als einem didaktischen Moment können sich häufig weiterführende Stoffangebote ergeben, aus denen sich – in Anlehnung an Winnicott und Neidhardt[36]– *Übergangsthemen* entwickeln, an denen Kinder mit Verhaltensstörungen ihre geheimen Themen und inneren Konflikte

---

[35] Ertle, C.: Überlegungen von W. Klafkis Verständnis von Unterrichtsanalyse und innerer Schulreform. Möglichkeiten der Übertragung auf den Unterricht mit Kindern in besonderen Lebenslagen. In: Schell, H. (Hrsg.): Selbstgestaltung in der Sonderpädagogik. Begegnungen mit Hansjörg Kautter. Heidelberg 2001, 97 – 110, hier: S. 18

[36] Neidhardt, W.: Kinder, Lehrer und Konflikte. Vom psychoanalytischen Verstehen zum pädagogischen Handeln. München 1977

bearbeiten können."[37] Ich habe solche prozesshaften thematischen Konstruktionen an anderer Stelle und mit Bezug auf P. Freire[38] auch „generative Themen" genannt.

In der Diskussion um den Unterricht mit verhaltensauffälligen Schülerinnen und Schülern werden zwar schon seit geraumer Zeit einzelne Fächer ihrer therapeutischen Wirkungen wegen hervorgehoben. „Kunsterziehung, Musik, Werken, Bewegungserziehung und Sport erhalten hier deutliche Präferenzen."[39] Doch die Frage einer konkreten unterrichtlichen Realisierung von Themenbearbeitungen, die als spezifisch für die Schule für Erziehungshilfe anzusehen wären, ist bisher kaum beantwortet worden. K.-J. Kluge[40] wies allerdings in den 1970er Jahren den Weg für eine stärkere Berücksichtigung der thematischen Dimension, um die es mir hier geht:

„Ein auf die Individualität von Verhaltensauffälligen bezogenes Unterrichtslernen" bezieht sich „auf die Auseinandersetzungsfähigkeit und -bereitschaft Verhaltensauffälliger mit ihren physischen, sozialen, kulturellen und weltanschaulichen Erfahrungen [...] auf Berufschancen [...] Freizeitaktivitäten [...] auf Sexualfragen [...] und Erziehungsprobleme."[41] B. Januszewski[42] stellt im Rahmen der von ihm entwickelten „Sozialdidaktik" unter anderem auch die Lebensfragen und Probleme der Heranwachsenden in den Mittelpunkt der pädagogischen Auseinandersetzung.[43]

---

[37] Garz, H.-G.: Sorgenkind Schule für Erziehungshilfe – Pädagogische und psychologische Perspektiven zum Umgang mit schwierigen Kindern. In: Zeitschrift für Heilpädagogik, 55. Jg., H 1, 2004, 17 – 23, hier: S. 20
[38] Freire, P. (1971): Pädagogik der Unterdrückten. Reinbek 1996, hier: S. 71 ff.
[39] Hußlein, E.: Unterricht bei Schülern mit Verhaltensstörungen. In: Goetze, H. & Neukäter, H. (Hrsg.): Handbuch der Sonderpädagogik. Band 6: Pädagogik bei Verhaltensstörungen. Berlin 1989
[40] Kluge, K.-J. (Hrsg.): Einführung in die Sonderschuldidaktik. Darmstadt 1976, hier: S. 146 f.
[41] Kluge, Einführung in die Sonderschuldidaktik, S. 150 f.
[42] z.B. Januszewski, B.: Qualitative Entwicklungsordnungen in Lehr- und Lernsituationen erleben und gestalten. Sozialdidaktische Anmerkungen. In: Zeitschrift für Heilpädagogik, 38. Jg., 1987, Beiheft 13, 48 - 53
[43] zur pädagogischen Auseinandersetzung mit Lebensfragen vgl. auch Wittrock, M.: Ansatz der Lebensproblemzentrierten Pädagogik. In: Vernooij, M. & M.

Der psychoanalytisch geprägte Entwurf von Bittner, Ertle & Schmidt[44] implizierte zwar, dass es im Unterricht mit Verhaltensauffälligen um die Auseinandersetzung mit Konfliktthemen, um eine Art „Konflikthilfe im Vorfeld des Therapeutischen" gehen soll. Eine systematische Verknüpfung von Konfliktthemen und Unterrichtsinhalten blieb jedoch noch aus. Die Autoren[45] halten es für nicht erwiesen, dass „Fächer oder Themen über Inhalt bzw. Struktur psychische Probleme abbauen" können. Mit Hußlein[46] lässt sich resümierend feststellen: „Über den Stellenwert der Unterrichtsfächer für die schulische Förderung Verhaltensgestörter findet sich wenig Erwähnenswertes. Fragen kreisen einzig um ihre besondere Gewichtung."

Anhand welcher konkreter Inhalte die Thematisierung von Lebensproblemen nun erfolgen kann, habe ich exemplarisch im Rahmen meiner Untersuchungen „Lebenswelt und Didaktik" und „Bilder einer zerrissenen Welt" aufzuzeigen versucht. E. Hußlein[47] wirft in Zusammenhang mit der Stoffauswahl für den Unterricht an Schulen für Erziehungshilfe zwei für uns interessante Fragen auf:

Erstens: „Können werterfüllte und sittlich anspruchsvolle Inhalte und Themen in der Lage sein, psychisch aufbauend und sozial festigend zu wirken?" Wenn man die Frage so stellt, sind wir allerdings wieder bei einer auf Charakterveredlung zielenden Konstruktion von Unterricht angelangt, wie ich sie weiter vorne in Zusammenhang mit „Rilke" und Schillers „Briefen zur Ästhetischen Erziehung" diskutiert habe. Die Auswahl des Unterrichtsinhaltes erfolgt nicht etwa nach dem Kriterium der Lebenswelt- oder Konfliktorientierung, sondern nach dessen vermeintlichem sittlichen Wert und Anspruch.

Wittrock: Verhaltensgestört. Perspektiven, Diagnosen, Lösungen im pädagogischen Alltag. Paderborn, München usw. 2004, S. 151 - 172
[44] Bittner, G., Ertle, C. & V. Schmidt: Schule und Unterricht bei verhaltensgestörten Kindern. In: Deutscher Bildungsrat: Gutachten und Studien der Bildungskommission 35, Sonderpäd. 4., Stuttgart 1974
[45] Bittner, Ertle & Schmidt, Schule und Unterricht..., S. 52
[46] Hußlein, E.: Unterricht bei Schülern mit Verhaltensstörungen. In: Goetze & Neukäter (Hrsg.), Handbuch... 1989, S. 480
[47] Hußlein, Unterricht bei..., S. 479

Von bestimmten, ausgewählten Bildungsgütern wird quasi eine kathartische, den Charakter veredelnde Wirkung erwartet. Ich würde es mir ja wünschen, allein meine empirischen Erfahrungen und Beobachtungen aus fünfzehn Jahren Tätigkeit an Sonderschulen und integrativen Grund- und Hauptschulen weisen nun mal in eine andere Richtung. Immer mal wieder versuchte ich meine Schülerinnen und Schüler für Gedichte oder klassische Musikstücke zu begeistern, was mir im gemeinsamen Unterricht an Grundschulen sehr wohl, an den Sonderschulen für Erziehungs- und Lernhilfe jedoch kaum oder nur in kleinsten Ansätzen gelang.

Und wenn die höher angesiedelten Kulturgüter, etwa Schillers „Ode an die Freude" in einer anscheinend jugendgemäßeren Form angeboten werden, etwa als HipHop-Version, besteht noch eine Restchance, die traditionsbedingt erhofften kathartischen und charakterveredelnden Wirkungen zu erzielen? Je weiter ich mich am Rande der Bildungswelt befinde, desto geringer diese Chance.

Hußlein wirft auch die komplementäre Frage auf: „Können problembeladene Inhalte und Themen Konflikte, in die Kinder möglicherweise verstrickt sind, auslösen oder verstärken?" Hußlein zitiert hier einige auseinandergehende Standpunkte und stellt fest, dass bislang keine gesicherten Ergebnisse vorlägen, die eine endgültige Antwort auf die genannten Fragen zuließen. Unter Hinweis auf die „kritisch-kommunikative Didaktik" (Schäfer & Schaller) empfiehlt Hußlein[48] schließlich, „konfliktträchtige Sachverhalte zu thematisieren und sie metakommunikativ aufzuarbeiten."

Sicher ist dieser Überlegung zunächst einmal zuzustimmen. In der Praxis erscheint es allerdings als schwierig, die problembeladenen Inhalte und Themen, wie sie ja im Rahmen meiner eigenen Untersuchungen „Lebenswelt und Didaktik" und „Bilder einer zerrissenen Welt" zur Genüge geschildert werden, von unproblematischen Inhalten und Themen deutlich abzugrenzen. Auch versuchte ich in verschiedenen Lerngruppen, mal aus einer gewissen *Konfliktmüdigkeit*, mal aus Forscherinteresse, potenzielle Konfliktstoffe ganz zu umschiffen und aus dem Unterricht zu *verban-*

---

[48] Hußlein, Unterricht bei..., S. 480

nen. Doch machte ich zumeist die Erfahrung, dass sich die Konfliktthemen dann gar mit erhöhtem Druck in den Lern- und Arbeitsprozess hineindrängten.

Vielleicht verhält es sich hinsichtlich des Umgangs mit den Konfliktthemen auch so: „Werden Grenzsituationen nicht ausgeklammert, so besteht für den Lehrenden die Möglichkeit, unerprobte Möglichkeiten an sich selbst zu erfahren, die er produktiv und ohne Angst vor der Freiheit in einen Dialog einbringen kann."[49] Ich würde daher vorschlagen, den tatsächlich verhandelten Unterrichtsinhalt in schwierigen Fällen aus den Themen und Interessen der jeweiligen subjektiven Lebenswelten abzuleiten und in diesem thematischen Spektrum wird es konflikthaltige und weitgehend konfliktfreie Zonen geben, die allesamt einer didaktischen Bearbeitung zugänglich gemacht werden. In welcher konkreten Form die didaktische Bearbeitung von Lebens- und Lebensweltproblemen vonstatten gehen kann (Klassenunterricht, Arbeit mit kleinen Gruppen, klassenübergreifende Projekte, biographisch orientierte Einzelförderung usw.) und welche sachbezogenen Fortführungen hier möglich sind, das sind Fragen, die sich dann anschließen und die gesondert beantwortet werden müssen.

Eine Richtung, die hier Erwähnung verdient, ist die zunächst für den Lernbehindertenbereich entwickelte „lebensproblemzentrierte Pädagogik". Diese weist einige interessante Parallelen zu meinen eigenen Arbeiten auf, wenn die wissenschaftstheoretischen Ausgangspunkte auch andere sind. E. Westphal[50] untersuchte die „Lebensprobleme und Daseinstechniken lernbehinderter Schüler" mit Blick auf die Unterrichtsgestaltung, diskutierte die „Gegenstandsbildung einer um Lebensprobleme zentrierten Pädagogik"[51], entwarf eine „Praxis lebensproblemzentrierter Un-

---

[49] Wehr, H.: Reflexionen zur Humanisierung der Schule. Ins Internet gestellter Text, 1998, hier: S. 9
[50] Westphal, E.: Lebensprobleme und Daseinstechniken lernbehinderter Schüler – eine Herausforderung an die Didaktik. In: Zeitschrift für Heilpädagogik 27. Jg., 1976, 201 - 210
[51] Westphal, E.: Zur Gegenstandsbildung einer um Lebensprobleme zentrierten Pädagogik. In: Wachtel, P., Westphal, E. & M. Wittrock: Aspekte lebensproblemzentrierter Pädagogik. Universität Oldenburg 1988, 5 - 20

terrichtsgestaltung"[52] und bemühte sich insbesondere um die „Berücksichtigung des einzelnen Schülers in einem um Lebensprobleme zentrierten Sachunterricht".[53]

P. Wachtel[54] untersuchte „Entwicklungsformen Lebensproblemzentrierter Pädagogik" sowie die „Gegenstandsbildung einer um Lebensprobleme zentrierten Pädagogik". P. Wachtel & M. Wittrock[55] gingen ferner dem Zusammenhang von „Schülerproblemen und Konsequenzen für das Lehrerhandeln" nach. M. Wittrock & P. Wachtel[56] postulierten eine "Zentrierung um Lebensprobleme als schulisches Gestaltungsprinzip" und erarbeiteten eine Konzeption für einen „Lebensproblemzentrierten Sachunterricht". Neuere Darstellungen zur „Lebensproblemzentrierten Pädagogik" liegen von M. Wittrock[57] vor.

---

[52] Westphal, E.: Zur Praxis lebensproblemzentrierter Unterrichtsgestaltung. Hagen 1983

[53] Westphal, E.: Berücksichtigung des einzelnen Schülers in einem um Lebensprobleme zentrierten Sachunterricht an der Schule für Lernbehinderte. In: Wachtel, P., Westphal, E. & M. Wittrock: Aspekte lebensproblemzentrierter Pädagogik. Universität Oldenburg 1988, 36 – 57

[54] Wachtel, P.: Entwicklungsformen Lebensproblemzentrierter Pädagogik. Diss. Oldenburg 1986

[55] Wachtel, P. & M. Wittrock: Schülerprobleme – Konsequenzen für das Lehrerhandeln. In: Wachtel, P., Westphal, E. & M. Wittrock: Aspekte lebensproblemzentrierter Pädagogik. Universität Oldenburg 1988
1988, 58 - 69

[56] Wittrock, M. & P. Wachtel: Zentrierung um Lebensprobleme als schulisches Gestaltungsprinzip. In: Schmetz, D. & P. Wachtel (Hrsg.): Erschwerte Lebenssituationen. Erziehung und pädagogische Begleitung. Würzburg 1994, 98 – 112. - Wittrock, M. & P. Wachtel: Lebensproblemzentrierter Sachunterricht. In: Heimlich, U. (Hrsg.): Zwischen Aussonderung und Integration. Schülerorientierte Förderung bei Lern- und Verhaltensschwierigkeiten. Neuwied, Berlin 1997, 235 - 247

[57] Wittrock, M.: Ansatz der Lebensproblemzentrierten Pädagogik. In: Wittrock, M. (Hrsg.): Verhaltensstörungen als Herausforderung. Oldenburg 1998, 138 – 157. – Ders.: Ansatz der Lebensproblemzentrierten Pädagogik. In: Vernooij, M. &. M. Wittrock: Verhaltensgestört. Perspektiven, Diagnosen, Lösungen im pädagogischen Alltag. Paderborn, München usw. 2004, 151 - 172

Wodurch ist nun die „Lebensproblemzentrierte Pädagogik" gekennzeichnet? Wachtel & Wittrock[58] erklären ihren Ansatz wie folgt: „Erstens: Dem Lehrer begegnet in der Schule eine Vielfalt von Schülerproblemen mit einer Vielfalt von Verursachungsfaktoren. Viele Ansätze wählen aus dieser Vielfalt, das heißt sie verengen den Blickwinkel z.b. auf bestimmte Phänomene. Wir wollen diese real existente Vielfalt erhalten, d.h. wir müssen einen Zugang zu ihr finden.

Zweitens: Dieser Zugang bietet sich, wenn wir Schülerprobleme als Lebensprobleme sehen. Lebensprobleme sind Gestaltungsaufgaben von Leben. Diese Probleme zeigen sich in der Schule meist als Beziehungsprobleme in einer Beziehungseinheit (=Unterricht). Diese Beziehungseinheit muss gestaltet werden im Umgang mit Lernsachen und miteinander. Drittens: Die Bedeutung der Bewegung als einer Grundlage von Leben (`Alles Lebendige bewegt sich!´) wird hervorgehoben. Bewegung und Beweglichkeit müssen dabei ganzheitlich verstanden werden. So muss Unterricht und unterrichtliches Handeln stets beweglich sein. Fester, starrer Unterricht ist toter Unterricht."

Die Autoren bewegen sich, von der Zielrichtung her betrachtet, durchaus parallel zu meinen eigenen Bemühungen, indem etwa Lebensbezug und innere Beweglichkeit des Unterrichts betont werden. Verfolgt man jedoch diesen Ansatz theoriegeschichtlich zurück, wird man feststellen, dass die Autoren sich durchaus auf andere Grundlagen beziehen. E. Westphal ist insbesondere von der Morphologie des seelischen Geschehens im Sinne von W. Salber[59] inspiriert. „Aneignen, Umbilden, Ausbreiten, Ausrüsten, Einwirken, Anordnen" werden zu Aufgaben, die sich den in „Wirkungseinheiten" lebenden Menschen stellen.[60]

---

[58] Wachtel, P. & M. Wittrock: Schülerprobleme – Konsequenzen für das Lehrerhandeln. In: Wachtel, P., Westphal, E. & M. Wittrock: Aspekte lebensproblemzentrierter Pädagogik. Universität Oldenburg 1988
1988, 58 – 69, hier: S. 60
[59] Salber, W.: Morphologie des seelischen Geschehens. Ratingen 1965. – Ders.: Wirkungseinheiten. Psychologie von Werbung und Erziehung. Ratingen 1969
[60] Westphal, E.: Zur Pädagogischen Morphologie psycho-sozialer Beeinträchtigungen. In: Rolus-Borgward, S., Tänzer, U., Wittrock, M. (Hrsg.): Beeinträchti-

Ich selber hatte insbesondere von der kunstpsychologischen Seite aus Berührung mit den hochoriginellen Texten W. Salbers.[61] Eine unmittelbare inhaltliche Verbindung von „Lebensproblemzentrierter Pädagogik" und „Lebensweltorientierter Didaktik" erscheint mir aufgrund meiner eigenen Lektüren und Rezeptionsversuche noch nicht in Sicht. Dies heißt aber nicht, dass es nicht in der Zukunft Brückenschläge und theoretische Vernetzungen geben könnte.

Wechseln wir für einen Augenblick auf die Ebene der pädagogischen Praxis. Inwieweit sind denn zum Beispiel die Texte der Popgruppe „Die Prinzen" als Manifestation lebensweltlich relevanter Themen aufzufassen? Ein Schüler bringt etwa eine Musikkassette der Prinzen mit und möchte einige Stücke daraus vorspielen. Auf dem Hintergrund einer relativ offenen pädagogischen Haltung würde ein Sonderschullehrer oder eine Sozialpädagogin wahrscheinlich nach einer zeitlich günstigen Gelegenheit für das Abspielen der Songs in der geplanten Abfolge von Unterrichtsinhalten der verschiedenen Fächer oder im Rahmen einer Projektarbeit Ausschau halten, dem Kind oder Jugendlichen einen entsprechenden Vorschlag machen, auch nach dem Anhören der Musik auf sein Erleben und seine inhaltlichen Interessen oder Identifikationen bezüglich der Musik, der Songtexte der Musiker eingehen, den Reaktionen der anderen Gruppenmitglieder interessiert und verstehend nachgehen.

Der Fortschritt gegenüber einem herkömmlichen Unterrichtskonzept wäre schon darin zu sehen, dass der Initiative des Schülers überhaupt eine Berechtigung zugestanden wird. Für Sozialpädagogen sind solche beziehungsstiftenden und lebenswelterkundenden Aktivitäten ja ohnehin Alltag und gehören zum Repertoire fest dazu. Bezüglich des Schulunterrichts ist das längst nicht selbstverständlich und hinzukommen müsste jetzt ein didaktischer Rahmen, der es ermöglicht, die Prinzen-Songs und die darin von unserem Schüler wiedererkannten und gespiegelten Daseinsthe-

---

gung des Lernens und/ oder Verhaltens. Unterschiedliche Ausdrucksformen für ein gemeinsames Problem. Oldenburg 2000, 67 – 74, hier: S. 70
[61] Salber, W.: Kunst – Psychologie – Behandlung. Bonn 1986. – Ders.: Psychologie in Bildern. Bonn 1983

men oder Lebenskonflikte, vielleicht auch die sachbezogenen Lerninteressen zum offiziellen Gegenstand des Unterrichts zu machen. Dies durchaus über das gegenwärtige Erleben des Schülers *hinausgehend*.

Die Texte der Prinzen reflektieren Themen wie Identität, Moral, Gewalt, Geld, Liebe, Verzweiflung, Macht oder Korruption. Sie spiegeln sicher spezifisch jugendliche Lebensgefühle wider, erzählen aber auch etwas von der Brüchigkeit der gesellschaftlichen Lebenszusammenhänge, ohne dass die Musik oder die Songtexte dabei ins Subkulturelle abgleiten würden. Diese oder ähnliche Initiativen, wie sie häufig in Zusammenhang mit Musik, Songtexten, Videoclips oder ähnlichen jugendkulturellen Produktionen vorkommen, ermöglichen sowohl subjektorientierte Einstiege und bieten die Möglichkeit für sachbezogene Weiterführungen. Wie können solche sachbezogenen Fortführungen und Anknüpfungen konkret aussehen? Zu denken wäre hier etwa an eine Analyse der Songtexte, ihrer sprachlichen Gestaltung, ihres musikalischen Aufbaus, ein Vergleich mit anderen, ähnlichen Produktionen, ein Weiterlesen in Sachtexten zu bestimmten thematischen Aspekten usw.

Des weiteren müssten konkrete Handlungsmöglichkeiten gegeben sein, auf deren Basis sich die genannten Zielvorstellungen erreichen lassen. Die „Prinzen"-Lieder lassen sich etwa als Playback-Show inszenieren, wie ich es an einer Sonderschule gesehen habe. Hierzu muss unter anderem eine Musikanlage zusammengestellt werden. Elektrogitarren, sofern keine echten zu bekommen sind, lassen sich aus Holz aussägen und farblich gestalten. Ebenso lassen sich Kostüme entwerfen und herstellen. Die Schüler in unserem Beispiel traten bei verschiedenen Gelegenheiten auch vor Publikum auf, etwa bei einem Sommertheater, oder in einem meiner Universitätsseminare. Zur Aufbesserung ihrer Finanzen ließen sie einen Hut rumgehen. Von dem Erlös kauften sie neue Cds und Zubehör für ihre Musikanlage. Auf diese Weise entsteht ein realer Handlungszusammenhang, der den Umgang mit Werkzeug, Geräten und Material sowie positive soziale und kommunikative Erfahrungen einschließt und der zusätzlich symbolische Bearbeitungsmöglichkeiten für die Lebenskonflikte der Schüler anbietet.

ERWEITERTER DIDAKTIK-BEGRIFF
Stellt man solche Aktivitäten in Rechnung, dann umfasst der Begriff der Didaktik heute mehr als Unterricht im engeren Sinne. Versteht sich Didaktik aus traditioneller Sicht als Teildisziplin der Pädagogik, nämlich als "jene Disziplin, die auf das Problemfeld des Unterrichts gerichtet ist"[62], so sehen wir uns heute eher mit der Situation konfrontiert, dass die Didaktik der Schule für Erziehungshilfe, der Schule für Lernbehinderte oder die Didaktik in bestimmten Schulverweigerer-Projekten weiter gefasst werden muss, das heißt über Unterricht im engeren Sinne und über die Vermittlung von bestimmten Inhalten, Kulturtechniken, Schlüsselqualifikationen usw. hinausgehend.

Es erscheint daher ratsam, W. Klafki in seinem erweiterten Didaktikbegriff zu folgen, weil gerade in den genannten Arbeitsfeldern vielfältige andere Lehr-Lern-Formen, etwa Beratungsgespräche, therapieähnliche Einzel- und Kleingruppenförderungen, sozialpädagogische Einheiten oder Projekte stattfinden, die über die herkömmlichen Vorstellungen von Unterricht hinausgehen.

Es liegt deshalb nahe, "den Begriff `Didaktik´ als übergreifende Bezeichnung für erziehungswissenschaftliche Forschung, Theorie- und Konzeptbildung im Hinblick auf alle Formen intentionaler (zielgerichteter), systematisch vorbedachter `Lehre´ (im weitesten Sinne von reflektierter Lern-Hilfe) und das auf im Zusammenhang mit solcher `Lehre´ sich vollziehende Lernen zu beziehen."[63] Alles, was für eine spezielle Didaktik, im Sinne einer intensivierten Lern-Hilfe, über das Übliche hinaus notwendig ist, an Beratungsleistungen, therapeutischen Maßnahmen, Förderungen, sozialpädagogischen Interventionen, Coaching-Gesprächen usw. müsste dann konsequenterweise zu ihr gerechnet werden.

Wie lässt sich also in der Gegenwart ein geeignetes didaktisches Handwerkszeug für Unterricht und sozialpädagogische

---

[62] Klafki, Neue Studien ... , S. 34
[63] Klafki, Neue Studien ...., S. 39

Projektarbeit in der Erziehungshilfe- und Schulverweigerer-Arbeit zusammenstellen? Was wir bis zum Beginn der Postmoderne bereits zur Verfügung hatten, ich fasse einmal grob und ohne Anspruch auf Vollständigkeit zusammen, sind Fortführungen, Variationen, Applikationen oder Adaptationen spezieller pädagogischer und didaktischer Modellansätze, die sich seit der Reformpädagogik und im Zuge der Alternativschulbewegung entwickelt haben, etwa Projektunterricht, Erlebnispädagogik, offener Unterricht, Freiarbeit, Wochenplanunterricht, Spielpädagogik, handelnder Unterricht, Rollenspiel usw.

Ferner stehen uns schon seit geraumer Zeit Aufbereitungen aus einer Reihe mit Sprache arbeitender Modelle aus dem Bereich der Psychotherapie zur Verfügung. Hierbei handelt es sich meist um Theorieansätze, Handlungsmodelle oder Variationen, die auf die klassischen psychologischen Schulen wie Psychoanalyse, Individualpsychologie, Humanistische Psychologie oder Behaviorismus zurückgehen (vgl. z.B. psychoanalytische Pädagogik, Themenzentrierte Interaktion, Gestalttherapie, Gestaltpädagogik, Erziehungstherapie, personenzentrierter Unterricht, Verhaltenstherapie, Verhaltensmodifikation, Spieltherapie, Psychodrama, Kathatymes Bilderleben, systemische Familienberatung u.a.).

Darüber hinaus finden sich Aufbereitungen aus dem Bereich der kreativen oder künstlerischen Therapien wie Musiktherapie, Kunsttherapie, Gestaltungstherapie, Bewegungstherapie, Szenisches Theater u.a. Inzwischen hat sich der Markt der Theorien, Ideen, Methoden und Verfahren weiter aufgefächert. Man nehme Einsicht in die verfügbaren Handbücher[64], Reader[65], Tagungsberichte[66] sowie die Tagungs- und Kongressprogramme von den 1980er Jahren bis in die Gegenwart.

---

[64] Goetze, H. & Neukäter, H. (Hrsg.): Handbuch der Sonderpädagogik. Band 6: Pädagogik bei Verhaltensstörungen. Berlin 1989
[65] Fitting, K. & E.-M. Saßenrath-Döpke: "Pädagogik und Auffälligkeit". Impulse für Lehren und Lernen bei erwartungswidrigem Verhalten. Festschrift zum 60. Geburtstag von Prof. Dr. K.-J. Kluge. Weinheim & Basel 1993
[66] z.B. Goetze, H. (Hrsg.): Fördern von Schülern mit Verhaltensstörungen. Bericht über die Fachtagung in Hamburg vom 17. bis 19.11.1986: In: Zeitschrift für Heilpädagogik, Beiheft 13, Juni 1987.- Benkmann, K.-H., Saueressig, K. & H. Beier (Hrsg.): Neue Wege in der Erziehungshilfe. Dortmund 1990. - Förder-

Es gibt kaum etwas, was zumindest auf der Tagungs- und Kongressszene, und damit wahrscheinlich auch in irgendwelchen Praxisnischen oder auch im großen Stil, nicht ausprobiert, propagiert oder zur Diskussion gestellt worden wäre, vom Trommeln über das Superlearning bis hin zum Neurolinguistischen Programmieren. Doch längst nicht alle diese Versuche und Innovationen haben wissenschaftliche Bedeutung oder dauerhafte Gefolgschaft in der praktischen Arbeit erlangt.

Was in der Zukunft vermutlich starke Bedeutung auf unserem Fachgebiet erlangen wird, sind die Coaching-*Tools*, bei denen es sich zumeist um Adaptationen aus den verschiedenen therapeutischen Schulen handelt.[67] Diese zur Zeit intensiv in der Wirtschaftswelt angewandten Techniken und Methoden müssen freilich noch für die Arbeit mit Kindern und Jugendlichen passend gemacht werden. Ich werde mich weiter unten ausführlicher mit den Coaching-Ansätzen beschäftigen und diese, soweit dies schon möglich erscheint, auf das Arbeitsfeld der Erziehungshilfe- und Schulverweigererpädagogik transferieren.

VARIABEL FÜHREN
Pädagoginnen und Pädagogen, die in solch hoch anspruchsvollen Arbeitsfeldern, wie sie hier zur Diskussion stehen, erfolgreich sein wollen, müssen *führen* können. Führung ist im Kern Einflussnahme auf Menschen, um bestimmte Ziele, hier Lernziele, Bildungsziele usw. zu erreichen. Lehrkräfte und Pädagogen, gerade, wenn sie unter extremen Bedingungen arbeiten, benötigen eine entmystifizierte und realitätsnahe Positionierung zum Thema Führung. Wie will ich führen? Wie kann und will ich Führungssituationen im Alltag meistern? Doch was ist Führung genau? Sie ist eine „zielbezogene, interpersonelle Verhaltensbeeinflussung

---

verein der Astrid-Lindgren-Schule (Hrsg.): Pädagogik in Bewegung. Integrative Förderung und ganzheitliche Erziehung bei Lern-, Sprach- und Verhaltensstörungen. Eschweiler 1993
[67] Rauen, C. (Hrsg.) (2004): Coaching-Tools. Erfolgreiche Coaches präsentieren 60 Interventionstechniken aus ihrer Coaching-Praxis. ManagerSeminare Verlag. Bonn 2005, 2. Aufl.

mit Hilfe von Kommunikationsprozessen".[68] Führung ist ein „richtungsweisendes und steuerndes Einwirken auf das Verhalten anderer Menschen, um eine Zielvorstellung zu verwirklichen".[69] Führung in Organisationen, und auch die Schulen und pädagogischen Projekte sind Organisationen, dienen der „zielorientierten sozialen Einflussnahme zur Erfüllung gemeinsamer Aufgaben in/ mit einer strukturierten Arbeitssituation".[70]

Letztlich laufen alle diese Definitionen, beziehen wir sie einmal unmittelbar auf den pädagogischen Kontext, auf den folgenden Zusammenhang hinaus: Es werden aus Pädagogensicht Ziele mit den Heranwachsenden gemeinsam abgesteckt, vereinbart und konsequent einzuhalten versucht. Die Lehrkräfte oder außerschulischen Pädagogen informieren, beraten und unterstützten die Kinder und Jugendlichen. Der persönliche Einsatz der Lernenden wird gefordert und konsequent bewertet. Entscheidungen, die aus dem gemeinsamen Handlungsspielraum resultieren, sofern dieser in einem System oder in einer Lerngruppe vorhanden ist, werden gemeinsam durch Diskussionen vorbereitet, von der Lehrkraft oder dem Pädagogen getroffen und von allen umgesetzt.

Der Lehrkraft oder den Pädagoginnen und Pädagogen kommen demnach auch Managementaufgaben zu. Diese bestehen, wie in allen anderen Führungsbereichen auch, in der gedanklichen Planung, in der organisatorischen Umsetzung, dem gezielten Personaleinsatz (und seien diese Aufgaben in den Lerngruppen noch so banal), in Führung und Kontrolle. Um Rollenklarheit herzustellen, sollte sich auch jede Lehrkraft, jede Pädagogin fragen: Für was bin ich konkret zuständig?

Gerade Lehrerinnen und Lehrer sind vielfach zu depotenzierten Führungskräften geworden, von ihren Vorgesetzten oftmals an eine zu enge Leine genommen, von der Basis der Schüler und Eltern, gerade im Kontext von Schulverweigerung und Verhal-

---

[68] Baumgarten, H.: Grundbegriffe des internationalen Managements. Stuttgart 1997
[69] Bleicher, K. & E. Meyer: Führung in der Unternehmung. Formen und Modelle. Wiesbaden 1976
[70] Wunderer, R., Grunwald, W. & P. Moldenhauer: Kooperative Führung. Berlin, New York 1980

tensproblemen, angegriffen, in Frage gestellt, in eine Vielfalt von Reibereien und Konflikten verwickelt. Es gilt daher, gerade unter pädagogischen Extrembedingungen Führungspotenziale zurückzugewinnen und zu kultivieren.

Doch was sind heutzutage Grundsätze wirksamer Führung? Zunächst ist Führung immer resultatorientiert. Jede Organisation braucht Ergebnisse und ist dazu da, Ergebnisse zu erzielen. Management bedeutet, Ergebnisse zu erzielen oder zu erwirken. Die Betonung liegt hier auf dem Output, nicht auf dem Input. Es gilt, Kraft, Energie und Aufmerksamkeit auf die Dinge zu richten, die gehen und funktionieren und darauf, wie sie gehen oder funktionieren könnten, statt darauf, was nicht geht, nicht möglich ist oder nicht funktioniert. Die Ergebnisse sollen auch Freude machen.

Ein weiterer Führungsgrundsatz ist ganzheitliches Denken und Handeln. Es ist wichtig, einen Beitrag zum Ganzen zu leisten und das eigene Engagement, nicht die eigene Person oder Position im Vordergrund zu sehen. Es gilt, stets die Sinfonie vor Augen zu haben, wenn ich selber Geige spiele. Wem nützt das, was ich hier tue? Und wie muss ich es daher tun, damit es nützt?

Der dritte, hier zu nennende Führungsgrundsatz ist die Konzentration auf Weniges, auf das Wesentliche. Wenn ich an Wirkung und Erfolg interessiert bin, setze ich sorgfältig einige Schwerpunkte. Ich wähle einige Ideen aus, die dann auch tatsächlich realisiert werden. Darin liegt der Schlüssel zu einem wirkungsvollen Ergebnis.

Der nächste Führungsgrundsatz besteht in der Nutzung von Stärken. Wichtig ist, sich nicht auf die Entwicklung von Etwas, sondern auf die Nutzung von Etwas zu konzentrieren. Ich beschäftige mich mit dem Einsatz von Stärken und nicht mit der Beseitigung von Schwächen. Jeder, auch der scheinbar *unfähigste* Heranwachsende, hat Stärken, wahrscheinlich nur wenige, oft nur eine. Die Entwicklung von Stärken führt zu Leistungsentfaltung. Es gilt, sich zu fragen, was ein Kind oder ein Jugendlicher kann, und Aktivitäten so zu organisieren, dass sie Stärken von sich zeigen können und die Aufgaben für einen Heranwachsenden so zu gestalten, dass eine bestmögliche Deckung entstehen kann. So kommen Stärken zum Einsatz und Schwächen werden eher bedeutungslos, indem sie kompensiert werden.

Ein weiteres Führungsprinzip ist das konstruktive Denken. Es gilt, in den Problemen nach Chancen und Möglichkeiten zu forschen und diese für Lösungen zu nutzen. Wichtig ist, unabhängig zu werden von destruktiven Stimmungslagen, von negativem Denken und Verhalten. Stattdessen tue ich, was ich kann, mit dem was ich habe, dort wo ich bin und mache das Beste aus dem, was da ist.

Abschließend soll hier unter dem Thema Führungsgrundsätze Vertrauen genannt werden. Das gegenseitige Vertrauen zählt. Wichtig ist, auch Fehler zuzugeben und das Spiel zu stoppen, dass grundsätzlich immer die anderen Schuld sind oder die Dummen sind. Es ist günstig zu sagen: *Wir* haben das gemeinsam erreicht. Wer Vertrauen schaffen will, muss zuhören können. Wer an Vertrauen interessiert ist, muss echt sein, mit allen Ecken und Kanten, und er muss charakterlich integer sein. Ich muss meinen, was ich sage und auch so handeln.

Doppler & Lauterburg[71] formulieren das folgende Anforderungsprofil an Führungskräfte, das meines Erachtens auch für Führung im Bereich der Pädagogik wesentlich ist. Wer führt, muss über strategische Kompetenz verfügen. Diese schließt ein: Zielorientierung, Problemdiagnose, prozessorientierte Steuerung, ganzheitliches Denken und Handeln sowie die Bewältigung des konstanten Wandels.

Zweitens geht es um soziale Kompetenzen, das heißt um die Beteiligung aller Betroffenen, das Aktivieren von Selbsthilfe, um offene Kommunikation, das Schaffen von Motivation und Identifikation, um teamorientierte Selbststeuerung. Dabei wird die Verantwortung bei den Betroffenen belassen. Drittens sollten Führungskräfte nach Doppler & Lauterburg Persönlichkeitsformat zeigen. Dies schließt Kritikbereitschaft, auch die Bereitschaft Fehler zuzugeben, Offenheit, innere Autorität und Konfliktfähigkeit ein.

---

[71] Doppler, K. & C. Lauterburg: Change Management. Den Unternehmenswandel gestalten. Frankfurt am Main 1995

Wir führen am günstigsten durch das Entwerfen von Zielen. Dabei ist es immer günstiger, weniger Ziele anstatt viele anzusteuern. Fast immer nehmen wir uns zuviel und zuviel Verschiedenes vor. Die Festlegung von Zielen ist das wichtigste Mittel, um Kinder und Jugendliche im Rahmen der jeweiligen Organisation, aber auch mich selbst, auf etwas zu konzentrieren und zu fokussieren. Nicht immer noch mehr auf den Wagen laden, sondern dafür sorgen, dass wenige Ziele angegangen und tatsächlich erreicht werden. Hierin folge ich der Frage: *Was ist wirklich wichtig? Was passiert, wenn wir das nicht machen?* Wenige Ziele, aber dafür große, solche, die ins Gewicht fallen, die etwas bedeuten, wenn sie erreicht werden. *Was soll ich oder muss ich oder will ich tun?* Und: *Was sollte oder will ich nicht mehr tun?*

Nach Möglichkeit versuche ich, meine Ziele zu quantifizieren und zu präzisieren, so weit es geht. Dann überdenke ich mögliche Ressourcen zur Zielerreichung. Wirksame Ziele sind persönliche Ziele, individualisierte Ziele. Je schwieriger die Situation, desto kurzfristiger die Ziele. Führung heißt dafür zu sorgen, dass Ziele da sind. Aus Gründen der Motivation ist es besser, sie mit den Heranwachsenden gemeinsam zu vereinbaren.

Geht das nicht, werden sie vorgegeben. Ziele bewirken Information, Beteiligung, Verständigung, Ausrichtung und Erfolgserlebnisse. Es gibt langfristige, mittelfristige und kurzfristige Ziele. Ziele sollten sein: konkret, präzise, einfach verständlich, positiv formuliert, zukunftsorientiert, messbar, prüfbar, nachvollziehbar, akzeptabel, realistisch, erreichbar, nach Prioritäten geordnet, zahlenmäßig begrenzt, widerspruchsfrei und zeitlich terminiert.

Führung schließt auch die Kontrolle von Zielen und ihrer Erreichung ein. *Was will ich erreichen? Bis wann will ich es erreichen?* Ich setze mir selbst und den Schülern Ziele im Rahmen von zeitlichen Plänen. Diese Phasenpläne werden gemeinsam mit den Schülern erarbeitet. Kontrolle wird als Hilfe zur Selbsthilfe verstanden. Als Kontrollkriterien werden harte Daten herangezogen und nicht meine subjektiven Eindrücke.

Pädagoginnen und Pädagogen sollten im schwierigen Feld der Verweigerung und der Verhaltensprobleme eine gewisse Bandbreite an Führungsstilen beherrschen und diese der konkreten

Situation variabel anpassen können. Es gibt hier nicht den allein *richtigen* Führungsstil. Ich muss stets sehen, was für ein Kind oder was für einen Jugendlichen oder was für eine Gruppe ich vor mir habe, wie der organisatorische Rahmen beschaffen ist, wie der Reifegrad der Kinder und Jugendlichen ist. Ziel ist immer, unter den gegebenen Bedingungen effektiv zu handeln, das heißt Ziele gut zu erreichen.[72]

Führungsstile im Erziehungshilfe- und Schulverweigererbereich können oder müssen variieren von aufgabenorientiert bis beziehungsorientiert[73], von leistungsorientiert bis mitarbeiterorientiert[74], von autoritär, führerzentriert, imperativ, direktiv bis hin zu demokratisch, kooperativ, partizipativ[75], wobei die zentralen Variablen einmal das Verhältnis von Sache und Person, beim anderen Mal das Ausmaß der Entscheidungsbeteiligung der Heranwachsenden sind.

Eine interessante Aufgabe für Pädagoginnen und Pädagogen, die überdurchschnittlich viel mit Verweigerungsreaktionen und Verhaltensproblemen von Kindern und Jugendlichen konfrontiert sind, wäre etwa, das ihnen zur Verfügung stehende Beeinflussungspotenzial, ihre Macht, als Lehrkraft, Projektleiterin usw. zu untersuchen:[76] Ich beginne dabei mit dem Einfluss durch *Anerkennung*. Welche konkreten Anerkennungsmöglichkeiten mit Blick auf die mir anvertrauten Heranwachsenden bestehen? Welcher Formen von Anerkennung bediene ich mich, um Einfluss auf die Kinder und Jugendlichen zu nehmen?

Zweitens mein Einfluss durch *Sanktionen*: Welche Möglichkeiten bestehen im Rahmen meiner Organisation, nicht konformes oder destruktives Verhalten zu sanktionieren? Welche dieser Möglichkeiten nutze ich? Mit welchem Erfolg? Welche anderen

---

[72] Guest, R. H., Hersey, P. & K. Blanchard: Wie Manager reorganisieren. Mod. Industrie, La. 1978
[73] Fiedler, F., Chemers, M. M. & L. Mahar: Der Weg zum Führungserfolg. Suttgart 1979
[74] Blake, R. B. & J. S. Mouton: Verhaltenspsychologie im Betrieb. Düsseldorf 1968
[75] vgl. auch den partnerschaftlich-sozialintegrativen Führungsstil im Sinne von Tausch, R. & A. Tausch: Erziehungs-Psychologie. Göttingen 1998
[76] vgl. J. M. Steinke & I. Steinke: Coatrain-Materialien, Hamburg 2004

Möglichkeiten bestehen noch? An dritter Stelle käme mein Einfluss durch *Persönlickeitswirkung*. Gemeint sind Einflussmöglichkeiten im Sinne von Charisma, Persönlichkeit, Kommunikationsfähigkeit usw. Welcher persönlicher Wirkungsmittel bediene ich mich mit Blick auf die Heranwachsenden, um Einfluss zu nehmen? Mit welchem Erfolg?

Viertens sehe ich die Möglichkeit, durch *Expertentum* Einfluss zu nehmen, das heißt durch besondere fachliche Kompetenzen oder ein spezielles Wissen, das mir zugeschrieben wird. Welche Art von Expertentum wäre in meinem konkreten Arbeitszusammenhang attraktiv oder nützlich? Wie sehr gelingt es mir, durch Expertise Einfluss zu nehmen? Fünftens und letztens sehe ich meinen Einfluss, meine Macht, etwas zu verändern, durch *Legitimation*, durch die formale Positionsmacht und ihre Akzeptanz durch die Kinder und Jugendlichen.

Als wie durchschlagend wird in meiner Organisation oder Organisationseinheit (Schule, Schulklasse, Lern-/ Projektgruppe) eine formale Position begriffen? Wie gut bin ich durch Vorgesetzte (Schulleiter/-innen, Schulräte/-innen usw.) in meiner Position legitimiert? Wo gibt es eventuell Brüche, Widersprüche oder Depotenzierungstendenzen, die meinen Einfluss, meine Macht, Dinge zu verändern, schmälern?

Pädagoginnen und Pädagogen, gleichgültig, ob sie innerhalb oder außerhalb des Schulsystems mit führungsschwierigen Heranwachsenden arbeiten, könnten einmal, quasi in Form eines Selbst-Coachings, eine Übung zum Thema „Führende in meinem Leben"[77] durchführen, um die persönlichen Hintergründe ihres individuellen Führungsstils und mit diesem verbundener Schwierigkeiten und Chancen im Umgang mit *schwierigen*, teilweise sehr führungsresistenten Heranwachsenden zu ergründen.

Welche Führungsfiguren aus Geschichte, Literatur, Film, Kunst, Politik oder der eigenen, persönlichen Vergangenheit habe ich als Vorbilder oder als abschreckende, negative Beispiele erlebt? Zeichnen Sie sich als Kreis in die Mitte eines Blattes und ziehen Sie drumherum Kreise für die jeweiligen in ihrem geisti-

---

[77] vgl. J. M. Steinke & I. Steinke: Coatrain-Materialien, Hamburg 2004

gen Horizont auftauchenden Führungspersonen. Danach ziehen Sie Verbindungslinien zwischen sich und diesen Personen. Durch die Länge des Strichs können Sie etwas über die Nähe dieser Person zu Ihnen aussagen. Durch die Dicke des Strichs drücken Sie die Intensität des Einflusses dieser Person auf Sie selbst aus. Durch die Farbe des Strichs charakterisieren Sie die emotionale oder geistige Qualität des Einflusses, durch die Vorzeichnen + und − machen sie eine Wertung des Einflusses der jeweiligen Person auf Sie deutlich.

Bleiben wir noch ein wenig in der Betrachtung von Lehrerinnen und Lehrern sowie außerschulischen Pädagoginnen und Pädagogen als Führungskräfte (an anderer Stelle werde ich darauf eingehen, dass weitere Rollen und Aufgaben in unsere pädagogische Tätigkeit mit den sich verweigernden oder sonst wie problematischen Heranwachsenden einfließen und einfließen müssen), so ergeben sich eine Reihe von fundamentalen Führungsdilemmata, die ganz gravierende Auswirkungen für die praktische Umsetzung haben und die eine ständige Selbstbeobachtung und Selbstreflexion einerseits und eine Supervision oder kollegiale Beratung andererseits, notwendig machen.

Auf der einen Seite sind die von uns zu bildenden Heranwachsenden *Mittel*. Sie sind Kostenfaktor und potenzielle Leistungsträger für die Gesellschaft. Besonders bei den Heranwachsenden in Krisen gilt es, den durch die sozialpädagogischen, sonderpädagogischen, psychotherapeutischen, psychiatrischen u.a. Sondermaßnahmen entstehenden Zusatzaufwand finanzieller Art, in Grenzen zu halten und möglichst effektiv präventiv oder rehabilitativ zu arbeiten. Eine nüchterne Perspektive, die vom Einzelschicksal völlig abstrahiert. Den Gegenpol dieser Sichtweise bildet der junge Mensch als *Zweck*. Thema ist hier seine oder ihre Selbstverwirklichung, die das oberste Ziel der gesamten humanwissenschaftlich begründeten Interventionen abgibt. Wir bewegen uns zwischen diesen beiden Polen hin und her.

Das zweite Führungsdilemma besteht in der Gleichbehandlung aller auf der einen Seite und im Eingehen auf den Einzelfall auf der anderen Seite. Unter dem Aspekt der Gleichbehandlung geht es uns um Fairness, Gerechtigkeit, um die Anwendung von allgemeinen Regeln, um das Vermeiden von Bevorzugung und Vorrechten. Das Eingehen auf den Einzelfall ist dagegen geknüpft an Rücksichtnahme auf den Einzelnen, auf die individuellen Besonderheiten und erfordert stets den Aufbau ganz persönlicher Beziehungen.

Das dritte Führungsdilemma im pädagogischen Feld sehe ich auf der thematischen Skala von Distanz bis hin zu Nähe. Unnahbarkeit, hierarchische Überlegenheit, Unzugänglichkeit, Status- und Rollen-Betonung auf der einen Seite sind in Grenzfällen genauso unverzichtbar wie das Herstellen von menschlicher Nähe, Einfühlung, Wärme und einer Betonung von Gleichberechtigung.

Das vierte Führungsdilemma liegt auf der Ebene von Fremdbestimmung und Selbstbestimmung. Ich muss stets neu überlegen und entscheiden, an welcher Stelle ich auf Reglementierung, Lenkung, Unterordnung, Durchsetzung eines bestimmten Prinzips, einer Regel, auf Kontrolle usw. setze und an welcher Stelle eher auf Autonomie und Selbstständigkeit der Lernenden, auf das Gewähren von Handlungs- und Entscheidungsspielräumen.

Fünftens bewege ich mich beständig zwischen Ziel- und Prozessorientierung. Sechstens stehe ich immer wieder vor der Frage, inwieweit ich Spezialisierung und inwieweit ich Generalisierung zum persönlichen Prinzip erhebe. Beim einen will ich Fachmann sein für spezifische Sachfragen, um hier kompetent mitüberlegen und entscheiden zu können, beim anderen sehe ich mich als jemand, der den allgemeinen Überblick behält und mehr an übergeordneten Zusammenhängen orientiert ist.

Siebtens sehe ich ein weiteres Führungsdilemma zwischen den Polen Bewahrung und Veränderung. Im ersten Falle betone ich Stabilität, Tradition, Sicherheit, Vorsicht, Regeltreue, Konformität und Kalkulierbarkeit, Elemente, die ja für eine Organisation wie die Schule immer schon elementar gewesen sind. Auf dem anderen Ende der Skala orientiere ich mich an Flexibilität, Innovation, Experimentierfreude, Toleranz, Nonkonformität und Unberechenbarkeit. Ein achtes Führungsdilemma bezieht sich auf den Gegensatz von Innenorientierung und Außenorientierung. Das eine Mal konzentriere ich mich auf die internen Gruppenbeziehungen, Lernprozesse usw. Das andere Mal stehen Außenkontakte, Außenwirkungen, Gruppeninteressen gegen Dritte, die vielleicht durchgesetzt werden müssen, im Vordergrund.

Neuntens sehe ich ein ganz wesentliches und in der täglichen Arbeit von Pädagogen, die mit Verweigerungshaltungen von Heranwachsenden immer aufs Neue konfrontiert sind, nämlich die Polarität Aktivierung-Zurückhaltung. Einerseits treibe ich an, dränge, motiviere, animiere, begeistere. Andererseits mische ich mich nicht ein, halte mich zurück und warte Entwicklungen ab. Auch auf diesen Skalen, innerhalb dieser Dimensionen sind Variationen möglich und erforderlich, von denen im Titel dieser Schrift die Rede ist. Auf keiner der genannten Skalen ist eine abschließende oder endgültige Positionierung möglich.

ANSATZMÖGLICHKEITEN BEI ADHS

Die in der Fachdiskussion verwendeten Begrifflichkeiten und Kategorisierungen, die hierin liegenden Gefahren der Zuschreibung, der Etikettierung, der Reduzierung und Festschreibung sind vielleicht die eine Seite. Doch was die tatsächliche Realität vieler Kinder und Jugendlicher etwa mit hyperaktivem Verhalten, Aufmerksamkeitsstörungen, Konzentrationsschwierigkeiten usw. betrifft, Symptome wie sie für ADHS kennzeichnend sind, so scheint mir diese Lebensrealität nach eingehenden Praxisbeobachtungen und oftmals mehr oder weniger vergeblichen Beinflussungsversuchen durch die allgemein üblichen pädagogischen Mittel, auch über einen sehr langen Zeitraum von sechs bis zwölf Monaten (oder länger) hinweg, durch das Vorhandensein von biochemischen, hirnorganischen Zuständen oder Bedingungen gekennzeichnet, die einfach *gegeben* sind.

Diese lassen sich auch durch keine Paradigmendiskussion, ich muss mit Blick auf diese spezielle Problematik meine frühere Position[78] ein wenig korrigieren oder anpassen, aufheben. Es ist die Nerven- und Lebenskraft der verantwortlichen Pädagoginnen und Pädagogen, auch von Eltern, die oftmals sehr in Anspruch genommen und aufgebraucht wird; mehr noch die der Lehrkräfte, weil diese den Kindern zumeist, aufgrund der engen räumlichen

---

[78] Bröcher, J.: Lebenswelt und Didaktik..., 1997, S. 43 ff.

Situation in den Klassen, aber auch aufgrund der engen institutionellen Regeln, wenig Bewegungsspielraum bieten können. Auch sind die Lehrkräfte ja ständig mit ganzen Gruppen von Kindern konfrontiert, in denen sich so manches gravierende Unruhepotenzial verbirgt.

Häufig entsteht für alle Beteiligten ein ungeheurer Handlungsdruck. „Rastlose Kinder, ratlose Eltern", bringen Lauth, Schlottke & Naumann (2002) diese Problematik auf den Punkt und ich könnte, nach jahrelanger Skepsis gegenüber einer medikamentösen Behandlung der genannten Verhaltenssymptome[79] und vielen gescheiterten pädagogisch-therapeutischen Beeinflussungsversuchen hinzufügen: Rastlose Kinder, ratlose Lehrer. Das ist noch lange kein Plädoyer für die *Ritalin Generation*, doch was biochemisch, hirnorganisch *ist*, kann vermutlich auch nur biochemisch, hirnorganisch beeinflusst werden? (Und zusätzlich seien hier noch wenig förderliche personelle, räumliche, manchmal auch atmosphärische Bedingungen und Faktoren eingerechnet, Dinge, die eine Lehrkraft nicht ohne weiteres selbstständig verändern kann).

Wie soll ich einen Unterricht konstruieren und ständig in Gang halten, der so reizstark ist, dass das an Reizmangel leidende Gehirn eines hyperaktiven Jungen über Stunden derartig intensiv stimuliert wird, dass es endlich ins Gleichgewicht kommt und Wohlfühlen signalisiert? Die strukturellen und personellen Bedingungen in den pädagogischen Institutionen geben das einfach nicht her. Das hastige Rennen, Reden, Hin- und Herspringen dieser Kinder soll ja vor allem dem Zweck dienen, dem Gehirn die fehlenden Reize zuzuführen, die es für sein internes Gleichgewicht braucht.

Vom Schreibtisch aus ist es sicher nicht schwer, kritische Distanz zur medikamentösen Beinflussung solcher Verhaltensmuster zu bewahren und von der bereits erwähnten Paradigmendiskussion (die sich gerne vom medizinisch-psychiatrischen Standpunkt distanziert) her betrachtet, könnten wir leicht versucht sein, uns

---

[79] etwa im Sinne von Voss, R.: Anpassung auf Rezept. Stuttgart 1987. Voss wendet sich gegen die fortschreitende „Medizinisierung auffälligen Verhaltens von Kindern und Jugendlichen".

hier anzuschließen, wie ja auch durchaus in meiner eigenen früheren *Positionierung*[80] geschehen.

Doch wer als praktizierender Pädagoge Stunde um Stunde, Woche für Woche, Monat für Monat in einer solchen Gruppe mit vielleicht vier oder fünf hyperaktiven und aufmerksamkeitsgestörten Kindern (im engeren Sinne) arbeitet, sagen wir an einer Schule für Lernbehinderte, wo die Klassen mit insgesamt vielleicht vierzehn bis siebzehn Schülerinnen und Schüler noch größer sind als in der Erziehungshilfe und das Personal noch wesentlich sparsamer und rationierter eingesetzt wird, obwohl die Lehrkräfte dort nachgewiesenermaßen erheblich unter den Verhaltensproblemen von Kindern und Jugendlichen leiden[81], wie über Jahre hinweg unter anderem auch am eigenen Leib erfahren, denkt vielleicht bald anders über die Behandlung mit stimulierenden Mitteln, weil es die eigene Nerven- und Lebenskraft ist, die sukzessive aufgebraucht wird.

Ein Zwölfjähriger bleibt etwa höchstens zwei oder vier Minuten auf seinem Platz sitzen, obwohl ich ihn persönlich hingeleitet und auf seine klar strukturierte und nicht zu schwierige Arbeit hingelenkt habe. Er springt zum Tisch eines Mädchens hin, reißt ihr das Federmäppchen weg. Das Mädchen kreischt laut. Der Junge rennt mit dem Mäppchen davon. Das Mädchen kreischt noch lauter. Der Junge stößt zwei von den Kakaoflaschen um, die auf einem Beistelltisch für die Frühstückspause bereit stehen. Prompt folgen die Beschwerden der Kakaobesteller, ihre berechtigten Forderungen nach Schadensersatz. Auch die anderen Schülerinnen und Schüler mit Selbststeuerungs- und Aufmerksamkeitsschwierigkeiten sind aufgrund der allgemeinen Unruhe schon längst wieder auf den Beinen...

Ich treffe Vereinbarungen, gehe intensiv auf das situative Erleben des betreffenden Schülers mit Aufmerksamkeitsproblematik und Hyperaktivität ein, ich stelle enge Themen und setze einen engen Verhaltensrahmen, ich experimentiere eine Woche lang

---

[80] Bröcher, Lebenswelt und Didaktik, S. 43 ff.
[81] Mand, J.: Über den Zusammenhang von Lern- und Verhaltensproblemen. Ergebnisse einer Lehrerbefragung in Schulen für Lernbehinderte aus drei Städten. In: Zeitschrift für Heilpädagogik 7, 2004, 319 – 324

zum Vergleich einmal mit offeneren Themen- und Aufgabenstellungen und gebe dem Jungen vielleicht mehr Verhaltensspielraum, ich wende Verstärkersysteme an, ich verhänge ein Time Out von zehn Minuten, ich führe Elterngespräche oder Gespräche mit der ganzen Familie, ich gebe dem Jungen alle fünf bis zehn Minuten Signale, Feedback, Rückkopplung, Aufmerksamkeit, schaffe so durchgängigen Kontakt, auch physisch, weil er das selber bei mir einfordert, und der Junge springt immer noch über Tische und Bänke.

Lauth, Schlottke & Naumann geben vor dem Hintergrund ihrer therapeutischen Erfahrungen mit ADHS-Kindern nun sehr handfeste und brauchbare Empfehlungen, zunächst für Eltern zwar, diese Empfehlungen lassen sich jedoch zum größten Teil auch auf das pädagogische Handeln von Lehrkräften übertragen. Wenn es tatsächlich zutrifft, dass den ADHS-Kindern vor allem bestimmte Botenstoffe oder Neurotransmitter im Gehirn fehlen, insbesondere Dopamin, dessen Mangel ihre Unruhe steigert oder Noradrenalin, dessen Mangel die geistige Wachheit herabsetzt[82], und dadurch nicht nur Lernprozesse erschwert, sondern auch komplexe Schwierigkeiten auf dem Gebiet der Verhaltenssteuerung und Verhaltensorganisation[83] verursacht werden, dann erscheint in manchen Fällen wirklich jede Mühe vergeblich, wenn nicht zusätzlich von psychiatrischer Seite Unterstützung mit einer Medikamentierung erfolgt.

Wenn es überdies zutrifft, dass diese Kinder aufgrund einer besonderen hirnorganischen oder biochemischen Situation schwerer zu Erkenntnissen und Einsichten bezüglich ihres Verhaltens kommen, dann bedeutet dies zugleich auch mehr Entlastung für die Lehrkräfte, weil sie sich nicht mehr in einem so hohen Maße allein verantwortlich fühlen müssen, wenn es ihnen nicht oder kaum gelingt, das Kind zur Ruhe und zum konzentrierten Lernen und Arbeiten zu bringen. Die Kenntnis dieses Zusammenhangs vermag auch das Kind vor ungerechten Reaktionen seiner Bezugspersonen zu schützen. Hierzu Lauth, Schlottke & Naumann:

---

[82] Lauth, G., P. Schlottke & K. Naumann: Rastlose Kinder, ratlose Eltern. München 2002, S. 56
[83] Lauth, Schlottke & Naumann, Rastlose Kinder…, S. 59 ff.

„Dieser Mangel (an Dopamin und Noradrenalin, J. B.) bewirkt aber auch, dass sie (die Kinder, J. B.) nur geringfügig aus ihren Erfahrungen lernen. Hinweise, Anweisungen, Tadel oder Lob können von ihnen weniger als von anderen Kindern genutzt werden. Infolgedessen sind sie unangepasster und tun immer wieder Dinge, die man ihnen schon tausendmal verboten hat".[84]

Es scheint sich bei der Thematik ADHS allerdings um einen Spezialfall zu handeln, wenn wir das durch Verhaltensprobleme und Schulverweigerung gekennzeichnete Arbeitsfeld in seiner ganzen Breite betrachten. Doch immerhin verdient diese Thematik deshalb eine besondere Beachtung, weil nur wenig von den ansonsten von mir in Betracht gezogenen erfahrungs- und lebensweltorientierten Arbeitsweisen hier zu funktionieren scheint, Methoden, die ja zumeist dann greifen, wenn soziale Benachteiligung, Verwahrlosung oder die Ansammlung eines besonderen psychosozialen Konfliktpotenzials, verdrängte Ängste, Traumatisierungen o.ä. im Vordergrund stehen. Die Thematik ADHS und das mit ihr bezeichnete besondere Verhalten von Kindern und Jugendlichen scheint mir so ziemlich durch alle Raster des ansonsten im Erziehungshilfebereich weit verbreiteten *therapeutisch* oder *sozialpädagogisch gestützten* Unterrichts hindurchzufallen.

In Fachkreisen spricht man nun von „Aufmerksamkeitsstörung mit und ohne Hyperaktivität".[85] Der Begriff ADHS (oder ADHD) hat ältere Bezeichnungen wie Hyperkinetisches Syndrom, minimale cerebrale Dysfunktion oder Wahrnehmungsstörung abgelöst, weil diese sich als unzureichend erwiesen haben.[86] Das bei ADHD vorhandene „biologische Grundrisiko"[87] beruht auf dem folgenden Zusammenhang: „Bei aufmerksamkeitsgestörten Kindern stellt man vor allem Einschränkungen bei der Informationsübertragung und –verarbeitung im Gehirn fest, was weit reichende Folgen hat: Die Kinder können sich weniger gut auf wechselnde Anforderungen einstellen; sie haben besonders dann Schwierigkeiten, wenn ihnen eine Sache langweilig oder eine Aufgabe

---

[84] ebd.
[85] Lauth, Schlottke & Naumann, Rastlose Kinder…, S. 15
[86] ebd.
[87] Lauth, Schlottke & Naumann, Rastlose Kinder…, S. 52 f.

eintönig wird; sie können nicht über eine längere Zeitspanne aufmerksam bei der Sache bleiben; sie legen ein Verhalten an den Tag, das wir als unaufmerksam, impulsiv und unruhig empfinden".[88]

Es ist davon auszugehen, „dass diese Probleme mit Minderleistungen in der Frontalregion des Großhirns (Neo-Cortex) zusammenhängen, die wie eine Art *Schaltstelle* funktioniert".[89] Ich kann das hier nicht in allen Einzelheiten weiter vertiefen. Tatsache ist, dass es sich hier um eine besondere Gruppe von Kindern handelt, die auch eine besondere pädagogische Herangehensweise verlangt.[90] Lauth, Schlottke & Naumann geben diesbezüglich eine Fülle an ganz praktischen und konkreten Hinweisen die auf einer wissenschaftlich untersuchten und in ihrer Wirksamkeit nachgewiesenen verhaltenstherapeutischen Vorgehensweise beruhen.[91]

Demnach ist es sehr wichtig, das Kind durch Lob und Anerkennung zu lenken[92]: „Aufmerksamkeitsgestörte Kinder lernen anders. Viele Erfahrungen laufen anscheinend – ohne Eindruck auf sie zu hinterlassen – wie eine Regenhaut von ihnen ab. Was für andere Kinder schon eine nachdrückliche Erfahrung ist, hinterlässt bei ihnen keine Spuren. Es dauert deshalb länger, bis sie sich an Spielregeln halten oder ein bestimmtes Problemverhalten unterlassen. Sie brauchen einfach mehr Rückmeldungen, mehr Bestätigungen. Bei ihnen ist es deshalb notwendig, Lob und Anerkennung gezielt einzusetzen." Ich habe nun selbst im Erziehungshilfe- und Lernbehindertenbereich erlebt, dass ich mit einem rein erfahrungs- und handlungsorientierten Unterricht bei diesen Kindern nicht weiterkam und suchte daher nach neuen Hinweisen, um meinen pädagogischen Umgang mit dieser Gruppe an Lernern anders zu gestalten.

---

[88] Lauth, Schlottke & Naumann, Rastlose Kinder..., S. 52
[89] ebd.
[90] vgl. auch Henle, K., Funsch, K. & M. Lang: Fördern von Kindern mit Aufmerksamkeitsstörungen durch strukturiertes Arbeiten nach dem TEACCH-Ansatz. In: Zeitschrift für Heilpädagogik 8, 2004, 369 – 379
[91] Lauth, G. & S. Freese: Effekt einer schulbasierten Behandlung von ADHD in der Bewertung von Lehrern und Eltern – eine Einzelfallstudie an vier Kindern. Heilpädagogische Forschung, Bd. XXIX, H. 1, 2003, 2 - 8
[92] Lauth, Schlottke & Naumann, Rastlose Kinder..., S. 92 f.

Was ich ebenfalls aus der Sicht des Schulpraktikers sehr gut nachvollziehen und hinsichtlich der Praktikabilität bestätigen kann, sind die beim Lernen und Bearbeiten von Aufgaben zu gebenden „strategischen Hilfen"[93], die etwa darauf zielen Gemeinsamkeiten zu bestimmen: *„Wie hast du denn die vorherige Aufgabe gelöst? ...Ja, genau. Und was ist jetzt anders?"* Oder: „Genau bestimmen, was gefragt ist: *Was sollst du genau herausfinden? Und welche Informationen hast du dazu schon?... Ja, gut. Was fehlt also noch?*

Sich vor der Lösung einen Plan zurechtlegen: *Wie gehst du vor?* Am Ende einer Lösungsphase noch einmal genau überprüfen, ob das Vorgehen oder das Ergebnis auch stimmt: *Stimmt alles?... Ich schaue lieber noch einmal nach!* Direkte Hilfen geben, z.B. beim Abschreiben einer Zeile die darunter liegenden Zeilen abdecken." Ich muss mich allerdings damit abfinden, dass in vielen Fällen solche Lernprozesse erst einmal sehr bruchstückhaft bleiben und nur allmählich aufgebaut werden können.

Andere sehr hilfreiche Empfehlungen sind die „Beziehung zum Kind zu verbessern", indem man sich etwa regelmäßig Zeit für das Kind nimmt, mit ihm spielt, ihm etwas vorliest und dergleichen, ohne jedoch dabei „zu belehren" oder das Kind „auszuhorchen".[94] Dies wäre ja ebenfalls auf die pädagogische Arbeit in Schulen oder anderen institutionellen Kontexten übertragbar, immer eine hinreichend gute personelle Ausstattung vorausgesetzt.

Weiterhin empfehlen Lauth et al.[95] „hinter dem Kind zu stehen", das heißt es zu stärken, Verständnis für seine Situation zu äußern, es zu verteidigen, wenn notwendig. Dabei ist es nach der Erfahrung der Autoren ebenso wichtig, eine „stabile innere Einstellung zu gewinnen."[96] Das Augenmerk sollte auf wichtige Verhaltensweisen gerichtet werden. Anderes problematisches Verhalten sollte ruhig einmal toleriert werden. Das wäre zugleich ein

---

[93] Lauth, Schlottke & Naumann, Rastlose Kinder…, S. 96
[94] Lauth, Schlottke & Naumann, Rastlose Kinder…, S. 72
[95] Lauth, Schlottke & Naumann, Rastlose Kinder…, S. 74
[96] Lauth, Schlottke & Naumann, Rastlose Kinder…, S. 75 f.

Plädoyer für eine gewisse Flexibilität und Variabilität im pädagogischen Verhalten, zumindest in Zusammenhang mit ADHS. Das Kind soll nach den Empfehlungen von Lauth et al. konstruktiv bei der Umsetzung seiner Ziele unterstützt werden. Dies wäre zugleich eine innere Haltung und Einstellung, wie sie in den meisten Coaching-Modellen fundamental ist. Ich werde später auf die Bedeutung des Coaching für die Erziehungshilfe- und Schulverweigererpädagogik ausführlicher eingehen. Die Energie sollte weniger zur Bekämpfung von Problemverhalten eingesetzt werden. Ich sollte versuchen, stets Humor und Überblick zu bewahren. Diese an Eltern adressierten und auf konkreten Therapieerfahrungen basierenden Empfehlungen können aus meiner Sicht ebenso handlungsleitend für professionelle Pädagogen wie Sozialpädagogen, Lehrkräfte usw. sein.

Weiterhin ist wichtig einen „Rahmen zu schaffen".[97] Hierbei geht es ums Strukturieren, das Schaffen von Klarheiten, das Treffen von Regelungen, das Planen von Abläufen und das Einrichten von Routinen. Es ist im Umgang mit ADHS-Kindern außerdem wichtig, „sich auf das Wesentliche zu konzentrieren".[98] Es wird geraten, sich „allgemein großzügig", in „bestimmten Dingen aber absolut konsequent" zu verhalten. „Wenn man auf jede Kleinigkeit reagiert, verschleißt man sich und läuft der Entwicklung meist hinterher".[99] Und wie sehr wird man sich erst verschleißen, wenn man im turbulenten Geschehen einer Sonderschulklasse auf alle von den Kindern oder Jugendlichen produzierten *Petitessen* reagieren wollte?

Interessant, da praxisrelevant und hilfreich ist auch der Abschnitt über die „Bedeutung von metakognitiven Prozessen".[100] Hierin geht es im Wesentlichen um „Selbstanweisungen" und „Selbstanleitungen", die das Kind schrittweise erlernt und anwenden kann: Fragen: *Was willst du erreichen?* Anweisen: *Langsam, der Reihe nach!* Anfeuern: *Klar, das klappt!* Beruhigen: *Du hast schon andere Dinge geschafft.* An Vorerfahrungen erinnern:

---

[97] Lauth, Schlottke & Naumann, Rastlose Kinder…, S. 76 f.
[98] Lauth, Schlottke & Naumann, Rastlose Kinder…, S. 81 f.
[99] Lauth, Schlottke & Naumann, Rastlose Kinder…, S. 81
[100] Lauth, Schlottke & Naumann, Rastlose Kinder…, S. 61 f.

Das Problem kennst du schon. Denk mal nach, was dir dazu einfällt".[101] Auch diese Konzepte erinnern in Vielem an die modernen Coaching-Ansätze, auf die ich noch genauer zu sprechen kommen werde.

Die spezielle Verhaltenstherapie für ADHS-Kinder nach dem Ansatz von Lauth et al.[102] zielt auf das Erlernen von Selbststeuerung, einem geplanten Vorgehen, Lernen von sozial angemessenen Verhaltensweisen und den Abbau von aggressivem Verhalten. Dies geschieht durch Gespräche, Rollenspiele, szenische Spiele, kommunikative Übungen u.a. Das Ganze vollzieht sich in einem beziehungsfördernden Rahmen, aufgelockert durch entlastende Spielsequenzen. Diese Vorgehensweise ist zwar nicht ohne weiteres auf Grund- oder Sonderschulunterricht o.ä. übertragbar, Elemente davon müssten sich jedoch auf spezielle Kleingruppen- oder gar Einzelförderungen an Schulen transferieren lassen.

Weitere Handlungsanweisungen für die erwachsenen Bezugspersonen von ADHS-Kinden sind das Aufstellen von wenigen zentralen Regeln[103], verbindliche Vereinbarungen[104], dem Kind zugleich Wahlmöglichkeiten einzuräumen[105], erfahrungsgemäß schwierige Situationen von vornherein zu vermeiden[106], dem Kind klare und knappe Anweisungen und nur die wichtigste Information zu geben[107]: „Sie sollten in der Nähe des Kindes sein, wenn Sie etwas Wichtiges sagen. Bei einem jüngeren und stark ablenkbaren Kind begeben Sie sich auf seine Augenhöhe, legen ihm die Hand auf die Schulter, üben ein klein wenig Druck aus und fahren mit der Hand sanft über seinen Rücken und nehmen dann Blickkontakt auf. Dann können Sie sicher sein, dass Sie seine volle Aufmerksamkeit haben."

Das ist natürlich erst einmal an Eltern gerichtet. Wenn Lehrkräfte oder andere Pädagogen ein Kind in der beschriebenen Wei-

---

[101] Lauth, Schlottke & Naumann, Rastlose Kinder..., S. 62
[102] Lauth et al., Rastlose Kinder..., S. 129 ff.
[103] Lauth et al., Rastlose Kinder..., S. 84 f.
[104] Lauth et al., Rastlose Kinder..., S. 85 f.
[105] Lauth et al., Rastlose Kinder..., S. 86
[106] Lauth et al., Rastlose Kinder..., S. 86 f.
[107] Lauth et al., Rastlose Kinder..., S. 91 f.

se *berühren* wollen, was sicher sehr sinnvoll sein kann, müssen sie allerdings erst systematisch ein Vertrauensverhältnis zum Kind aufbauen und zugleich eine Art Poetik der Körpernähe entwickeln, was viel Fingerspitzengefühl und Zeit braucht. Ich erinnere mich in diesem Zusammenhang an das Beispiel eines dreizehnjährigen Jungen, der in Abständen von vielleicht zehn bis fünfzehn Minuten zu mir kam, mich an die Schulter fasste oder mir gegen Brust, Bauch oder Rücken boxte (nicht zu fest) und mir so signalisierte: *Jetzt bin ich aufnahmebereit, jetzt bin ich ansprechbar.*

Aber selbst wenn ein Kind mit ADHS in solch intensiver Weise angesprochen wird oder angesprochen werden möchte, fahren die Autoren nun fort, ist das Folgende zu beachten: „Gehört heißt bei aufmerksamkeitsgestörten Kindern aber noch lange nicht verstanden, [...] nicht wirklich verarbeitet [...] Fordern Sie das Kind deshalb bei komplizierteren Dingen auf, zu wiederholen, was zu tun ist."[108] Wichtig für Lehrkräfte sind solche Ergebnisse und Erkenntnisse allein schon deshalb, weil hier deutlich wird, wie sinnlos und vergeblich es sein kann, sich vor eine gesamte Lerngruppe, in der sich verschiedene ADHS-Kinder befinden, hinzustellen und etwas zu sagen oder vorzutragen und dann zu erwarten, dass speziell auch diese Kinder das von mir Gesagte oder Mitgeteilte gehört, geschweige denn verstanden und verinnerlicht haben. Ich muss hier einfach andere Wege einschlagen und mein didaktisches Handeln diesen besonderen Bedingungen anpassen.

Zusammenfassend werden von Lauth et al.[109] Lehrkräften die folgenden Hilfestellungen für einen angemessenen Umgang mit ADHS-Kindern gegeben: „Dem Kind überschaubare Aufgaben stellen bzw. Aufgaben in Abschnitte mit Zwischenzielen aufschlüsseln. Verständliche Anweisungen geben bzw. sich vom Kind erklären lassen, was konkret zu tun ist. Locker bleiben, Phantasie und Humor walten lassen. Tadel und Vorwürfe unterlassen. [...] Immer wieder auf kleine Fortschritte achten. Sehen, was das Kind kann, seine Leistungsbereitschaft bzw. Ansätze

---

[108] ebd.
[109] Lauth, Schlottke & Naumann, Rastlose Kinder..., S. 110

dazu nutzen. Schon bei kleinen Erfolgen positive Rückmeldung geben, loben, Mut machen. Das Sozialverhalten durch feste Regeln lenken, auf deren Einhaltung bestanden wird. Negatives Verhalten im Ansatz unterbrechen und zur Selbstreflexion anregen (*Stopp! Denk erst mal darüber nach!*)."

„Der Lehrer soll das aufmerksamkeitsgestörte Verhalten als mangelnde Selbststeuerung interpretieren und solche Situationen, in denen die aufmerksamkeitsgestörten Kinder mit größerer Wahrscheinlichkeit Schwierigkeiten haben werden (z.b. Stillarbeit, Gruppenarbeit) deutlich vor Augen haben."[110] Die dem psychiatrischen Paradigma üblicherweise (und gelegentlich zurecht) entgegengebrachte Kritik, die Verwendung bestimmter Begrifflichkeiten und Konzepte könne eventuell Pathologisierungs- und Stigmatisierungstendenzen Vorschub leisten, trifft auf diesen Ansatz von Lauth et al. sicher nicht zu, selbst wenn er medizinisch-verhaltenstherapeutisch fundiert ist, wodurch auch gängige Zuordnungen von Therapiemethoden zu Paradigmen ins Wanken geraten.

Zum einen werden ja auch die „positiven Seiten und Stärken", die „Spontaneität", der „Sinn für Situationskomik" von Kindern mit ADHS hervorgeben.[111] „Sie sind ideenreich, kreativ, entdeckungsfreudig, flexibel, risikofreudig und unkonventionell." Sie zeigen „körperliche Fitness, Spaß an Bewegung, gestische Sicherheit und mimisches Talent – Fähigkeiten, die in vielen Bereichen genutzt werden können" (ebd.). Auch wird das auffällige Verhalten des Kindes mit ADHS, d.h. sein möglicherweise aggressives Verhalten, Trotzverhalten, Herumkaspern, das Abwerten anderer, sein Rückzugsverhalten, seine Ängste und Phobien, seine Stimmungsschwankungen usw. als kontextbezogenes Problemlösungsverhalten verstanden. Diese Verhaltensweisen des Kindes mit ADHS gehen auf seinen Wunsch zurück, „seine unglückliche Situation zum Besseren zu wenden".[112]

Im Abschnitt „erfolgversprechende Therapien" (S. 114) werden zusammenfassend die Verhaltenstherapie, eine Familienthe-

---

[110] Lauth & Freese, Effekt einer schulbasierten Behandlung..., S. 7 f.
[111] Lauth, Schlottke & Naumann, Rastlose Kinder..., S. 35 f.
[112] Lauth, Schlottke & Naumann, Rastlose Kinder..., S. 65 f.

rapie mit verhaltensorientierter Ausrichtung, die Medikation mit anregenden Mitteln, eine Kombination von Verhaltenstherapie und Medikation sowie Entspannungstrainings für das Kind genannt. Eine empirische Überprüfung des Therapieprogramms von Lauth & Schlottke bei Kindern mit ADHS fand anhand von Einzelfallstudien statt. „In den Beurteilungen sowohl der Eltern als auch der Lehrer wird der Therapie bei Therapieende eine große Wirksamkeit bescheinigt [...]. Das Verhalten in der Schule wird von den Lehrern hingegegen nach sechs Monaten weniger positiv als bei Therapieende beurteilt".[113] Die Autoren werfen die Frage auf, wie sich die positiven Effekte dauerhaft stabilisieren lassen und wie sich das ADHS-bezogene Lehrerverhalten optimieren lässt? Eine Lösung diesbezüglich könnte eventuell in der längerfristigen Zusammenarbeit von Wissenschaftlern, Therapeuten und Praktikern liegen.

V. Baulig[114], ein gestalttherapeutisch orientierter Sonderschullehrer, der im Bereich der Lernbehindertenpädagogik unter anderem mit ADHS-Kindern arbeitet, versucht, um hier auch eine andere Position zum Vergleich heranzuziehen, „Hyperaktivität in systemischer Sicht" zu fassen und zu problematisieren. Baulig kritisiert den engen Schulterschluss zwischen Verhaltenstherapie und Medizin, insbesondere die Behandlung mit anregenden Mitteln wie Ritalin. Er spricht, ähnlich wie R. Voss[115] von einer „Entmündigung durch Medikamentierung".[116]

Baulig formuliert seine Kritik wie folgt: „Was hat eine Psychotherapie im Rahmen der Hyperaktivität zu bieten, wenn sie mit *sedierten* Kindern arbeitet, die zudem für kreative und selbstbespiegelnde Prozesse ritalinbedingt nicht gut ansprechbar sind? Offensichtlich gelingt es vielen Verhaltenstherapeuten nicht, die Kinder im *Originalzustand* anzusprechen. Es passt aber zur Beziehung zwischen Verhaltenstherapie und Medizin, dass sie diesen Dienst weitgehend bedenkenlos übernimmt und sich als die

---

[113] Lauth & Freese, Effekt einer schulbasierten Behandlung..., S. 2
[114] Baulig, V.: Hyperaktivität in systemischer Sicht. Behindertenpädagogik 42. Jg., 2003, H. 1-2, 54 - 73
[115] Voss, R.: Anpassung auf Rezept. Stuttgart 1987
[116] Baulig, Hyperaktivität..., S. 58

kompatibelste Therapie für ein veraltetes linear-mechanistisches Denken der Medizin erweist. [...]
Umso bedenklicher ist es, wie viele Sonderpädagogen sich analog zu den Verhaltenstherapeuten in der Nähe zum Medizinsystem *sonnen* und unbefragt die Terminologie, die Sichtweise und die oft verkürzten Verhaltensvorstellungen übernehmen. Dadurch nehmen sie sich in elementarer Weise die Chance, Zugang zu diesen Kindern zu haben, zu erfahren, was sie brauchen und was ihnen helfen kann".[117]

Ich kann das nicht abschließend beurteilen. Jedoch halte ich es aufgrund eigener empirischer Erfahrungen aus verschiedenen Sonderschul- und Grundschulklassen nicht für erwiesen, dass Kinder, die Ritalin bekommen, für selbstreflexive Prozesse nicht mehr ansprechbar sind. Der Selbstreflexion sind natürlich Grenzen gesetzt, doch vor der Einnahme von Ritalin war ja oftmals *gar kein* Gespräch mit dem Kind möglich.

Hyperaktive Kinder geben in der Sicht des Sonderpädagogen und Gestalttherapeuten V. Baulig „pädagogisch weitgehend unverstandene Signale".[118] Er sieht insbesondere einen Zusammenhang zwischen der Zunahme des Problemkreises Hyperaktivität und Aufmerksamkeitsstörung sowie gesellschaftlichen Veränderungsprozessen: „Dass es immer mehr Kinder gibt, die sich in technologisch gesetzte Rahmenbedingungen nicht einfügen und auf ihre eigene Natur und auf ihre eigene Bedürftigkeit verweisen, Kinder, die sich *wegträumen*, Kinder, die halt- und orientierungslos sind, Kinder, denen sich ihr Körper aufdrängt, scheint die Kehrseite unserer seelenlosen Gesellschaft zu sein".[119]

Es handelt sich daher um eine Art kulturkritische Sichtweise auf das ADHS-Thema, indem Baulig die Verhaltensprobleme der Kinder hypothetisch auf die Unruhe und Hektik in der modernen Medien- und Selbstverwirklichungsgesellschaft, auf die immer mehr fluktuierenden Beziehungskonstellationen und instabilen Familienverhältnisse zurückführt.[120] „Leidet unsere Gesellschaft

---

[117] ebd.
[118] Baulig, Hyperaktivität..., S. 68
[119] Baulig, Hyperaktivität..., S. 60
[120] Baulig, Hyperaktivität..., S. 63 ff.

nicht an einem Aufmerksamkeitsdefizitsyndrom für das Kind, weil Erwachsene ihren Alltag immer hyperaktiver verbringen?" fragt Baulig[121] provokativ. Entsprechend sieht er „Kinder in ihrer seismographischen Dimension als Botschafter für das, was in unserer Welt aus kindlicher Sicht nicht so gut läuft".[122]

Es ist sicher richtig und wichtig, diese Frage vom Grundsatz her aufzuwerfen. Im Spezialfall ADHS, nicht bei allgemeinen hyperaktiven Verhaltensweisen von heutigen Kindern, scheint mir das dennoch nicht ganz zu greifen, denn die extrem hyperaktiven und aufmerksamkeitsgestörten Kinder beruhigten sich ja bei kaum einer der von mir angewandten Methoden, nicht bei großer Strenge und klarer Struktur, nicht bei Offenheit und Entgegenkommen, weder bei einfachen noch bei komplexen Lernaufgaben, weder bei Entspannungsübungen noch bei Bewegungsspielen, weder in engen Räumen, noch in freier Natur, während andere Kinder mit den verschiedensten Mischungen an Lern- und Verhaltensproblemen sehr wohl auf diese didaktischen Experimente oder Variationen *unterschiedlich* reagierten. Aber vielleicht sind Veränderungen bei den Kindern auch so schnell nicht zu erwarten, so lange sich die allgemeinen Lebensverhältnisse nicht ändern. Wenn es das ist, was Baulig meint, dann ist ihm vermutlich Recht zu geben.

Die ADHS-Kinder wurden erst dann ruhiger, wenn die Lerngruppe erheblich verkleinert wurde, etwa von 14 auf 2 oder 3 Schülerinnen oder Schüler, in einer Förderstunde. Die Schule muss sich im kritischen Diskurs von V. Baulig ferner die Frage gefallen lassen, ob sie nicht hyperaktives Verhalten von Kindern gar verstärkt? Er bezeichnet die Schule als „hyperaktive Institution", in der „sarkastisch gesprochen, viel gemacht wird, aber in der Gesamtbilanz zu wenig dabei herauskommt"[123], eine Sichtweise, die schon gelegentlich nachvollziehbar erscheint.

Eine interessante Perspektive, ohne Zweifel, und auf die Fälle ohne hirnorganische Besonderheiten mag sie auch zutreffen. Der durch Schulautonomie und PISA-Diskussion angeheizte pädago-

---

[121] Baulig, Hyperaktivität..., S. 72
[122] ebd.
[123] Baulig, Hyperaktivität..., S. 67

gische Aktivismus und das beinahe inflationäre Entwickeln von Konzepten und Projekten machen sicher die Lehrkräfte zunehmend hyperaktiv, was sich in der Tat in subtiler Weise auf die Schülerschaft in Form einer atmosphärischen Unruhe übertragen könnte.

Doch zu welchen Handlungsorientierungen kommt Baulig nun? „...das Mindeste, was wir diesen *ungestillten* Kindern geben sollten, ist, dass wir sie ernst nehmen in ihren Beunruhigungen, dass wir sie wahrnehmen in ihrer Halt- und Orientierungslosigkeit, dass wir dieses Verhalten als einen Spiegel unserer Erwachsenenwelt wahrnehmen und es nicht als medikamentierungsbedürftige Unsinnstrukturen abtun".[124]

Eine solche Deutungsperspektive ist bestechend und käme auch meinem eigenen, an Rousseau geschulten pädagogischen Denken entgegen. Allein der überaus enge institutionelle Rahmen, in den ich mit meinen vierzehn oder gar sechzehn Schützlingen (an der Schule für Lernbehinderte), je nach dem, *eingeschlossen* bin, scheint etwas anderes zu verlangen, ja zu erzwingen, will ich mich nicht nervlich oder gesundheitlich allzu schnell ruinieren. Es kommen hier mit enormer Wucht institutionelle Rahmenbedingungen ins Spiel, etwa ungünstige Lehrer-Schüler-Relationen, zu große Klassen, Überfrachtung der Klassen mit Problem- und Konfliktpotenzialen usw.

Auch die ein konkretes Klassengeschehen umgebende Schulkultur kann den pädagogischen Bewältigungsversuchen einer einzelnen Lehrkraft entweder unterstützend, ermutigend, verständnisvoll, oder missbilligend, entmutigend, vielleicht auch gleichgültig gegenüber stehen. Diese Rahmenbedingungen und Hintergründe wirken sich ja fundamental aus, nämlich auf alles, was im Mikrosystem einer einzelnen Lerngruppe geschieht oder nicht geschieht, weil es mitunter von außen kritisch beobachtet, abgelehnt, behindert oder aber unterstützt, gefördert und gewürdigt wird.

Habe ich etwa als Schulklasse eine überdurchschnittlich hyperaktive Gruppe und gehe am Ende des Unterrichtsmorgens

---

[124] Baulig, Hyperaktivität..., S. 62

öfter mit den Kindern in einen nahegelegenen Park, um ein Ventil für die aufgestauten Bewegungsbedürfnisse zu schaffen und meine letzten Energiereserven nicht zu verausgaben, weil bis zum Wochenende noch zwei oder drei Schultage zu *überstehen* sind, kann es etwa sein, dass bestimmte Kolleginnen dies als *mangelndes* pädagogisches oder didaktisches Engagement oder *Konzeptlosigkeit* interpretieren und bei kollegialen Zusammenkünften auch offen kritisieren. Solche, auf das notwendige Entwickeln einer akzeptierenden und unterstützenden kollegialen Kultur hindeutenden Zusammenhänge und Wechselbeziehungen müssten bei zukünftigen Forschungen (Applikationsforschung) ebenfalls Berücksichtigung finden.

Doch zunächst zurück zu V. Bauligs Sicht auf das Problem der Hyperaktivität. Interessant ist seine Hypothese, dass diese Kinder etwas *vermeiden*. Die „innersystemischen Abläufe und Befindlichkeiten beim hyperaktiven Kind" lassen sich im Sinne einer „gestalttherapeutischen Diagnostik" über die Frage aufklären, was hyperaktive Kinder „vermeiden"? Und was sie vermeiden ist: „Sichspüren, Nähe und Loslassen. Es wirkt, als ob ein Kampf gegen Innen und Außen geführt würde, ein Kampf, bei dem das Innen und das Außen durch projektives Oszillieren mehr und mehr zu verschwimmen drohen und bei dem nur schwer ein sicherer Ort von Ruhe und Beständigkeit gefunden werden kann. Gefühle, die im Inneren nicht angemessen eingebunden werden, können bewirken, dass man sich im aktiven Tun von ihrer Repräsentanz, ihrer Wahrnehmung abkoppelt.

Das Tun soll vor allem auch das Sich-Spüren, das offensichtlich mit negativen Assoziationen verbunden wird, verhindern. Die Handlungsorientierung trägt allerdings nicht hinreichend zur inneren Stabilisierung bei, weil Gefühlsinhalte reinszeniert werden und die Außenwelt in ihrer oft deutlich bis massiven Reaktion das innere Bedrohungspotenzial verstärkt. Dies wiederum kann einen erneuten Regelkreis des Aktivwerdens fördern."[125]

Es wird bei Kindern mit ADHS also das Vorhandensein eines bestimmten emotionalen, innerpsychischen Konfliktgeschehens

---

[125] Baulig, Hyperaktivität..., S. 66

angenommen, was vielleicht auch pädagogische Hoffnungen wecken könnte, diese internen Vorgänge zum Wohle des Kindes und zum Wohle seiner pädagogischen Bezugspersonen zu beeinflussen.

Abschließend gibt Baulig eine Reihe von konkreten Handlungsempfehlungen für den förderlichen Umgang mit ADHS-Kindern, Hinweise, die auf seiner eigenen didaktischen und pädagogisch-therapeutischen Arbeit mit Kindern und Jugendlichen an Sonderschulen beruhen. Vieles davon ist wahrscheinlich nur gestalttherapeutisch ausgebildeten Pädagoginnen und Pädagogen verständlich, weil es die Einweihung in besondere theoretische Zusammenhänge erfordert. Anderes erscheint ohne weiteres nachvollziehbar, verständlich und umsetzbar, ähnelt auch den weiter oben dargelegten Handlungsanleitungen von Lauth et al., etwa wenn es darum geht „Grenzziehung und Strukturierung zu intensivieren".

„Hyperaktive Kinder suchen Grenzen und Widerstand, denn sie spüren sich besser, wenn sie Reibung erfahren. Sie brauchen zudem durch Strukturen begrenzte Erfahrungsräume, die eine Überreizung vermeiden helfen und Anlehnung an Strukturen und überschaubare Abläufe ermöglichen".[126] „Von zentraler Bedeutung ist es, dass Erwachsene nicht nur die Verantwortung für das Kind tragen, sondern letzten Endes auch das Sagen haben und so das Kind seinen Rahmen erhält".[127] Als hilfreich sieht Baulig auch eine „dosierte Ruheanbahnung", „allerdings unter der Prämisse, dass dies selbstbestimmt und auch mit dem Gefühl erfolgt, ich kann mich auch durch Rückzug schützen. Insbesondere aber auch das Sichspüren im ruhigen Pol ermöglicht die Installierung anderer Erfahrungen, aber auch den Zugang zur oft bizarr abgewehrten Innenwelt".[128]

Und weiter: „Es gilt, das hyperaktive Verhalten als sinnvollen und erfahrungsbedingten Bewältigungsversuch anzunehmen. Bei allem Drängenden ist es positiv zu würdigen, dass diese Kinder in die Aktivposition gehen und dadurch Reibung erzeugen, Bezie-

---

[126] Baulig, Hyperaktivität..., S. 70
[127] ebd.
[128] Baulig, Hyperaktivität..., S. 91

hungsanfragen herstellen und uns tangieren".[129] Das hyperaktive Verhalten betrachtet Baulig dabei als „Decksymptom", mit dessen Hilfe versucht wird, Gefühle wie Trauer, Ohnmacht oder Verzweiflung abzuwehren.[130] Aus diesem, sicher interessanten Interpretationszusammenhang wird gefolgert, den Kindern die „Beziehungssicherheit" zu geben, die sie „einfordern".

Allerdings: „Tiefgründige Versuche, an die Gefühle heranzukommen (und das wäre ja ein zentrales gestalttherapeutisches Motiv oder Prinzip, J.B.) fördern hingegen die Bereitschaft, mit Angst und entsprechenden hyperaktiven Fluchttendenzen zu reagieren"[131], eine Position, die durch meine eigenen Praxiserfahrungen erhärtet wird. Es dürfen also keine allzu großen Hoffnungen gehegt werden, dass sich im Falle der ADHS-Kinder etwas Wesentliches an ihrem emotionalen Erleben, an ihren Lebenskonflikten usw. ändern ließe. Ja, es ist schon überaus schwierig, wenn nicht unmöglich, überhaupt an dieses emotionale Erleben heranzukommen. Haben sie etwas gezeichnet, ist es kaum möglich, mit diesen Kindern tiefergehend über das Dargestellte zu sprechen.

Es ist vielleicht auch eine Frage der Zeit. Auch das müsste noch eingehender erforscht werden. *Wieviel Zeit* benötigen pädagogische Beziehungen? Nach sieben Monaten intensiver Beziehungspädagogik gewannen die hyperaktiven Kinder in einer meiner Klassen schon an Verhaltenssicherheit, aber Themenstellungen, die in irgendeiner Form nach innen gerichtet waren, gleichgültig ob sprachlicher oder gestalterischer Art, wurden stets von ihnen abgewehrt, auch noch nach sieben oder zehn Monaten gemeinsamer pädagogischer Arbeit. Nun stellt sich die Frage, ob es nach ein, zwei oder drei Schuljahren vielleicht anders oder besser werden könnte? Detaillierte, prozessbegleitende Langzeitstudien wären gefragt.

Vorläufig gilt es, um wieder auf die Handlungsanleitungen von V. Baulig zurückzukommen, „das Kind in seinem hyperaktiven Verhalten aushalten können".[132] Und damit dies gelingen

---

[129] Baulig, Hyperaktivität..., S. 69
[130] ebd.
[131] ebd.
[132] ebd.

kann und möglichst wenig die Nerven einer Lehrkraft angreift, erscheint mir als pädagogischer Weg oder Ausweg, wie bei allen Phänomenen, die durch Abwehr und Stagnation gekennzeichnet sind, das Prinzip der *Variation*, um Bewegung und neue Handlungsspielräume in die häufig schwer aushaltbaren Situationen zu bringen. Dies kann etwa geschehen nach dem Muster Öffnen-Schließen, das heißt eine offene Struktur verwandelt sich situationsabhängig in eine engere, haltgebende Struktur oder umgekehrt. Ich werde später genauer auf diese methodischen Variationsmöglichkeiten zurückkommen.

Ich fand es sehr wesentlich, einmal das Thema ADHS genauer zu betrachten, durchaus ja von verschiedenen Seiten und kontrovers, weil ich diese Problematik in meinen bisherigen Texten eher vernachlässigt habe. Zwischenzeitlich wurde ich nun in erheblichem Maße an einer Schule für Lernbehinderte mit Aufmerksamkeitsschwierigkeiten und Hyperaktivität konfrontiert und auch erheblich *belastet*, dies gleich durch vier Kinder gleichzeitig in ein- und derselben Lerngruppe, in der auch weitere Interventionen, aufgrund qualitativ verschiedener und anders gelagerter Lernausgangsbedingungen, die mit einem Mangel an Selbststeuerung, sozialer Verwahrlosung, emotionalen Traumatisierungen u.a. in Zusammenhang standen, erforderlich waren.

BILDUNGSTHEORETISCHE BEZUGNAHMEN
Alles, was im folgenden über eine an Lebenswelten und Lebenserfahrungen orientierte Didaktik gesagt wird, ist nach Altersstufe oder Schultyp sowie konkretem situativem Kontext je anders zu gewichten, zu variieren, auszugestalten. Kernelemente der Lebensweltorientierten Didaktik sind individuelle Bildungsplanung und soziale Entwicklungsförderung auf der Grundlage eines Basisberichtes, der für jede einzelne Schülerin und jeden einzelnen Schüler fortzuschreiben und jeweils neu zu denken ist. Auf dieser Grundlage werden nun unterrichtsbezogene Ansatzpunkte entwickelt, die jedem einzelnen Heranwachsenden individuelles Lernen und persönliche Weiterentwicklung ermöglichen. Während die langfristigen und übergreifenden pädagogischen Richtziele der außerdem zu bewerkstelligenden inhaltlich geprägten didakti-

schen Entwürfe sowie die mittelfristigen Grobziele von Unterrichtsreihen und Unterrichtsprojekten im Prinzip für alle Schülerinnen und Schüler gelten, konkretisieren sich die gegenwartsbezogenen Feinziele situativ und individuell.

Das heißt, es muss jederzeit ein Spielraum bleiben für individuelle Erarbeitungen und Aneignungsprozesse. Die Gewährung dieses individuellen Spielraums, das Einbauen von Schleifen, Rückgriffen, Wiederholungen und didaktischen Variationen ist gerade für Jugendliche mit einer Verhaltensproblematik oder Verweigerungshaltung fundamental, damit sich ein Gefühl von Mitkommen, Zurechtkommen und relativem Unterrichtserfolg einstellt und nicht erneut aversive oder ausweichende Reaktionen provoziert werden. Es gilt, Motivation zu fördern und den Jugendlichen eine gewisse Autonomie innerhalb des Unterrichtgeschehens zuzugestehen. „Empowerment" wird zu einem Kernbegriff des hier praktisch-didaktisch umzusetzenden Bildungsideals.[133]

Die hiermit bezeichnete Selbstbefähigung, Selbstbemächtigung und Wiederaneigung von Möglichkeiten der Lebensgestaltung der Kinder und Jugendlichen ist verbunden mit einem emanzipatorischen Bildungsauftrag, der auf Kantischen Prämissen basiert.[134] Autonomie und Freiheit bilden den Kern dieser Erziehungsphilosophie. Sie sind zu ergänzen um das „Lernziel Solidarität".[135] Die Selbstbestimmungsbestrebungen finden daher ihre Eingrenzung in den „allgemeinen Gesetzen der praktischen Vernunft".

Angesichts der *Broken-Home*-Situation, in der viele Schülerinnen und Schüler mit schulaversivem Verhalten leben, muss die Schule immer stärker zum Lebensort werden, an dem grundlegende soziale Erfahrungen gemacht werden können.[136] Die Schu-

---

[133] vgl. Theunissen, G. & W. Plaute: Empowerment und Heilpädagogik. Freiburg im Breisgau 1995
[134] Kant, I. (1785): Grundlegung zur Metaphysik der Sitten. Darmstadt 1968, Bd. 6, hier: S. 63 sowie Kant, I. (1797): Die Metaphysik der Sitten. Darmstadt 1968, Bd. 7, hier: S. 345
[135] Richter, H.-E. (1974): Lernziel Solidarität. Gießen 1998
[136] Hentig, H. v.: Die Schule neu denken. Eine Übung in praktischer Vernunft. München & Wien 1993, hier: S. 184

le muss zumindest teilweise für viele Kinder und Jugendliche wohl oder übel eine Art Ersatz-Zuhause sein oder werden. Von Hentigs Version der Schule als „Polis", in der Mitbestimmung und Mitgestaltung, das Formulieren von Interessen und das konstruktive Austragen von Konflikten eingeübt werden[137] erscheint als ein richtungsweisendes Modell, von dem aus sich die pädagogischen Bemühungen um diese Zielgruppen begründen lassen.

Eingebunden in den übergeordneten theoretischen Kontext der kritisch-konstruktiver Didaktik arbeitet die Lebensweltorientierte Erziehungshilfepädagogik an der Umsetzung eines Bildungsbegriffes im Sinne von Selbstbestimmungs-, Mitbestimmungs- und Solidaritätsfähigkeit. Eine Konkretisierung dieser allgemeinen Ziele wird von Klafki[138] in Qualifikationen gesehen wie Kritik- und Urteilsfähigkeit, Kommunikationsfähigkeit, der Fähigkeit, einen eigenen Standpunkt zu vertreten, aber auch, ihn aufgrund besserer Einsichten korrigieren zu können. Ausgehend von hier erfolgen weitere bereichs- und fachspezifische Konkretisierungen.

Die Planung von Unterricht und sozialpädagogischer Projektarbeit geschieht im Sinne eines "offenen Entwurfs." Dieser soll Lehrenden und Lernenden ein "flexibles Unterrichtshandeln" ermöglichen.[139] Die Mitplanung des Unterrichts oder Projekts durch die Schüler gilt als wesentlicher Bestandteil.[140] Kriterien in der Auswahl und Begründung der Themen sind deren "Gegenwartsbedeutung", ihre "vermutete Zukunftsbedeutung" und ihre "exemplarische Bedeutung".[141] Unter dem Aspekt der Gegenwartsbedeutung stellt sich die "Frage nach den von den Kindern und Jugendlichen erfahrenen und praktizierten Sinnbeziehungen und Bedeutungssetzungen in ihrer Alltagswelt".[142] Exemplarische Bedeutung meint, dass sich am „potenziellen Thema allgemeinere

---

[137] Hentig, Die Schule neu denken..., S. 183
[138] Klafki, Neue Studien..., 1985, S. 219
[139] Klafki, Neue Studien..., S. 212
[140] Klafki, Neue Studien..., S. 200
[141] Klafki, Neue Studien..., S. 213 ff.
[142] Klafki, Neue Studien..., S. 216

Zusammenhänge, Beziehungen, Gesetzmäßigkeiten, Strukturen, Widersprüche, Handlungsmöglichkeiten erarbeiten lassen".[143]

HANDELNDES LERNEN, PROJEKTLERNEN

Bei einer Schülerschaft, die in Anbetracht von Sachanforderungen in überdurchschnittlicher Weise *aus dem Felde geht*, ist das Problem der "Zugänglichkeit" bzw. "Darstellbarkeit" einer Thematik bzw. "einzelner ihrer Momente und Teilzusammenhänge" von besonderer Bedeutung. "Zugänge können etwa über konkrete Handlungen, Spiele, Erkundungen, Rekonstruktionen oder Konstruktionen oder durch die Darstellung bzw. Verfremdung in Medien - Bildern, Modellen, Collagen, Filmen usw. - gewonnen werden. Hier muss - unter Bezugnahme auf die Bedingungsanalyse - nach gegebenenfalls sozialisationsspezifisch unterschiedlichen Zugangs- bzw. Darstellungsmöglichkeiten oder Darstellungsnotwendigkeiten hinsichtlich verschiedener Schwierigkeiten, Zugänge zur Thematik zu finden, damit zugleich nach möglichen *Störfaktoren* gefragt werden".[144]

Als ein günstiger Lernzugang bei Schülern mit Verhaltensproblemen oder Verweigerungshaltung, zugleich als wirksamer Gegenpol zu intellektueller Einseitigkeit und zum Verbalismus in den Lernprozessen, hat unter dem Aspekt von "Zugänglichkeit" einer Thematik bereits vielfach eine handlungsorientierte Vorgehensweise[145] in den Unterricht sowie in die sozialpädagogische Projektarbeit Eingang gefunden. Lernen geschieht dann erfahrungsbezogen, unter Einbeziehung der verschiedenen Sinne, von Kopf *und* Hand sowie im Umgang mit konkretem Material, Objekten, Werkzeugen, als sinnliche, manuelle *und* geistige sowie als selbstständige Tätigkeit, einem Lernen, wie es etwa von Reformpädagogen wie Kerschensteiner, Gaudig, Dewey, Freinet und anderen, praktiziert worden ist.

Handlungsorientiertes Lernen, wer sich darauf einlässt, hat das erlebt, ermöglicht gerade konfliktbelasteten Heranwachsenden neue Chancen für die Aneignung von Fertigkeiten und Kenntnis-

---

[143] Klafki, Neue Studien..., S. 218
[144] Klafki, Neue Studien..., S. 225
[145] Gudjons, H.: Handlungsorientiert lehren und lernen. Bad Heilbrunn 1992

sen, auch wenn die Lernziele erst einmal bescheiden formuliert werden und Lehrkräfte mitunter anfangs ein enormes Chaos und viel Unruhe *aushalten* müssen. Als besonders geeignet für Schüler mit besonderen Erziehungs- und Lernbedürfnissen ist eine solche Arbeitsweise dann anzusehen, wenn sie mit einer speziellen *thematisch-inhaltlichen* Vorgehensweise verknüpft wird, das heißt wenn integriert in die handlungsorientierten Lern- und Arbeitsprozesse eine Symbolisierung von konflikthaften Lebenserfahrungen bzw. Daseinsthemen erfolgen kann.

Dies ist etwa möglich, wenn im Sinne von Freinet kurze freie Texte gestempelt, gedruckt und anschließend reflektiert werden. Natürlich kann dies heutzutage alles besser und schneller mit Hilfe von Textverarbeitungsprogrammen auf Computern geschehen, doch wichtig sind hier ja gerade auch die haptischen, visuellen und olfaktorischen Sinneserfahrungen im Umgang mit den Buchstabenstempeln, der Druckfarbe und dem Vorgang des Druckens in der Presse selbst. Gerade in der produktiven Langsamkeit des manuellen Drucks liegen ja auch Erkenntnismöglichkeiten und besondere Erfahrungsqualitäten. Ein vom Schüler selbsttätig aus einzelnen Lettern gesetzter Satz ist vom Resultat her etwas ganz anderes als ein mit dem Computer ausgedruckter Satz. Beide Wege können sich selbstverständlich gegenseitig ergänzen.

Zum thematisch freien und lebenserfahrungs- bzw. lebensweltbezogenen Anfertigen von Texten im Rahmen des Schulunterrichts lassen sich bei F. Gansberg[146] historisch frühe Anregungen bekommen. Die freien Texte bieten eine Fläche, in die die jeweiligen Daseinsthemen, die konkreten Eindrücke und Erfahrungen, aber auch die tatsächlichen Lerninteressen der Kinder und Jugendlichen eingehen können.

Handelndes Lernen ist in besonderer Weise mit der Projekt-Idee verknüpft. Der von den USA ausgegangene Projektgedanke[147] stellt „Praxisbezug, Lebensnähe, Handlungsmöglichkeiten,

---

[146] Gansberg, F. (1914): Der freie Aufsatz, seine Grundlagen und Möglichkeiten. Berlin, Bonn, München 1954
[147] Dewey, J. & W. H. Kilpatrick: Der Projektplan. Weimar 1935. - Horn, E.: What is a project ? The elementary school journal 2, 1920/ 21, 112 - 116. - Kilpatrick, W. H.: How we learn. Calcutta 1929

Interessenbezug sowie das Anschließen an Vorerfahrungen" in den Vordergrund.[148] Projektlernen "macht Schluss mit der Partikularisierung der Welt zum Zwecke des Lernens im 45-Minuten-Raster der Schule." Die sonst übliche Zeitmessung und Zeitkontrolle, der die Lernprozesse unterworfen werden, wird im Rahmen des Projektlernens weitgehend aufgehoben. Als Merkmale bzw. Kriterien eines Projektes gelten Mitplanung durch die Lernenden, Interdisziplinarität, Bedürfnisbezogenheit, Produktorientierung, soziokultureller Zusammenhang und Kooperation.[149]

In einem Halbjahres*projekt* an einer Sonderschule für Lernbehinderte[150] ging es etwa um die künstlerische Gestaltung eines Treppenhauses bzw. Foyers im Sinne eines öffentlichen Raumes, der auch zu außerschulischen Veranstaltungen genutzt wird. Im Rahmen eines Studios, das von Schülergruppen aus verschiedenen Klassen besucht wurde, fanden einleitende Aktivitäten im ästhetischen und handwerklichen Bereich statt. Über Zeichnungen, Collagen, das Arbeiten mit Jugendzeitschriften, Pop- und Techno-Musik, Reproduktionen von Kunstwerken u.a. wurden die Interessen und Probleme der jugendlichen Schüler herausgearbeitet.

Die Idee, im didaktischen Bereich *in Projekten* vorzugehen, spiegelt sich etwa auch in den Lernprinzipien der „Freien Schule Essen" wider: „Selbstorganisation der Lerngruppe, Mit- und Selbstbestimmung der Schüler bei der Wahl der Inhalte und Unterrichtsthemen, der Festlegung der Unterrichtsziele, der Bestimmung der Methoden der Durchführung, der Erarbeitung der Probleme und Ergebnisse und der Beurteilung der geleisteten Arbeit" und damit die „Aufhebung der Isolation schulischen Lernens und die Verbindung zur außerschulischen Realität der Lebenswelt der Schüler und der gesellschaftlichen Umwelt. [...] Projekte dienen der Eigensteuerung der Sozialisation (etwa bei Themen wie: Jun-

---

[148] Otto, G.: Projekte in der Fächerschule? Plädoyer für eine vernachlässigte Lernweise. Kunst + Unterricht 181/ 1994, 35 – 37, hier: S. 35 ff.
[149] ebd.
[150] Bröcher, J.: Eigene Lebenswelt in bunten Farben. Ein Projekttag mit Künstlern an der Schule für Lernhilfe. Förderschulmagazin, 22. Jg., 2000, H. 5, 31 – 32

gen, Mädchen, Sexualität, Angst, Aggression, schichtspezifische Sozialisation), der Vermittlung von Sachwissen, der Herstellung von Produkten und der Bewältigung konkreter Lebenssituationen (Wohnen, Freizeit, Werbung, Politik, Arbeit usw.)."[151]

Sind solche Dokumentationen und Entwürfe nicht längst historisch zu nennen? Besitzen sie noch Bedeutung für unsere pädagogische Gegenwart? Besitzen wir noch den sozialen Veränderungsoptimismus der 1970er Jahre? Es wäre gut, wenn wir nur einen Bruchteil davon wiedergewinnen würden. Das, was die Mädchen und Jungen im Sinne von Daseinsthemen beschäftigte, bildete bei dem bereits oben erwähnten Sonderschulprojekt die Inhalte der Bildtafeln: Geschwindigkeit (Motorräder, Autos, Mofas), Mode, Outfit, Lebensstile, Verhaltensweisen, Liebe und Sexualität, Gewalt und Brutalität, Sinnvorstellungen, die sozialen Beziehungen zu Lehrern und Mitschülern, das Zusammenleben mit den Eltern, das multikulturelle Miteinander in der Schule und außerhalb.

Diese Themen lassen sich zunächst auf einer zeitlich-biographischen Skala ordnen, indem *Lebensphasen* in den Vordergrund gestellt werden: Hier die Adoleszenz mit ihren Rollenvorstellungen, Übergängen, Brüchen, Verunsicherungen, dem Ringen um Identität, auch in Verknüpfung mit der gewesenen Kindheit und dem bevorstehenden Erwachsenwerden, den Vorstellungen der Jugendlichen vom Erwachsensein. Die bildhaft bearbeiteten Themen lassen sich ebenfalls auf einer räumlich-sozialgeographischen und einer soziokulturellen Skala anordnen, indem die Ausdehnung, die Vielfalt, der Anregungswert und der Spannungsgrad von *Lebensbereichen* in den Vordergrund des Auseinandersetzungsprozesses gestellt werden.

Lernen in Projekten erfordert Lernverhaltensweisen auf Seiten der Kinder und Jugendlichen, die nicht nur im Bereich des Sonder- oder Sozialpädagogischen oft erst Schritt für Schritt aufgebaut werden müssen. Die Pädagogin oder der Pädagoge muss vorstrukturieren, unterstützen und begleiten: „Der Erwerb der

---

[151] Autorengruppe Freie Schule Essen: Die Freie Schule Essen. In: Borchert, M. & K. Derichs-Kunstmann: Schulen, die ganz anders sind. Frankfurt am Main 1978, 63 – 92, hier: S. 76 f.

dazu notwendigen Planungsfähigkeit steht in einer wechselseitigen Beziehung zum Lehrerverhalten.

Wir Erwachsenen müssen die Kinder unterstützen, ihre Interessen deutlich zu machen. Dies kann durch unmittelbares Aufgreifen der geäußerten Wünsche der Kinder geschehen. Wichtiger, aber auch schwieriger ist es, dass der Lehrer aufgrund seiner Beobachtungen der Kinder deren Interessen antizipiert und weiterführende Bearbeitungsmöglichkeiten aufzeigt. Er muss seine Angebote in diesem Sinn strukturieren und an die Kinder herantragen. Dabei ist es wichtig, dass er nicht stur an seiner Planung festhält, sondern diese ständig am laufenden Arbeitsprozess orientiert."[152]

Es ist davon auszugehen, dass sich in einem solchen Arbeitsprozess Spannungen und Konflikte mit der Zeit reduzieren, dass die Schüler „gerade dann ein hohes Maß an Planungsfähigkeit und Durchhaltevermögen zeigen, wenn sie ihre subjektiven Bedürfnisse in der Arbeit befriedigen können".[153] In der Durchführung des Jugendkultur-Projektes wurde versucht, eine Balance zwischen Strukturierung und Prozesshaftigkeit zu finden. Wer Orientierung brauchte, konnte diese finden. Wem es um Autonomie bzw. Handlungsspielräume ging, sollte nicht darum kämpfen müssen.

Das Spektrum der anfallenden *praktischen* Arbeiten und Aufgaben umfasste: Das Ausmessen der Treppenhauswände, das Bestellen von Holz in einer Schreinerei, das Anfertigen von ersten Planungsentwürfen für die Bilder, das Treffen von Absprachen mit Schulleitung, Hausmeister, Lehrerinnen und Lehrern; die Befragung der anderen, nicht beteiligten Schülerinnen und Schüler hinsichtlich ihrer projektbezogenen Ideen, Interessen und Vorstellungen; das Vermessen und Sägen der Holzplatten, das Verleimen der Sperrholzplatten mit Dachleisten zu großformatigen Malgründen, das Grundieren der Malgründe; das Abmessen, Zusägen und Lackieren von Rahmenleisten bis hin zum Aufhän-

---

[152] Lehrergruppe Glockseeschule: Die Glockseeschule Hannover. In. Borchert & Derichs-Kunstmann, Schulen die ganz anders sind... , 41 – 62, hier: S. 52
[153] Lehrergruppe Glockseeschule, Die Glockseeschule...., S. 55

gen der Bilder sowie dem Herstellen und Anbringen von Schrifttafeln.

Die verwendeten ästhetischen Verfahren stellten Kombinationen aus Malerei, Zeichnung und Collage dar. Das gegebene ästhetische Darstellungs- und Ausdrucksniveau bzw. -repertoire der Schülerinnen und Schüler legte nahe, auf Hilfsmittel zurückzugreifen, wie die Verwendung von einzuklebenden Bildteilen, das Projizieren von aus der Kunst entlehnten Umrisszeichnungen mit einem Overheadprojektor, schließlich das Nachzeichnen, das erneute Kombinieren und Ausgestalten dieser Umrisszeichnungen. Im nächsten Schritt wurde eine Gruppe von Künstlerinnen bzw. Künstlern und kunsttherapeutisch arbeitenden Pädagogen aus verschiedenen Berufsfeldern eingeladen, um einen Samstag lang mit den Schülerinnen und Schülern an den Bildtafeln zu den genannten Themen zu arbeiten.

Eine Schülergruppe produzierte etwa eine großflächige Malerei zum Thema "Hass, Gewalt, Rechtsradikalismus". Der künstlerische Prozess zielte auf das Erarbeiten eines angemessenen symbolisch-bildhaften Ausdrucks für diese Problematik. Die nachfolgende Exploration richtete sich auf das Herausarbeiten von Anknüpfungspunkten für solidarisches Verhalten mit potentiellen Opfern rechtsradikaler Übergriffe.

Eine andere Bildtafel trägt den Titel "Die Kraft, der Stier, der Catcher" und zeigt im Zentrum einen bulligen Kraftmenschen. Zwei fünfzehnjährige Schüler haben in Kooperation mit einer Kunstpädagogin daran gearbeitet. An Themen und Reaktionsformen werden sichtbar: Die Auseinandersetzung mit der männlichen Identität und das Sich-Behaupten in einem Leben unter erschwerten Bedingungen. Wir haben es hier zu tun mit einer „Somatik der Darstellung", genauer: einer „Somatik der Kraft"[154], hinter der sich möglicherweise diverse Konfliktthemen, aber auch kompensatorische und restituierende, wiederherstellende Potenziale verbergen könnten.

---

[154] Shusterman, R.: Die Sorge um den Körper in der heutigen Kultur. In: Kuhlmann, A. (Hrsg.): Philosophische Ansichten der Moderne. Frankfurt am Main 1994, 241 – 277, hier: S. 248 ff.

In den sachbezogenen Bearbeitungsprozessen könnte auch die bereits von Adorno und Horkheimer[155] geäußerte Kritik aufgenommen werden, der zufolge die kapitalistisch geprägte Kultur über Werbung und Alltagsästhetik möglicherweise falsche Bilder von körperlicher Vollkommenheit verbreitet, denn die „Somatik der Darstellung" basiert im Gegensatz zur innenorientierten „Somatik des Erlebens"[156] auf einer verdinglichten Vorstellung des Körpers. Der Körper wird zum Objekt. Ein interessantes Thema auch für heutige Jugendliche, speziell für Risikojugendliche, wie wir sie im Erziehungshilfe- und Schulverweigererbereich antreffen.

Berücksichtigt man ferner den von P. Bourdieu[157] herausgearbeiteten Zusammenhang, dass die körperorientierten Praktiken schicht- bzw. milieuspezifisch variieren, wäre hier insbesondere mit Blick auf den Erziehungshilfe- und Schulverweigerer-Bereich ein bestimmtes Feld an Vorstellungen, Identitätskonzepten, Konfliktthemen usw. abgesteckt, das pädagogisch und in Ansätzen auch therapeutisch beackert werden kann und muss.

Ich halte diesen gesamten thematischen Zusammenhang in der Arbeit mit Jugendlichen für hochgradig beziehungsstiftend und kommunikationsfördernd. Während meiner Zeit an einer Sonderschule für Lernbehinderte sprachen mich etwa während der Pausenaufsicht oder im Treppenhaus der Schule gelegentlich jugendliche Schüler auf die Tatsache an, dass ein Freund von ihnen oder gar sie selber, mich beim Training in einem Fitnessstudio gesehen hätten. Sogleich entwickelte sich ein Gespräch über die Geräteausstattung, die Trainingsmöglichkeiten und die Preise in jenem Studio, insbesondere im Vergleich zu anderen Sportstudios in der Gegend.

Zu anderen Zeiten kamen wir auch über Aikido oder Tai Chi als Methoden der Selbstverteidigung ins Gespräch, über die Un-

---

[155] Adorno, T. & M. Horkheimer: Dialektik der Aufklärung. Amsterdam 1947, hier: S. 277 u. 279
[156] Shusterman, Die Sorge um den Körper…, S. 246 ff.
[157] Bourdieu, P. (1979): Die feinen Unterschiede. Kritik der gesellschaftlichen Urteilskraft. Frankfurt am Main 1993, 6. Aufl., hier: S. 334 ff.

terschiede zu Karate und Kickboxen oder Ähnliches.[158] Wohlgemerkt, diese oftmals inhaltlich schwer oder gar nicht zu erreichenden Jugendlichen *kamen auf mich zu* und *verwickelten mich in ein themenbezogenes Gespräch*, fragten mich etwas, hörten zu, fragten in speziellen Aspekten gezielt nach, erzählten selbst etwas, demonstrierten Interesse. Sonderschulen und andere Problem-Schulen brauchen vielleicht *Trainingsräume*, aber solche mit Hanteln, Gewichten, Brustpressen, Latzügen und Spiegeln. Vielleicht könnten wir mit vielen Jugendlichen genau auf dieser somatischen Ebene mit der identitätsfördernden Arbeit beginnen und ins Gespräch kommen.

Die hierin liegenden pädagogischen Chancen und Möglichkeiten müssten einmal gründlich erforscht werden. Wie motivierend das für die Jugendlichen sein kann, wie gewissenhaft und konzentriert sie arbeiten, wenn es ihnen um etwas subjektiv Bedeutungsvolles geht, das sehe ich ja auf der Trainingsfläche im Sportpark. Wie sollte ich mich gegenüber Sonderschul- oder Hauptschulabsolventen verhalten, die ich gelegentlich gar unter der Dusche des Fitnessstudios oder in der Sauna wiedertreffe, wenn ich sie zuvor in die apparative Disziplinierungsmaschinerie des „Trainingsraums für eigenverantwortliches Denken und Handeln"[159] hineingezwungen hätte? Ja, sie brauchen oftmals Training, aber eines, dass die zumeist fragile, wenn nicht gar beschädigte Identität aufbaut und schützt.

Und die Jugendlichen sollen mich, wenn wir uns einmal auf einer Trainingsfläche eines Sportstudios wiedertreffen, gleichgültig, ob sie noch in der Schule sind oder diese schon abgeschlossen haben, nie anders als unterstützend, wohlwollend, zugewandt und an ihrer persönlichen Entwicklung interessiert erleben, auch wenn es sich natürlich um unterschiedliche Rollenkontexte handelt.

Doch noch einmal zurück zu jenem Jugendkultur-Projekt. Eine andere Bildtafel dreht sich um Szenen wie Punks, Skater oder

---

[158] vgl. zu dieser Thematik auch die Arbeiten von Arwed Marquardt, z.B.: Psychoanalytische Pädagogik und Kampfsport – eine mögliche Allianz? In: Behindertenpädagogik 38. Jg., H. 2, 1999, 187 - 202
[159] Bründel, H. & E. Simon: Die Trainingsraum-Methode. Beltz, Weinheim 2003

Rapper. Die explorativen Gespräche brachten hier etwas aus den alltagsästhetischen Episoden der Jugendlichen an den Tag. Die sich übereinanderlagernden, zum Teil miteinander verschmelzenden Bildausschnitte reflektieren die Gesten, Verhaltensmuster, Rituale, die Formen sich zu geben, sich zu kleiden, sich zu bewegen, etwa auf Skateboards oder zu Rap-Musik. Es zeigt sich etwas zu bestimmten Formen des Sprechens, des Miteinander Redens sowie die in diesen Symbolzusammenhängen enthaltenen Wünsche nach Anerkennung durch eine spezifische Peer-Gruppe, die Wünsche nach Nähe, vielleicht gar Zärtlichkeit, aber auch nach Abgrenzung, Distanz, Autonomie und Unabhängigkeit.

Das gesamte Triptychon, zu dem auch die bereits beschriebene Bildtafel gehört, dreht sich inhaltlich um jugendkulturelle Phänomene wie Rap oder Skaten, aber auch um das Thema Sexualität. Aufgrund der Vielfalt, des komplizierten In- und Nebeneinanders der aufgetauchten jugendkulturellen und alltagsästhetischen Phänomene, des vielfach gebrochenen Verhältnisses zur Lebenswirklichkeit, lag die Verwendung des Prinzips Collage nahe, das heißt es wurde gemalt, gesprüht, gezeichnet. Bildteile wurden zerrissen, eingeklebt, wieder abgerissen, übermalt, überklebt, übersprüht usw.

W. Zacharias[160] versteht die Collage-Wirklichkeit als "Summe von Wirklichkeiten". Die "Wirklichkeit, in der man selbst und andere verstrickt sind", betrachtet er als eine "Art Collage ineinander verschachtelter, unterschiedlicher Wirklichkeiten. Für K.-J Pazzini[161] ist Collage die "Auseinandersetzung mit Uneinheitlichkeit, mit der möglichen Zusammengehörigkeit von Fragmenten." Als Bildform habe ich, in Absprache mit den Künstlerinnen und Künstlern den Schülerinnen und Schülern das Triptychon deshalb vorgeschlagen, weil diese Bildanordnung so etwas wie einen übergeordneten Symbolzusammenhang darstellt, der auch auf Sinngehalte und Sinnfragen verweist.

Die etwa zwanzig Bildtafeln wurden, stets zu Triptychen zusammengefasst, im Foyer der Schule aufgehängt. So wurde, über

---

[160] Zacharias, W.: Der (kultur-)pädagogische Alltag ist eine Collage. Kunst + Unterricht, H. 100, 1986, 43 - 47, hier: S. 43
[161] Pazzini, K.-J.: Collage. Kunst + Unterricht, H. 100, 1986, 20 – 24, hier: S. 22

den Herstellungsprozess hinaus eine Auseinandersetzung der Schülerinnen und Schüler mit ihren Lebenswelten und den darin enthaltenen Daseinsthemen bzw. Konfliktthemen ermöglicht. Mit der Wahl des Triptychons fand eine Bildform Verwendung, die zwar nach und nach säkularisiert worden ist, man denke etwa an die Arbeiten von Otto Dix oder Max Beckmann, die aber dennoch etwas von der traditionell gemeinten sakralen Überhöhung vermittelt.[162]

Aufschlussreich erscheint am Rande die Beobachtung, dass die Schüler die Form des Triptychons eher mit ihrer dreiteiligen Schultafel in Verbindung brachten als mit religiösen Altarbildern. Wir deckten damit den Zusammenhang auf, dass die Form des Triptychons als "zentrales didaktisches Bildmittel der Verdeutlichung und Beeinflussung" (Lenz-Johannes) aus dem kirchlichen in den schulischen Bereich übernommen worden ist. Vor diesem wohl überwiegend nur unbewusst verfügbaren Bedeutungshintergrund wurde von mir die durchaus kritisch zu verstehende Frage aufgeworfen, ob den Inhalten und Werten der Jugendkultur in der Gegenwartsgesellschaft nicht auch quasi *religiöse*, sinnstiftende Bedeutung zugemessen wird, oder solche sinnstiftenden Beziehungen hier nicht wenigstens von den Heranwachsenden erwartet oder ersehnt werden? Indem die jugendkulturellen Inhalte in die altgeheiligte sakrale Gestalt gekleidet werden, enthüllen sie sich möglicherweise selbst als ein Art Religion bzw. als kommerzialisiertes Religionssubstitut. Im Ansatz ließ sich mit den Jugendlichen schon über diese Thematik sprechen.

Abschließend stellt sich die Frage, warum das Vorgehen in Projekten im Bereich der Schule, insgesamt gesehen, so wenig Verbreitung gefunden hat, obwohl doch zahlreiche konfliktbelastete Schülerinnen und Schüler an Grund- und Hauptschulen, Gesamtschulen, Sonderschulen von den *anderen* Lern- und Arbeitsformen profitieren könnten? Die Projektidee taucht häufig eher in einer rudimentären Gestalt auf, etwa in Form von *Projektwochen*, in denen von den Schülern, inhaltlich bereits vorstrukturierte Ar-

---

[162] Lenz-Johannes, M.: Triptychon. Kunst + Unterricht, H. 127, 1988, 17 – 21, hier: S. 17 ff.

beitsgemeinschaften gewählt werden können oder in denen der Schulhof begrünt wird. Schlimmstenfalls bepflanzen die Schüler einen Betonblumenkübel, den die Stadtverwaltung in Absprache mit dem Schulleiter an einer bestimmten Stelle des Schulhofes niedergesetzt hat. Schon mehr Handlungsmöglichkeiten räumt das Bauen eines Indianertipis aus Weidenruten im Rahmen einer „Grünen Woche" ein, wenngleich den Kriterien für *echte* Projekte hier bei weitem nicht Genüge getan wird.

Eventuell könnte die weit verbreitete Unlust von Lehrerinnen und Lehrern an den projektorientierten Vorgehensweisen zusammenhängen mit der „stillschweigenden Weigerung, das System der entfremdeten, abhängigen, z.T. sinnlosen Arbeit, das den meisten Menschen ein (relativ, J. B.) unabhängiges Leben in einem angemessenen privaten Raum ermöglicht, in Frage zu stellen".[163] Auch das Unterrichten im 45-Minuten-Rhythmus, die Ritualisierung und Standardisierung des Lernens mit Hilfe von Arbeitsblättern oder Übungsprogrammen, leider auch an Sonder- und Integrationsschulen noch sehr verbreitet, muss ja als eine Art von entfremdeter, abhängiger und oft genug sinnloser Arbeit angesehen werden. Die Unterrichtenden bezahlen für ihre eigene Versorgung somit auch den Preis einer „Deformierung".[164] Diese Deformierung zeigt sich darin, dass sie in ihren didaktischen Möglichkeiten eingeschränkt sind, dass sie zweifellos vom System eingeschränkt wurden und dass sie sich, im Sinne eines Kompromisses, einer Art Gegenleistung für die Versorgung durch den Staat, selbst eingeschränkt haben.[165]

Hinzu kommt sicher, dass die strukturellen und personellen Bedingungen in vielen institutionellen Kontexten einfach nicht ausreichend oder adäquat für eine fundierte projektorientierte Arbeit sind. Die Lerngruppen sind, gemessen an den in ihnen enthaltenen Schwierigkeiten und Herausforderungen, oftmals viel zu groß oder personell zu schwach besetzt. Die diesbezüglichen

---

[163] Taylor, C.: Die Unvollkommenheit der Moderne. In: Honneth, A. (Hrsg.): Pathologien des Sozialen. Die Aufgaben der Sozialphilosophie. Frankfurt am Main 1994, 73 – 106, hier: S. 95
[164] ebd.
[165] vgl. auch H. v. Hentig: Systemzwang und Selbstbestimmung. Stuttgart 1969

Zustände im Bereich der Lernbehindertenpädagogik sind zum Teil eklatant. Allein, um sich nicht völlig zu verausgaben, erscheint es sinnvoll, über weite Strecken bescheidenere Lernangebote zu machen und in gewissen Abständen komplexere, anspruchsvollere Projekte gemeinsam mit den Lernenden zu planen und durchzuführen. Man kann das niemandem vorwerfen, geht es doch aus Sicht der Lehrkräfte unter anderem auch um ein solides Energiemanagement, wenn sie noch einige Jahre länger in einem solchen System arbeiten und überleben wollen.

BALANCE ZWISCHEN SCHÜLER- UND SACHORIENTIERUNG

Lebensweltorientierter Unterricht bewegt sich nun stets zwischen Schülerorientierung und Wissenschaftsorientierung bzw. Sachorientierung, während die sozialpädagogische Projektarbeit in der Regel von vorneherein eher subjektorientiert ausgerichtet ist. "Schülerorientierung" lässt sich mit Klafki[166] auffassen als "Berücksichtigung der gegenwärtigen individuellen und sozialen *Lebenswelt*, der *Alltagswirklichkeit* der Schüler" im Rahmen des unterrichtlichen Geschehens. Diesem didaktischen Prinzip folgen etwa Erkundungen und Analysen im Sinne des Schaffens einer Ausgangsbasis für die Lebensweltorientierte Didaktik.

"Wissenschaftsorientierung" als didaktisches Prinzip bezieht sich dagegen auf die "Bedeutung der Wissenschaften für die Vermittlung eines angemessenen Wirklichkeits- und Selbstverständnisses sowie einer entsprechenden Handlungsfähigkeit der (jungen) Menschen in der modernen [...] Welt".[167] Konkret bedeutet dies, Fragen zu stellen, Informationen zu beschaffen, Sachzusammenhänge zu durchdringen, eine Auseinandersetzung mit relevanten Fragen und Problemen, die aus dem "Interessen- und Erfahrungskreis der Schüler stammen".[168]

Vorläufer dieses Prinzips, die Lebenserfahrungen, die Lebenswirklichkeit der Schüler mit sachbezogenen Themenbearbeitungen zu verknüpfen, können in der unterrichtlichen Praxis vieler Reformpädagogen gesehen werden, etwa L. Gurlitt, B. Otto,

---

[166] Klafki, Neue Studien..., 1985, S. 112
[167] ebd.
[168] Klafki, Neue Studien... , S. 115

H. Scharrelmann, F. Gansberg, C. Freinet, ferner in den Freien Schulen der 1970er Jahre.[169] Wichtige Impulse zu einer Verknüpfung der schülerorientierten mit einer wissenschaftsorientierten didaktischen Vorgehensweise gingen bzw. gehen ferner von den Schriften von v. Hentig aus.[170]

Anhand exemplarisch behandelter Schlüsselprobleme wird es aus Klafkis Sicht weiterhin darum gehen, aufzuzeigen, was „Wissenschaften für die Aufklärung von individuell und gesellschaftlich bedeutsamen Lebensproblemen leisten können und wo gegebenenfalls ihre Grenzen sind".[171] Die „polare Beziehung" zwischen Schülerorientierung und Wissenschaftsorientierung darf dabei nicht zugunsten des einen Pols „abgespannt" werden. Ansonsten besteht die „Gefahr, dass die Schule erstens ihre Ziele nicht erreicht und zweitens die Schüler nicht erreicht".

Muss die Schule also „von allem entlastet werden, was nicht Unterricht ist" und so ihre Leistungskraft steigern?" Oder muss die Schule „in einen Lebens- und Erfahrungsraum umgewandelt werden, in dem Pädagogik überhaupt erst möglich wird?" Hartmut von Hentig schreibt in seinem Essay „Bildung", dass beide diese Ansätze „in die Irre führen, wenn nicht klar herausgearbeitet wird, was Bildung sein und leisten soll." „Die eine Schule ist in Gefahr, eine Erziehung zur Anpassung der Schüler an die gesellschaftliche Entwicklung zu werden. Die andere Schule ist in Gefahr, ihre Aufgabe mit Sozialpädagogik zu verwechseln. Aus beiden werden keine Menschen hervorgehen, die sich zutrauen, die Verhältnisse zu beurteilen und zu verändern."[172]

---

[169] vgl. den Überblick von M. Borchert & K. Derichs-Kunstmann: Schulen, die ganz anders sind. Frankfurt am Main 1978

[170] Hentig, H. v.: Systemzwang und Selbstbestimmung. Über die Bedingungen der Gesamtschule in der Industriegesellschaft. Stuttgart 1969. – Ders.: Schule als Erfahrungsraum. Stuttgart 1973. – Ders. (1976): Was ist eine Humane Schule? München, Wien 1987 (aktualisierte Neuausgabe). – Ders.: Die Schule neu denken. Eine Übung in praktischer Vernunft. München & Wien 1993. - Hentig, H. v. (im Gespräch mit R. Winkel): Phänomene klären und Verhältnisse ändern. Westermanns Pädagogische Beiträge 12, 1985, 590 – 594 u.a.

[171] Klafki, Neue Studien..., S. 113

[172] Hentig, H. v. (1996): Bildung. Ein Essay. Weinheim, Basel 2004, 5. überarb. Aufl., hier: S. 2

Ein ausschließlich wissenschaftsorientierter Unterricht würde außerdem Schüler mit Verhaltensproblemen oder Verweigerungstendenzen nicht erreichen und an ihrem eigentümlichen Selbst- und Welterleben vorbeigehen. Ein fruchtbarer Lern- und Arbeitsprozess würde erst gar nicht in Gang kommen, weil die *Zugänglichkeit* zur Thematik nicht gegeben wäre. Außerdem wäre bei einer ausschließlich wissenschafts- bzw. sachbezogenen Vorgehensweise bei problematischen Kindern und Jugendlichen mit ausweichenden bzw. destruktiven Reaktionsformen zu rechnen. Andererseits kann Unterricht, auch nicht der Unterricht im Erziehungshilfe- und Schulverweigerersektor, völlig im Sozialpädagogischen aufgehen.

Besondere Chancen liegen daher eher in dem Versuch, Unterricht auf dem Prinzip der „Selbstregulierung"[173] aufzubauen, „die Kinder als lernende Subjekte zu begreifen, das heißt sie in ihren sozialen Beziehungen und ihren lebensgeschichtlichen Situationen sehen, sie ernst nehmen in ihren Bedürfnissen und Interessen, ihre speziellen Formen der Realitätsaneignung unterstützen, Bedingungen herstellen, in denen sie ihre Erfahrungsfähigkeit erweitern und Autonomie entwickeln können."

Diese Passage wurde 1979 veröffentlicht. Ich meine, sie sei dennoch hochaktuell.[174] Meinem eigenen didaktischen Standpunkt liegt ferner die Überzeugung zugrunde, ähnlich der Autorengruppe der Freien Schule Essen[175], „dass demokratische Selbst- und Mitbestimmung praktisch gelebt werden kann." Die Schule wird daher in den Worten von v. Hentig[176] als „polis" gesehen, als „Erziehung zur Politik im Sinne von Demokratie, Aufklärung, Vernünftigkeit und Solidarität." Natürlich kann es in diesem Prozess nicht darum gehen, eine totale Schülerorientierung zu praktizieren, weil so ein Verharren der Heranwachsenden

---

[173] Lehrergruppe Glocksee-Schule, Die Glocksee-Schule..., S. 44 f.
[174] Negt, O.: Schule als Erfahrungsprozess. Gesellschaftliche Aspekte des Glocksee-Projektes. In: Ästhetik & Kommunikation 22/ 23, 1975/ 76, 6/ 7. Jg., 36 - 55
[175] Autorengruppe Freie Schule Essen: Die Freie Schule Essen. In: Borchert, M. & K. Derichs-Kunstmann (Hrsg.) : Schulen, die ganz anders sind. Frankfurt am Main 1979, 63 - 92, hier: S. 67
[176] v. Hentig, Die Schule neue denken..., S. 185

in ihren gegenwärtigen Problemen, Interessen und Bedürfnissen begünstigt werden würde. Auf diesem Hintergrund erscheint, wie bereits angesprochen, das didaktische Prinzip der Wissenschaftsorientierung als "notwendiges Korrektiv" der Schülerorientierung.[177]

Allerdings, so lautet Klafkis These, der ich mich hier anschließe: "Wissenschaftsorientiertes Lernen wird vom Schüler im allgemeinen nur dann produktiv, verstehend, interesseweckend, weiterwirkend vollzogen werden, wenn es von ihm als sinnvoll, als bedeutsam für die Entwicklung seines Selbst- und Wirklichkeitsverständnisses, seiner Urteils- und Handlungsfähigkeit erfahren werden kann".[178]

Auf der einen Seite geht es also darum, schülerorientiert *weiterzuarbeiten*, das heißt Möglichkeiten für die vertiefte Auseinandersetzung mit Daseinsthemen, alltagsästhetischen Phänomenen und den darin möglicherweise enthaltenen Konflikten zu finden. Auf der anderen Seite geht es darum, zu einer stärker wissenschaftsorientierten Arbeitsweise überzuleiten, also Fragen an die Phänomene oder ausgehend von den Phänomenen zu stellen, Informationen zu beschaffen, auszuwerten, Zusammenhänge zu ergründen.

Praktisch kann es etwa gehen um die Beschäftigung mit Song-Texten aus dem Bereich der Rock- und Popmusik im Fach Englisch, die Analyse, den Vergleich der verschiedenen, von den Jugendlichen rezipierten *Sounds & Songs* im Fach Musik, die Auseinandersetzung mit Ausschnitten einer Literatur, in der biographische und soziale Konfliktthemen zur Sprache kommen im Fach Deutsch, etwa Salingers „Fänger im Roggen", Sillitoes „Einsamkeit des Langstreckenläufers", aber auch Texte aus dem Bereich der jugendlichen Subkulturen, zum Beispiel die von K. Dewes gesammelten Texte zum Thema „Punk - Was uns kaputtmacht, was uns anmacht".

Es gibt hier inzwischen sehr viel Auswahl an lebensweltorientierten Texten für die Hand des Kindes oder Jugendlichen. Sie

---

[177] Klafki, Neue Studien..., S. 113
[178] Klafki, Neue Studien..., S. 112

müssen natürlich gezielt ausgewählt werden. Je nach Alter, Geschlecht, Schulform, sozialem Milieu, persönlicher Problematik eines Jugendlichen usw. ziehe ich selbstverständlich völlig unterschiedliche Texte für meine didaktische Arbeit heran. Mit einigen jugendlichen Erziehungshilfe-Schülern las ich etwa Ausschnitte aus A. Burgess´ „A Clockwork Orange"[179]:

„In der Gazetta stand das Übliche über Gewalttaten und Banküberfälle [...] Und da war ein bolschiger Artikel über die moderne Jugend (womit ich gemeint war, also machte ich die alte Verbeugung und grinste wie bezumnie), von irgendeinem schlauen Tschelloveck mit Glatze [....] Dieser gelehrte Veck sagte die üblichen Wetsches über das Fehlen elterlicher Autorität und Disziplin, wie er es nannte, und die Knappheit an richtigen Horrorschaulehrern, die sich nicht scheuten, ihre Schüler ordentlich zu brezeln, bis sie um Gnade wimmerten."

Es spricht der fünfzehnjährige Alex. Sehr plastisch und kernig. Eine solche Sprache dringt oftmals zu denen durch, die sonst nur noch wenig an sich heranlassen. Ein Abgleich mit der eigenen Lebenssituation wird vielleicht möglich. Es wird den Jugendlichen etwas gespiegelt. Im Idealfall erkennen sie etwas wieder und beginnen zu reflektieren. Ich kann solche Prozesse durch gezielte Impulsfragen fördern und steuern, etwa: *Wie wirkt das auf dich, was dieser Alex da sagt oder macht? Was glaubst du, warum er sich so verhält?* usw.

Das Fach Politik ermöglicht die Thematisierung von Jugendszenen, der Mechanismen *innerhalb* einer Szene, der Reaktionsformen *zwischen* verschiedenen Szenen, der Gewalt gegen gesellschaftliche Minderheiten. Dies kann etwa anhand von Filmen wie „Randale und Liebe"[180] oder „Cooltur"[181] geschehen. Wie bei der Literatur auch, gibt es innerhalb dieser Filmkategorie inzwischen vielfältiges neueres und aktuelleres Material, aus dem je nach Kontext und Gruppenprozess ausgewählt werden kann.

---

[179] Burgess, A. (1962, engl.): Uhrwerk Orange. Roman. München 1992, 10. Aufl., hier: S. 48
[180] Schmitt, T.: Randale und Liebe. Dokumentarfilm. BRD 1981
[181] Schmitt, T.: Cooltur. Dokumentarfilm. BRD 1985

Das, was die Kinder und Jugendlichen aus ihren individuellen Welten mitteilen, lässt sich nun auf die von Klafki genannten Schlüsselprobleme der Gegenwart beziehen, etwa Themen wie "Demokratisierung in den gemeinsamen Angelegenheiten" sowie des "Freiheitsspielraumes und des Mitbestimmungsanspruches des einzelnen in sozialen Gruppen". Weitere inhaltliche Beziehungen lassen sich zwischen den Entwicklungsthemen Identität, Sexualität, Intimität oder Ablösung aus dem Elternhaus und den Schlüsselproblemen bzw. Gegenwartsproblemen "das Verhältnis der Generationen zueinander" sowie "die menschliche Sexualität und das Verhältnis der Geschlechter zueinander" herstellen.

LERNEN IM FÄCHERÜBERGREIFENDEN HANDLUNGSRAHMEN
In vielen Fällen erscheint es ratsam, die Fächergrenzen für eine gewisse Zeit ganz oder zum Teil aufzulösen und benachbarte Fächer zu einem „Handlungsrahmen"[182] zusammenzuziehen. Dieser Handlungsrahmen muss, je nach den vorhandenen Lernverhaltensweisen auf Seiten der Schüler, unterschiedlich stark durch die Lehrkraft vorstrukturiert werden. Ein solcher thematischer Rahmen kann beispielsweise mit „Jugendkultur & Jugendszenen" überschrieben werden. Über einen Zeitraum von mehreren Wochen können etwa die Fächer Musik, Kunst, Deutsch, Englisch und Politik entsprechend verschmolzen werden. Dass auch stundenweise gerechnet oder andere Inhalte erarbeitet werden, ist damit keineswegs ausgeschlossen. Nichts spricht dagegen morgens zunächst eine Stunde Mathematik zu geben, dann in den fächerübergreifenden Handlungsrahmen einzusteigen und am Ende des Vormittags zum Beispiel Sport zu machen oder Schwimmen zu gehen.

---

[182] Kuhn, W.: Spezifisch sonderpädagogische Unterrichtsarbeit. Unveröff. Manuskript, Düsseldorf 1990; zu den Chancen und Schwierigkeiten des fächerübergreifenden Lernens vgl. insbesondere Duncker, L.: & W. Popp (Hrsg.): Fächerübergreifender Unterricht in der Sekundarstufe. Prinzipien, Perspektiven, Beispiele. Bad Heilbrunn 1998. – Dies. (Hrsg.): Über Fachgrenzen hinaus. Chancen und Schwierigkeiten des fächerübergreifenden Lehrens und Lernens. Bd. 1, Grundlagen und Begründungen. Heinsberg 1997

Es besteht keinerlei Zwang alle Fächer in den Handlungsrahmen hineinzuziehen. Gerade das Fach Mathematik lässt sich im Bereich der Sekundarstufe I nicht ohne weiteres unterbringen. Bei jüngeren Schülern kann es aber sehr sinnvoll sein, den Umgang mit Zahlen vom lebensweltlichen Kontext her aufzurollen, indem etwa Körpergewicht, Körpergröße, die Anzahl der (ausgefallenen) Zähne, Hausnummern, Telefonnummern und dergleichen gemeinsam mit den Schülerinnen und Schülern eruiert, spielerisch erkundet und verarbeitet, das heißt symbolisch dargestellt, verglichen oder verrechnet werden.[183]

Die schüler- oder personorientierte und die wissenschafts- bzw. sachorientierte Bearbeitungsspur werden sich in einem solchen Handlungsrahmen phasenweise überlagern. Es wird einmal mehr das eine, mal mehr das andere Prinzip dominieren. Die konkreten didaktischen Realisationen hängen von den jeweiligen Lernvoraussetzungen und thematischen Anliegen eines Schülers oder einer Schülergruppe ab. Je stabiler und gefestigter eine Lerngruppe hinsichtlich ihres Lern- und Arbeitsverhaltens, aber auch hinsichtlich ihres Sozial- und Kommunikationsverhaltens ist, desto eher kann ich Sachbezüge thematisieren und unmittelbare Lebensweltbezüge nur kurz einbeziehen oder gar ganz außer Acht lassen.

Jede Lerngruppe als Ganzes und jeder einzelne Lerner durchlaufen hier einen Entwicklungsprozess, den ich genau wahrnehmen und steuern lernen muss. Zumeist werde ich beständig zwischen beiden Prinzipien hin- und herpendeln, weil ja auch innerhalb ein- und derselben Lerngruppe nicht alle auf demselben Entwicklungstand sind. Auch wird in der Thematisierung von Sach- und Subjektbezügen grundsätzlich zu differenzieren sein, je nachdem, ob ich mich in einem Schulverweigerer-Projekt, in der Verweigerungs-Prävention, in einer Schule für Erziehungshilfe, einer integrativen Haupt- oder Gesamtschule, in einer Schule für Lernbehinderte, in einem Projekt für hochintelligente junge Lerner usw. befinde.

---

[183] vgl. etwa Köppen, D. (1988): 70 Zwiebeln sind ein Beet. Mathematikmaterialien im offenen Anfangsunterricht. Weinheim, Basel 1990, 2. Aufl.

Das nun folgende Beispiel zeigt, wie sich im Falle eines einigermaßen schulmüden fünfzehnjährigen Gesamtschülers neu Sachbezüge im Lernen herstellen lassen. Ich besuchte hier mit einer Kleingruppe das Bonner Haus der Geschichte, ließ die Jungen durch das Museum streifen, die gesamte Ausstellung erkunden und gab hier und da Impulse, Hinweise und Erklärungen zu den ausgestellten Objekten usw.. Im Großen und Ganzen folgten die Jugendlichen jedoch ihren eigenen Interessen, während sie durch die Ausstellungsräume gingen. Am darauffolgenden Tag führte ich mit ihnen Gespräche, um ihre Eindrücke aus dem Haus der Geschichte zu sortieren und aufzuarbeiten. Eines dieser Gespräche sei hier exemplarisch wiedergegeben:

L.: Was ist dir im Haus der Geschichte besonders aufgefallen?
S.: Es war ziemlich vollgestopft mit den ganzen Informationen.
L.: War es dir zuviel?
S.: Es war viel, aber nicht unbedingt zuviel.
L.: Was ist dir besonders aufgefallen?
S.: Dass es sich hauptsächlich um die Judenverfolgung gehandelt hat.
L.: Wirklich?
S.: Jedenfalls in den ersten Räumen.
L.: Ist dir sonst noch was aufgefallen?
S.: Es wurden einem sehr viele Filme gezeigt.
L.: Über was zum Beispiel?
S.: Zu den passenden Themen halt, mal zur Judenverfolgung, mal zur Raumfahrt, je nachdem...
L.: Was in der Ausstellung kam dir von früher oder aus einem anderen Zusammenhang bekannt vor?
S.: Über das Thema der Judenverfolgung habe ich schon etliche Male etwas gehört.
L.: Was noch?
S.: Mit dem Thema Raumfahrt habe ich mich auch schon beschäftigt.
L.: Noch was?
S.: Die Politiker, die auf Bildern gezeigt wurden, kenne ich zum Teil aus den Fernseh-Nachrichten, aus Politik-Büchern oder aus der Zeitung.
L.: Was in der Ausstellung hat dich besonders interessiert?
S.: Einmal der Roboter, der die Visitenkartendosen beschriftet. Dann, das Thema Raumfahrt fand ich sehr interessant. Das Thema Nazi-Zeit auch.
L.: Und weiter?
S.: Die Autos, die da rumstanden.
L.: Welche genau?
S.: Den Dienstwagen von Konrad Adenauer.
L.: Was fandest du in der Ausstellung eher langweilig oder kompliziert?

S.: Da war eigentlich nichts so besonders kompliziert.
L.: Und langweilig?
S.: Mir fällt so nichts ein. Ich würde nichts von den Sachen als langweilig bezeichnen.
L.: Was von den ausgestellten Objekten oder den dargestellten Ideen passte zu deiner eigenen Lebensauffassung, deinen Wertüberzeugungen und Idealen?
S.: Was meinen Sie damit?
L.: Gab es in der Ausstellung etwas, wo du sagen würdest: Das sehe ich auch so. Oder: Das ist auch meine persönliche Auffassung?
S.: Es gab da ein paar Sprüche, die mir sehr gut gefallen haben. Den einen von Bill Gates fand ich interessant und den von Charlie Chaplin.
L.: Kannst du dich erinnern, was Bill Gates da gesagt hat?
S.: Ja. Er sagt: „Wer die Bilder beherrscht, beherrscht die Köpfe."
L.: Was daran findest du so faszinierend?
S.: Dass sich das menschliche Gehirn so leicht beeinflussen lässt, durch die Medien...
L.: Wir müssen das wohl als Warnung verstehen was?
S.: So ist es.
L.: Und Chaplin? Was sagte der?
S.: Da ging es darum, dass Thomas Mann und Albert Einstein Nazi-Deutschland verlassen mussten.
L.: Wie war Chaplins Haltung dazu?
S.: Er hat Hitler für verrückt gehalten und ihn in einem 1940 in die Kinos gebrachten Film karikiert.
L.: Was fandest du negativ und problematisch innerhalb der dargestellten Inhalte, historischen Ereignisse, Personen und ihren Ideen?
S.: Die Bilder von der Judenverfolgung und den Bau der deutsch-deutschen Mauer, aber auch die Propaganda in der DDR.
L.: Auf welche Art, Themen und Inhalte in einem Museum zu präsentieren, reagierst du am stärksten? Bild, Ton, Film, Plakate oder Objekte?
S.: Eigentlich auf Bilder, sowohl im Film als auch einfach so.
L.: Gibt es Dinge, Themen oder Aspekte aus der Bonner Ausstellung, die du jetzt gerne genauer ergründen und vertiefen würdest?
S.: Ja, die Sache mit dem Roboter, wie der funktioniert. Und mit Raumfahrt will ich mich mal genauer auseinandersetzen.
L.: O.k., wie willst du nun genauer vorgehen, um dich in diese Thematik weiter einzuarbeiten?
S.: Ich werde im Internet surfen, ein paar Bücher aufschlagen und dann geht das schon.

Soweit das Beispiel eines fünfzehnjährigen Gesamtschülers, der eine Zeitlang eine ausgeprägte Schulmüdigkeit zeigte, jedoch durch intensive pädagogische Zuwendung aufgefangen werden konnte. Es wurde ein außerschulischer Lernort aufgesucht, der durch seine multimedialen Präsentationen einen vielfältigen Input gibt und im Schüler bereits vorhandenes Wissen reaktiviert und zusätzlich eigenständige Lernvorhaben evoziert. Häufig haben wir es speziell im Erziehungshilfe- und Lernbehinderten-Bereich jedoch mit Jugendlichen zu tun, bei denen Sachinteressen völlig verschüttet und durch gravierende Lebensschwierigkeiten zugedeckt sind. Hier gilt es erst einmal, einen kleinen Schritt nach dem anderen zu machen und bei den unmittelbaren Lebensproblemen anzusetzen. Erst im zweiten Schritt kann zu Sachthemen übergeleitet werden.

Insgesamt lassen sich mit W. Kuhn[184] vier Zielbereiche einer „spezifisch sonderpädagogischen Unterrichtsarbeit" unterscheiden, womit wir das noch fehlende Verbindungsstück zwischen der kritisch-konstruktiven Didaktik im Sinne von Klafki und den besonderen Erfordernissen des Unterrichts im Erziehungshilfebereich aufgefunden hätten.

Unter Beachtung grundlegender sonderpädagogischer Prinzipien wie „Individualisierung", im Sinne der gezielten Berücksichtigung der individuellen Situation eines einzelnen Schülers, „Interdependenz", als stimmige Verknüpfung aller didaktischen Entscheidungen bzw. Elemente, und „Variabilität" als flexibles Handeln in der konkreten unterrichtlichen Situation, wird in den folgenden vier Bereichen didaktisch gearbeitet: Erstens die Inhalte der Unterrichtsfächer. Zweitens der Bereich des Lern- und Arbeitsverhaltens. Drittens das Kommunikations- und Sozialverhalten, das emotionale Erleben, mit Übergängen in pädagogisch-therapeutische Prozesse. Und viertens die medizinsch-vitale Versorgung.

Für alle vier genannten Bereiche werden langfristige Richtziele, mittelfristige Grobziele und situativ zu konkretisierende, gegebenenfalls abzuwandelnde, zu variierende Feinziele entworfen. Aus der Fülle aktuell vorhandener Konzepte zu Förderung und Therapie lassen sich nun jeweils konkrete Modelle für Diagnose und Intervention und Evaluation herausgreifen und auf einen (sonder-)pädagogischen, die Heterogenität der Lerngruppen beja-

---

[184] Kuhn, Sonderpädagogischer Unterricht...

henden und berücksichtigenden Unterricht oder eine sozialpädagogische Projektarbeit übertragen. Unser gegenwärtiges Problem besteht nicht im Mangel an Förderkonzepten, es scheint sie schon ausreichend zu geben. Das Problem liegt in ihrer Anwendung in den zumeist äußerst heterogenen Kinder- und Jugendlichengruppen.

Das Lern- und Arbeitsverhalten von Kindern und Jugendlichen lässt sich etwa unter dem Aspekt von *Aktivität* betrachten und beschreiben. Hierbei kann es auch sinnvoll sein, zu unterscheiden, ob es sich um lern- und unterrichtsbezogene Aktivität oder um lern- und unterrichtsfremde Aktivität handelt. Es folgt eine von Thomae aufgrund von empirischen Studien ermittelte Skala[185]:

„*Äußerst aktivitätsarm*: unbeweglich, untätig, ohne alle Äußerungen [...]. *Sehr aktivitätsarm*: schwerfällig, lahm, tranig, schleppend, matt, passiv. *Aktivitätsarm*: langsam, träge, müde, schlapp, schlaff, lasch, bequem, gelangweilt, nicht durchschlagskräftig. *Gehemmte Aktivität:* häufig geringe Aktivität bei unfroh akzentuierter Stimmungslage, zögernd, stockend, antriebsschwankend, still. *Mässig aktiv*: ruhig, gesetzt, bedächtig, z.T. ohne allzu große Durchhaltefähigkeit der Aktivität gegenüber Widerständen. *Aktiv*: zügig, straff, kräftig, frisch, eifrig, arbeitsfreudig, lebhaft. *Sehr aktiv*: schnell arbeitend, eilig, unternehmungslustig, fix, kraftvoll, laut, lebensstark, vital. *Gesteigerte Aktivität*: sehr lebhaft, quicklebendig, rastlos, tatenfroh, kampflustig, angriffslustig, heftig, feurig, aufbrausend, heißspornig, hitzig, impulsiv, energiegeladen, leichtblütig, explosiv, temperamentvoll, betriebsam. *Umtriebige Aktivität*: ruhelos, unruhig, aufgeregt, überhastet, überstürzt, sehr ablenkbar, sehr konzentrationslos, sehr impulsiv, triebhaft [...].“

Solche Skalen ermöglichen nun erstens Beschreibungen von Ist-Lagen, zweitens das Festlegen von Soll-Lagen, am besten gemeinsam mit dem Kind oder Jugendlichen. Dies geschieht in Form von beratenden Gesprächen, in denen die Lehrkraft wohlwollend Rückmeldung gibt, dem Heranwachsenden sein Verhal-

---

[185] nach Thomae, H. (1954): Beobachtung und Beurteilung von Kindern und Jugendlichen. Basel 1973, 11. Aufl., hier: S. 67

ten zurückspiegelt und gegebenenfalls die Vorteile adäquaterer Verhaltensweisen aufzeigt.

Der Bereich der medizinisch-vitalen Versorgung spielt im Erziehungshilfe- und Lernbehindertenbereich, im Vergleich zu anderen (Sonder-)Schultypen, zwar keine vordergründige Rolle, wenngleich, je nach Lerngruppe, durchaus auch Kinder oder Jugendliche mit Epilepsie oder Diabetes Typ I zu betreuen und zu versorgen sind.

Das Bearbeiten biographischer Erfahrung wäre schließlich auf der pädagogisch-therapeutischen Ebene anzusiedeln. Es dient der Rückgewinnung von Bildungschancen.

INTENSIVIERTE BIOGRAPHISCHE
ORIENTIERTE EINZELFÖRDERUNG

Die im folgenden dokumentierten Ausschnitte aus Lehr-Lern-Prozessen, die zum Teil nur noch sehr lose an den zu jener Zeit realisierten Handlungsrahmen angekoppelt waren, tragen den Charakter einer rekonstruierenden Arbeit an der jugendlichen Biographie, in der sich in vielen Fällen Themen und Reaktionsformen zu einer besonderen Konfliktgeschichte verdichtet haben.

Eine Wurzel dieser Arbeitsweise ist sicherlich in der Psychoanalyse Freuds und seiner Nachfolger bis hin zu den ichpsychologisch fundierten Therapien (O.F. Kernberg, U. Rauchfleisch u.a.) oder auch in der klientenzentrierten Gesprächstherapie im Sinne von C. Rogers zu sehen. Zum anderen hat es jedoch auch bereits zu früheren Zeiten einen „pädagogischen Bezug" (Nohl) zwischen einer Lehrkraft und *einem einzelnen* Schüler gegeben, in denen die Heranwachsenden auch nicht ohne Auffälligkeiten waren, man denke etwa an die Lehrtätigkeit von Locke, Rousseau oder Herbart, in den Häusern von Bürgern und Adeligen.

In diesen pädagogischen Kontexten fungierte ein Lehrer, neben seiner Rolle als Wissensvermittler, als Lebensberater in Zusammenhang mit konflikthaften biographischen Episoden. Der Kontext der Arbeitsweise, die in diesem Kapitel zur Diskussion steht, ist demnach zunächst als pädagogisch im Sinne des "Ich will Dich führen durch alle Dinge" (Comenius) zu bezeichnen, wenngleich die Vorstellung von Therapie im Sinne einer Nach-Erziehung ebenso eine Rolle spielt.

Während sich die meisten schüler- bzw. personorientierten und wissenschafts- bzw. sachorientierten Lern- und Arbeitsprozesse im Klassenunterricht oder in kleineren Gruppen realisieren lassen, handelt es sich bei der biographisch orientierten Einzelförderung um eine Form, die sich zur tiefergehenden, individuellen Bearbeitung spezifischer Daseinsthemen oder Konfliktthemen besonders eignet.

Im Sinne einer sonderpädagogischen Organisationsform würde es sich hier um die „pädagogisch-therapeutische Einzelhilfe"[186] handeln. Eine solche biographisch orientierte Einzelförderung ist angezeigt, wenn sich die individuelle Konfliktbelastung eines Heranwachsenden in besonderer Weise zugespitzt hat. Daneben muss sie *institutionell* ermöglicht werden, indem eine Pädagogin oder ein Pädagoge, dies kann etwa ein Sonderschullehrer, aber auch die Schulsozialarbeiterin sein, für die erforderliche Stundenzahl von anderen Aufgaben freigestellt wird.

Diese biographie- und lebensweltorientierte Arbeitsweise kann sich auf die aktuellen Ereignisse in der Schule oder auf Themen und Probleme in der außerschulischen Lebenswelt beziehen. Besonders in schwierigen Fällen müssen wir zusätzlich in Betracht ziehen, dass wir mit besonderen Persönlichkeitsstrukturen von Jugendlichen konfrontiert sind.

Nimmt man die Überlegungen von U. Rauchfleisch zum „dissozial" auffälligen Verhalten oder die theoretischen Arbeiten von O. F. Kernberg zur Kenntnis, in denen vielfach von strukturellen Störungen, Störungen in den Ich- und Über-Ich-Funktionen, Übergangserscheinungen zwischen neurotischen und psychotischen Formen oder Borderline-Phänomenen die Rede ist, dann steht eine lebensweltorientierte Erziehungshilfepädagogik, um deren Grundlegung ich mich hier bemühe, vor schwierigen Ausgangsbedingungen. Während Schüler, bei denen *neurotische* Probleme im Vordergrund stehen, sich den didaktischen Bemühungen gegenüber häufig noch relativ aufgeschlossen zeigen, ist dies bei

---

[186] Speck, O.: Sonderpädagogische Organisationsformen. In: Goetze & Neukäter, Handbuch der Sonderpädagogik..., 1989, 191 – 228, hier: 204

genüber häufig noch relativ aufgeschlossen zeigen, ist dies bei Heranwachsenden, die ich-strukturelle Besonderheiten aufweisen und die zu destruktiven Aggressionen neigen, Merkmale, die selbstverständlich in einem weiteren psychosozialen bzw. soziokulturellen Lebenskontext zu sehen sind, nicht unbedingt der Fall.

Aufgewachsen in zumeist desintegrierten Verhältnissen, kommt es oft schon im Kindes- oder Jugendalter zu Delinquenz in Form von Eigentumsdelikten, Körperverletzung, Sachbeschädigung. Man darf sich nicht der Illusion hingeben, Übungen aus den therapeutischen Repertoires (Kunsttherapie, Gesprächstherapie, Gestalttherapie usw.) oder Coaching-Techniken in *Reinform* bei dieser Gruppe ohne weiteres anwenden zu können. Die verbale Mitteilungs- und Auseinandersetzungsbereitschaft ist zunächst gering oder gar nicht vorhanden. Meist lehnen es die Schüler auch ab, mit gestalterischen Materialien zu arbeiten.

Diese „mangelhafte Ausbildung von Sublimierungen"[187] stellt wohl eines der größten Hindernisse für das pädagogisch-therapeutische Arbeiten im Erziehungshilfe- und Schulverweigererbereich dar. Die schweren Formen dissozialer Fehlentwicklungen gelten denn auch als therapeutisch schwer lösbares Problem.[188] Es bedarf genauer Kenntnisse über die psychosozialen Konflikte, die Ich-Strukturen und die Verarbeitungsweisen dissozialer Jugendlicher, um ihr Agieren und eventuell ungünstige Übertragungen bzw. Gegenübertragungen zu erkennen.[189]

Die Jugendlichen gehen vielleicht unsachgemäß mit dem zur Verfügung gestellten Material oder Werkzeug um. Sie weisen Beratungsversuche und Hilfsangebote oftmals schroff zurück. Sie kommen mehrmals hintereinander zu spät zur Förderstunde oder zum Projekt oder sie bleiben ganz weg. Wenn man diese Verhaltensweisen nicht als Agieren, als Externalisierung interner Kon-

---

[187] Kernberg, O.F. (1975): Borderline-Störungen und pathologischer Narzissmus. Frankfurt am Main 1988, hier: S. 43
[188] Rauchfleisch, U.: Dissozial. Entwicklung, Struktur und Psychodynamik dissozialer Persönlichkeiten. Göttingen 1981, hier: S. 18
[189] vgl. auch Heinemann, E.: Psychoanalyse und Pädagogik im Unterricht der Sonderschule. In: Heinemann, E., Rauchfleisch, U. & T. Grüttner: Gewalttätige Kinder. Psychoanalyse und Pädagogik in Schule, Heim und Therapie. Frankfurt am Main 1992, 39 – 89, hier: S. 73 ff.

flikte versteht, wird man anfangen, am Sinn und an der Berechtigung der Förderbemühungen zu zweifeln, eventuell wiederum aggressiv auf den Jugendlichen reagieren, mit dem Abbruch der Förderung drohen oder diese tatsächlich beenden, wie es nicht selten geschieht. Unbewusst hat der Schüler genau dies herbeiführen wollen. Es bedeutet nichts anderes als die Wiederholung, Neuinszenierung einer früheren Erfahrung von Zurückweisung und Trennung.

Da, wo oft kaum noch Bereitschaft vorhanden ist, sich überhaupt auf didaktische Angebote einzulassen, besteht die biographisch orientierte Einzelförderung häufig darin, einen jugendlichen Schüler erst einmal an sich zu binden. Vonnöten sind hier viel Flexibilität und Engagement von Seiten einer pädagogischen Bezugsperson.

Was Rauchfleisch[190] für die Psychotherapie empfiehlt, gilt in modifizierter Form auch für die Lebensweltorientierte Didaktik. Nämlich zunächst an den realen Problemen zu arbeiten und dem Schüler gegebenenfalls bei deren Lösung aktiv behilflich zu sein. Wie kann er sich etwa mit seinen Eltern einigen, dass er ein eigenes Zimmer bekommt? Wie kann es dem Schüler gelingen, besser mit seinem Vater auszukommen? Oder, auf welche Weise könnte er sich das Geld für ein Mofa verdienen?

Nach dem Herstellen einer hinreichend stabilen Beziehung geht es darum, die Hintergründe des Problemverhaltens durchzuarbeiten, soweit dies möglich und sinnvoll erscheint. In diesem Zusammenhang können durchaus Outdoor-Aktivitäten, Naturerfahrungen, das Aufsuchen von Grenzsituationen wie Gebirgswandern, Segeln, Klettern oder Abseilen von pädagogischem Nutzen sein.

Es müssen daher, von der pädagogischen Beziehung her gedacht, oft *kunstvoll* Situationen geschaffen werden, die auf eine veränderte Weise Kommunikation ermöglichen. Es geht vor allem darum, sich *quer* zu den gängigen, durch Schule und andere soziale Institutionen vorgeprägten, kommunikativen Mustern

---

[190] Rauchfleisch, Dissozial..., S. 56

bzw. „Sprachspielen"[191] zu bewegen. Es gilt, sich auf „Chancen" hin zu orientieren, die vorhandenen „Chancenspielräume"[192] wahrzunehmen, auszunutzen und zu erweitern.

Als biographisch arbeitender Pädagoge habe ich eine komplizierte Doppelrolle inne. Mit dem einen Bein bin ich in den gesellschaftlichen Institutionen verankert. Mit dem anderen Bein, meinen eigenen kritischen Einstellungen gegenüber den Institutionen, die mit Bildung und sozialer Kontrolle befasst sind, stehe ich außerhalb. Nur aufgrund dieses *Spagats* kann ich ein wirklicher Kommunikationspartner und Lebensbegleiter für auffällig gewordene oder sich verweigernde Jugendliche sein. Nur so eigne ich mich als Identifikationsobjekt, können die von mir selbst angewandten Reaktionsformen, Denk- und Bewältigungsmuster von den Jugendlichen akzeptiert und ansatzweise übernommen werden.

In diesen Förderprozessen sind insbesondere die von S. Freud[193] beschriebenen Phänomene der „Übertragung" und der „Gegenübertragung" zu beachten. K.-J. Pazzini[194] hat am Beispiel von J. F. Herbart auf die Verstrickungsgefahren in solchen engen pädagogischen *Zweierbeziehungen* hingewiesen, weshalb mir eine begleitende Supervision als sinnvoll erscheint, die der Pädagogin oder dem Pädagogen das Durcharbeiten eigener Wahrnehmungen und persönlicher Prozesse ermöglicht, damit der Entwicklungsprozess des Heranwachsenden von diesen soweit wie möglich unberührt bleibt.

In etwa einhundert Stunden Einzelförderung mit dem fünfzehnjährigen Jochen[195] gelang eine Rekonstruktion prägender biographischer, lebensweltlicher Erfahrungen und es wurden die

---

[191] Lyotard, J.-F. (1979): Das postmoderne Wissen. Wien 1994, 3. Aufl.,S. 36 ff.
[192] Bono, E. de (1978, engl. Orig.): Chancen. Das Trainingsmodell für erfolgreiche Ideensuche. Düsseldorf & Wien 1992, hier: S. 116 f.
[193] Freud, S. (1912): Zur Dynamik der Übertragung. In: Schriften zur Behandlungstechnik. Studienausgabe, Ergänzungsband. Frankfurt am Main 1975, 3. Aufl., 157 - 168
[194] Pazzini, K.-J.: Anmerkungen zu einem fast vergessenen Thema in der Pädagogik und in der Erziehungswissenschaft. In: ders. (Hrsg.): Wenn Eros Kreide frißt. Essen 1992, 21 - 44
[195] Wie überall in diesem Buch wurde dieser Name geändert.

sozialen Spannungen im Bereich der Schule, des Elternhauses mit dem Schüler gemeinsam reflektiert. Der Junge hatte ursprünglich einmal ein Gymnasium besucht, war dann wegen seiner Lern- und Verhaltensprobleme über die Realschule an eine Hauptschule *weitergereicht* worden und hatte schließlich einen mehrwöchigen Aufenthalt in einer psychiatrischen Klinik und einen Gefängnisaufenthalt (wegen schwerer Körperverletzung mit einem Messer) hinter sich.

Auch kamen in diesen Förderstunden delinquente Aktivitäten gemeinsam mit anderen Jugendlichen, zum Teil im Vorfeld der rechtsgerichteten politischen Szene, zur Sprache. Jochens Interesse an den rechtsextremistischen Aktivitäten von FAP und Deutscher Liga in einer benachbarten Großstadt schien nur zum Teil auf seiner Zustimmung zu deren Programm zu beruhen. Vielmehr besaß er den Schlüssel zur Wohnung eines gut situierten, als Single lebenden Bankangestellten, einer Schlüsselfigur im Rahmen der rechten politischen Szene.

H. E. Richter[196] entwickelte die Hypothese, dass "vorwiegend Jungen mit Vater-Defiziten von suggestiven Neonaziführern angezogen werden, die sich ihnen zuwenden und versprechen, sie zu Männern zu machen". Richter hält die Entwicklung des Nazi-Autoritarismus für ein typisches Männerstück mit einer komplizierten Mischung von Idealisierung, Identifizierungs- und homoerotischen Prozessen, wie sie Freud schon in `Massenpsychologie und Ich-Analyse´ analysiert hat."

Mit zunehmendem Vertrauensverhältnis wurde ich mit einer breiten Palette durch Jochen und seine „Kumpels" (wie er seine Freunde nannte) begangener Straftaten konfrontiert. Ich schenkte den einzelnen Delikten, wie Sachbeschädigungen, Einbrüchen, Diebstählen, Körperverletzungen keine besondere Beachtung, dachte auch nicht daran, durch eine Weitergabe dieser Informationen die mühsam aufgebaute Vertrauensbeziehung zum Schüler aufs Spiel zu setzen, sondern versuchte, mich auf die emotionale Komponente dieser *Symptome* zu konzentrieren.

---

[196] Richter, H.-E.: Test der Verführbarkeit. Schulklassen sehen den Film „Beruf Neonazi". Die Zeit, 28.01.94

Das heißt ich versuchte, das einzelne „Delikt in seiner dynamischen Bedeutung, die Tat [...] als Ausdruck tiefer Konflikte und gestörter Objektbeziehungen"[197] zu sehen. Es wurde deutlich: Je chancenloser Jochen seine gesamte Existenz erlebte und bewertete, desto mehr nahm seine Bereitschaft zu folgenreichen Straftaten zu.

Die von H. E. Richter angesprochene "libidinöse Komponente", aufgrund derer die subkulturelle, politische Manipulation der Jugendlichen überhaupt erst gelingt, kann sich auch der Pädagoge zunutze machen, allerdings unter umgekehrtem Vorzeichen, geht es doch darum, bereits ins Werk gesetzte Identifikationen wieder rückgängig zu machen, zu verändern, zu transformieren und erstarrte, auf Abwehr beruhende, Positionen wieder in Fluss zu bringen. Es galt deshalb in erster Linie, den Fünfzehnjährigen eine neue Sinnrichtung für seine Existenz finden zu lassen.

Ich begann damit, den Jugendlichen durch neue, überraschende Erfahrungen zu *irritieren*, indem ich die zweite Förderstunde, es handelte sich um etwa neunzig Minuten, in ein nahegelegenes Café verlegte. Das Café wurde von einer sehr kommunikativen, quasi philosophisch *angehauchten* Dame geführt, die lange Zeit in Paris gelebt, in einem Café in Montparnasse gearbeitet und etwas Metropolen-Flair und Pariser Charme mit nach Deutschland hinübergerettet hatte. Ich lud den Jugendlichen dort zu Kaffee und Cognac ein.

Es war ein suggestives Bild, diesen kräftigen Skin Head dort im Café auf einem geschwungenen, eleganten Stuhl sitzen zu sehen. Da ich die Café-Inhaberin von früheren Besuchen kannte, ahnte sie unmittelbar, worum es mir mit meinem jugendlichen Begleiter ging, und sie verwickelte ihn sogleich auf natürliche und völlig unkomplizierte Weise in ein Gespräch, in dessen weiteren Verlauf wir uns gegenseitig die Bälle zuwarfen und den Jungen stets einzubeziehen suchten. Diese Pariser Grande Dame und ich versahen den Jugendlichen dabei mit wohlwollender Aufmerksamkeit und taten alles, dass er sich in der für ihn völlig

---

[197] Mâle, P. (1964): Psychotherapie bei Jugendlichen. Krisen und Probleme in der späten Pubertät. Frankfurt am Main 1983, hier: S. 162

neuen Situation entspannte und wohlfühlte. Nun, eine Basis für die weitere Zusammenarbeit war somit geschaffen.

Über die inhaltliche Auseinandersetzung mit Elementen aus J.-P. Sartres Philosophie der Freiheit[198], der soziokulturelle Hintergrund und die von mir antizipierten Lebensinteressen des ehemaligen Gymnasiasten legte die Wahl dieses *Inhaltes* nahe, gelang dem Jugendlichen schließlich eine veränderte Sicht auf die eigene delinquente Vergangenheit und die aktuelle Lebenssituation. Langsam verstand er, dass trotz der verfahrenen Lage, in der er sich befand, Handlungsmöglichkeiten, auch jenseits der rechten Szene und delinquenter Aktivitäten, offen geblieben waren.

Zu einer Art Schlüsselsatz wurde für Jochen: Es gehört zu meiner „Faktizität" (Sartre), dass ich meine Vergangenheit, das heißt negative Schulkarriere, Straftaten und Strafverfahren, Aufenthalte in Psychiatrie und Jugendgefängnis, *sein muss*. Aber dadurch wird meine Freiheit keineswegs aufgehoben und ich muss meine Vergangenheit in einen neuen und anderen, zukunftsorientierten Entwurf einverleiben. An solchen Stellen kann es durch eine *kunstvoll* angelegte pädagogische Beziehung zu einer Veränderung in den Wahrnehmungen, Emotionen und Kognitionen auf Seiten eines aus der Bahn geratenen Adoleszenten bezüglich des eigenen Lebensentwurfes kommen, die ihn *anders* weiter machen lassen als zuvor.

Gemeinsam mit dem sechzehnjährigen Sven bearbeitete ich in fünfzig Förderstunden etwa die folgenden Themen: Die Loslösung des Sohnes von der Mutter, die Identifikationen mit dem verstorbenen Vater, Beziehungen zu „Kumpels" an den Rändern der Skinhead- und Hooligan-Szene, die fragwürdigen sozialen und alltagsästhetischen Mechanismen dieser Szene, erste Beziehungen zu Mädchen, der risikoreiche Umgang mit dem eigenen Körper etwa bei Schlägereien, Mutproben (Biergläser mit der Hand zerdrücken, exzessives Trinken und Rauchen, Bullen auf einer Weide reizen), der bevorstehende Schulabschluss und die weitere berufliche Perspektive.

---

[198] Sartre, J.-P. (1943): Das Sein und das Nichts. Reinbek 1991

Was an Blockierungen, Fixierungen, Komplexen im seelischen Haushalt steckt, markiert ein Moment des Festgelegtseins, des in einer besonderen Weise Verwirklichtseins, „Faktizität".[199] Auch das Sein derart konfliktgeprägter Adoleszenten muss auf der anderen Seite bestimmt sein durch das Vermögen, sich auf neue Möglichkeiten hin zu entwerfen, Möglichkeiten zu wählen und zu verwirklichen, das bisherige Sein durch das Bilden von neuen Daseinsentwürfen zu überschreiten: „Transzendenz".[200]

Die Zielperspektive war im Falle von Jochen, dem Schüler ein Bewusstsein seiner ursprünglichen Freiheit zurückzuvermitteln, ihm zwar die Wirksamkeit von Traumatisierungen, Konflikten aus der Vergangenheit, die ja bis hinein in die Gegenwart fortwirkten, erkennen zu helfen, ihn jedoch nicht auf die sichtbar gewordenen Konflikte, Belastungen, Erstarrtheiten festzulegen, wie sie sich etwa in den rechtsradikalen Auffassungen und Einstellungen, zum Teil in kriminellen Verhaltensmustern äußerten. Das Ziel war, den Schüler, bei allem Wissen um die Grenzen einer solchen Absicht, mit dem Bewusstsein seiner Freiheit zu belasten. Freiheit, im Sinne des Möglichen und Faktizität, im Sinne des Gegebenen, stehen dabei in einem Wechselverhältnis.

Es sei hier am Rande auf eine Schwierigkeit hingewiesen, die insbesondere mit der sonderpädagogischen Förderung rechtsextrem orientierter Jugendlicher verbunden sein kann, wenn nämlich der Vorwurf laut wird, zur „Entlastung der Täter"[201] beizutragen. Hiermit ist ein in sich vielschichtiger Problemzusammenhang angesprochen. Da ich jedoch voraussetze, dass rechtsextreme Einstellungen und Handlungsmuster eine Art missglückten Versuch darstellen, mit schwerwiegenden Lebenskonflikten umzugehen, müsste der für alle Heranwachsenden gleichermaßen gültige Förderanspruch auch für einen solchen Jugendlichen bestehen, was der moralischen Distanzierung von schwerwiegenden Straftaten wie Brandanschlägen, Körperverletzungen usw. und

---

[199] Sartre, Das Sein und das Nichts..., S. 173
[200] Sartre, Das Sein und das Nichts..., S. 322 ff.
[201] Farin, K. & E. Seidel-Pielen: Rechtsruck. Rassismus im neuen Deutschland. Berlin 1993, 4. Aufl., S. 100

der Notwendigkeit ihrer strafrechtlichen Verfolgung prinzipiell nicht widerspricht.

Eine Möglichkeit der sachbezogenen Auseinandersetzung bot hier der inzwischen schon historisch zu nennende Film „Widerhaken".[202] Gezeigt werden Schüler, die im Rahmen des Unterrichts rechtsradikales Gedankengut verbreiten. Eine Lehrerin nimmt dies zum Anlass, eine Projekt zu entwickeln, indem etwa über das Sammeln und Ausstellen von Kriegsspielzeug, das Ausstellen von Photomaterial zur Judenvernichtung im Foyer der Schule u.a. ein Auseinandersetzungsprozess mit Geschichte und den gegenwärtigen rechtsextremen Tendenzen erreicht werden soll. In diesem Prozess erlebt die Lehrerin eine Reihe von Rückschlägen, die in der Unzugänglichkeit der rechtsgerichteten Jugendlichen und in institutionellen, administrativen Bedingungen begründet sind.

Der genannte Film thematisiert die didaktische und institutionelle Realität, ohne diese zu beschönigen oder die Chancen einer pädagogisch begründeten Veränderung überzubewerten. Gleichzeitig erfolgt ein sozialkritischer Blick auf die Milieus, in denen sich rechtsextreme Einstellungen herausbilden können. Die Perspektive, die der Film schließlich anbietet, und diese halte ich nach wie vor für sehr zeitgemäß und lohnenswert, besteht in der Besinnung auf den gemeinschaftlichen Kontext, den die Schulklasse oder Lerngruppe in der Gegenwart darstellt und aus dem selbst die, sich vorübergehend delinquent, destruktiv oder rechtsradikal verhaltenden Jugendlichen nicht ausgeschlossen werden dürfen. Was würde schon nach erfolgtem Ausschluss besser? Die negative Ausrichtung der betreffenden Sozialisationsverläufe und Identitätsbildungsprozesse würde höchstens verstärkt.

IDENTITÄTSBILDENDE PROZESSE
Wesentliches Kennzeichen einer lebensweltorientierten Erziehungshilfepädagogik ist die Offenheit und Akzeptanz gegenüber den alltagsästhetischen Interessen der Heranwachsenden. Die Inhalte von Unterricht oder sozialpädagogischer Projektarbeit

---

[202] Buchmann, D.: Widerhaken. Dokumentarfilm, BRD 1980

einerseits und die Strukturen und thematischen Besonderheit der jeweiligen Lebenswelt werden nicht als etwas Getrenntes betrachtet, sondern als Einheit, als zusammenhängender, sinnvolles Lernen ermöglichender thematischer Komplex. Wichtig ist, auf die alltagsästhetische Interessen der Kinder und Jugendlichen aufmerksam zu reagieren. Ich möchte an dieser Stelle einmal auf einige szenische Rekonstruktionen zurückgreifen, die ich einem Tagebuch aus dem Jahre 1993 entnehme:

Nach dem Besuch auf dem Gutshof und dem Gespräch mit der Mutter will mir Sven sein Zimmer zeigen. Er spielt mir Musik von den Böhsen Onkelz vor. Während wir uns unterhalten, spielt er mit einem Butterfly-Messer. Er sagt, dieses Messer sei in Deutschland gar nicht zugelassen. Es falle unter ein Waffengesetz. Ich frage ihn nach seinen Freizeitbeschäftigungen. Er spielt in einer Fußballmannschaft und geht zweimal die Woche zum Training. Als der Vater noch lebte, hat dieser Rottweiler gezüchtet. Der Vater hat Sven regelmäßig mit zu den Hundeschauen genommen. Mehrfach kommt er darauf, dass ihn die Leute in seinem Dorf für etwas unberechenbar halten würden. Einmal habe er ein kleines Kind mit seinem frisierten Mofa umgefahren. Im Allgemeinen würde er sich jedoch ganz gut mit den Leuten im Dorf arrangieren. Manchmal fährt Sven mit seinen Fußballfreunden ins Stadion und nachher machten sie dann „Randale". Soweit die Tagebuchnotizen.

In dem dokumentierten Beispiel kontrastieren zunächst die Zeichen der Radikalität bzw. Gewalttätigkeit (Böhse Onkelz, Butterfly-Messer, Randale) mit den Zeichen der sozialen Integration (Fußballmannschaft, Training, Kontakte im Dorf). Für W. Heitmeyer[203] geht es bei den Aktivitäten solcher Fußballfan-Gruppen darum, das „Gefühl von Nutzlosigkeit und Langeweile durch den Aktionismus mit Freunden zu kompensieren", „der Einsamkeit zu entrinnen", ein „Gefühl der Geborgenheit und der

---

[203] Heitmeyer, W. u.a.: Die Bielefelder Rechtsextremismus-Studie. Erste Langzeituntersuchung zur politischen Sozialisation männlicher Jugendlicher. Weinheim & Basel 1992, hier: S. 413

kollektiven Stärke"[204] zu erleben. Hier die Fortsetzung meiner Tagebuchaufzeichnungen:

Während im Hintergrund mehrere Songs der Böhsen Onkelz laufen, setzen wir unsere Unterhaltung auf Svens Zimmer fort. Irgendwann läuft das Lied vom „netten Mann": „Kleine Kinder hab ich gern zerstückelt und in Scheiben, warmes Fleisch, egal von wem, ich will´s mit allen treiben, ob Tiere oder Menschen, ich seh´ gern alles leiden, blutbeschmiert und mit großer Lust wühle ich in Eingeweiden! Ich bin der nette Mann von nebenan, und jeder könnt´es sein, schaut mich an, schaut mich an, ich bin das perverse Schwein! Die Gier nach Qual und Todesschreien macht mich noch verrückt, kann mich denn kein Mensch verstehen, dass mich das entzückt, komm mein Kleines, du sollst heut´ Nacht mein Opfer sein, ich freu´ mich schon auf dein entsetztes Gesicht und die Angst in deinem Schreien."[205]

Sven zeigt ein Lächeln auf seinem Gesicht. Er scheint meine Reaktion genau zu beobachten. Zwischendurch fragt er mich, ob ich wüsste, was Nekrophilie sei. Es sieht aber nicht so aus, als wolle er eine Antwort von mir hören. Ich gebe mich gelassen. Sven bringt sich selbst in Verbindung mit den Hooligans. Er ordnet sich als politisch rechts ein. Dass Jugendliche ein paar Orte weiter einen Brandanschlag auf ein Asylantenheim verübt haben, findet er in Ordnung.

Als ich nachfrage, was denn die Asylanten verbrochen hätten, mildert er seinen Standpunkt ab. Im Grunde habe er ja nichts gegen diese Leute. Am Wochenende wird in seiner Clique in erster Linie getrunken. Ich versuche auf die Hintergründe des hohen Alkoholkonsums des Sechzehnjährigen und seiner Freunde zu kommen. Er kommt selber auf Worte wie Flucht, Rausch, Vergessen und Glücksgefühle, die leider nur zu kurz andauern würden. Am nächsten Tag, meist sonntags, verspüre er dann eine große Leere.

Unter dem Aspekt der Reaktionsformen wird an diesen Passagen deutlich: Im Rahmen der rechtsgerichteten Szene, die sich

---

[204] Heitmeyer, Bielefelder Rechtextremismus-Studie..., S. 421
[205] Songtext „Der nette Mann" von den „Böhsen Onkelz", zit. n. Farin, K. & E. Seidel-Pielen: Skinheads. München 1993, hier: S. 88

hier sicherlich im Vorfeld des eigentlich Politischen bewegt (Fußballfans, Hooligans) dominiert das Herstellen sozialer Kontakte über das gemeinsame Praktizieren aggressiver, destruktiver Reaktionsformen (z.b. Schaufenster einschlagen, Angehörige anderer Gruppierungen zusammenschlagen usw.). Der exzessive Alkoholkonsum und das Gefühl der inneren Leere nach solchen Aktivitäten deuten zugleich auf evasive oder depressive Reaktionsformen hin.

Die Musik und die Texte der Böhsen Onkelz findet der Jugendliche „geil". Der sozialkritische Anspruch, den Farin & Seidel-Pielen[206] in diesen und anderen Texten dieser *Band* sehen wollen, nämlich die perversen Neigungen des *Normalbürgers* bloßzustellen, scheint vor Ort, in den realen Milieus von Jugendlichen wie Sven, nicht rüberzukommen, denn es stellt sich ja keineswegs ein kritisches Bewusstsein bei dem Jungen ein. Sven scheint die Onkelz-Songs eher zum Verändern von diffusen *Null-Bock*-Stimmungen zu verwenden, zum Hervorrufen von sadistisch-sexuellen und nekrophilen Reizen, die vermutlich um ein besonderes psychosoziales Konfliktgeschehen, das jedoch nicht ohne weiteres zugänglich wird, oszillieren.

Beispielsweise fragt er mich auf eine ambivalente und provozierende Weise, was Nekrophilie sei, ein Phänomen, das offenbar in mehreren der Onkelz-Songs auftaucht und Sven in Form einer Art Angst-Lust zu faszinieren scheint. Biographische Recherchen vermögen hier Anhaltspunkte für ein vertieftes Verständnis der rechtsradikal und nekrophil gefärbten Alltagsästhetik zu geben: Der Vater ist gestorben als der Junge zehn Jahre alt war.

Seitdem lebt die Mutter allein mit ihrem Sohn in einem Einfamilienhaus. Noch im Alter von sechzehn Jahren schläft der Sohn bei seiner Mutter im (Ehe-) Bett. Es entsteht der Eindruck, als ginge es bei den Aktivitäten im rechtsradikal orientierten Jugendmilieu um eine Art Bandenzugehörigkeit und zwar als einer Möglichkeit, den belastenden familiären Verhältnissen zu ent-

---

[206] Farin & Seidel-Pielen, Skinheads..., S. 87 f.

kommen[207], die sich hier in einer inzestnahen Mutter-Sohn-Dyade zu verdichten scheinen.

Die Befreiung aus diesem inzestnahen Verhältnis wird episodenhaft immer wieder versucht, sie vollzieht sich als Destruktion, als Herumrasen mit dem Mofa, als Randalieren, exzessives Rauchen und Trinken, Prügeln, mitten in der Nacht betrunken nach Hause kommen, sich übergeben usw. Die Mutter verlangt in solchen Situationen von Sven, dass er „unten auf einem Sofa schläft". Am darauffolgenden Tag sei sie meist sehr verstimmt. Es kommen dann auf Svens Seite, wie explorative Gespräche mit dem Schüler zeigten, ausgeprägte Schuldgefühle gegenüber der Mutter zum Vorschein. Nach einigen Tagen ist alles vergessen und er schläft wieder bei der Mutter im Bett, bis zur nächsten Eskalation.

Ziehen wir noch ein weiteres Beispiel heran. Der einer Collage des fünfzehnjährigen Jörn entnommene Ausschnitt zeigt eine Gruppe von Skin Heads. Die Figuren wurden sorgfältig mit einer Schicht brennbaren Klebstoffes überzogen und mit einem Feuerzeug bearbeitet. Die Einbrennungen in den Körpern erzeugen eine bedrohliche Wirkung und signalisieren Destruktivität und Gewaltbereitschaft. In den eingezeichneten Sprechblasen ist zu lesen: "Heh, gehn wir gleich Leute wegklatschen?" - "Ja klar, Benni!"

Entstanden ist diese Schülerarbeit im Jahre 1991. A. Streek-Fischer[208] sieht solch destruktives Verhalten unter anderem "vor dem Hintergrund eines traumatisierten, labilen Selbst, dem abgebrochenen Dialog und der Erfahrung von Ausgrenzung", die diese Jugendlichen gemacht haben. Die rechtsextrem orientierte Gruppe übernimmt die "Funktion eines Elternersatzes". Die "Verteufelung von Fremdem und Andersartigem" sowie die Orientierung an der "Naziideologie" ist nach Streek-Fischer als Versuch anzusehen, innere Kontinuität herzustellen. Die Autorin stellt insbe-

---

[207] Mâle, Psychotherapie bei Jugendlichen..., S. 167
[208] Streek-Fischer, A.: "Geil auf Gewalt". Psychoanalytische Bemerkungen zu Adoleszenz und Rechtsradikalismus. Psyche 8, 1992, 46. Jahrg., 745 – 768, hier: S. 750 ff.

sondere einen Zusammenhang zwischen „beschädigter Identität und Fremdenfeindlichkeit"[209] her.

Jugendliche, denen narzisstische Bestätigung, Identifikationsmöglichkeiten und Selbstverwirklichungsperspektiven anhaltend versagt geblieben sind, greifen gern auf „Erklärungen zurück, die die vielfältigen narzisstischen Beschädigungen relativieren sollen. In der rechtsextremen Skinheadgruppe wird der Jugendliche mit Ideologien über sein bisher und aktuell so enttäuschend verlaufenes Leben versorgt:

Nicht etwa eigene Unfähigkeit und Minderwertigkeit sind Schuld an seiner desolaten Lebenssituation, auch nicht die ohnehin meist fernen, oft gleichgültigen und im Grunde verhassten Eltern, Lehrer und Ausbilder, sondern ausgewählte Feinde, die seinen Lebensraum bedrohen und zu zerstören scheinen, sind für seine bedrohte innere Situation verantwortlich zu machen. Solche Erklärungen und Ideologien haben subjektiv befreiende und entlastende Wirkung vor allem deshalb, weil damit unerträgliche innere Konflikte und anhaltende narzisstische Beschädigungen infolge des ständig erfahrenen Versagens in bezug auf Anpassung und Leistung jetzt auf Außenfeinde verlagert, öffentlich gemacht und dort bekämpft werden" können.

Für W. Heitmeyer et al.[210] stehen unter ätiologisch-biographischem Aspekt bei rechtsextremen Einstellungen und Verhaltensmustern die folgenden Faktoren im Vordergrund: Eine Art "Karrierebruch, die Aneinanderreihung von Enttäuschungserfahrungen, Desintegrationserfahrungen in den Milieubeziehungen, Arbeitsmisserfolge und Kontinuitätsbrüche".

Die von Heitmeyer in einer empirischen "Langzeituntersuchung zur politischen Sozialisation männlicher Jugendlicher" gewonnenen Ergebnisse, lassen sich im Sinne der Thomaeschen Persönlichkeitstheorie als das Vorherrschen einer regulativen, konflikt- bzw. krisenhaften Daseinsthematik interpretieren. Ge-

---

[209] Streek-Fischer, A.: Männliche Adoleszenz, Fremdenhass und seine selbstreparative Funktion am Beispiel jugendlicher rechtsextremer Skinheads. In: Prax. Kinderpsychol. Kinderpsychiat. 1994, 43, 259 – 266, hier: S. 262
[210] Heitmeyer, Bielefelder Rechtsextremismus-Studie..., S. 413 ff.

waltbereitschaft und Fremdenfeindlichkeit lassen sich somit aus Desintegrationsprozessen innerhalb der Gesellschaft erklären.[211]

Den „aktuellen Hauptkristallisationspunkt des rechten Extremismus" scheint dabei die Migrationsproblematik abzugeben. „Sie bildet den realen und nicht nur phantasierten Hintergrund für die weite Verbreitung von Bedrohungsgefühlen bei Einheimischen."[212] Die alltagsästhetischen Bezugnahmen, etwa auf die fremdenfeindlichen und sprachlich hochaggressiven Songtexte der „Zillertaler Türkenjäger", des „Weißen Arischen Widerstandes" oder der Gruppe „Rheinwacht", die Einstellungen und das Verhalten dieser Schüler müssen deshalb als "politische (besser: vor-politische, J. B.) Umformungen der sozialen Alltagserfahrungen der Jugendlichen"[213] verstanden werden. Sie sind sozusagen als „jugendkulturelle Oberflächen"[214] anzusehen, hinter denen Mechanismen der Individualisierung und Modernisierung wirksam sind, die zu Desorientierung, Fremdenhass und Gewaltbereitschaft der rechtsorientierten Jugendlichen geführt haben.[215]

Dabei ist insbesondere an Rechtsextremismus als „Verarbeitungsform des gesellschaftlichen Umbruchs" in den Neuen Bun-

---

[211] vgl. Heitmeyer, W.: Desintegration und Gewalt. Deutsche Jugend 3, 1992, 109 – 112. – Ders.: Gesellschaftliche Desintegrationsprozesse als Ursache von fremdenfeindlicher Gewalt und politischer Paralysierung. In: Politik und Zeitgeschichte, B 2-3, 1993, 3 - 13

[212] Möller, K.: Zusammenhänge der Modernisierung des Rechtsextremismus mit der Modernisierung der Gesellschaft. Politik und Zeitgeschichte, B 46-47, 1993, 3 – 9, hier: S. 9. - Möller, K. & J. Müller: Zwischen Befremden und Entfremdung. Bedrohungsgefühle durch Zuwanderung von MigrantInnen. In: Mansel, J. (Hrsg.): Reaktionen Jugendlicher auf gesellschaftliche Bedrohung. Untersuchungen zu ökologischen Krisen, internationalen Konflikten und politischen Umbrüchen als Stressoren. Weinheim & München 1992

[213] Mücke, Th. & J. Korn: Miteinander statt Gegeneinander. Neue Wege in der Jugendarbeit. Dialogversuch mit rechtsextrem orientierten Jugendlichen. In: Heil, H., Perik, M. & P.-U. Wendt (Hrsg.): Jugend und Gewalt. Über den Umgang mit gewaltbereiten Jugendlichen. Marburg 1993, 101 – 125, hier: S. 109

[214] Heitmeyer, W. & U. Sander: Individualisierung und Verunsicherung. In: J. Mansel (Hrsg.): Reaktionen Jugendlicher auf gesellschaftliche Bedrohung. München 1992, hier: S. 54

[215] ebd.

desländern[216] zu denken. Kenner der Skinhead-Szene haben jedoch beobachtet, dass diese in sich differenzierter zu sein scheint, als die oben wiedergegebenen Überlegungen nahelegen. K. Farin & E. Seidel-Pielen[217] rechnen etwa ein Drittel der Skins dem Umfeld der Neonazis zu. Die „Redskins" und „S.H.A.R.P.-Skins" (Skinheads gegen Rassismus) gewinnen nach Angaben der Autoren an Einfluss. Darüberhinaus haben sich homosexuell orientierte Skinheads zum „Gay Skinhead Movement"[218] zusammengeschlossen und damit zu einer weiteren Differenzierung der Szene beigetragen.

Vor diesem Hintergrund erscheinen auch die Metamorphosen, die manch ein Jugendlicher durchläuft, in einem anderen Licht. Zuordnungen zwischen Einstellungen, etwa gegenüber Ausländern, Homosexuellen usw., und bestimmten Szenen sind nicht immer eindeutig herzustellen. Die jugendkulturellen Szenen weisen in sich Widersprüche, Brüche und Diskontinuitäten auf. An ihren Rändern scheinen sich im Ansatz auch liberale und prosoziale Einstellungen zu entwickeln, insbesondere dann, wenn sie für das eigene Lebensglück als zwingend erforderlich erkannt werden, wie etwa bei den homosexuellen Skinheads.

Die meisten rechtsextremen Phänomene, die sich im Bereich der Erziehungshilfe beobachten lassen, sprechen dafür, im Verbund mit den oben genannten Autorinnen und Autoren davon auszugehen, dass im Leben der betreffenden Jugendlichen eine regulative, das heißt auf den Ausgleich innerpsychischer und psychosozialer Spannungen und Konflikte gerichtete, Thematik vorherrscht. Mitunter weist diese Daseinsthematik auch Elemente von Aktivation und Spannung ("Randale machen") sowie sozialer Integration (sich in eine Gruppe einordnen, dazugehören) auf. Jochens Kontaktpersonen waren denn auch eher sozial gut integrierte, höhere Angestellte als Skin Heads oder Hooligans.

---

[216] Schubarth, W.: Sehnsucht nach Gewissheit. Rechtsextremismus als Verarbeitungsform des gesellschaftlichen Umbruchs. In: Otto, H. & R. Merten (Hrsg.): Rechtsradikale Gewalt im vereinigten Deutschland. Jugend im gesellschaftlichen Umbruch. Bonn 1993, 256 – 266, hier: S. 256 ff.
[217] Farin & Seidel-Pielen: Rechtsruck..., S. 21
[218] Farin & Seidel-Pielen, Skinheads..., S. 191

Auf diese Weise fand der Fünzehnjährige eine außerfamiliäre Entsprechung zum soziokulturellen Hintergrund des Elternhauses. In den explorativen Gesprächen zwischen Lehrer und Schüler wurde zunehmend deutlich, dass es in der engen Orientierung an bzw. der Identifizierung mit Führungskräften aus den Reihen der FAP (höhere Bankangestellte o.ä.) auch um die Absicherung, Stabilisierung der männlichen Identität des Heranwachsenden (im Sinne einer Entwicklungsaufgabe) ging. Dieser Prozess der Identitätsbildung war offenbar im familiären Bereich, aufgrund eines dichten Konfliktgeschehens, nicht erfolgreich zuende gebracht worden.

Andere, hier relevante, thematische bzw. entwicklungsbezogene Aspekte sind im Gewinnen emotionaler Unabhängigkeit von den Eltern und im Entwickeln einer Zukunftsperspektive zu sehen. Neben den destruktiv-aggressiven Reaktionsformen, die dem Fünzehnjährigen bereits eine Reihe von polizeilichen Untersuchungen, Gerichtsverfahren und immerhin einen Gefängnisaufenthalt eingebracht haben, dominieren bei diesem Beispiel die Anpassung an die Strukturen und Mechanismen der rechtsgerichteten Partei-Szene und das Herstellen und Pflegen sozialer Kontakte im Rahmen eines ideologisch vorgeformten Kontextes.

Identitätsbildende Prozesse finden ein breites und vielfältiges Spektrum an Manifestationsmöglichkeiten. Neben der rechtsradikal gefärbten Alltagsästhetik existiert eine Vielfalt an ständig wechselnden alltagsästhetischen Bezugswelten, die durchaus auch industriell vorgeformt sein können. In mein Gesichtsfeld gerieten etwa die Figuren aus der Serie Dragon Ball Z, als die Schüler, insbesondere die Jungen meiner siebten Klasse einer Schule für Lernbehinderte, statt zu rechnen und zu schreiben, immer wieder Sohnguku, Sohngohan, Sohngoten u.a. von Sammelbildchen oder aus mitgebrachten Magazinen abzeichneten. Schließlich waren auch Vorlagen zum Ausmalen im Umlauf. Das Cover dieses Buches zeigt im linken Teil eine solche Malvorlage, die von einem Schüler mit Farben ausgestaltet worden ist. Er selbst hatte das betreffende Set an Vorlagen irgendwo gekauft und mit in die Schule gebracht.

Die Sammelbildchen wurden während der Pausen oder in offeneren Unterrichtsphasen ausgetauscht, die Produkte des Abzeichnens und Durchpausens dem Lehrer gezeigt. Eine solche Zeichnung bildet den Prinzen Wegeta ab. Mir wurde deutlich, welche besondere Bedeutung die Dragon Ball Z-Figuren für meine Schüler besaßen, indem sie offenbar als Identifikationsobjekte von diesen herangezogen wurden. Speziell die Dragon Ball Z-Figuren befinden sich ständig im Kampf gegen böse Mächte oder angriffslustige Gegner. Bemerkenswert ist, dass Sohngohan und Sohngoten, wenn sie wieder einmal in Not kommen oder bedroht werden, besondere Kräfte zuwachsen.

Äußerlich manifestiert sich diese Transformation, diese Aufladung mit Energie und Stärke, in Form üppig wachsender und nach allen Seiten gelb strahlender Haare. Die leuchtend gelben *Power-Haare* der Dragon Ball Z-Figuren dienten mir auch als Impuls für ein Kunstprojekt. Ich sprach mit der Künstlerin Ursula Groten über meine oben genannten Beobachtungen. Gemeinsam konzipierten wir ein Projekt zu dem Thema. Dieses erlaubte den Schülern auf großformatigen Tableaus und unter fachkundiger Anleitung der Künstlerin ihre Heldenfiguren und Idole in Öl zu malen. Mit Absicht kaufte ich eine größere Menge gelber, sehr cremiger und wasserlöslicher Ölfarbe, denn diese schien mir ja hier in besonderer Weise Träger positiver Energien und Wunschprojektionen zu sein.

Eines der entstandenen, großformatigen Werke präsentiert den jugendlichen Sohngohan während eines Kampfes. Selbst zum Schreiben zeigten sich die sonst nur sehr schwer zu motivierenden Jungen in Zusammenhang mit den Dragon Ball Z-Figuren bereit. Der folgende Text zeigt es. Sie versuchten gar freiwillig orthographisch richtig zu schreiben, indem sie immer wieder in ihren Zeitschriften nachsahen, die Rechtschreibung einzelner Wörter oder Namen überprüften, sich untereinander berieten oder mich fragten. Hier der Text, den zwei Schüler der Schule für Lernbehinderte, der eine mit einer mittelschweren, der andere mit einer gravierenden Verhaltensauffälligkeit, beide Klasse 7, verfasst haben:

„Der Planet, wo Sohnguku geboren ist, heißt Wegeta. Sohngokus Söhne heißen Sohngohan und Sohngoten. Beide sind so stark wie ihr Vater. Wegeta ist Sohngukus Bruder der gleichzeitig ein Seiajin-Prinz ist. Die Fähigkeiten sind, dass sie sich verwandeln können. Wenn sie sauer sind und noch mehr Power brauchen, werden ihre Haare gelb, die letzte Verwandlung macht die Haare bis zu den Füßen lang. Diese Verwandlung heißt dreifacher Super-Seiajin. Die ganz normale Verwandlung heißt Super-Seiajin, die sogenannte Fusion klappt nur bei zwei Saiajins, die gute Freunde sind oder die sich gut verstehen, können fusionieren. Das bedeutet, diejenigen verschmelzen ineinander und die Kraft geht so hoch, dass man sie sich kaum vorstellen kann, so groß ist sie die Kraft der Saiajins."

Auch wenn inhaltlich noch einige Fragen offen geblieben sind, so erleben sich die Schüler in einem solchen unterrichtlichen Prozess doch als weitgehend kompetent. Sie wissen etwas, kennen sich aus auf einem Gebiet und haben ihren Klassenkameraden und ihrem Lehrer etwas zu berichten und zu erzählen. Nun, was beinhaltet Dragon Ball Z, was viele der regulären schulischen Inhalte den Schülern offenbar nicht bieten können? Auf subtile und indirekte Art und Weise werden in den Jugendlichen vermutlich existenzielle Lebenserfahrungen, vielleicht auch Ängste und Frustrationen kompensierende Größenfantasien aktiviert, aber auch positive Bilder von Vater-Sohn-Beziehungen und Freundschaften zu Gleichaltrigen beschworen. In der Identifikation mit Sohngoten oder Sohngohan erleben sich die Jugendlichen stark und erfolgreich.

Ich beobachtete allerdings auch identitätsbildende Prozesse, die sich auf die Umgestaltung von Kunstwerken oder die Veränderung und Überarbeitung von Elementen aus Kunstwerken stützten. Diese Prozesse und Produktionen ließen sich vielleicht mit dem Titel *Phantasien vom starken Körper* überschreiben. Der zwölfjährige Oliver hat die Darstellung eines männlichen Körpers von T. Ungerer übernommen. Die vom Künstler gezeichnete Figur stellt eine Art Kämpfer oder Ringer dar. Der Schüler hat nun ein kopiertes Photo von sich selbst in die Zeichnungsvorlage eingearbeitet. Einen Impuls von meiner Seite zu einer solchen bildnerischen Gestaltung gab es nur insofern, dass ich von den Schülern schwarz-weiße Portraitphotos hergestellt und diesen eine einigermaßen breite Auswahl an künstlerischen Darstellungen und Materialien zur Verfügung gestellt hatte. Außerdem hatte ich eine Einführung in bildnerische Prinzipien wie Umgestalten, Collagieren oder Montieren gegeben.

Der Jugendliche hat den Umriss seines phantasierten Körpers sorgfältig mit einem schwarzen Filzstift nachgezeichnet. Detailarbeit fand beim Ausführen der Arm- und Brustmuskulatur, der Bauchmuskulatur, der Brustbehaarung und der Hose statt, die im Vergleich zum Original weiter ausgestaltet worden ist. Die fertige Bildgestaltung wurde von dem Zwölfjährigen mit "SUBERMAN" untertitelt. Das Motiv des Kämpfers oder Ringers verweist letztlich auf das Thema der Identitätsbildung, auf den aktuell sich vollziehenden Vorgang der Ausbildung einer männlichen Geschlechtsidentität, zugleich auf die notwendigen Auseinandersetzungen mit der Umwelt. Durch die Anwendung der Prinzipien Umgestaltung und Montage wird eine experimentelle Auseinandersetzung mit Aspekten des eigenen Selbst möglich.

Der Schüler, der sich vom Alter her betrachtet noch auf der Grenze zwischen später Kindheit und früher Adoleszenz befindet, versucht, für sich Entwicklungsrichtungen auszuloten, ein Prozess in dem auf vorhandene, kulturell bzw. subkulturell vorgeformte Idealbilder zurückgegriffen wird. Der eher schlank und zart wirkende Schüler, dem es dazu innerhalb seiner Schulklasse an Durchsetzungsvermögen fehlte, rüstet hier sein Körper-Ich mit überlegener männlicher Stärke aus: Er verwandelt sich in der Phantasie in Supermann, den unbesiegbaren männlichen Helden.

Auch die Fotos erfolgreicher, von den jugendlichen Schülern oftmals bewunderter *Catcher* werden an den Rändern des unterrichtlichen Geschehens herumgereicht. Diese *Muskelmänner* finden ebenso Eingang in die ästhetischen Produktionsprozesse der Schüler. Meist werden die athletischen Körper von den Photos abgezeichnet. Gelegentlich kommt es auch zu eigenen, freien zeichnerischen Entwürfen. Der fünfzehnjährige Steffen hat sehr sorgfältig den Catcher Hulk Hogan abgezeichnet. Speziell der Rückgriff der Jugendlichen auf die subkulturellen Vorbilder des

Wrestling liefert ihnen jedoch vermutlich Bilder einer noch unausgereiften Männlichkeit. Der Catcher erscheint eher als ein Zerrbild männlicher Identität. Die von diesen voluminösen Kämpfern mit der schimmernden Haut im Ring vollzogenen Maskeraden, ihr Provozieren, Locken, ihr hinterhältiges Versteckspiel, ihr Kokettieren mit eher femininen Persönlichkeitsanteilen etwa in Form der langen, oftmals blondierten Haare, ihr Narzissmus, der sich in der solariumgebräunten, eingeölten, tätowierten Haut verrät, ihr Exhibitionismus, der sich in der exzessiven Zurschaustellung des überwiegend nackten Körpers manifestiert, die unterschwellige, jedoch uneingestandene Homoerotik in der oftmals pseudoaggressiven Begegnung der auf äußere Wirkung getrimmten Körper. Dies alles weckt Zweifel an der Eignung des medialen Show-Wrestlings als eines wirklich identitätsstiftenden Sinnzusammenhangs.

Die theatralischen Großspektakel des Show-Wrestlings, wie sie gerade im Erziehungshilfe- und Lernbehinderten-Bereich von den Jungen regelmäßig am Fernsehen verfolgt werden, dienen wohl am ehesten der Spannungsabfuhr und der Kompensation und dennoch wirken diese Identifikationsversuche zugleich unverzichtbar, weil sie bestimmte adoleszente Entwicklungsthemen so symbolisieren und inszenieren, wie nichts anderes sonst dies könnte.

Kritischer wird es noch in Zusammenhang mit dem Backyard-Wrestling, sofern dieses auch von den Jugendlichen über Medien erschlossen und für eigene identitätsbildende Prozesse herangezogen wird, einer äußerst brutalen Variante, die sich in den Hinterhöfen der Gesellschaft abspielt. Paul Hough hat hierzu einen Dokumentarfilm gedreht.[219] Dieser Film gibt verstörende wie faszinierende Einblicke in die psychologischen Hintergründe dieser Jugendkultur. Wir sehen nicht nur die blutigen Wrestling-Kämpfe, die die Jugendlichen in ihrer Freizeit in Hinterhöfen und Grünanlagen veranstalten, und bei denen sie sich gegenseitig mit

---

[219] Hough, P.: The Backyard. USA 2002

Stöcken, Stacheldraht, Glas, Reißwecken und sogar Feuer attackieren und die fast immer blutig verlaufen. Wir hören von den Heranwachsenden auch, warum sie dieser Leidenschaft frönen. Die Motivationen sind zahlreich. Da sind Wrestler wie Lizard, die noch sehr nah am klassischen Show-Wrestling agieren und von einem Aufstieg zum Star in jener Szene träumen. Dann gibt es solche Protagonisten wie „Chaos", die deutlich jugendkulturell bewegt, vielleicht vom Alltag gelangweilt, Extremes austesten und schocken wollen und stolz die eigenen Verletzungen präsentieren. Für einen Backyarder wie „Scar" wiederum sind ganz persönliche Erfahrungen an das Backyard-Wrestling geknüpft: Er musste fünf seiner ersten acht Lebensjahre im Krankenhaus verbringen und ist am ganzen Körper mit Narben übersäht, von den Operationen. Sein bewusster Entschluss, beim Wrestling Schmerz zu ertragen, wirkt wie der Versuch, Kontrolle über das Leid, das sein Leben begleitet hat, zu erlangen. Es geht quasi darum, *selbstbestimmt* Schmerzen zu haben.

Und schließlich gibt es da einen wie „Bo", der sein physisches wie psychisches Leiden an seinem Vater kanalisiert: „Schmerzen waren immer da... Warum nicht etwas Gutes daraus machen, etwas was ich genieße, und womit ich leben kann? Schmerz ist mein einziger Freund." Solche Phänomene sind mir im Erziehungshilfebereich gelegentlich begegnet, auch wenn die Jugendlichen nicht direkt in solchen Backyard-Szenen lebten. Ein Sechzehnjähriger, der sich im Unterricht mit einem Messer die Arme aufritzt, Klebstoff hineintropfen lässt und dann sein Feuerzeug daran hält. Alles Hinweise auf die Wunden der Gesellschaft.

Wenden wir uns noch einer Nachzeichnung des Catchers Guile durch den sechzehnjährigen Radovan zu. Im Zentrum des Bildes befinden sich kraftvolle Arme, die wie aufgepumpt wirken. Die Energie spitzt sich in den geballten Fäusten zu. Die kammartige Frisur verweist auf das Extravagante der Wrestling-Szene. Sie weckt Assoziationen an einen Hahnenkamm, an das Sich-Aufplustern eines Gockels. Über die Gürtellinie hinausgehend ist vom Körper des Catchers nichts zu sehen. Sein Unterleib ist abgetrennt, wodurch die Figur als Ganzes fragmentiert erscheint. Bestimmte Zonen des Körpers wie Oberarme oder Brustkorb werden überbetont, andere dagegen vernachlässigt, wenn nicht gar abgespalten.

Identität wird von dem Jugendlichen, der eine Zeitlang ganz ohne didaktischen Impuls serienweise solche Bilddarstellungen produzierte, offenbar kaum noch über eine Arbeit oder eine Aufgabe gewonnen oder ausgebildet, deren Sinn außerhalb des Selbst läge. Radovan, der für seine weitere Biographie zu dem Zeitpunkt vermutlich keine besonderen Bildungs- und Berufschancen mehr erwartet, ist auf sich und seinen Körper als allein übrig gebliebenen Sinnzusammenhang zurückgeworfen.

Die spontan entstandenen Bildgestaltungen der Jugendlichen zum Thema *Wrestling* wurden im Rahmen eines Projektes, an dem auch verschiedene Künstlerinnen teilnahmen, aufgegriffen und hierin eine vertiefte Auseinandersetzung mit den dargestellten Themen wie Identität, Körper usw. versucht. In einer Arbeitsgruppe erfolgte zunächst ein erneuter Rückgriff auf eine Vorlage von T. Ungerer, die auf einen großflächigen Malgrund projiziert und mit Farben ausgestaltet wurde.

Der athletische Männerkörper trägt sowohl die Zeichen des Catchers als auch des Skin Heads. Die Hantel, der von dem Künstler Dimitrijevic übernommene Stier sowie die im Vordergrund aufgezeichnete Kampfszene (in der auch von Picasso übernommene Figuren vorkommen) können als Elemente aufgefasst werden, die etwas über die Lebensgeschichte, die Absichten und das Selbstverständnis der dargestellten Figur erzählen. Der Stier steht unter ikonographischem Aspekt für Macht, Kraft, Zeugungskraft, Materie und Körperlichkeit. Seine Hörner symbolisieren den Vorstoß in das Neue.

Einer der Jugendlichen, der hier mitgearbeitet hat, ist Mitglied in einem Fitnessstudio, wo er gezielt Bodybuilding betreibt und damit Teil einer spezifischen Szene geworden ist. Der Jugendliche rückt seinen Körper in das Zentrum seines Interesses. Er konzentriert sich auf seine Stärken und baut diese, sicher nicht ohne eine kompensatorische Absicht, aus. Der Körper wird zum Gegenstand einer Sorge, einer Erwartung, er wird kultiviert und instrumentalisiert. Er erfährt narzisstische Besetzungen und Erhöhungen, was jedoch nicht ausschließt, dass er in Teilbereichen als unstimmig erfahren und abgespalten wird. Solche Prozesse können vielleicht wirklich der Identitätsbildung von Jugendlichen dienen, indem der oftmals bedrückenden Lebensrealität mental oder real etwas Kraftvolles entgegengesetzt wird.

Es scheint mir fundamental wichtig, über solche jugendkulturell abgestützten identitätsbildenden Prozesse mit den Heranwachsenden im Gespräch zu bleiben. Pädagogen können etwas zur Entwicklung und Persönlichkeitsstabilisierung von Kindern und Jugendlichen in Krisen beitragen, indem sie die emotional stark besetzte Welt der kindlichen und jugendlichen Trivialkultur, Subkultur usw. ernst nehmen und mit in das unterrichtliche Tun und unser gemeinsames Sprechen und Reflektieren aufnehmen.

SELBSTSTEUERUNG UND SELBSTREFLEXION
Selbststeuerung und Selbstreflexion sind Bestandteile zahlreicher durch Offenheit, Subjektorientierung oder Lebensweltbezug gekennzeichneten pädagogischen und didaktischen Konzeptionen. Allerdings müssen diese Fähigkeiten bei vielen Lernenden im Bereich der Erziehungshilfepädagogik, Lernbehindertenpädagogik und der entsprechenden Integrationspädagogik erst Schritt für Schritt aufgebaut werden. Bei diesen Bemühungen kann ein handelnd-visualisierendes Verfahren hilfreich sein. Selbststeuerung und Selbstreflexion besitzen eine besondere bildungstheoretische Bedeutung.

Beziehe ich mich auf eine kritisch-konstruktive Erziehungswissenschaft, wie sie etwa seit 1985 durch W. Klafki in der Tradition von Bildungsvorstellungen der Spätaufklärung und des philosophisch-pädagogischen Idealismus expliziert worden ist, konkretisiert sich Bildung als Befähigung der Kinder und Jugendlichen zu vernünftiger Selbstbestimmung, Freiheit, Emanzipation und Autonomie. In einem so verstandenen schulischen oder außerschulischen Bildungsprozess stellen Selbsttätigkeit, Selbststeuerung und Selbstreflexion zentrale Komponenten dar. Es besteht jedoch die Notwendigkeit der pädagogisch Förderung und des langsamen, schrittweisen Aufbaus dieser Fähigkeiten.

Es stellt sich auch die Frage, wie diese Fähigkeiten denn zu unterstützen und zu kultivieren sind. Ein vertrautes Mittel ist natürlich in erster Linie das Gespräch. Dies kann integriert in den laufenden Unterricht oder in die sozialpädagogische Projektarbeit erfolgen, indem ich einem Kind oder Jugendlichen zurückmelde, wie sein aktuelles Lern- und Arbeitsverhalten auf mich wirkt, indem ich Vorschläge mache, was er oder sie verbessern könnte, indem ich Impulse gebe. Eine andere Möglichkeit ist das rückblickende Auswertungsgespräch mit der gesamten Lerngruppe, am Ende einer Unterrichtsstunde oder Lerneinheit. Die meisten Kinder und Jugendlichen mit Förderbedarf im Bereich des Lernens und des Verhaltnes benötigen jedoch eine besonders intensive Betreuung, um den Erfolg der diesbezüglichen pädagogischen Bemühungen zu sichern.

Pädagoginnen und Pädagogen müssen in kontinuierlichem Austausch mit den sich noch ungesteuert und unreflektiert verhaltenden Schülerinnen und Schülern stehen. Zu Beginn einer solchen Arbeit wird sich in den meisten Fällen eine eigens einzurichtende Beratungsstunde am besten eignen. Mit der Zeit genügen vielleicht kürzere Gespräche, die variabel in den Schulmorgen eingestreut werden. Die genaue zeitliche und organisatorische Gestaltung ist sicherlich von der konkreten Situation und dem genauen Arbeitskontext abhängig.

Geht es etwa um einen integrationspädagogischen Kontext oder die Reintegration von Schulverweigerern könnten Impulsfragen der folgenden Art angeboten werden: *Wie habe ich die Atmosphäre in der neuen Klasse erlebt? Wie wirkten die anderen Schülerinnen und Schüler auf mich? Ist es mir gelungen, zu einigen der neuen Schülerinnen/ Schüler Kontakt aufzunehmen? Wie erlebte ich meine Beziehung zur neuen Lehrkraft/ den neuen Lehrkräften? Erlebte ich Angst oder Druck in mir? Oder fühlte ich mich relativ sicher?*

Haben die ehemaligen Verweigerer an den ersten regulären Unterrichtsstunden teilgenommen, sind folgende Impulsfragen denkbar: *Wie ist es mir gelungen, dem Unterricht zu folgen? Habe ich inhaltlich verstanden, worum es in der Unterrichtsstunde/ in den Unterrichtsstunden ging? Ist es mir gelungen, mich im*

Ansatz am Unterrichtsgespräch/ an den Lernaktivitäten aktiv zu beteiligen? Wie reagierten die Mitschülerinnen und Mitschüler auf mich? Hat mich die Lehrkraft beachtet und ins Unterrichtsgespräch einbezogen? An welcher Stelle spürte ich eventuell Unlust und Unbehagen, mich weiter mit dem Unterrichtsthema auseinanderzusetzen? Was waren mögliche Gründe dafür? Fiel es mir schwer, 45 oder 90 Minuten still auf meinem Platz zu sitzen? Reichte meine Konzentration aus?

Wenn nein: Was hätte die Lehrkraft tun können, um mich etwas länger bei der Stange zu halten? Wenn nein: Welche anderen Lernformen und Arbeitsweisen hätten mir bei dem Thema vielleicht mehr entsprochen? Wenn nein: Welche anderen Aspekte des Themas hätten mich vielleicht mehr interessiert? Habe ich die Möglichkeit gesehen, etwas von diesen mich interessierenden Aspekten oder Lernbedürfnissen in den Unterricht miteinzubringen? Wenn nein: Was hätte ich selber tun können, um meine Konzentration länger aufrecht zu erhalten (z.B. nachts ausreichend schlafen, Traubenzucker essen, kleine Entspannungs- und Atemübungen machen usw.)?

Haben die Reintegrationsschülerinnen und –schüler ihre zukünftige Lerngruppe wieder verlassen, sollte eine gezielte Auswertung und Reflexion des Erlebten initiiert werden. Dies kann etwa geschehen anhand von Impulsfragen, die den „alten" Schülern an die Hand gegeben werden, z.B.: *Wie hat der Schüler X/ die Schülerin Y auf mich gewirkt? Was ging wohl in ihm/ ihr vor? An welchen Verhaltensweisen von Y/ X oder an welchen äußeren Anzeichen machst du deine Vermutung fest? Wie hat er/ sie sich wohl gefühlt bei uns in der Klasse? Wie ist es mir gelungen, zu Y/ X Kontakt aufzunehmen? Angenommen, es gelang mir nicht, Kontakt aufzubauen, warum glückte dies nicht? Hat Y/X mein Kontakt-/ Beziehungsangebot erwidert? Wenn ja, wie und in welcher Weise? Was sonst ist mir noch aufgefallen? Was beschäftigt mich noch? Worauf will ich bei der nächsten Begegnung mit Y oder X achten?*

Intervention und Beratung kann einmal geschehen anhand solcher Impulsfragen. Im Rahmen eines prozessbegleitenden oder abschließenden Gesprächs können sie etwa lauten: *Wie aktiv ar-*

beitest du im Unterricht mit? Zu welchem Eindruck bezüglich deines Lern- und Arbeitsverhaltens bist du in der vergangenen Stunde/ Lerneinheit gekommen? Auf welche Schwierigkeiten bist du gestoßen? Was hast du unternommen, um diese Probleme zu lösen? Inwieweit ist es dir gelungen, mit den anderen zusammenzuarbeiten? An welchen Punkten ergab es eventuell Unstimmigkeiten und wie bist du damit umgegangen? Hätte es für dich noch andere Möglichkeiten gegeben, dich zu verhalten? Bist du selbst mit deiner Aktivität und mit deinem Einsatz zufrieden? Möchtest du etwas an deinem Lernverhalten ändern? Wenn ja, in welche Richtung? Was konkret willst du ändern oder ausprobieren? o.ä.

Doch den verbalen Interventionen und Instruktionen sind gelegentlich, je nach Schultyp, Projektart oder Gruppenzusammensetzung enge Grenzen gesetzt. Den meisten Praktikern ist daher die Tatsache vertraut, dass bloßes *Sprechen* über ein Thema oder das eigene Verhalten nur sehr begrenzte Aufmerksamkeit bei vielen Kindern und Jugendlichen mit Schwierigkeiten im Lern- und Arbeitsverhalten hervorruft und manche auf diesem auditivem Kanal gar überhaupt nicht erreicht werden oder sich innerlich nicht angesprochen fühlen.

Ich suchte daher nach einer handlungsorientierten und zugleich symbolhaft-visualisierenden Möglichkeit, nach einem Verfahren, das durch aktives Tun, Bewegung, autonomes und selbsttätiges Handeln des Schülers diesem sowohl Selbsteinschätzung als auch Selbstreflexion bezüglich des eigenen Lern- und Arbeitsverhalten im Unterricht ermöglichen sollte. Angeregt durch einige von H. Thomae[220] empirisch gewonnene Skalen zur Verhaltensbeobachtung, speziell die Skalen *Aktivität, Steuerung* und *Angepasstheit*, entwickelte ich insgesamt drei Kategorien zur Verhaltenseinschätzung.

Diese sind im Vergleich zu den Originalskalen sehr stark vereinfacht und reduziert worden, um sie für die Schüler schnell nachvollziehbar und leicht handhabbar zu machen. Ich hole mir die Rückwand eines ausrangierten Schrankes aus dem Holzvor-

---

[220] Thomae, H. (1954): Beobachtung und Beurteilung von Kindern und Jugendlichen. Basel 1973, 11. Aufl.

ratsraum, teilte diese in drei Spalten ein und beschriftete sie mit Hilfe der folgenden Kategorien:

Erstens: *Mir fällt das Lernen zur Zeit sehr schwer. Ich spüre keinen Antrieb in mir, sehe keinen Sinn, lasse mich treiben, bin dankbar für jede Ablenkung. Ich weiche lieber aus, statt mich zu bemühen.* Zweitens: *Es gelingt mir, mich ein wenig für meine Lernziele einzusetzen. Ich schaffe es, mich zu konzentrieren und etwas Sinnvolles zu tun, wenn auch nur kurz...* Drittens: *Ich lerne zur Zeit sehr selbstständig und aktiv. Ich bin interessiert an neuen Themen. Ich arbeite gerne mit anderen zusammen. Ich bringe etwas zustande.*

Die drei Kategorien sind zusätzlich mit einem die Verhaltensqualität anzeigenden Gesichts-Symbol (lachendes Gesicht, neutrales Gesicht, Gesicht mit heruntergezogenem Mundwinkel) versehen, um die inhaltliche Zuordnung zu erleichtern. Ferner richtete ich auf der Holztafel, die sich leicht an die Wand des Klassenzimmers anlehnen lässt, eine Art Namens-Pool ein. Es wurde für jeden Schüler ein Namensschild hergestellt und dieses laminiert, um es mühelos mit doppelseitig angebrachtem Tesakrepp immer wieder anheften, abnehmen und verschieben zu können.

Zunächst befinden sich alle Namensschilder in dem Pool. Am Ende der auszuwertenden Unterrichtseinheit werden die Schüler aufgefordert, ihr Namensschild einer der drei Kategorien zuzuordnen und dieses anzuheften. Diese, auf Selbstbeobachtung beruhende Form der Selbstbewertung führt zu einem ganz anderen Bewusstwerdungs- und Erkenntnisprozess, als wenn ausschließlich die Lehrkraft dem Schüler eine entsprechende Rückmeldung zu seinem Lern- und Arbeitsverhalten geben würde. Es finden Prozesse der Selbstwahrnehmung und der Fremdwahrnehmung sowie der gegenseitigen Korrektur statt.

Kann sich ein Schüler nicht klar für eine Kategorie entscheiden, hat er auch die Möglichkeit, sein Namensschild auf die Grenze zwischen zwei Kategorien zu setzen. Interessant ist in einem solch unentschiedenen Fall, die Gruppe nach deren Einschätzung zu befragen. Überhaupt kommt es auf der Basis einer solchen Visualisierung zu aufschlussreichen Diskussionen innerhalb der Schüler- oder Jugendlichengruppe. Es handelt sich dabei oft um Prozesse, in denen die eigene Wahrnehmung und die Einschätzung durch die anderen nicht oder zumindest nicht vollständig zusammenfallen. Das jeweils auf der Holztafel markierte bzw. visualisierte Ergebnis lässt sich daher im Anschluss an die Phase des Namensschild-Anheftens zur Diskussion stellen. So mancher hat während dieser kritischen Überprüfung durch die Klasse oder Lerngruppe auch seine Position, freiwillig oder auf Drängen der anderen, korrigiert.

Manchmal geht es etwa auch darum, dass Schulverweigerer ein spezielles Projekt wieder verlassen und in einen regulären schulischen Kontext reintegriert werden sollen. Was dann noch in der Sonderklasse oder im Projekt geschieht, steht unter der thematischen Klammer Ablösung, Übergang, Veränderung, aber auch Sicherung des Erlebten und Erreichten. Reflexions- und verarbeitungsfördernde Impulsfragen für Gespräche mit den ehemaligen Schulverweigerern könnten in einem solchen Zusammenhang etwa lauten:

Wie war meine persönliche Situation, bevor ich ins Projekt gekommen bin? Welche Lern- und Beziehungserfahrungen habe ich im Projekt gemacht? Wie kam ich mit den Lehrkräften oder Pädagogen zurecht? Wie mit den anderen Schülerinnen und Schülern? Was waren für mich persönlich gehaltvolle und schöne Erfahrungen in der Lern- und Erfahrungswerkstatt des Projektes? Was erlebte ich eher als störend und belastend? Was habe ich tatsächlich gelernt unter dem Aspekt Inhalt? Was habe ich tatsächlich gelernt unter dem Aspekt Lernverhaltensweisen und Lerntechniken?

Worin sehe ich heute meine persönlichen Stärken und Ressourcen? In welchen Bereichen habe ich noch etwas zu bearbeiten oder Lücken aufzufüllen? Wie geht es mir, wenn ich an den Übergang in die neue Klasse denke? Wie stelle ich mir mein schulisches Leben in der neuen Klasse vor? Mit welchen Schwierigkeiten rechne ich in der neuen Klasse? Wie kann oder will ich diesen, von mir zur Zeit vermuteten Schwierigkeiten begegnen? Auf welche Hilfen und Unterstützungen kann oder will ich dabei zurückgreifen? Was wünsche ich mir mit Blick auf den Klassenwechsel von den Reintegrationshelfern?

Solche Ansatzpunkte vermögen auf Seiten der Jugendlichen eine Bewusstwerdung ihrer Lage, Selbstreflexion und zunehmend verantwortungsbewusste Selbststeuerung zu fördern.

DIE HEURISTISCHE FUNKTION SYMBOLISCHER PROZESSE FÜR DIE DIDAKTIK[221]

Speziell ästhetische, gestalterische Verfahren können eine heuristische Funktion für die Konstruktion von variablen fächerübergreifenden didaktischen Einheiten übernehmen, indem sie etwa, wie in dem nachfolgend dokumentierten Beispiel, Variationen zum monadischen, in sich abgeschlossenen zeichnerischen Werk eines Schülers ermöglichten. Auf der Basis eines ungewöhnlich umfangreichen Konvoluts an Zeichnungen eines achtjährigen Jungen, nennen wir ihn Ole, ließen sich bestimmte Konfliktthemen identifizieren und Schlussfolgerungen für die Konstruktion didaktischer Einheiten, die ich hier *Variationen* nennen möchte, ziehen.

Es ist die Rede von didaktischen Variationen, weil es sich um Abwandlungen gängiger didaktischer Konstruktions- und Realisationsmuster, aber auch um die Abwandlung ästhetisch-therapeutischer Vorgehensweisen handelt. Diese Verfahren besitzen deshalb eine heuristische Funktion für die Didaktik, weil sie eine methodische Anleitung darstellen, eine Pädagogik oder Didaktik, die sich immerzu vor Hindernissen oder besonderen Herausforderungen befindet, überhaupt auf den Weg zu bringen. Die Analyse der Zeichenblätter verfolgt hier keine kunstpädagogische Zielrichtung, sie dient vor allem der Erkenntnisfindung, der Exploration, um auszuloten, was in einem Unterricht unter extrem schwierigen Bedingungen überhaupt möglich ist und was versucht werden kann und soll.

Ole wurde im Alter von acht Jahren von der Grundschule an die Schule für Erziehungshilfe überwiesen. Er ließ niemanden an sich heran und saß schweigend an seinem Schultisch. Bei Kon-

---

[221] Vgl. auch Bröcher, J.: Zur heuristischen Funktion kunsttherapeutischer Verfahren für den sonderpädagogischen Unterricht - Didaktische Variationen zum zeichnerischen Werk eines verhaltensauffälligen Jungen. Musik-, Tanz- und Kunsttherapie 8, 1997, H. 2, 80 - 91

taktversuchen von Seiten seiner Mitschüler reagierte er unwirsch bis erbost. Meine eigenen kommunikativen Angebote blieben genauso unbeantwortet wie diejenigen meiner Co-Lehrerin. Auf unterrichtliche Themenbearbeitungen, egal um welchen Stoff es sich auch handelte, reagierte Ole überhaupt nicht, gleichgültig, ob sie als Angebot oder als Anforderung formuliert waren. Sein Verhalten und seine Persönlichkeit wiesen somit gewisse autistische Züge auf, in dem Sinne, wie sie von Bettelheim[222], Mahler[223] oder Kane & Kane[224] beschrieben worden sind.

Eine psychotherapeutische oder psychiatrische, eventuell familientherapeutische Behandlung wurde den Eltern von schulischer Seite nahegelegt, ohne dass von diesen jedoch konkrete Schritte in dieser Richtung unternommen worden wären. Es bestand daher für uns Lehrkräfte die Notwendigkeit, vorläufig ohne eine solche außerschulische Unterstützung auszukommen und den Unterricht in einer Weise *umzugestalten*, dass Ole in seiner spezifischen Situation von diesem profitieren konnte.

Schon nach wenigen Tagen beobachtete ich, dass der Junge, der ja mit niemandem sprach, gern zeichnete. Zu den unterschiedlichsten Zeitpunkten nahm er einen blauen Filzstift, einen Bleistift oder Füller und brachte auf sehr schnelle, leichte Art Skizzen zu Papier. Da der Achtjährige es rigoros ablehnte, sich an Unterrichtsgesprächen, Kleingruppen- oder Partnerarbeiten zu den verschiedensten Themen zu beteiligen, ließen wir ihn wochenlang zunächst nur zeichnen. Ansonsten stellten wir keinerlei Anforderungen an Ole, erwarteten auch keine Erläuterungen seiner Bilder, signalisierten jedoch durchgängig Gesprächsbereitschaft, erkundigten uns nach seinem Befinden usw. Nach etwa zwei Monaten kam es zu einer ersten Veränderung in Oles Verhalten. Er stand

---

[222] Bettelheim, B. (1955): So können sie nicht leben. Die Rehabilitierung emotional gestörter Kinder (dt. Ausg. 1973). München 1985, erneute Aufl., S. 37 ff.
[223] Mahler, M. (1979): Studien über die drei ersten Lebensjahre. Frankfurt am Main 1992, hier: S. 164 ff.
[224] Kane, G. & J. F. Kane: Das autistische Kind. Erscheinungsbild - mögliche Ursachen. In: Regionalverband Nordbaden-Pfalz e.V. „Hilfe für das autistische Kind" (Hrsg.): Autismus. Erscheinungsbild, mögliche Ursachen, Therapieangebote. Walldorf 1990, 21 - 36

von seinem Platz auf, kam an meinen Schreibtisch und legte mir eine Zeichnung vor und sagte: „Hier! Sehen Sie!"

Ich fragte vorsichtig nach der Bedeutung von Details und Ole gab kurze und bündige Antworten. Von sich aus erzählte der Junge kaum etwas. Vielmehr schien er weitere Fragen von meiner Seite abzuwarten. Eine verbale Tiefenexploration, die über das sichtbar Dargestellte hinausging, gestattete Ole nicht. Seine, auf das manifeste Bildgeschehen gerichteten Erläuterungen deuteten auf das Vorliegen „formaler Denkstörungen"[225] hin. Es zeigten sich „Denkhemmungen", im Sinne einer Verlangsamung des Denkablaufs, im Wechsel mit „Ideenflucht", dies im Sinne einer Beschleunigung des Gedankenablaufes, von Gedankensprüngen und „Inkohärenz", das heißt einer Auflösung des Gedankenzusammenhanges[226], um hier einmal mit aller Vorsicht diese psychiatrischen Begrifflichkeiten heranzuziehen.

Im sprachlichen Bereich zeigten sich „Manierismen", das heißt bizarre Ausdrucksgebärden, „Perseverationen" im Sinne von Wortwiederholungen, „Kontaminationen", das heißt Wortverdichtungen und „Neologismen" bzw. Wortneuschöpfungen[227], womit sich die Frage nach eventuell vorhandenen schizophrenen Persönlichkeitsanteilen stellte. Dieses neue Prozedere wiederholte sich nun Tag für Tag, Woche für Woche. Es entstanden Dutzende von Zeichenblättern, aus denen sich allmählich spezielle Themen herauskristallisierten, die sich zu einer eigentümlichen Problematik zu verdichten schienen.

Als erstes sprang die Rivalität zwischen Ole und seinem vier Jahre älteren Bruder, der dieselbe Sonderschule besuchte, ins Auge. Oles phantasievolle Darstellungen drehten sich meist um Themen wie Weltall, Planeten, Raumschiffe, in dieser Welt lebende Figuren wie Ritter und Könige, Weltraumkämpfe und Weltraumschlachten. Es entfaltete sich eine private, bizarr anmutende Vorstellungswelt, in der das Bruder-Thema inszeniert wurde. In seinen Erzählungen bezeichnete sich der Achtjährige selbst

---

[225] Hartmann, K.: Heilpädagogische Psychiatrie in Stichworten. Stuttgart 1979, hier: S. 48 f.
[226] ebd.
[227] ebd.

als König eines Planeten namens "Flummiland". Er berichtete von seinem Hofstaat, seinen Kriegern und Soldaten, gigantischen Waffen, von Känguruhs, die dort auf goldenen Kugeln umherhüpfen würden.

Die tiefe Verankerung dieser Phantasien schien darin zu liegen, dass der ebenfalls recht phantasievolle Vater seinen beiden Söhnen bereits in der frühesten Kindheit imaginierte Welten geschaffen hatte. Der vier Jahre ältere Bruder fungierte in diesem System, das sowohl unser reales Sonnensystem und weitere, den meisten Menschen unbekannte, Galaxien umfasste, als König von "Gummiland", einem sehr weit entfernt liegenden Planeten. Ole dagegen war der König von "Flummiland". Diese Namensgebung erinnert zugleich ein wenig an die Polarität von „Lummerland" und „Kummerland" in Michael Endes Kinderroman „Jim Knopf".

Es besteht nun dauerhafter Streit zwischen diesen beiden Königen und ihren Planetenvölkern. Sie versuchen permanent, sich durch intelligente und raffinierte Manöver gegenseitig in Macht und Stärke zu überbieten und mit überraschenden Angriffen zu schlagen. Ole wirkte zeitweise voller Hass auf seinen älteren Bruder. Dutzende von Zeichnungen dokumentieren diese schwierige Beziehung. In zahlreichen Bildern lässt Ole seine Raumschiffe, Hubschrauberbesatzungen und Soldatenheere gegen die des Bruders kämpfen.

Eine Zeichnung[228] präsentiert eine solche, mit lockeren Strichen gezeichnete Kampfszene. Die Flugobjekte der "Gummiländer", die dem Planeten des Bruders zugehören, erscheinen links oben im Bild. Nach Olafs Angaben sind sie dabei, „Flummiland", unten rechts eingezeichnet, anzugreifen. Seine eigenen Flugobjekte sind mit "FL" markiert. Im Raum zwischen den Luftfahrzeugen befinden sich Linien, die die Flugbahnen der abgeschossenen Munition anzeigen, oder es könnte sich um Abgasfahnen handeln, die die Fahrt- bzw. Flugrichtung angeben. Von Flummiland aus schießt eine Person mit einer Art Flugabwehrrakete auf die von links heranfliegenden feindlichen Raumschiffe.

---

[228] Alle hier angesprochenen Bildproduktionen finden sich in meiner Untersuchung „Bilder einer zerrissenen Welt", 1999, S. 78 ff., dokumentiert.

Eine andere Zeichnung zeigt eine ähnliche Kampfszene. Im unteren, dicht gedrängten Teil des Bildes sind verschiedene Raumschiffe und Hubschrauber in ein Gefecht verwickelt. Die Flugobjekte der "Gummiländer", die dem Planeten des Bruders angehören, sind mit "GL" gekennzeichnet. Olafs eigene Flugobjekte, die zum Planeten "Flummiland" gehören, sind mit "FL" markiert. Der Raum zwischen den zum Teil bizarr anmutenden Flugobjekten ist durchsetzt mit Linien, die die Flugbahnen der abgeschossenen Munition anzeigen, oder es handelt sich um Abgasfahnen, die die Fahrt- bzw. Flugrichtung der Raumschiffe angeben. Neben diese bildnerischen Elemente treten hier bizarre Buchstaben- und Wortkombinationen, der verschnörkelt wirkende Schriftzug "Stasi".

Diese Schnörkel lassen sich bei genauerem Hinsehen zum Beispiel als Hubschrauber, Raumfahrzeuge über dem "T" und dem "A" identifizieren. Das "S" wird von einer Schlange dargestellt. Der obere Teil des "T" wurde durch einen Kopf und Hände zusammengesetzt, die eine Pistole und ein Schwert halten. Daneben befinden sich einige schwer zu entziffernde Zeichen. Von dem Schriftzug "STASI" aus hat der Zeichner eine Pfeillinie nach unten gezogen zu dem linienumrandeten Wort "Angriff".

Es könnte sich demnach bei der Zeichnung um eine Art Schlachtplan handeln, den "Admiral Stasi Amboß" von "Flummiland" entworfen hat. Möglich ist auch, dass es sich um den abschließenden Bericht zu einer Schlacht handelt. Dieser Eindruck wird erhärtet, wenn man den hinzugesetzten Text heranzieht. In einer Art Bandwurmsatz ist zu lesen: "Stasi hat sich ein Schwert genommen er sagt zur Kompanie der GL wenn sie richtige Ritter seit dann erchtechen sie von hinten Das Rimbenschiff kommt Die Flummiländer werfen kristale Dan hat das raumschiff seine Kasone umgedret".

Eine andere Skizze zeigt die Aufstellung eines der Heere des Königs von Flummiland. Es scheint sich um eine Art modellhafte Übersicht über die Streitkräfte zu handeln. Die an die Figuren geschriebenen Zahlen zeigen an, wieviele Kämpfer der jeweiligen *Klasse* vorhanden sind (2, 1000 oder 100.000 usw.). Unter formalen Gesichtspunkten fallen die geometrischen, rhythmischen, ornamentalen Elemente und die Verwendung barocker, verschnörkelter Formen in der Darstellung der Rüstungen, Helme und Waffen auf. Diese und weitere formale Merkmale, wie sie von Rennert[229] in den Bildgestaltungen von Schizophrenen ausgemacht wurden, sind: Der Mangel an Perspektive; die vertikale Blickwinkelverschiebung als Hochwandern des Horizontes, als Steilerwerden der Ansicht bis zum Aufblick.

Die stilisierende, ornamentalisierende Bildorganisation bzw. künstlerische Bearbeitung deutet nach H.-G. Richter[230] auf Angst und angstabwehrende Mechanismen hin. Eine andere Arbeit von Ole präsentiert, in einer den Rittern vergleichbaren Darstellung, den „König von Flummiland". Mit Stab oder Lanze in der linken, Reichsapfel in der rechten Hand und Krone auf dem Kopf sagt er „Ro Ro", ein schwer zu deutendes Wortfragment aus dem privaten Sprachschatz des Achtjährigen.

Auffällig ist die Hervorhebung der Genitalien des Königs sowie der diesbezüglichen Entleerungsvorgänge, ein inhaltliches Merkmal, das sich in zahlreichen Bilddarstellungen unseres Zeichners wiederfindet. Es scheint sich bei diesen Hinzufügungen um die Kennzeichnung einer Machtposition, der Herrschaft über ein bestimmtes Gebiet zu handeln, das heißt wer in einem bestimmten Gebiet Macht und Einfluss hat, uriniert oder defäziert, eventuell um das eigene Revier, den eigenen Einfluss- und Herrschaftsbereich kenntlich zu machen.

Weniger in diesen Details als in der Gesamtkonstruktion der Phantasiewelt zeigen sich, vom Inhaltlichen her betrachtet, gewisse Parallelen zu "Neubern", einem imaginären Land, einer fern gelegenen Insel des sieben- bis zehnjährigen Claes Oldenburg.[231] Zur Unterhaltung seiner Söhne erfand Oldenburgs Vater ein Land

---

[229] Rennert, H. (1962/ 1966): Liste der Merkmale schizophrener Bildnerei. In: Bader, A. (Hrsg.): Geisteskrankheit, bildnerischer Ausdruck und Kunst. Bern, Stuttgart & Wien 1975, 55 – 58, hier: S. 55. – Ders. (1963): Eigengesetze des bildnerischen Ausdrucks bei Schizophrenie. In: Bader, A. (Hrsg.): Geisteskrankheit, bildnerischer Ausdruck und Kunst. Bern 1975, 50 - 54

[230] Richter, H.-G.: Leidensbilder. Psychopathische Werke und nichtprofessionelle Bildnerei. Frankfurt am Main 1997, hier: S. 110

[231] Hartwig, H.: Jugendkultur. Ästhetische Praxis in der Pubertät. Reinbek 1980, hier: S. 309 ff.

namens "Nobbeberg". Dazu hatten die beiden Jungen sich jeweils ihr eigenes, rivalisierendes Land ausgedacht. Claes legte zahlreiche Hefte an, die mit Karten, Dokumenten, Straßenverzeichnissen, Export- und Importlisten von Neubern sowie mit Hunderten farbiger Illustrationen gefüllt sind."[232] Eine Gegenüberstellung von Oles Phantasiewelt mit "Neubern" könnte zu einem vertieften Verständnis von "Flummiland" beitragen.

Ähnlich wie bei Claes Oldenburgs "Neubern" häufte sich im Laufe eines Schuljahres das von Ole produzierte Bildmaterial zu "Flummiland". Nach und nach zeigten sich Ritter, Krieger, Könige, Admiräle, Prinzen, Burgen und Paläste, Flugobjekte, Fluggeräte und Waffen. Es entstanden Szenenbilder von Festessen und Gelagen bei Hof und immer neue Kampfszenen zwischen Gummiländern und Flummiländern. Der Schüler identifiziert sich, nach seinen eigenen Angaben, mit großen Erfindern, Entdeckern, Forschern. Im Vergleich zu den Neuberner Dokumenten von Claes Oldenburg bleibt das Bild von Flummiland jedoch diffus, vage, bizarr.

Die Bedingungen und der Prozess der Weltaneignung, zieht man noch einmal den Vergleich zu Claes Oldenburg, dürften sich bei den beiden Jungen ebenfalls unterscheiden. "Priorität hat bei der Herstellung von Neubern das Lernen und die Tatsache, dass er (Claes Oldenbourg) sich die Fülle der ihn umgebenden Wirklichkeit in der Form eines zusammenhängenden Modelles aneignet. Dieses Modell ist seinen Inhalten und Gegenständen nach eine ziemlich direkte Nachahmung der Art und Weise, wie sich ein `Land´ in den Begriffen, Symbolen und der gegenständlichen Umwelt eines Diplomatenbüros darstellen dürfte [...].

Die Phantasiewelt `Neubern´ ist also nicht abgespalten von der erfahrbaren Wirklichkeit, [...] sondern bildet einen Rahmen für die Aneignung von Wirklichkeit und die Entwicklung einer gegenständlichen, organisierten Phantasie [...]. Er (der Junge C. O.) kann, indem er diese Welt ausbaut, alle neuen Kenntnisse und Erkenntnisse aus dem Umgang mit der Wirklichkeit unterbringen und darüber hinaus seine Wünsche projizieren. Entscheidend ist

---

[232] Rose 1975, 68 f., zit. n. Hartwig, ebd.

(und hier dürfte der wesentliche Unterschied zu Oles `Flummiland´ liegen, J. B.), dass er (C. O.) seine Phantasie der Kontrolle durch Erfolgsdaten und vorhandene Zeichensysteme unterwirft und nicht ganz ins Phantastische, Märchenhafte ausschweift."[233] Wann immer die schulische Realität für den achtjährigen Ole ein unangenehmes Erleben darstellte, schien er sich in seine Phantasiewelt zurückzuziehen und eskapistische Tendenzen an den Tag zu legen. Schulische Wirklichkeit und Planetenwelt schienen völlig getrennt voneinander zu existieren. Vor allem hielt Ole Flummiland für *die Wirklichkeit*. Ein einziges Mal stellte ich die tatsächliche Existenz dieser selbstgeschaffenen Planetenwelt in Frage, indem ich sagte: "Ole, Flummiland ist doch eine Phantasiewelt, nicht wahr?" Hierauf entgegnete der Schüler recht erbost: "Das ist keine Phantasie! Das ist Wirklichkeit!"

Ein weiteres Blatt von Ole zeigt ein dicht gedrängtes Geschehen. Im Zentrum des Bildes befindet sich ein Mischwesen aus Pferd, Schwein und Hund, auf dessen Rücken ein Mann in Stiefeln, mit Sporen, Hut, Gürtel, Colt und Geldsack in der Hand daherreitet. Derlei Verschmelzungstendenzen, hier von tierischen und menschlichen Darstellungselementen, verweisen nach H.-G. Richter[234] zumeist auf schwere psychische Störungen. Sie können etwa mit wahnartigen Erscheinungen in Verbindung stehen und der Angstabwehr dienen.

Bei dem Mensch-Tier-Wesen wurden nun, wie in vielen anderen Zeichnungen auch, besonders die Genitalien und die Ausscheidungsorgane hervorgehoben. Diese Figuration ist, folgt man der Erläuterung des Zeichners zu seinem Bild, als Karikatur des Bruders gedacht. Der Zeichner macht hier Anleihen bei einem Wild-West-Szenario. Von links kommt eine Art Sheriff mit Hut und Stern, Handschellen am Gürtel und ein Gewehr in der Hand, um den Bruder festzunehmen: „AU SI SIND FERHAFTET" ist in der zugehörigen Sprechblase zu lesen.

Auch der Sheriff kommt in Stiefeln und Sporen daher. Seine Genitalien und sein hinteres Ausscheidungsorgan liegen merk-

---

[233] Hartwig, Jugendkultur..., S. 310 ff.
[234] Richter, Leidensbilder..., S. 144

würdigerweise frei, ähnlich dem Tier in der Bildmitte. Dieses Wesen gibt die Laute „RORO RORO" von sich, wohl eine Bezeichnung für den König von Flummiland, wie ich in Erfahrung bringen konnte. Hat man erst einmal die dominierenden Figurationen dieses überladenen Bildes benannt, wird das Auge durch eine Fülle kleinerer Bildelemente abgelenkt, ja irritiert, kleinere Figuren, Fahrzeuge usw., die sozusagen auf Nebenschauplätze und Nebenhandlungen verweisen, eine Vielfalt an Details, ein dichtes Geschehen, das einem äußerst privaten System an Vorstellungen entspringt und nicht ohne weiteres in einen nachvollziehbaren Sinnzusammenhang gebracht werden kann.

Ein anderes Bild zeigt den König von Gummiland mit seiner Frau. Nach Oles Erläuterungen essen sie ihren eigenen Kot und trinken ihren eigenen Urin. Unten auf dem Boden befinden sich „Kotzeimer". Die Szene spielt „noch vor der Hochzeit. Die beiden machen die Probe, ob sie es miteinander aushalten." Unter formalem Aspekt[235] lässt sich hier von „Umformungen des bildnerischen Ausdrucks", das heißt von „Neomorphismen", sprechen. In Oles Darstellung kommt es zu einer „Disproportionierung von Figuren", man beachte die verstümmelten Leiber des Königs und seiner zukünftigen Frau, das Fehlen der Beine, das Weglassen des zweiten Armes.

Bader[236] spricht in einem solchen Zusammenhang von „Deformation als Prinzip im schöpferischen Gestaltungsprozess". Für Navratil[237] werden Gesichter durch Disproportionierungen und Entstellungen oft besonders ausdrucksvoll (Physiognomisierungstendenz). Im Vordergrund muss jedoch das seelische *Leiden* gesehen werden, dass den Jungen vermutlich zu den „anatomischen Veränderungen", zu der Darstellung der „fratzenhaften Gesich-

---

[235] Rennert, Liste der Merkmale schizophrener Bildnerei..., S. 56
[236] Bader, A.: Schöpferische Vorgänge und Hirnfunktion. In: Bader, A. & L. Navratil (Hrsg.): Zwischen Wahn und Wirklichkeit. Kunst, Psychose, Kreativität. Luzern, Frankfurt am Maein 1976, 55 – 59, hier: S. 55
[237] Navratil, L. (1969): Psychose und Kreativität. In: Bader, Geisteskrankheit, bildnerischer Ausdruck und Kunst, S. 92 - 105. – Ders.: Die Kreativität der Psychose. In: Condrau, G. (Hrsg.): Die Psychologie des 20. Jahrhunderts. Bd. XV.: Transzendenz, Imagination und Kreativität. Zürich 1979

ter", der „obszönen, sadistischen, masochistischen" Szene[238] treibt. Wir haben es hier sehr wahrscheinlich mit Depersonalisations- und Derealisierungsvorgängen zu tun, die ihre bildnerische Entsprechung in Formen der Fragmentierung, der Deformation und Verschmelzung finden.[239]

Es handelte sich offenbar um eine familiär bedingte Symptomatik. In gewissen zeitlichen Abständen veranstaltete ich damals außerplanmäßige Elternabende. Bei einem dieser Abende ließ ich die anwesenden Väter und Mütter sich nicht nur untereinander bezüglich ihrer Erziehungsprobleme austauschen, sondern auch Bildgestaltungen zu ihrer Familiensituation anfertigen. Es handelte sich um ein Experiment, auf das sich die fünf anwesenden Elternteile durchaus auch einließen. Interessant ist nun, den bereits diskutierten Zeichnungen von Ole eine Bildcollage seiner Mutter, einer etwa 35jährigen Hausfrau, gegenüberzustellen.

Nachdem diese ihre Sorge geäußert hatte, nicht gut genug zeichnen zu können, wurde ihr ein System an Hilfsmitteln zur Verfügung gestellt, das ich an anderer Stelle als „Collageunterstütztes Zeichnen" oder „Mobiles Layout"[240] beschrieben habe. In der anschließenden Auswertungsrunde, in der auch andere Mütter und Väter ihre Bildergebnisse erläuterten, berichtete nun Oles Mutter von ihrem Ehemann, einem Laborangestellten, der selbst an jenem Abend nicht anwesend war, und ihren zwei Söhnen, die in „abgehobenen Computer- und Planetenwelten" leben würden.

---

[238] Rennert, Liste der Merkmale schizophrener Bildnerei..., S. 57
[239] Benedetti, G.: Psychiatrische Aspekte des Schöpferischen und schöpferische Aspekte der Psychiatrie. Göttingen 1975, hier: S. 253 ff.
[240] Bröcher, J.: Bearbeiten von Erfahrung durch collage-unterstütztes Zeichnen. Therapieorientierter Kunstunterricht an der Schule für Erziehungshilfe. Kunst + Unterricht 158, 1991, 51 – 53 (Nachdruck in: B. Wichelhaus & B. Uhlig [Hrsg.]: Lernchancen im Kunstunterricht. Seelze 2000, 78 – 100). – Ders.: Bildraum und Lebensraum. Förderschulmagazin, 1997, 19. Jg., Heft 7/8, 47 – 49. – Ders.: Hilfen zum Aufbau des Bildraumes und zur Erweiterung des darstellerischen Repertoires. Das Mobile Bildsystem im Kunstunterricht bei eingeschränkten Darstellungsfähigkeiten, Misserfolgserwartungen und Verweigerungsreaktionen. Zeitschrift für Heilpädagogik, 51. Jg., 2000, H. 11, 467 – 473

Die drei befanden sich aus der Sicht der Mutter und Ehefrau in einer „Welt hochfliegender Ideen und Phantasien". Zu diesen Welten habe sie selber keinen Zugang. Die so entstehende Entfremdung von ihrem Mann und den beiden Söhnen empfinde sie als schmerzhaft. Berührungspunkte gebe es nur noch während der Ferien, wenn sie alle gemeinsam campen würden. Sie wies auf ihr Bild hin und meinte, dass sie im Urlaub alle miteinander ein recht „bodenständiges Leben" führen würden. Ein Leben in Zelten und mit Lagerfeuer. In der Tat befinden sich die Figuren auf dem Bild in einem sehr direkten Kontakt mit der sie umgebenden Natur. Es wird auf offenen Feuerstellen gekocht und gebraten. Einige Waldtiere sind zu sehen. Das Geschehen spielt direkt auf dem Boden. Die Zeichen der modernen Zivilisation fehlen völlig.

Ihre Bildgestaltung weckte bei Frau N. auch Assoziationen wie „Ritterleben" oder „vergangene, naturverbundene Lebensformen, jenseits der modernen Computer- und Medienwelt." Das Thema "Ritter" stelle wiederum eine Verbindung zu den Interessen ihres Mannes und der Söhne dar. Während der übrigen Zeit des Jahres schwinde der Kontakt zu den dreien beinahe völlig. Sie fühle sich als Hausmädchen und Köchin. Bereits als die beiden Jungen noch klein gewesen seien, habe sie sich überwiegend als "Futterquelle" gefühlt. Einen intensiven emotionalen Austausch zwischen ihr und dem Säugling habe es nie gegeben.

Hier zeigen sich auf seiten der Mutter die Reaktionsformen der Anpassung an die Eigenheiten und Bedürfnisse von Ehemann und Söhnen, eine deutliche Zurückstellung der eigenen Bedürfnisse sowie eine Tendenz zu depressiven Reaktionsformen. Ferner ergeben sich ätiologische Hinweise im Hinblick auf die bei Ole wahrgenommenen autistischen Tendenzen, die möglicherweise auf dem Hintergrund der fehlenden oder konfliktbesetzten emotionalen Austauschprozesse zwischen Mutter und Säugling zu sehen sind.[241] Was die gegenwärtige Problematik betrifft, so handelt es sich bei diesem Beispiel offensichtlich um eine konflikthafte

---

[241] Mahler, M. (1952): Kindliche Psychose und Schizophrenie. In: Dies.: Studien über die drei ersten Lebensjahre. Frankfurt am Main 1992, 164 - 189. – Dies. (1965): Zur frühkindlichen Psychose: Symbiotisches und autistisches Syndrom. In: Dies.: Studien über die drei ersten Lebensjahre, S. 190 - 201

Daseinsthematik, die sich nicht nur als besonderes Beziehungsgeschehen zwischen Mutter und Sohn darstellt, sondern zugleich um eine Problematik, die das gesamte Familiensystem umschließt. Ein wesentliches Element dieser Familienthematik könnte kompensatorischer Natur sein. Der als Laborangestellte tätige Vater litt nach seinen eigenen Angaben (Ich fand später einmal die Gelegenheit zu einem tiefergehenden Gespräch, mit dem Vater allein) darunter, dass ihm eine akademische bzw. wissenschaftliche Ausbildung und Karriere verwehrt blieb. Er hätte gerne Naturwissenschaften, Physik, Astronomie o.ä. studiert. Aufgrund besonderer lebensgeschichtlicher Ereignisse, sozioökonomischer und soziokultureller Begleitumstände, die hier nicht genauer eruiert werden konnten, wurde ihm dieser Wunsch verwehrt und er musste als „kleiner Angestellter", wie er es nannte, sein Leben fristen.

Mit vermutlich kompensatorischer Absicht machte er sich dann zum Urheber und Manager einer Phantasiewelt, die nur ihm und seinen Söhnen, die hier als Verlängerungen des eigenen Selbst angesehen werden dürfen, zugänglich war bzw. ist. Diese phantasierte Welt hat sozusagen ein Niveau, das noch *über* der irdischen Wissenschaft, Forschung, Philosophie usw. angesiedelt ist.

Auf diese Weise wird das System, das in der Wahrnehmung des Vaters die narzisstischen Kränkungen herbeigeführt hat, entwertet, das eigene Selbst rehabilitiert. Wir sind hier bezüglich der beiden Söhne möglicherweise mit einem Phänomen konfrontiert, das Wynne[242] als „teaching of irrationality" bezeichnet hat, das heißt „Eltern mit weltfremdem, schizophrenem Wesen" beeinflussen in pathologischer Weise das Wirklichkeitsverständnis ihrer Kinder, hier unter dem Vorzeichen einer kompensatorischen Daseinsthematik.

Doch kommen wir nun zu der Frage, zu welchen didaktischen Variationen ich hier gelangte? Einen Einstieg in inhaltliche Lern- und Arbeitsprozesse versuchte ich einmal über das Thema „Ritter,

---

[242] Wynne, L.C.: The Study of Intrafamilial Alignments and Splits in Exploratory Family Therapy. In: Ackermann, N. W. et al. (Hrsg.): Exploring the Base of Family Therapy. New York 1961

Könige, Burgen" zu schaffen. Dieser thematische Komplex wurde von mir und meiner Kollegin in der betreffenden Schulklasse 1.-3. einer Schule für Erziehungshilfe über einige Monate in Form eines halboffen und fächerübergreifend angelegten „Handlungsrahmens"[243] durchgeführt.

Erstens zeigte sich bei diesem Thema eine hohe Motivation auf Seiten der Schüler. Zweitens spielten in Oles Phantasiewelt Burgen, Ritter und Könige eine dominierende Rolle und drittens verknüpfte ich mit dieser Thematik ein weites Feld an handlungsbezogenen, spielerischen und gestalterischen didaktischen Möglichkeiten (z.B. Bauen einer Ritterburg aus Holz und Pappe, Herstellen von Kostümen und Requisiten wie Ritterhelmen, Hellebarden, Wappen usw., Verkleiden, Nachspielen einer Fürstenhochzeit, eines mittelalterlichen Marktes u.a.).

Von hier aus ließen sich sachbezogene Bearbeitungsprozesse (Aufbau einer Burganlage, Struktur des höfischen Lebens, Leben der einfachen Leute, Ausbildung eines Knappen usw.) ableiten und anbahnen, die je nach individuellen Interessen der einzelnen Schüler anhand einer eigens zusammengestellten Arbeitsbibliothek und einer Serie von Filmen vertieft werden konnten.[244]

Interessant ist nun zu sehen, wie sich Ole zu diesem durch das Thema „Ritter, Burgen, Mittelalter" inhaltich definierten und strukturierten Arbeitsprozess, der ja unter anderem auch durch seine eigenen Erzählungen von den „Flummiland-Rittern" und das höfische Leben auf jenem Planeten inspiriert war, verhalten hat.

In den Phasen, wo die anderen Schüler Bretter und Pappen zu einer Burg zusammenzimmerten, sich Schwerter aus Holz und Schilde aus Pappe bauten, Gewänder bemalten und kämpfend im Klassenraum agierten, blieb Ole nach wie vor am Rand des Geschehens. Filme, etwa zu einer Fürstenhochzeit, oder Bild- und Textmaterial zur Bauweise von Burgen oder zur Ausbildung eines Ritters schaute er zwar an, setzte das Gesehene jedoch nicht in

---

[243] Kuhn, W.: Spezifisch sonderpädagogische Unterrichtsarbeit. Unveröff. Manuskript, Düsseldorf 1990
[244] Bröcher, J: Ästhetisch-praktische Zugänge zum Thema „Mittelalter". Kunst + Unterricht H. 171, 1993, S. 40 - 41

Aktionen oder sachbezogene Weiterarbeit um. Die empfangenen thematischen Impulse wurden vielmehr in das eigene private, phantastische Vorstellungssystem, wie es sich in den Zeichnungen widerspiegelte, mitaufgenommen. Die Inhalte des Unterrichts tauchten dort in einer verfremdeten und eigentümlichen Art und Weise wieder auf.

Diese Tendenz manifestierte sich etwa in der zeichnerischen Wiedergabe einer phantasievoll dargestellten Burganlage. Das Gebilde auf der linken Seite setzt sich aus schmal zulaufenden Felsformationen und hochaufragenden Türmen zusammen. Unter formalem Aspekt ist diese Zeichnung durch die Verfremdung bekannter Zeichenschemata, ein In-die-Länge-Ziehen der Felsformationen, die hierin wirksame Übersteigerung und Verzerrung sowie durch eine „Physignomisierung"[245] im Sinne von besonderer „Ausdrucksverleihung", „emotionaler Beziehungssetzung" bzw. einer „Verlebendigung der Außenwelt" gekennzeichnet, das heißt die Türme und Felsen *leben*. Auf den einzelnen Felsplateaus spielt sich ein hastig hingekritzeltes Kampfgeschehen ab. Von einer weit oben in der Mitte gelegenen Plattform werden aus einem Rohr Kanonen auf ein Luftfahrzeug abgefeuert, das sich annähernd in der Bildmitte befindet. Welchen Plan die beiden Figuren am unteren Bildrand verfolgen, konnte auch in der Exploration zum Bild nicht geklärt werden.

Auch die Rolle des turm- oder trutzburgartigen Gebildes mit der angehängten Ritterfigur auf der rechten Seite blieb im Dunkeln. Der von hier aus weit nach links ausladende Greifarm mischt sich in das Geschehen auf der linken Seite ein. Es zeigt sich eine Verbindung zu einem anderen Bild des Schülers, in dem zwei mit Schwertern gegeneinander kämpfende Türme dargestellt sind, möglicherweise eine Symbolisierung der dauerhaften Spannungen zwischen den Brüdern, eventuell auch eine bildhafte Darstellung von Wahrnehmungen der unterschiedlichen *Weltbilder* der Eltern, die ja ebenfalls zu den familiären Differenzen und Auseinandersetzungen beitrugen.

---

[245] Navratil, L.: Die Kreativität der Psychose. In: Condrau, G. (Hrsg.): Die Psychologie des 20. Jahrhunderts. Bd. XV.: Transzendenz, Imagination und Kreativität. Zürich 1979

Ein anderes Zeichenblatt von Ole präsentiert einen Ritter mit Pferd. Im Gegensatz zu den Zeichnungen und Inszenierungen der meisten anderen Schüler wird die zu Idealisierungen bzw. positiven Identifikationen herangezogene Figuration des Ritters hier einem Prozess der Deformation, Dekonstruktion, Fragmentierung unterworfen. Die Gliedmaßen des Ritters und des Pferdes werden verformt, verkürzt, gestaucht. Die krallenartigen Fortsätze an den Händen und Füßen des Ritters sowie die gefletschten Zähne, das spitze Horn auf der Nase des Pferdes, zeugen von einer gewissen Aggressivität, die in den Zeichenvorgang eingeflossen ist. Die Schnörkel und Manierismen im Bereich des Kopfes tragen gleichzeitig Merkmale der Karikatur, der ja letztlich ebenfalls ein aggressives Motiv zugrundeliegt.

Um dem Jungen noch direkter als zuvor in das didaktische Geschehen einzubeziehen, plante ich als nächstes einen mehrwöchigen Handlungsrahmen, in dem es um „Himmelskörper, Planeten und Flugobjekte" gehen sollte. Die Schüler konstruierten etwa phantastische Flugobjekte aus Karton und Folie, bemalten diese und brachten sie unter der Decke des Klassenzimmers an. Ferner bauten sie eine Art Raumschiff aus Pappen, Holzbänken, Folie o.ä. mit (fingierten) Schaltgriffen und elektronischen Anzeigetafeln. In diesem Raumschiff wurde dann viel gespielt. Mit Schablonen, farbigen Folien und Overheadprojektor stellten die Jungen weltraumähnliche Lichteffekte her.

Anhand einer speziell zusammengestellten Arbeitsbibliothek, einer Filmothek sowie eines kleinen Bild- und Kartenarchivs konnten sie sich mit Astronomie, Sternen, Planeten, Raumflügen oder Weltraummissionen sachbezogen befassen. Unter meiner Anleitung, auch unter Einsatz von Musikstücken, etwa elektronischer Musik von Tangerine Dream oder Vangelis, wurde eine Phantasiereise zu einem unbekannten Planeten unternommen. Die zehn Jungen bestanden dabei auf einem fiktiven Planeten namens „Cobo" diverse Abenteuer, die sie anschließend zeichnerisch oder malerisch darstellten oder erneut in Spiel umsetzten.

Doch Ole reproduzierte vor allem sein eigenes Vorstellungssystem, das heißt trotz neuen Inputs kam es erneut zu einer stereotypen Wiederholung seiner Standardmotive.[246] Die Gruppe von Freunden taucht in Oles Bildern gar nicht auf. Es ist keine Rede von den gemeinsam durchgestandenen Abenteuern, den Schauplätzen, den Handlungen aus der Phantasiereise. Seine Zeichnung zeigt stattdessen den König von Flummiland, umgeben von aufgetürmten Schatzkästchen, Kronen, Zeptern, die mehrfach variiert und wiederholt werden, ganz rechts sieht man den Thron. An formalen Merkmalen treten ein weiteres Mal Schnörkel und Manierismen hervor. Die ohne Zweifel originelle bildnerische Realisierung der Gegenstände folgt den Prinzipien der Schematisierung und Geometrisierung.

Auf die Frage, warum er es vorgezogen hätte, ein weiteres Bild zu „Flummiland" statt ein Bild zu „Cobo" zu zeichnen, meinte Ole, dass Flummiland eben viel interessanter sei. Hierauf fragte ich ihn, ob er eventuell bereit sei, seine Klassenkameraden sowie Lehrerin und Lehrer in der Phantasie nach Flummiland zu führen. Ole sagte zu und am folgenden Tag hob das Klassenraumschiff mit allen Offizieren und Admirälen, die sich nach den aktuellen Fernsehsendungen benannt hatten, unter Oles Leitung, in Richtung Flummiland ab. Bis kurz nach der Landung dort hielt die Aufmerksamkeit der übrigen Schüler an, doch schon bald erwiesen sich Oles Instruktionen und Beschreibungen als derartig zusammenhanglos und bizarr, sie entbehrten einer tragfähigen Handlung, die für die anderen nachvollziehbar gewesen wäre, dass die anfangs interessierten Mitschüler nacheinander das Raumschiff verließen und sich anderweitig betätigten.

Lediglich Klassenlehrer und Co-Lehrerin hörten bis zum Schluss zu. Ich-unterstützende Strukturierungen von meiner Seite waren erforderlich, um die Phantasiereise überhaupt zuende zu bringen und ausklingen zu lassen und wieder in der Realität des Klassenzimmers zu *landen*, in der längst andere Interventionen nötig geworden waren, um das allgemein ausgebrochene Chaos wieder in eine (halbwegs) geordnete Lehr-Lern-Situation zu überführen. Wir gaben dem Achtjährigen ein positives Feedback, bedankten uns für die gemeinsam unternommene Reise und den

---

[246] Rennert, Liste der Merkmale..., S. 56

Einblick, den er in seine Welt gestattet hatte. Ich erkundigte mich noch nach einigen, vorher nicht verstandenen Details. Auf ein Feedback durch die anderen Schüler wurde bewusst verzichtet, um keine negativen Äußerungen zu provozieren, die den Achtjährigen möglicherweise wieder in seinem Rückzugsverhalten bestärkt hätten.

Mit der Zeit, und hier kündigte sich eine Veränderung in Oles Bildproduktion an, wurde ich selbst, der Lehrer also, zum Gegenstand der Auseinandersetzung in den Zeichnungen des Jungen. Ole skizzierte ein Bild in das Klassentagebuch und legte mir das Ergebnis aufs Pult. „Das sind Sie!", sagte er. Dabei deutete er auf ein Wesen, halb Mensch (mit Brille) und halb Tier. Elemente von Hund, Schwein oder Pferd waren erkennbar, eine Art „Bildagglutination".[247] Durch die Verschmelzung einzelner Teile von Mensch und Tier wurde erneut ein Mischwesen geschaffen.[248]

H.-G. Richter[249] spricht zur Kennzeichnung solcher zeichenhafter Neubildungen, Umformungen und Abwandlungen, in Zusammenhang mit der Diskussion eines von Leske[250] dokumentierten und analysierten Fallbeispiels, bei dem frühkindlicher Autismus diagnostiziert wurde, von „Neoikonismen" bzw. „Neoikonologismen". Hierzu Richter[251]: „Viele der Zeichnungen [...] dieses (von Leske über einen Zeitraum von zwölf Jahren untersuchten, J. B.) Heranwachsenden zeigen Merkmale, die vom Autor als `skurril´, `absurd´, ´deformiert´ beschrieben werden und die er[252] `Fabelwesen´ nennt. Er charakterisiert sie als Formen von `Bildverschmelzungen´ [...], von Elementen des Menschzeichens mit Merkmalen von Objektdarstellungen [...]". Die Bilder zeichnen sich durch eine „Kombinatorik aus, wie sie in der sog. Modernen Kunst als Ergebnis von Abstraktionsprozessen (Picasso u.a.) entwickelt wurde."

---

[247] Navratil, L. (1969): Psychose und Kreativität. In: Bader, Geisteskrankheit, bildnerischer Ausdruck und Kunst..., S. 100 f.
[248] Rennert, Liste der Merkmale..., S. 56
[249] Richter, H.-G.: Die Kinderzeichnung. Düsseldorf 1987, hier: S. 122
[250] Leske, T.: Sprache, Zeichnen und Intelligenz bei frühkindlichem Autismus. Diss. Münster 1979
[251] Richter, Kinderzeichnung..., S. 123 f.
[252] Leske, Sprache, Zeichnen..., S. 122 ff

Ähnliches gilt für die „Verbindung von Wortzeichen und Bildsymbolen [...]. Der radikale Egozentrismus (Leske: magisches Denken), der in dieser Gruppe von Zeichnungen deutlich wird, prägt auch andere Verhaltensweisen dieses tendenziell überdurchschnittlich intelligenten Heranwachsenden, nämlich das abweisende Verhalten, das Vermeiden sozialer Kontakte, die eigentümlich veränderte Sprachproduktion in Form von Abbreviaturen, Neologismen u.ä. sowie die motorischen Stereotypien. Leske[253] sieht diese zeichnerischen und sprachlichen Produktionen bestimmt von dem „Streben nach Gleicherhaltung der Umwelt" und dem „Versuch der Angstbewältigung". Das „Stilmittel" der Deformation [...] hält er allerdings auch für einen „Ausdruck aggressiver Phantasien."

Interessant ist zunächst, dass ich hier als Lehrer *überhaupt* in Oles Bilderwelt mit aufgenommen wurde. Dies ist immerhin als signifikante Veränderung zu verbuchen. Stand bisher auf Oles Seite der Wunsch nach Anerkennung und Aufmerksamkeit durch seinen Lehrer, das gemeinsame Ansehen der Zeichnungen oder das Besprechen von Bilddetails im Vordergrund, was ja zunächst bedeutet, dass der Lehrer als Kommunikationspartner überhaupt erst einmal in Betracht gezogen wird und gewünscht ist. So wird der Lehrer nun zum Darstellungsobjekt, was andeuten könnte, dass er inzwischen als realer Beziehungspartner, als Bestandteil der aktuellen Lebenssituation wahrgenommen wird und seine Person bzw. die Beziehung zwischen Lehrer und Schüler seitens des Jungen mit bestimmten emotionalen Qualitäten besetzt worden ist.

Etwa zwei Dutzend Zeichnungen drehen sich um diese Thematik. Berücksichtigt man die Hervorhebung der Geschlechts- bzw. Ausscheidungsorgane (ähnlich wie bei der Darstellung des Königs von Flummiland), ein Merkmal, dass in vielen weiteren Darstellungen des Lehrers anzutreffen ist, lassen sich prä-ödipale und ödipale Konflikte, zumindest aber Themen vermuten, die sich eventuell aus dem Nebeneinander von Nähewünschen (Symbiose), Rivalitäten und Identifikationsbestrebungen ergeben und die

---

[253] Leske, Sprache, Zeichnen...., S. 140

hier auf den Lehrer übertragen werden. Diese Konflikte werden hier im Sinne einer komplizierten Übertragungsbeziehung und in mehrdeutigen Bilddarstellungen (Ole = König; König = Vater = Lehrer) inszeniert, die auf schwankende, veränderliche Identifikationen und noch unklare Emotionen auf Seiten des Schülers verweisen.

Die Bildagglutinationen und karikaturhaften Neubildungen wären hier als bildnerische Mittel zum Ausdruck dieser Mehrdeutigkeit, der Gleichzeitigkeit unterschiedlicher, zum Teil entgegengesetzter, psychischer Vorgänge und emotionaler Prozesse anzusehen. Die Nähe zum Lehrer wird einerseits gewünscht und gesucht, zugleich wird dieser an die Oberfläche des Bewusstseins aufsteigende Wunsch durch das Anfertigen aggressiv-deformierender Karikaturen zur Person des Lehrers wieder zurückgewiesen.

Die hier dargelegten diagnostischen bzw. didaktischen Bemühungen unterliegen jedoch auch Grenzen. Ich schilderte den Fall eines achtjährigen Jungen, dessen Persönlichkeit, wie sich diese vor allem in seinen zahlreichen Zeichnungen ausdrückte, autistische und schizophrene Züge aufweist. Vieles spricht dafür, dass wir es hier mit einer psychosenahen Persönlichkeitsstruktur[254] zu tun haben, das heißt mit einer Störung der Stimmung und des Antriebs, mit einer Zersplitterung oder Zerfahrenheit des Denkens, Fühlens und Wollens und mit Störungen in der Wahrnehmung. Ole behauptete etwa während des Schwimmunterrichts allen Ernstes, er besitze messianische Kräfte und könne übers Wasser gehen. Als ihn seine Mitschüler dann aufforderten, diese Fähigkeit unter Beweis zu stellen und Ole im Wasser versank, weinte er und ließ sich kaum wieder von mir beruhigen.

Ferner zeigen sich Auffälligkeiten und Eigentümlichkeiten des Ausdrucksverhaltens im sprachlichen und bildnerischen Bereich, in denen häufig primärprozesshafte Denkabläufe vorkommen. Die umfangreiche Bildproduktion ist auf der einen Seite durch Perse-

---

[254] vgl. die Beschreibung der „schizophrenen Psychose des Kindesalters" durch Hartmann, K.: Zur Psychopathologie der schizophrenen Psychosen des Kindesalters. Nervenarzt 42, 1971, 262 – 267, hier: S. 262 ff. – Ders.: Heilpädagogische Psychiatrie in Stichworten. Stuttgart 1979, S. 61 ff.

verationen, Stereotypien, Formalismen und Automatismen gekennzeichnet. Auf der anderen Seite handelt es sich, aufgrund von Destruktion und Neubildung, um sehr originelle und schöpferische Bildrealisationen. In die Persönlichkeitsstruktur des Achtjährigen, wie sie sich im didaktischen Kontext zeigte, scheinen weiterhin autistische Tendenzen eingelagert zu sein.[255]

In den Phantasien unseres Schülers, in seinen Identifikationen mit Königen, Göttern, großen Forschern, Erfindern und Entdeckern spielen ferner „narzisstische" Tendenzen eine Rolle. Mit Kohut[256] ließe sich hier von einem „grandiosen Selbst", einem „pathologischen Größenselbst" sprechen, in dem Selbstvorstellungen von Allmacht, Reichtum, Allwissenheit, Großartigkeit oder Einzigartigkeit vorkommen. Diese Tendenzen müssen jedoch auch mit den kompensatorischen Bestrebungen des Vaters in Zusammenhang gebracht werden. Das allgemeine Bewusstsein des überdurchschnittlich intelligenten Schülers ist klar, die intellektuellen Fähigkeiten sind erhalten. Der Bezug zur Realität wirkt dagegen hochproblematisch (Realitätsverlust, Realitätsverleugnung).

Der Achtjährige kann nicht immer sicher sagen, wer er eigentlich ist (Ole, König oder Gott). Es kommt zu Derealisations- und Depersonalisationsvorgängen, in denen wechselweise die Umwelt und die eigene Person verfremdet werden. Das wahnhafte, phantastische System hat zum einen die Funktion der Abwehr (schulischer, emotionaler und sozialer Anforderungen) und die Ausdrucks subjektiver Phantasien und Vorstellungen. Zweifel an der tatsächlichen Existenz der Phantasiewelt, etwa in Form von kritischen Nachfragen des Lehrers, lösten bei dem Jungen Ängste und Aggressionen aus.[257] „Offensichtlich kommt es unter dem Einfluss bestimmter *psychosenaher* Erkrankungen auch in der Kind-

---

[255] vgl. „autistisches Syndrom", Hartmann, Heilpädagogische Psychiatrie..., S. 62; vgl. „frühkindlicher Autismus" bei Kanner, L.: Autistic disturbances of affective contact. Nervous Child 2, 1943, 217 - 250

[256] zit. n. Kernberg, O.F. (1975): Borderline-Störungen und pathologischer Narzissmus. Frankfurt am Main 1988, hier: S. 304

[257] Dörner, K. & U. Plog (1984): Irren ist menschlich. Lehrbuch der Psychiatrie/ Psychotherapie (völlig neu bearbeitete Ausgabe). Bonn 1987, 4. Auflage, hier: S. 150 ff.

heit schon *ausnahmsweise* zum Aufbau von Bildvarianten, welche den Rahmen der Sonderentwicklungen und Strukturveränderungen (bei verhaltensauffälligen oder lernbehinderten Schülern usw.) sprengen und Elemente von grundsätzlich anderen Repräsentationsformen (z.B. Bildverschmelzungen) in die kindliche Bildnerei einbringen."[258]

Diese „anderen Repräsentationsformen" im Werk des achtjährigen Ole weisen zum Teil inhaltliche und formale Merkmale auf, wie sie von Rennert, Bader und Navratil in den Bildgestaltungen von Schizophrenen beobachtet und wie sie von Leske in den Zeichnungen eines Jungen ausgemacht worden sind, bei dem frühkindlicher Autismus diagnostiziert worden ist. Das Herstellen einer kommunikativen Beziehung zwischen Lehrer und Schüler erfolgte zunächst über das Zugestehen eines Freiheitsraumes, in dem der Junge zeichnen konnte, wann und wie er wollte, weil er zunächst nämlich nichts anderes tat als zu zeichnen. Die dargestellten Themen und Inhalte wurden zunehmend zum Gegenstand verbaler Kommunikation und Austauschprozesse zwischen Lehrer und Schüler.

Bestimmte Schlüsselmotive wie „Ritter" oder „Planeten" wurden vom Lehrer-Team in den Schülerzeichnungen identifiziert und zum Anlass für unterrichtliche Konstruktionen bzw. didaktische Variationen genommen, an denen auch die anderen Schüler mit ausreichend hoher Motivation aktiv handelnd partizipieren konnten. Diese didaktischen Planungen und Realisierungen folgten dem Ziel, den Achtjährigen in einen gemeinsamen Lern- und Arbeitsprozess der gesamten Klasse einzubeziehen.

Die Handlungsrahmen „Ritter, Könige, Burgen" sowie „Planeten, Weltall, Flugobjekte" sollten Ole und allen anderen Schülern ein Aktions- und Betätigungsfeld anbieten, in dem die Erst-, Zweit- und Drittklässler einer Schule für Erziehungshilfe über Werken, Bauen, Herstellen von Objekten und Requisiten, Gestaltung, Spiel usw., einen ganzheitlichen und handlungsorientierten Lernzusammenhang also, ihren alterstypischen Interessen nach-

---

[258] Richter, Kinderzeichnung..., S. 26

gehen und diese anhand von Bild-, Text- und Kartenmaterial vertiefen konnten.

Gleichzeitig sollten in diesem didaktischen Feld mögliche Lebenskonflikte und Lebensweltprobleme der Schüler symbolisiert oder inszeniert werden können, eine handelnde Auseinandersetzung mit den Konfliktthemen erreicht werden. Schließlich ging es darum, wo bereits möglich, auf der Basis von Handlungs- und Lebensweltorientierung stärker sachbezogene Lernprozesse sowie die Aneignung von Wissen und Arbeitstechniken anzubahnen. Die zuletzt genannten Ziele ließen sich bezogen auf den achtjährigen Ole im Untersuchungszeitraum eines Schuljahres in kleinen Ansätzen erreichen.

Zwar zeigte sich auf Seiten des Schülers eine gewisse Öffnung für die sozialen und thematischen Prozesse im Klassengeschehen, zu einer aktiven Mitgestaltung dieser Prozesse kam es jedoch nur ansatzweise. Stattdessen richtete sich Oles Aufmerksamkeit auf die Person des Lehrers, der eine Art Brückenfunktion zwischen ihm selbst, seiner privaten, phantastischen Welt und der äußeren Realität, zu der auch die Klassenkameraden zählten, übernommen hatte. Das Beziehungsgeschehen zwischen Lehrer und Schüler, wie es sich in einigen Dutzend Zeichnungen enthüllte, wird von dem Achtjährigen offenbar ambivalent erlebt.

Zweifellos wurde der Lehrer zu einem zuverlässigen, interessierten und aufgeschlossenen Kommunikationspartner, der Ole half, sich aus seiner zurückgezogenen inneren Welt ansatzweise herauszulösen. Gleichzeitig wird unter Rückgriff auf das Stilmittel der Karikatur eine offenbar lebensnotwendige Distanz zur Person des Lehrers aufrechterhalten, die von mir auch respektiert worden ist.

Von einer sonderpädagogischen *Einzel*förderung wurde in diesem Fall abgesehen, weil ich die Zweiersituation aufgrund von Nähe, Kontakt und Intensität als zu belastend für den Jungen ansah. Kommunikation wäre möglicherweise auf eine zwanghafte Weise forciert und, durch das Hervorrufen von Ängsten, womöglich ganz verhindert worden. Der Verbleib in der Gruppe der Schüler ermöglichte Ole jederzeit den Rückzug an seinen Arbeitsplatz, der eine deutliche räumliche Trennung zu den Tischen der anderen Schüler aufwies.

Zum Abschluss sei hier ein gegen Ende des Schuljahres geführtes Gespräch mit dem inzwischen neunjährigen Jungen wiedergegeben:

L.: Sicher würdest du dich gerne ganz nach Flummiland zurückziehen?
Ole: Das wäre gut.
L.: Was müsste denn auf der Erde anders sein, damit du dich hier wohler fühlen würdest?
Ole: Vieles. Kann ich nicht so direkt ausdrücken.
L.: Hm.
Ole: Schule darf nicht so streng sein. Bei Klassenfahrten soll es auch nicht so streng sein. Bei Klassenfahrten schnellere Verkehrsmittel benutzen. Statt Zug mit einer Rakete oder besser direkt beamen.
L.: Noch was?
Ole: Zum Beispiel, dass man nicht soviel aufräumen muss. Und dass nicht alles so teuer sein soll.
L.: Und Zuhause?
Ole: Dass die Stromrechnungen nicht so teuer wären. Dass jeder einen eigenen Fernseher, seinen eigenen Computer und einen Gameboy hätte.[259]
L: Aber hast du nicht schon einiges davon?
Ole: Computer? Der ist für uns alle. Außerdem habe ich keinen Gameboy.
L.: Angenommen alle deine oben genannten Wünsche würden jetzt sofort erfüllt, bräuchtest du dann noch Flummiland?
Ole: Ja.
L.: Warum?
Ole: Das ist mein Lieblingsplanet. Außerdem komme ich nicht so lange allein zurecht. Die greifen uns ja immer an, die Gummiländer.
L.: Also immer noch der Ärger mit den Gummiländern.
Ole: Und natürlich mit Elias (dem älteren Bruder, J. B.).
L.: Hm. Wie soll das Ganze denn weitergehen?
Ole: Dass ich nach Flummiland zurückkomme. Ich muss jetzt bald per Funk mit denen dort in Verbindung treten.
L.: Mit wem genau?
Ole: Mit Prince Adam, dem König von Flummiland.
L.: Ich denke, *du* wärst der König.
Ole: Nein, ich bin der *Gott* von Flummiland. Prince Adam ist mein größter Helfer. Wir sind beide für die Waffen zuständig.

---

[259] Das Geschehen spielte im Jahre 1993.

Die von mir intendierte Annäherung der beiden getrennten Welten erfolgte schrittweise über die kontinuierliche Bildproduktion und nachfolgende explorative Gespräche während eines Schuljahres. Das oben wiedergegebene Gespräch macht deutlich, dass der Neunjährige, im Vergleich zu dem Zeitpunkt seiner Überweisung an die Sonderschule, eine beachtliche Kommunikationsfähigkeit bzw. -bereitschaft erlangt hat. Das Gespräch zeigt aber auch, dass der Junge noch nicht bereit ist, das bizarre, magische, realitätsverzerrende Element in seinem Denken, die Spaltung zwischen allgemeiner Realität und privater Vorstellungswelt aufzugeben.

Als Ergebnis dieser im Bereich der Didaktik betriebenen Einzelfallstudie lässt sich festhalten: Auch schwer zugängliche Formen von Verhaltensauffälligkeiten, hier in Form von autistischen und schizophrenen Tendenzen im Verhalten und Erleben eines achtjährigen Jungen, der zunächst jede aktive Teilnahme am Unterricht verweigerte, lassen sich in Ansätzen in ein didaktisches Geschehen einbeziehen. Dies kann dann gelingen, wenn die kindlichen Interessen und Themen, die die Konflikte transportieren und symbolisieren, identifiziert und zum Anlass fächerübergreifender und handlungsorientierter unterrichtlicher Konstruktionen gemacht werden.

HETEROGENITÄT UND DIDAKTISCHE STRUKTUR[260]
Die Lebensweltorientierung und die bestimmten therapeutischen Systemen oder dem Coaching entnommenen und in die pädagogischen und didaktischen Prozesse implementierten Elemente sind noch nicht alles, worauf es mir hier ankommt. Auch das Enrichment (Renzulli) bei den Hochbegabten und Hochintelligenten, oder die didaktische Reduktion bei den lernschwächeren Kindern, ist es nicht allein. Verlangt mir schon ein einzelnes Kind maximale geistige Beweglichkeit und Variabilität in den pädagogischen Entscheidungen ab, so tun dies Gruppen erst recht. Lerngruppen

---

[260] vgl. auch Bröcher, J.: Poetik des offenen Kunstwerks und Struktur des Unterrichts. Innovative Profile in der LehrerInnenbildung bei einer heterogenen SchülerInnenschaft. In: Warzecha, B. (Hrsg.): Heterogenität macht Schule. Beiträge aus sonderpädagogischer und interkultureller Perspektive. Münster, Hamburg, New York 2003, 103 – 113

sind zumeist heterogen, weshalb wir neben vielem anderen auch über *Heterogenität* und hierauf bezogene pädagogische und didaktische Konstruktionen[261] sprechen müssen. Wie lässt sich an ein solches Thema herangehen? „Ich nehme inzwischen mehr rohe Rede in Kauf, um etwas zu entwickeln, auch wenn daraus kein Text entsteht", lese ich bei J. Habermas.[262] Ein motivbildender Gedanke auch hier. Ist Unübersichtlichkeit nicht geradezu der rote Faden in der Heterogenitätsproblematik? Durch welche Faktoren ist Heterogenität in schulischen Lerngruppen bedingt? Wie können wir ihr begegnen? Welche strukturellen Rahmenbedingungen sind erforderlich?

So erscheint auch mir die „Konstruktion von Problemstellungen"[263] wichtiger als die Präsentation eines fließend glatten Textes. Was hier nun offeriert wird, sind Exzerpte, Notizen, Observationen, Hypothesen, Querpeilungen. Es ist der Versuch, einen neuen Wahrnehmungs- und Denkrahmen zu erschließen. Variationen, didaktische Variationen? Werfen wir zunächst einen Blick ins Lexikon.

Das lateinische *vario* wird übersetzt mit mannigfaltig, abwechslungsreich oder bunt machen sowie verändern, verwandeln. *Varius* bedeutet bunt, mannigfaltig, verschiedenartig, abwechselnd oder allerlei. *Variatio* wird übersetzt mit Verschiedenheit und *variabilis* mit veränderlich oder veränderbar.

Das französische *varier* wird übersetzt mit verschiedenartig gestalten, abwandeln, ändern, Abwechslung bringen, sich verändern, sich wandeln, sich nicht gleich bleiben, *varié* bedeutet entsprechend verschiedenartig, vielfältig, mannigfaltig, abwechslungsreich oder bunt. *Varieté* steht für Verschiedenartigkeit, Verschiedenheit, Divergenz, Spielart, Abweichung oder Vermischtes. *Variable* wird übersetzt mit veränderlich, wechselnd, verstellbar.

---

[261] z.B. Prengel, A.: Kinder akzeptieren, diagnostizieren, etikettieren? – Kulturen- und Leistungsvielfalt im Bildungswesen. In: Warzecha, Heterogenität macht Schule..., S. 27 - 39
[262] Habermas, J.: Die Neue Unübersichtlichkeit. Kleine politische Schriften. Frankfurt am Main 1985, S. 207
[263] ebd.

Weiterhin hält das Französische noch bereit *variante*, für Variante, Spielart, Abart, Abwandlung oder andere Lesart. Und natürlich *variation*, zu übersetzen mit Veränderung, Abwandlung, Schwankung, Wechsel.

Das italienische *variare*, um hier noch die klangvollste aller Sprachen zu bemühen, bedeutet abändern, verändern, ändern, abwechseln, wechseln. *Variato* steht im Italienischen für abwechslungsreich, *variabile* für veränderlich, wechselhaft, unbeständig, *variabilità* für Wechselhaftigkeit, Veränderlichkeit, Unbeständigkeit und Schwankung. Bleiben wir noch ein wenig bei der italienischen Sprache. *Variatore* bedeutet Regler, Spannungsregler oder stufenloses Getriebe. *Variante* ist eine Änderung. *Apportare varianti al programma* heißt Änderungen am Programm vorzunehmen oder das Programm abzuändern. Das Wort *variazione* schließlich steht für Veränderung, Abänderung, Änderung, Schwankungen, Abwandlung.

Auch das Englische verfügt entsprechend über die Wörter *variability, variableness, variable, variance, variant, variation, variety, variform, varied, variegated, variegation...* Ich kann das hier nicht alles weiter verfolgen und allen einzelnen Bedeutungen nachgehen, aber immerhin wird doch deutlich, dass zentrale europäische Sprachen wie das Englische, Deutsche, Französische und das Italienische über miteinander verwandte Wörter, ja ganze Wortfamilien, für das Prinzip der Variation verfügen. Auf diese Weise wird ja insgesamt ein sehr viel breiteres Bedeutungsspektrum entfaltet, als würden wir *Variation* schlicht und ergreifend lediglich mit *Abwandlung* übersetzen.

In der Musik bezeichnet Variation in der Tat die Abwandlung eines Themas, eines Liedes usw. Es handelt sich dabei um eine vielgestaltige Kompositionstechnik, bei der ein Grundthema mehrfach, in immer wieder veränderter Form bearbeitet wird. Das variierte Thema bleibt dabei stets, wenn auch sehr entfernt, erkennbar. Verändert werden bei der musikalischen Variation auch Melodie, Harmonie, Rhythmus oder mehrere dieser Bestandteile. Von hier aus erschließt sich nicht nur meine pädagogische Vorgehensweise, sondern auch der Aufbau, die *Komposition* dieses Buches, der *Didaktischen Variationen*.

Mein Hauptanliegen sehe ich darin, auf eine Art Bewusstseinsveränderung im pädagogischen Denken und Handeln hinzuarbeiten. Dazu werde ich mich hier zunächst auf kunsttheoretische Untersuchungen beziehen, die U. Eco[264] unter dem Titel „Opera aperta", also: „Das offene Kunstwerk", veröffentlicht hat, auch wenn es hier um Unterricht bzw. Pädagogik in einem generellen Sinn geht und keinesfalls um Kunst an sich. Die an der Kunst entwickelten Kategorien und Konzepte dienen nur dem Erkenntnisgewinn. Kunst wird zum Mittel, den Wahrnehmungs- und Reflexionsrahmen zu erweitern, für die Pädagogik, um die es hier geht. Ich will zu zeigen versuchen, dass gerade zwischen dem Prinzip der Variation und dem Phänomen der Heterogenität ein enger Zusammenhang besteht.

Das Thema Heterogenität hat inzwischen Konjunktur in den pädagogischen Wissenschaften. Die Suchmaschine Google liefert in diesen Tagen bei Eingabe entsprechender Stichworte Hinweise auf Tausende von Webseiten. Das Wort *heterogen* übersetzt der Duden als „uneinheitlich, aus Ungleichartigem zusammengesetzt"; *Heterogenität* entsprechend mit „Verschiedenheit, Ungleichartigkeit". In welcher Hinsicht ist denn die heutige Schülerschaft überhaupt als uneinheitlich anzusehen?

Vom soziokulturellen Hintergrund bis zum Lern- und Arbeitsverhalten, von der ethnischen Zugehörigkeit bis zum Arbeitstempo, von der Selbstständigkeit bis zum Selbstkonzept... Wären heterogene Lerngruppen pädagogisch nicht so schwierig zu handhaben, müsste uns das Thema nicht weiter bedrücken, denn: „Unregelmäßigkeit ist das Wesen der Natur, des Lebens, des Menschen. Regelmäßigkeit ist ein künstliches Destillat oder ein seltsamer Zufall", heißt es bei E. Friedell.[265]

Je mehr Theorien und Modelle ich heranziehe, um dem Phänomenen der Heterogenität im pädagogischen Feld beizukommen, umso mehr Kategorien werde ich finden, nach denen sich Kinder und Jugendliche *unterscheiden* lassen. Und auf alle diese

---

[264] Eco, U. (1962): Das offene Kunstwerk. Frankfurt am Main 1973, erneute Aufl. von 1996
[265] Friedell, E.: Kulturgeschichte der Neuzeit. Die Krisis der europäischen Seele von der schwarzen Pest bis zum ersten Weltkrieg. München 1996, hier: S. 222

Voraussetzungen sollen Unterricht oder Projektarbeit nun eingehen, mit maßgeschneiderten didaktischen Angeboten reagieren und zugleich noch gemeinschaftsfördernde Lernaktivitäten in Gang setzen, damit das gesamte didaktische Geschehen nicht in zusammenhanglose Einzelteile zerfällt, wie in einem Potpourri. Somit lässt sich Heterogenität auch konstruieren.

Heterogenität ist zugleich die Signatur und der Stachel gegenwärtiger Pädagogik in unseren Schulen, denn leicht ist das alles ja nicht. Von der Warte in sich geschlossener didaktischer Konzeptionen und idealtypischer Bilder, sagen wir: des Grundschülers, des Hauptschülers, des Gymnasiasten, des lernbehinderten oder verhaltensauffälligen Schülers usw., handelt es sich um eine Diskontinuitätserfahrung. Diese liegt begründet im Empfinden eines „Abstandes von einer Form des Lebens oder des Bewusstseins, der man zuvor naiv oder unreflektiert vertraut hatte."[266] Vielleicht dachten oder hofften wir, gemessen an der Einteilung der Erziehungswissenschaften in feste Parzellen und Spezialgebiete, alles sei nun unter Dach und Fach und jeder könne in Ruhe seiner Unterrichtstätigkeit nachgehen. Grundschulunterricht geht so, Gymnasialunterricht funktioniert so, Lernbehindertenunterricht geht so, usw.

Analog zum traditionellen Kunstwerk handelte es sich, zumindest eine Zeitlang, um eine „Poetik der Eindeutigkeit und Notwendigkeit", der ein „geordneter Kosmos", eine „Hierarchie der Wesenheiten und Gesetzmäßigkeiten"[267] zugrunde lag. „Die Ordnung des (traditionellen, J. B.) Kunstwerks ist die einer herrscherlichen und theokratischen Gesellschaft; die Leseregeln sind Regeln einer autoritären Führung, die den Menschen bei allen seinen Handlungen leiten, ihm die Ziele vorschreiben und die Mittel in die Hand geben."[268] Die äußere Ordnung der geschaffenen Bildungsinstitutionen gaukelte aber innere Homogenität bloß vor.

Allein das Notwendigwerden und In-Erscheinung-Treten-Müssen von interkultureller, feministischer und integrativer Pä-

---

[266] Habermas, Die Neue Unübersichtlichkeit..., S. 12 f.
[267] Eco, Das offene Kunstwerk..., S. 34
[268] ebd.

dagogik[269] entlarvte jedes Denken in didaktischen Einheitskategorien als Illusion und zugleich als Verletzung von Bildungschancen bestimmter Gruppierungen, die nun gesondert Aufmerksamkeit zugestanden bekommen, in absehbarer Zeit gar in inklusiven Bildungskontexten, wo die Verschiedenheit als *normal* angesehen, was aber endgültig andere didaktische Vorgehensweisen erfordern wird.[270] Unterricht nach dem inneren Aufbau einer Sonate: Lebendiger Einstieg, etwas quälender Mittelteil, die Erarbeitung sozusagen, wieder etwas heiterer dann, durch die gefundene Problemlösung und schließlich der jubelnde Ausklang. Das funktioniert heutzutage kaum noch.

Verhaltensauffällige, entwicklungsverzögerte und lernbehinderte Schüler verbleiben nun zunehmend an den Grundschulen. An den Lernbehindertenschulen leiden die Lehrkräfte mehr denn je unter den Verhaltensauffälligkeiten.[271] Wer war darauf vorbereitet, dass die Kinder und Jugendlichen dort nicht dankbar auf ihre Separierung reagieren und die pädagogische Zuwendung ihrer Lehrkräfte durchweg konstruktiv abrufen? Stattdessen strapazieren sie vielfach die Nerven ihrer pädagogischen Bezugspersonen, weil sie sich in nicht tragfähigen und nicht tragbaren Gruppenzusammensetzungen befinden, die eine Ansammlung von Nicht-Können und Nicht-mehr-Wollen darstellen, nicht zu sprechen von all den negativen Orientierungen und Potenzierungen, die sich hieraus ergeben können.

Statt dass man die jetzigen Risikoschüler, Problemschüler oder Sonderschüler an der Leistungsbereitschaft, der Motivation und der Kreativität der stärkeren Schülerinnen und Schüler in den Regelkontexten sich ausrichten und partizipieren lässt und zugleich diese Stärkeren für alles Schwache und Ausgegrenzte zu sensibilisieren versucht, wurden Welten am Rande des Bildungs-

---

[269] Prengel, A.: Pädagogik der Vielfalt. Verschiedenheit und Gleichberechtigung in Interkultureller, Feministischer und Integrativer Pädagogik. Opladen 1993
[270] Hinz, A.: Von der Integration zur Inklusion – terminologisches Spiel oder konzeptionelle Weiterentwicklung? In: Zeitschrift für Heilpädagogik, 9, 2002, 354 - 361
[271] Mand J.: Über den Zusammenhang von Lern- und Verhaltensproblemen. In: Zeitschrift für Heilpädagogik, 7, 2004, 319 - 324

systems etabliert, die sich immer weiter vom Kerngeschehen der Gesellschaft abkoppeln. Auch W. Klafki[272] sieht den Sinn von heterogenen Lerngruppen darin, dass die schwächeren und labileren Lerner Orientierung durch die leistungsstärkeren und im Verhalten stabileren Heranwachsenden erhalten. Die Stärkeren wiederum machen die Erfahrung des Helfen-Könnens und Gebraucht-Werdens.

Ein ähnliches, wenn auch nicht identisches Helfer-Konzept finden wir in den von P. Petersen gebildeten „Stammgruppen". Da Petersen die Jahresklassen abschaffte zugunsten von größeren Lerngruppen, die jeweils drei Schuljahre umfassten, kam jeder Schüler einmal in die Situation, innerhalb der eigenen Stammgruppe bei den Ältesten zu sein und den Jüngeren helfen zu können. Die positiven, von Klafki wie von Petersen angesprochenen Aspekte sozialer Verantwortung liegen auf der Hand.

Und dennoch werden die leistungsstärkeren Schülerinnen und Schüler in solchen Kontexten auch eingeschränkt, weil sie ihre eigentliche fachliche Leistungsfähigkeit nicht in vollem Maße leben können, wenn sie durch eine allzu starke Betonung des Helfer-Konzeptes für die Förderung von schwächeren Lernern *instrumentalisiert* werden. Auch Klafki sieht diese Einschränkung, geht meines Erachtens aber nicht entschieden genug mit der Problematik um, denn wirklich adäquate und zufriedenstellende Lösungen für die intelligenteren, leistungsstärkeren und motivierteren Kinder und Jugendlichen werden von ihm noch nicht konsequent gedacht.

Die sich mittlerweile beschleunigende Heterogenitätsdiskussion öffnet somit neue Horizonte, doch müssen wir aufpassen, dass dies für die Lehrkräfte in den Klassen nicht zu einem *negativen Horizont* wird, indem sich hier immense, in der Praxis kaum noch einzulösende Erwartungen und Anforderungen auftürmen. Selbstverständlich lernen Grundschüler ganz andere Dimensionen menschlichen Daseins, wenn ein körper- oder geistigbehindertes Kind unter ihnen lebt und gemeinsam mit ihnen lernt. W. Klaf-

---

[272] Klafki, Schultheorie..., S. 74 f.

ki[273] warnt jedoch zu Recht vor der „möglichen Diskreditierung des Integrationsgedankens, wenn die Integration von Kindern mit Behinderung in Regelschulen vorgenommen wird, bevor die notwendigen materiellen Bedingungen und die personelle Ausstattung sowie vor allem die erforderliche pädagogische Qualifizierung der Lehrer/-innen gesichert ist."

In den Lerngruppen von P. Petersens Jena-Plan-Pädagogik wurden nicht nur Jungen und Mädchen, sondern auch die verschiedenen Begabungen beisammen gehalten. Zugleich löste Petersen die starre Form der Klasse auf und versuchte, zu einer differenzierten Durchgliederung der Lernprozesse zu gelangen, die den individuellen Lernbedürfnissen angepasst sein und für die sich ständig ändernden Lernbedingungen variabel bleiben musste. Der Frontalunterricht wurde durch eine Vielzahl an Formen, unter denen die selbsttätige Gruppenarbeit dominierte, abgelöst. Das von den einzelnen Gruppen Erarbeitete wurde anschließend oftmals den anderen Gruppen vorgetragen und zur Diskussion gestellt. Ein Modell auch für die Gegenwart der heterogenen und mit zahlreichen Lern- und Verhaltensproblemen belasteten Schulklassen oder Projektgruppen?

Ein zeitgemäßes didaktisches Modell wäre vielleicht das der Ästhetisierung des Körpers dienende Fitnessstudio. Hier gibt es eine große allgemeine Trainingsfläche mit einer Vielzahl an Geräten, die individuell oder in kleinen Gruppen, die sich hier zumeist spontan formieren, bedient werden können. Jeder stellt sich unter der fachkundigen Anleitung eines Trainers oder einer Trainerin sein persönliches Programm zusammen. Die Fortgeschrittenen entwickeln einen solchen Plan auch völlig individuell, oder gemeinsam mit einer Partnerin oder mit einem Partner. Gelegentlich sieht man auch Dreiergruppen, die zusammen trainieren oder auch losere, offenere Gruppenkonstellationen, die ihre Erfahrungen auszutauschen, sich gegenseitig Hilfestellung geben, gelegentlich den Rat eines Trainers einholen und bestimmte Übungssequenzen gemeinschaftlich, andere wiederum individuell durchlaufen oder absolvieren.

---

[273] Klafki, Schultheorie..., S. 65

Jeder entscheidet selbst, wie viel Gewicht an einem bestimmten Gerät aufgelegt wird, wie viele Wiederholungen bei einer speziellen Bewegung vorgenommen werden. Trainingsziele werden individuell festgelegt. Manche kommen mit einem sehr klaren persönlichen Plan zum Training. Andere, die noch etwas unentschieden sind, lassen sich beraten oder sie schauen sich bei anderen etwas ab. Wer auf der Trainingsfläche selbst mehr Instruktion oder Hilfestellung benötigt oder wünscht, kann diese durch die Trainer erhalten, die zur Verfügung stehen oder frei flottierend unterwegs sind. Wer mehr Animation oder bestimmte Spezialisierungen wünscht, belegt zusätzlich Kurseinheiten wie Spinning, Aerobic, Outdoor-Aktivitäten, Tai Chi, Step oder Body Pump.

In bestimmten Abständen geht ein Trainer über die Fläche und sammelt die *Mitglieder* zu einem Bauch- und Rückentraining. Auch das begleitende oder abschließende Entspannungs- und Körperpflegeprogramm folgt einem sehr individuellen Plan. Selbst hier sind bestimmte instruktive Einheiten abrufbar wie zum Beispiel Saunabaden unter Hinzuziehung von bestimmten Ölen, Salzen oder Massagetechniken.

Leider ist die Schule nicht so freiwillig wie das Fitnessstudio. Nur durch diesen Umstand wird es ja so schwierig. Trotzdem lässt sich hier einiges transferieren. Es geht mir ja um den didaktischen Ansatz an sich. Und könnte der nicht heutzutage auf diese Art von Individualität, Variabilität und Flexibilität zielen, wie wir sie etwa in den Sportparks vorfinden? Was dem Körper anscheinend bekommt, müsste sich doch auf den menschlichen Geist und auf das soziale Miteinander übertragen lassen.

Aber wie viel Heterogenität ist in einer einzigen Schulklasse in Anbetracht gegenwärtiger Arbeitsbedingungen verkraftbar? Ich unterrichtete etwa als Integrationslehrer sechs Wochenstunden in einer Grundschulklasse, mit dem Auftrag, dort zwei Jungen mit Förderbedarf im Bereich des Emotionalen und Sozialen zu betreuen. Von den 27 Schülern waren 25 Ausländer- und Aussiedlerkinder mit zum Teil sehr geringen deutschen Sprachkenntnissen und Migrationshintergrund sowie den typischen begleitenden Auffälligkeiten im Lernen und Verhalten.

Lediglich zwei Kinder waren deutsch im engeren Sinne und besaßen eine Anbindung an die Region, in der diese Schule lag, wobei einer dieser Jungen gerade in einem Scheidungskrieg zwischen den Eltern hin- und hergezerrt wurde, beispielsweise vom Vater zwischenzeitlich ins Ausland regelrecht entführt worden war, dann von der Polizei dort aufgespürt und zur Mutter zurückgebracht wurde und vermutlich wegen dieses gesamten Hintergrundes mit Verhaltensauffälligkeiten reagierte.

Diese Grundschulklasse zeigte eine unglaubliche Vitalität und Lautstärke. Die bedauernswerte Kollegin, inzwischen frühpensioniert, hatte schon das Rauschen im Ohr, als ich in der Rolle eines Integrationspädagogen kam, um ihr beizustehen. Herkömmliche Vorstellungen von Unterrichten mussten wir ganz außer Acht lassen. Das reguläre Schulcurriculum entsprach vermutlich nicht den lebensweltlichen Erfahrungen und den Lernbedürfnissen dieser Kinder. Wir machten uns daher weitgehend frei davon und versuchten, uns zunächst den Lebensweisen, den Sprachen und den Kulturen der hier vertretenen Länder wie Kasachstan, Sibirien, Libanon, Türkei, Ukraine, Haiti usw. anzunähern. Zuerst hängten wir eine riesige Weltkarte im Klassenzimmer auf, auf der jedes Kind sein Herkunftsland deutlich sehen und markieren konnte.

Dann besorgten wir Filme über das Leben von Kindern und Erwachsenen in diesen Ländern, hörten Musik, kochten landestypische Gerichte nach. Ferner sammelten wir Gegenstände und Objekte wie Wandteppiche, Musikinstrumente, Kleidungsstücke, dekorative Dinge aus den jeweiligen Ländern und stellten diese im Klassenzimmer aus. Vor diesem Hintergrund kamen wir ins Erzählen über die besonderen Gebräuche, Lebensgewohnheiten usw. und entwickelten didaktisch relevante Fragen, die wir mit den Kindern erarbeiteten.

Je mehr Heterogenität wir zulassen, umso mehr steht die vertraute Sicherheit einer geordneten Lehr-Lern-Situation auf dem Spiel. Können wir das aushalten? Sind wir darauf vorbereitet? Stärken uns die staatlichen Institutionen den Rücken? Oder geraten wir jetzt erst recht unter Druck, immer komplexere Lernziele zu erreichen, die sich aber kaum noch realisieren lassen? Und die wissenschaftlichen Erkenntnisse? Helfen sie weiter? Je mehr spezielle Kenntnisse durch die Wissenschaften angehäuft werden, desto größer wird der Druck auf die Lehrkräfte, dies alles erfolgreich umzusetzen. Wir haben hier eine Explosion des Wissens, etwa zu kognitiven oder emotionalen Prozessen, zur Wahrnehmung, zur Psychomotorik.

Mit jeder neuen Theorie werden auch neue Syndrome konstruiert und je mehr spezielle Förderansätze daraus abgeleitet werden, umso mehr wächst der Druck auf die Lehrkräfte, dies alles zu rezipieren, die Spreu vom Weizen zu unterscheiden und das alles erfolgbringend anzuwenden. Die Praktikerinnen und Praktiker vor Ort in den Lerngruppen brauchten für die Umsetzung all´ dieser Erkenntnisse einen ganz Stab an Mitarbeitern. Ich habe bereits weiter vorne auf die Notwendigkeit einer fundierten Applikations-, aber auch einer auf die Lehrkräfte bezogenen Belastungsforschung hingewiesen. Da es aber so bald keine Verbesserung der zumeist unzureichenden strukturellen und personellen Bedingungen (eher das Gegenteil davon) geben wird, muss eine andere Blickrichtung gewählt werden, um ein heterogenes Lerngeschehen neu zu betrachten, denn es kann nicht darum gehen, dass Lehrkräfte immerzu außer Puste sind, sich dauernd hetzen oder sich zerteilen.

Pädagoginnen und Pädagogen sind keine Differenzierungsmaschinen, die auf eine hochgradig komplexe Lernzieloptimierung programmierbar sind. Einerseits wird ja die totale Individualisierung gefordert, andererseits die Vergleichbarkeit von Schülerleistungen. Wer diese widersprüchliche Situation produktiv wenden will, setzt seinen eigenen Akzent und versucht sich in neuen Wahrnehmungs-, Denk- und Handlungsmustern. Edward de Bono[274] war mir in diesen Dingen ein hilfreicher Lehrmeister. Wir müssen möglicherweise versuchen, die Dinge zu vereinfachen, damit sie handhabbar bleiben, ohne sie dabei von ihrem inneren Gehalt her zu reduzieren.[275]

---

[274] Bono, E. de (1967): Laterales Denken. Reinbek 1971. – Ders. (1978): Chancen. Das Trainingsmodell für erfolgreiche Ideensuche. Düsseldorf & Wien 1992
[275] Bono, E. de (1998): Simplicity. London 1999

Auf welche didaktischen Modelle können wir denn zurückgreifen? Natürlich gibt es nicht das Modell. Aber es gibt doch Anregungen, auch historische, vor allem aus dem Bereich der Reformpädagogik. Nehmen wir H. Gaudig.[276] Er betont die Selbsttätigkeit des Schülers. Die Schulstube ist nicht Hörsaal, sondern Werkstatt. Die Schüler sind selbsttätig beim Zielsetzen und beim Ordnen des Arbeitsganges. Die Grundfrage in diesem Unterricht lautet: *Wie arbeiten wir?* Der Lehrer hört auf, Dozent eines Stoffes zu sein, er wird vielmehr zum Organisator freien kindlichen Schaffens? An die Stelle der Lehrerfrage tritt die Schülerfrage.

Vielleicht ist es das, was H. Brügelmann[277] die in Anbetracht von Heterogenität notwendige und rettende „Differenzierung von unten" nennt. Oder nehmen wir H. Scharrelmann.[278] Hier soll der Lehrer produktiver Künstler sein und Freiheit haben. Das Kind soll sich natürlich und schöpferisch aus seiner Welt heraus äußern, im Aufsatz und in anderen Gestaltungen. Der Unterricht folgt ganz der persönlichen und augenblicklichen Eingebung und entwickelt sich an situativen Ereignissen.

Oder nehmen wir B. Ottos freien Gesamtunterricht. Die Schüler bestimmen das Thema und Lehrer wie Schüler diskutieren darüber, solange im ganzen Kreis das Interesse lebendig bleibt. Persönliche Erlebnisse und Erfahrungen, Sachfragen aus irgendwelchen Gebieten, Tagesereignisse, philosophische Fragen usw. kommen zur Sprache. Zu manchen Themen ließ B. Otto zunächst Erkundigungen einziehen. Es gab dann eine Fortsetzung in der nächsten Stunde. Gelegentlich wurden bestimmte Fragestellungen auch auf den Fachunterricht, der ja ebenfalls neben dem Gesamtunterricht existierte, verwiesen.

---

[276] Gaudig, H. (1904): Didaktische Ketzereien. 1925, 5. Aufl. – Ders. (1909): Didaktische Präludien. 1929, 4. Aufl. - Ders. (1917): Die Schule im Dienste der werdenden Persönlichkeit. 1930, 3. Aufl.
[277] Brügelmann, H.: Heterogenität, Integration, Differenzierung. Befunde der Forschung. Perspektiven der Pädagogik. Vortrag zur Jahrestagung der Kommission Grundschulforschung und Pädagogik der Primarstufe in der DgfE, Universität Halle-Wittenberg, 27.9. 2001 (Internetfassung)
[278] Scharrelmann, H.: Im Rahmen des Alltags. 1905

Über alles Gesagte und Entwickelte wurde Protokoll geführt, was zugleich Studienmaterial ergab, das auch mit anderen Schulen, Lehrern usw. ausgetauscht wurde. Im Zentrum der Pädagogik stand für B. Otto das freie, ganz vom Interesse her bestimmte Gespräch. Die Schüler wurden zu freier Meinungsäußerung angehalten. Der Gesamtunterricht selbst war ungefächert und ganzheitlich ausgerichtet. Mit dieser Unterrichtsform versuchte B. Otto, wie einige andere Reformpädagogen auch, die Zersplitterung im Lehrplan aufzuheben. Schon Julius Langbehn, einer der geistigen Wegbereiter der pädagogischen Reformbewegung, hatte die Spezialisierung der Wissenschaften und die Zerstückelung der Bildung kritisiert. Es gab den Gesamtunterricht in zwei Varianten, einmal für die jeweilige Altersstufe und einmal für die gesamte Schulgemeinde.

Aber das alles setzt natürlich ein gewisses Lern-, Arbeits- und Sozialverhalten voraus, könnten wir sogleich einwenden. Und das muss heute bei so vielen Schülerinnen und Schülern, im Erziehungshilfe-, Schulverweigerer- und Lernbehindertenbereich allemal, erst aufgebaut werden. Und welche innovativen Profile für die Bildung von Lehrerinnen und Lehrern ergeben sich nun aus alldem? Die Lehrkräfte der Zukunft müssen erstens über einen wissenschaftlichen Hintergrund verfügen, der es ihnen ermöglicht, die Lebenszusammenhänge ihrer Schüler zu verstehen und zu reflektieren.

Zweitens benötigen sie ein didaktisches Handwerkszeug, das auch unter äußerst heterogenen Lern- und Arbeitsbedingungen mit Erfolg einzusetzen ist. Drittens müssen sie über wirksame Strategien der „Selbstsorge" verfügen, um es mit M. Foucault zu sagen. Sie müssen Achtsamkeit, Gelassenheit und geistige Beweglichkeit lernen, um sich nicht in Sackgassen hineinzumanövrieren und sich nicht zu verausgaben. Sie müssen lernen, ihre Energien vorsichtig zu dosieren und an der richtigen Stelle effektiv einzusetzen, um lebendiges und Heterogenität berücksichtigendes und ermöglichendes Lehren und Lernen zu erreichen.[279]

---

[279] Bröcher, J.: Unterrichten aus Leidenschaft? Eine Anleitung zum Umgang mit Lernblockaden, widerständigem Verhalten und institutionellen Strukturen. Heidelberg 2001

Muss nicht auch danach gefragt werden, wie viel Heterogenität, Verhaltensspielraum oder Individualität das Schulsystem bisher den Lehrkräften selber zugestanden hat? Der Vikar H. W. Seidel fuhr 1902 zur Kreislehrerkonferenz in der Uckermark bei Berlin. Er notierte in sein Brieftagebuch: „Lehrer aber gab es von allen Sorten, Umfängen und Gemütsarten. Lehrer, die sichtlich aus dem Modejournal stammten und in hohen Kragen ihr junges Leben vertrauerten, Lehrer nach Art Ohm Krügers mit einem Fransenbart, Lehrer ... mit einer versteckten Neigung zum Hauen, sonnige Kinderfreunde mit einer bunten Weste, Lockenhaar und umstürzenden Ideen, einsame Dorfphilosophen und ganz junge Lehrer, die sich zu wundern schienen, dass sie unterrichteten und nicht mehr unterrichtet wurden."[280]

Das sind natürlich zum Teil nur Äußerlichkeiten. Sie scheinen mir aber im symbolischen Sinne für mehr zu stehen. Die institutionalisierte Pädagogik hat immer versucht, diese Buntheit zu vereinheitlichen. Glücklicherweise hat es jedoch zu allen Zeiten Persönlichkeiten gegeben, die sich über die systemimmanenten Anpassungszwänge hinweggesetzt haben, nehmen wir nur Gaudig, Freinet, Gansberg oder Scharrelmann. Der gedankliche Spielraum, der Freiraum, der durch diese Pädagogen, durch ihr praktisches und theoretisches Engagement geschaffen wurde, kommt uns heute noch zugute, um offen auf die Herausforderung Heterogenität zu antworten. Unterschiedlichkeit und Vielfalt muss es, wenn schon, bitte auf der ganzen Linie geben. Schließt das nicht die Lehrkräfte ein?

Der sich durch die Heterogenitätsdiskussion öffnende Spielraum muss also auch für die Unterrichtenden selber gelten. Das gesamte Berufsbild des Lehrers, der Lehrerin bedarf hier wohl einer Veränderung. Mehr Freiheit, mehr Autonomie, mehr persönliche Unabhängigkeit, weniger Vorschriften, was auch ein Infrage-Stellen des Beamtenstatus und einen Zuwachs an beruflicher Flexibilität einschließt. Auf diese Weise könnten dann mehr

---

[280] Seidel, H. W.: Drei Stunden hinter Berlin. Briefe aus dem Vikariat. Frankfurt am Main 1998, hier: S. 50

Frauen und Männer, jedoch für kürzere Zeit als bisher, sich als Lehrkraft betätigen.

Und die Hochschulen und Studienseminare, deren Sozialisationskanäle das Lehrpersonal durchlaufen hat, haben sie das Denken und Handeln in Kategorien der Unterschiedlichkeit vorgelebt? P. Feyerabend[281], der große Provokateur unter den Wissenschaftstheoretikern sagt: „Theorienvielfalt ist für die Wissenschaft fruchtbar, Einförmigkeit dagegen lähmt ihre kritische Kraft". Das müsste ja nicht nur für die Hochschul- und Seminarausbildung, sondern auch für die pädagogische Praxis an Schulen gelten, für die Didaktik des Unterrichts. Und weiter heißt es: „Für die objektive Erkenntnis brauchen wir viele verschiedene Ideen. Und eine Methode, die die Vielfalt fördert, ist auch als einzige mit einer humanistischen Auffassung vereinbar."[282]

Also Lehrkräfte mehr als freie Künstlerinnen und Künstler? Wieso eigentlich nicht? Zumindest könnten Lehrerinnen und Lehrer Experten sein für Entwicklung und Veränderung, für Freiheit und Spielraum, für Gestaltung und Umgestaltung. Und das ist schließlich eines der Hauptanliegen der modernen Kunst. Das „offene Kunstwerk", das „Kunstwerk in Bewegung", wie es Eco beschrieben hat, könnte hier ein brauchbares Modell abgeben, um Uneinheitlichkeit, Mehrdeutigkeit, Heterogenität nicht nur zu tolerieren, sondern zu bejahen und aktiv zu fördern.

Den tatsächlichen Lernbedürfnissen von Kindern und Jugendlichen könnte in einem freieren Rahmen vielleicht sehr viel adäquater begegnet werden. Deswegen lade ich auch immer wieder gerne Künstlerinnen und Künstler in die Schulen ein, damit sie dort mit den Kindern und Jugendlichen arbeiten. Aber hier, in diesem Essay, geht es mir um eine Veränderung der unterrichtlichen Struktur generell, nicht um Kunst. Es geht mir um ein verändertes Wahrnehmungs- und Denkmuster, mit Blick auf Unterricht. Was bedeutet nun Poetik bezogen auf Unterricht?

---

[281] Feyerabend, P. (1975): Wider den Methodenzwang. Frankfurt am Main 1995, 5. Aufl., hier: S. 39
[282] Feyerabend, Wider den Methodenzwang, S. 54

Poetik bezeichnet zunächst den „Form- und Strukturplan des Werkes"[283], ein „Operativprogramm, das der Künstler von Fall zu Fall entwirft, als den Plan des zu erzeugenden Werkes, wie der Künstler ihn [...] versteht".[284] Warum nicht eine solche Denkweise einmal auf Unterricht übertragen? Immerhin geht es in der Kunst um eine andere Weise wahrzunehmen, zu fühlen und zu denken. Wie lässt sich die Struktur eines Kunstwerks mit dem inneren Aufbau von Unterricht zusammenbringen?

Beginnen wir mit einer ganz grundlegenden Aussage, dass nämlich die Kunst einen Diskurs über die Welt führt. Sie macht Entwürfe dieser Welt. Sie interpretiert, legt aus und beurteilt, „allein durch die Art, wie sie das Material strukturiert".[285] Insbesondere die moderne Kunst beschäftigt sich mit Mehrdeutigkeit, Verschiedenheit, Diskontinuität, mit gebrochener, widersprüchlicher Erfahrung. Deswegen ist die Moderne Kunst ein günstiger Ansatzpunkt, von dem aus ich mich dem gesamten Zusammenhang von unerwartetem Verhalten, Verweigerung, Unregelmäßigkeit, Heterogenität nähern kann.

Eco[286] gilt das Kunstwerk als eine „grundsätzlich mehrdeutige Botschaft, als Mehrheit von Signifikaten (Bedeutungen), die in einem einzigen Signifikanten (Bedeutungsträger) enthalten sind". Er diskutiert auch das Problem einer „Dialektik von Form und Offenheit" und versucht, die Grenzen zu bestimmen, innerhalb derer ein Kunstwerk die „größte Mehrdeutigkeit verwirklichen" kann. Die Moderne Kunst setzt sich mit dem Phänomen der Unordnung auseinander, Unordnung im fruchtbaren und positiven Sinne, wie Eco[287] meint, dem „Zerbrechen einer traditionellen Ordnung, die der westliche Mensch für unwandelbar hielt und mit der objektiven Struktur der Welt gleichsetzte."

Zugleich lässt sich ein Kunstwerk ja als Form betrachten, noch einmal in Anlehnung an Eco[288], als „organisches Ganzes, das aus

---

[283] Eco, Das offene Kunstwerk, S. 11
[284] Eco, Das offene Kunstwerk, S. 10
[285] Eco, Das offene Kunstwerk, S. 20
[286] Eco, Das offene Kunstwerk, S. 8
[287] Eco, Das offene Kunstwerk, S. 9
[288] Eco, Das offene Kunstwerk, S. 14

der Verschmelzung verschiedener vorgängiger Erfahrungen, das heißt Ideen, Emotionen, Handlungsdispositionen, Materien, Organisationsmuster, Themen, Argumente, vorfixierter Stileme und Inventionsakte, entsteht." Auch eine Unterrichtsstunde oder Lerneinheit lässt sich nach solchen Kategorien betrachten. Besonders interessant ist jedoch, dass das moderne Kunstwerk ständig mit der Form experimentiert. Ein Beispiel:

Eco spricht etwa von bestimmten Kompositionen der Instrumentalmusik, bei denen dem Interpreten bei der Ausführung eine besondere Freiheit zugestanden wird, wie sie konsequenterweise auch Pädagoginnen und Pädagogen in Anbetracht unregelmäßiger, unvorhersehbarer und eigendynamischer Ausgangsbedingungen zugestanden werden müsste. „Über seine Komposition Scambi (Vertauschungen) äußert Henri Pousseur: Scambi sind weniger ein Stück als ein Möglichkeitsfeld, eine Einladung zum Auswählen. Sie bestehen aus sechszehn Abschnitten.

Jeder von ihnen kann mit zwei anderen zusammengefügt werden, ohne dass die logische Kontinuität der musikalischen Entwicklung darunter leidet; zwei Abschnitte beginnen auf dieselbe Weise, während sie sich danach in unterschiedlicher Weise entwickeln, zwei andere Abschnitte wiederum können zum gleichen Punkt führen. Da mit jedem Abschnitt begonnen und aufgehört werden kann, ist eine große Zahl zeitlicher Kombinationen möglich. Schließlich können die beiden Abschnitte, die den gleichen Anfang haben, gleichzeitig gespielt werden, was eine komplexere strukturelle Polyphonie ergibt. Und das müsste jetzt einmal auf die innere Struktur von Lerneinheiten übertragen werden.

Ein zweites Beispiel: „In der 3. Sonate für Klavier sieht Pierre Boulez einen ersten Teil [...] vor, bestehend aus zehn Abschnitten auf zehn einzelnen Blättern, die wie Karten kombinierbar sind (wenn auch nicht alle Kombinationen erlaubt sind); der zweite Teil [...] setzt sich zusammen aus vier Abschnitten, die zirkulär strukturiert sind, weshalb man bei jedem von ihnen beginnen und mit den anderen weiterfahren kann, bis der Kreis durchlaufen ist. Innerhalb der Abschnitte gibt es keine Möglichkeit zu eingreifenden interpretativen Veränderungen, doch beginnt einer von ihnen, Parenthèses, mit einem zeitlich festgelegten Takt, auf den ausgedehnte, zeitlich freie Parenthesen folgen. Eine Art von Regel wird gesetzt durch die Vorschriften für die Verbindung der einzelnen Stücke."[289]

Also ein Plädoyer für die innere Flexibilisierung der unterrichtlichen Einheiten, für Neuentwürfe, ohne dabei in völlige Beliebigkeit zu verfallen. Es ist jederzeit der Wille da, eine Ordnung, eine Struktur zu schaffen (was die Kritiker einer solchen Vorgehensweise immer gerne bestreiten), aber nach anderen Gesetzen, als es in den meisten Lehrbüchern der Didaktik steht. Um noch einmal auf Ecos[290] Diskurs zückzugreifen: „Ein klassisches Musikwerk - eine Bachfuge, die Aida oder Sacre du Printemps – war ein Ganzes aus musikalischen Realitäten, die der Komponist in definitiver Weise organisierte und dem Hörer darbot, indem er sie in konventionelle Zeichen übersetzte, die es den Ausführenden gestatteten, die vom Komponisten imaginierte Form in ihren wesentlichen Zügen zu reproduzieren."

Die neuen Musikwerke hingegen, Eco verweist auf die Beispiele von Karlheinz Stockhausen, Luciano Berio, Henri Pousseur oder Pierre Boulez, „bestehen nicht aus einer abgeschlossenen Botschaft, nicht aus einer eindeutig organisierten Form, sondern sie bieten die Möglichkeit für mehrere, der Initiative des Interpreten anvertraute Organisationsformen; sie präsentieren sich folglich nicht als geschlossene Kunstwerke, die nur in einer einzigen gegebenen Richtung ausgeführt und aufgefasst werden wollen, sondern als offene Kunstwerke, die vom Interpreten im gleichen Augenblick, in dem er sie vermittelt, erst vollendet werden."

Es geht demnach um Offenheit, im Sinne eines strukturellen Merkmals. Offenheit wird in der modernen Kunst zum „produktiven Programm".[291] Nach Eco steht sie für „unbegrenzte Möglichkeiten der Form", für "Freiheit in der Interpretation". Übertragen wir das doch einmal auf die Struktur des Unterrichts, oder besser gesagt: auf pädagogische Einheiten. Was hier intendiert ist, hat freilich wenig mit den gängigen Ansätzen eines *offenen* Unterrichts zu tun. Die Lehrkraft, in den hier, in den *Didaktischen Va-*

---

[289] Eco, Das offene Kunstwerk, S. 28
[290] Eco, Das offene Kunstwerk, S. 28 f.
[291] Eco, Das offene Kunstwerk, S. 32

riationen, zu entwickelnden Prozessen, ist ja durchaus sehr aktiv. Sie greift ein, strukturiert, bremst dann und wann auch ab, gibt Impulse. Doch dies geschieht nach ganz eigenen und neuen Gesetzen.

Ich setze vielleicht anhand von Wandzeitungen, großen Mind Maps, die zum Teil vorbereitet sind, zum Teil *live* in der Unterrichtssituation entstehen, sagen wir an zwei gegenüberliegenden Wänden des Klassenraumes, zwei durchaus verschiedene Themen *in Szene*. Während es auf der einen Seite etwa um Alexander den Großen geht, um seine Eroberungszüge, seine Wildheit, seinen Freiheitsdrang, seine Entdeckerlust usw., belegt durch Bildmaterial aus Oliver Stones Kinofilm, kopiertes Kartenmaterial mit Einzeichnungen der Feldzüge usw. entsteht an der Wand gegenüber etwa eine Bild-Text-Dokumentation über HIV und AIDS und eine entsprechende Prophylaxe, den neuesten Erkenntnisstand usw.

Die noch mit den PC-Spielen beschäftigten Erziehungshilfeschüler einer siebten Klasse, die zur Zeit kaum für unterrichtliches Lernen zu gewinnen sind, beginnen zu schauen, was ihr Lehrer da macht. Was soll das denn? Wer ist das da auf dem schwarzen Pferd, der junge Mann mit den blonden Haaren? Einer steht vom PC auf und schaut: Was ist das da für ein Land, auf der alten Karte da? Babylon? Wo war das denn?

Wenig später auf der anderen Seite: *Bare back*-Partys, auf der Homo-Szene? Reiten ohne Sattel? Sind die leichtsinnig", sagt einer. „Und die Gewehrhülse da, kann ja schlecht ein Kondom sein, viel zu hart... eh, was von einem Plakat... Hast du freien Sex, sollst du aufpassen, darum geht es, als hätte ich das noch nicht gewusst..."

Dass die Materialien eine Weile an den Wänden hängen bleiben, gibt manch einem Schüler die Möglichkeit, erst *mit der Zeit* aufmerksam zu werden, in den kleinen aufgeklebten Texten nachzulesen, Fragen zu entwickeln, auch zum Thema Dschingis Khan, Mongolen, Hunnen, Wikinger, wo ich es ganz ähnlich machte. Was die Schüler an Kommentaren, Fragen, Interessen äußerten, schrieb ich auf Karten, klebte diese zu den Dokumentationen hinzu und wartete gespannt, wie sich der Prozess weiter entwickeln würde.

Offene Kunstwerke sind nach Eco zugleich „Kunstwerke in Bewegung". Sie besitzen die Fähigkeit, verschiedene unvorhergesehene, physisch noch nicht realisierte Strukturen anzunehmen. In den plastischen Künsten finden wir Objekte, die eine Mobilität in sich haben, die Fähigkeit, sich in den Augen des Betrachters als beständig neue zu formieren; etwa die Mobiles von Calder, „die sich unter Veränderung ihrer räumlichen Anordnung in der Luft bewegen und dabei ständig ihren eigenen Raum und ihre eigenen Dimensionen erzeugen."[292]

Prozesshaftigkeit und Metamorphose stehen hier im Zentrum. Die Hörsäle der Fakultät für Architektur an der Universität von Caracas, die von Zevi[293] als jeden Tag neu zu erfindende Schule bezeichnet wurde, besitzen bewegliche Wände, sodass Lehrer und Schüler, je nach dem gerade bearbeiteten architektonischen oder städtebaulichen Problem, sich durch ständige Veränderung der inneren Struktur des Gebäudes, die für ihre Arbeit geeignetste Umgebung schaffen können.[294] Diese Art von Experimentierfreude finde ich sehr stimulierend auch mit Blick auf Unterricht und sozialpädagogische Projektarbeit.

Wir sprachen von Musik, von Bildender Kunst und zuletzt von Architektur. Gibt es auch entsprechende Anregungen aus dem Bereich der Literatur? Mallarmés *Livre* etwa. Ein unvollendet gebliebenes Werk. Es sollte ein bewegliches Bauwerk sein, mit einer polymorphen Vielfalt von Elementen in undeterminierter Relation. „Im Livre sollten selbst die Seiten keine feste Anordnung haben: Sie sollten nach Permutationsgesetzen (Permutation im Sinne von Umstellung, Vertauschung, J. B.) verschieden zusammengestellt werden können. Bei einer Reihe loser [...] Hefte sollte jeweils die erste und die letzte Seite auf einen in der Mitte gefalteten großen Bogen geschrieben sein, der Anfang und Ende des Heftes bezeichnet hätte; innerhalb der Hefte wäre es dann zu einem freien Spiel von einzelnen, einfachen, beweglichen und

---

[292] Eco, Das offene Kunstwerk, S. 42
[293] Zevi, B.: Una scuola da inventare ogni giorno. In: L´Espresso 2.2.1958
[294] Eco, Das offene Kunstwerk, S. 42

untereinander austauschbaren Blättern gekommen, jedoch so, dass bei jeder Kombination ein fortlaufendes Lesen sinnvollen Zusammenhang ergeben hätte... (und ein wenig ist das Buch, dass Sie in Ihren Händen halten, ja auch so aufgebaut, J. B.) die Struktur der Sätze und einzelnen Wörter, die alle fähig sein sollten... in suggestive Beziehung zu anderen Sätzen oder Wörtern zu treten, ermöglichte es, dass jede Permutation sinnvoll wurde und neue Beziehungsmöglichkeiten und damit neue Horizonte des suggestiven Hindeutens provozierte."[295]

Und der rote Faden in alldem, mit Blick auf die hier zu begründenden didaktischen Variationen in heterogenen, sich überdies verweigernden und aus dem Feld gehenden Lerngruppen? Das Wesen der Komposition im Sinne von Pousseur ist das „Möglichkeitsfeld", und ein solches gilt es auch im Bereich der Pädagogik zu entfalten. Der Begriff der Möglichkeit als philosophischer Terminus korrespondiert mit dem Prinzip der Variation und meint dabei das „Abgehen von einer statischen und syllogistischen Auffassung der Ordnung."[296]

Soviel zu den, vielleicht noch etwas vage bleibenden Konstruktionsprinzipien und -möglichkeiten von Unterricht und außerschulischen pädagogischen Projekten. Aber die Lehrkräfte, was müssen sie wirklich können, um unerwartetem, provokativem, demotiviertem, destruktivem oder desinteressiertem Lernverhalten, Konfliktpotenzialen einerseits sowie Heterogenität und Verschiedenheit andererseits auf neue Weise zu begegnen?

Sie sollten offen sein für die ständige Erneuerung der eigenen Lebens- und Erkenntnisschemata sowie produktiv an der Entwicklung der eigenen Fähigkeiten und an der Erweiterung der eigenen Horizonte arbeiten. Um ein letztes Mal Eco[297] zu bemühen: „Offenheit und Dynamik eines Kunstwerkes bestehen [...] im Sich-Verfügbar-Machen für verschiedene Integrationen, konkrete produktive Ergänzungen, die es von vornherein in den Spielraum einer strukturellen Vitalität einfügen, die dem Werk eignet, auch

---

[295] Eco, Das offene Kunstwerk, S. 44
[296] Eco, Das offene Kunstwerk, S. 48
[297] Eco, Das offene Kunstwerk, S. 56

wenn es nicht abgeschlossen ist, und die sich durchsetzt, auch bei verschiedenen und vielfachen Ausführungen."

Meine Horizonte spiegeln sich folglich in den praktisch didaktischen Konstruktionen wider, die ich ermögliche. Je mehr (gedanklich strukturierte) Offenheit, desto mehr Integrationsmöglichkeiten sind gegeben. Es werden gemeinsam mit den Lernenden didaktische biographisch und lebensweltlich sinnvolle und identitätsfördernde und inhaltlich interessante Figurationen kreiert, die jenseits des auf Perfektion und Totalität abzielenden pädagogischen Differenzierungs- und Optimierungsapparates liegen.

Und abschließend, die Quintessenz? Jeder Versuch bloße Disziplin, bloße Ordnung und Homogenität in Lerngruppen mit Verhaltensproblemen, Verweigerungstendenzen, sekundären Lernschwierigkeiten und Motivationsproblemen usw. zu erzwingen, käme einer Realitätsverleugnung gleich. Und jeder Versuch, der heterogenen Lage unter den zur Zeit vorherrschenden Förderparadigmen und Spezialdisziplinen *total* entsprechen zu wollen, setzt die Lehrkräfte unter einen Dauerstress, einen permanenten Zwang zum Beobachten, Reflektieren und Intervenieren.

Indem ich hier die Struktur des offenen Kunstwerks ins Spiel bringe, verhalte ich mich bewusst ein wenig übermütig, aber es ist auch ein Rettungsversuch, bevor wir in den Klassen an immer engeren Vorgaben und immer neuen Anforderungen ersticken. Stoppen wir unser heilloses Umherirren im Supermarkt der verhaltensbezogenen Reparaturangebote. Die Kunst bringt erneut den Impuls der Freiheit und der Beweglichkeit ins Spiel. Und mit dieser Freiheit lässt sich experimentieren. Dann ist auch das Umgehen mit einer heterogenen, oftmals *eigenwilligen* Schülerschaft, zwar immer noch nicht einfach, aber nicht mehr ganz so schwierig.

VOM LATERALEN DENKEN ZUR LATERALEN DIDAKTIK
Im Folgenden werden die von Edward de Bono entwickelten Konzepte des „Lateralen Denkens" und der Orientierung an „Chancen" skizziert, um das für die pädagogische Arbeit mit besonderen Kindern und Jugendlichen für zentral befundene Prinzip

der didaktischen Variation noch von einer anderen Seite her mit Inhalt zu füllen. Edward de Bono hat mit dem „Lateralen Denken" und der gezielten Orientierung an „Chancen" zukunftsweisende Konzepte entwickelt, die im Bereich von Wirtschaft und Industrie längst mit Erfolg Anwendung finden. Mit Blick auf die Entwicklung von variablen Strukturen und Methoden auch für die Arbeit mit Heranwachsenden mit Verhaltensproblemen oder schulverweigernder Haltung sollen hier nun die wichtigsten *Denkwerkzeuge* von de Bono zusammenfassend dargestellt werden, um sie stärker als bisher in den pädagogischen Diskurs, in dem sie völlig zu Unrecht immer noch ein Schattendasein fristen, einzuführen.

Wenn wir Lösungen für die aktuellen pädagogischen Probleme finden wollen, müssen wir uns immer wieder neu im Denken üben, denn „untrainiertes Denken bewegt sich meist von Punkt zu Punkt, wandert von Idee zu Idee, mit viel Ballast und großer Ineffizienz".[298] Wie viele negative und belastende Emotionen werden tagtäglich in unseren Schulen produziert und freigesetzt? Was wäre anders, wenn wir bewusster, gezielter, aufmerksamer *denken* würden?

De Bono[299] empfiehlt zunächst ein gründliches und gelassenes Erforschen der Situation. Erst am Ende sei den Emotionen wieder gestattet, einzuwirken und beim Treffen der endgültigen Entscheidung mitzuwirken und den Handlungsverlauf mitzubestimmen.[300] „Denken kann Gefühle ändern, insbesondere das wahrnehmende Denken, das es uns ermöglicht, Dinge in einem anderen Licht zu sehen."[301] Nach de Bono[302] bezeichnet ein Problem „den Unterschied zwischen dem, was man hat und dem, was man will. Es kann sich darum drehen, etwas zu vermeiden, etwas zu erhalten, etwas loszuwerden oder dahinter zu kommen, was man will."

---

[298] Bono, E. de: Denkschule. Zu mehr Innovation und Kreativität. Landsberg am Lech 1986, hier: S. 178
[299] de Bono, Denkschule..., S. 129 ff.
[300] de Bono, Denkschule..., S. 133
[301] de Bono, Denkschule..., S. 135
[302] de Bono, E. de: Laterales Denken. Reinbek 1971, hier: S. 60

Sind wir nicht recht gut mit strategischer Intelligenz und Wissen ausgerüstet, um die Probleme in unserem schwierigen Arbeitsfeld zu meistern? Die Verbreitung von beruflicher Überbelastung, Burnout-Erscheinungen, die Anhäufung von kollegiums- und klasseninternen Konflikten, von ineffektiven Abwehrmechanismen oder von psychosomatischen Erkrankungen auf Seiten vieler Pädagoginnen und Pädagogen stellt dies allerdings in Frage.[303] Insbesondere die Akademiker unter den Pädagogen müssen sich nach de Bono[304] vor der „Intelligenzfalle" in Acht nehmen.

Man oder frau konstruiert einen für die eigene Ansicht passenden Fall und sucht sich überzeugende Argumente. Je logischer sich der eigene Standpunkt darstellt, desto weniger sieht man sich veranlasst, der betreffenden Sache auf den Grund zu gehen. Verbale Gewandtheit wird oftmals fälschlicherweise für Denken gehalten. Man hat das Bedürfnis stets recht zu haben, klug und anerkannt zu sein. Die kritische Anwendung der eigenen Intelligenz stellt einen überdies häufig schneller und leichter zufrieden als ihr konstruktiver, produktiver Einsatz. Jemandem nachzuweisen, er *liege falsch*, verschafft ein sofortiges Erfolgserlebnis, ein Gefühl der Überlegenheit.

Viele neigen, so de Bono, eher zum „Reaktionsdenken", indem sie auf Material, das ihnen vorgelegt wird, reagieren. Doch wie steht es um das produktive Denken, bei dem man selbst den Zusammenhang, die Begriffe und Ziele schaffen muss? Ein wesentlicher Teil unserer Schwierigkeiten, neue, angemessenere Lösungen für die brennenden erzieherischen, didaktischen und kommunikativen Probleme zu finden in Zusammenhang mit ungesteuertem oder schulaversivem Verhalten könnte entsprechend auf der Etablierung bestimmter Wahrnehmungs- und Denkmuster beruhen. „Unsere Erfahrung bildet gewisse Vorstellungen, Muster und Anordnungen. Wir folgen diesen Mustern."[305]

---

[303] Bröcher, J.: Lehr-Kräfte zwischen Bewegung, Erstarrung und Zusammenbruch. Aufzeichnungen aus dem Sanatorium. In: PÄD Forum, 14. Jg., 2001, H. 3, 164 – 172
[304] de Bono, Denkschule..., S. 16 f.
[305] de Bono, Denkschule..., S. 51 ff.

Sicher ist es für die pragmatische Bewältigung des Schulalltags oder der sozialpädagogischen Arbeit wichtig, gewisse Routinen zu entwickeln, doch birgt die allzu starre Verfestigung von Wahrnehmungs- und Denkmustern große Gefahren in sich. Wir sind nicht mehr beweglich. „Um vorwärts zu kommen, müssen wir möglicherweise einige Schritte zurückgehen und zu einem anderen Denkmuster überwechseln, das den gegebenen Bedingungen mehr entspricht. Wir besitzen jedoch keine Mechanismen, die dieses Zurückgehen oder Überwechseln auf andere Denkmuster auslösen. Auf diese Weise vollzieht sich Fortschritt nur sehr langsam."[306]

Was wir daher benötigen, sind spezifische Methoden zur bewussten Steuerung der Aufmerksamkeit, wie sie sich von de Bono beziehen lassen. Im Vorfeld dieser gezielt einzusetzenden Denkwerkzeuge sind es oftmals Fehler, Zufall und Humor[307], die einen Musterwechsel auslösen können. Dass diese Faktoren zu musterverändernden Mechanismen werden können, setzt jedoch bereits eine hinreichende Bereitschaft voraus, aus Fehlern zu lernen, zufällig Entdecktes aufzugreifen, weiterzuentwickeln, oder belastende und festgefahrene Situationen humorvoll zu betrachten.

De Bonos Konzept des Lateralen Denkens ist vor allem charakterisiert durch das flexible Überwechseln von einem Denkmuster zu einem anderen innerhalb eines Mustersystems.[308] „Im Gegensatz zum vertikalen Denken, das heißt selektiven, analytischen, folgerichtigen, kritisch-evaluierenden Denken ist laterales Denken als ein generatives, provokatives, sprunghaftes, ausschweifendes und unbegrenztes Denken zu verstehen, das sich in Bewegung setzt, um eine Richtung zu finden, ohne bestimmte Wege durch Verneinung und Kritik zu blockieren. Laterales Denken begrüßt zunächst alles, was sich an Ideen *zufällig* aufdrängt und erforscht auch den am wenigsten wahrscheinlichen Weg."[309]

---

[306] de Bono, Denkschule..., S. 72
[307] de Bono, Denkschule..., S. 73
[308] de Bono, Denkschule, S. 73
[309] de Bono, Laterales Denken, S. 42 f.

„Das Wort `lateral´ meint, sich neben etablierten Sichtweisen zu bewegen, um Neues zu entdecken. Diese `Seitwärtsbewegung´ bedeutet nicht die Suche nach dem besten Weg, sondern nach mehreren Alternativen. Das traditionelle logische Denken ist seiner Natur nach *vertikal* ausgerichtet, weil es auf vorhandenen Ideen aufbaut. Laterales Denken [...] strukturiert diese um. Während das traditionelle Denken nur mit sekundären verarbeitenden Prozessen befasst ist, bezieht sich laterales Denken auf Wahrnehmungsprozesse."[310]

Laterales Denken schließt nichts aus, bemüht sich, andere Wege zu öffnen, bringt so viele Lösungswege wie möglich hervor, setzt sich in Bewegung, um eine Richtung zu finden, braucht nicht folgerichtig vorzugehen.[311] Es handelt sich dabei um einen unbegrenzten Vorgang, bei dem es keine Verneinung gibt. Es geht um die Umstrukturierung von Wahrnehmungs- und Denkmustern, um die Lockerung starrer Muster, die Anregung neuer Muster.[312] Laterales Denken baut auf dem Prinzip auf, dass jede bestimmte Art der Anschauung von Dingen nur eine von vielen möglichen Arten ist.[313] In dieser Hinsicht wäre das laterale Denken durchaus kompatibel mit dem pädagogischen Konstruktivismus. In erster Linie hilft Laterales Denken jedoch *Didaktische Variationen* zu konstruieren.

Es geht um eine andere Betrachtungsweise der Situation, Voraussetzungen und Annahmen werden in Frage gestellt.[314] Urteile werden aufgeschoben. Der laterale Denkprozess soll verändern, nicht beweisen.[315] Man beeilt sich nicht, eine Idee zu bewerten, sondern man bevorzugt Entdeckungen.[316] Es gilt, aus Klischeemustern auszubrechen und starre Etiketten abzuschaffen.[317] Das alles lässt sich ja ohne weiteres auf die pädagogische Arbeit mit herausfordernden Kindern und Jugendlichen übertragen. Die Si-

---

[310] de Bono, Chancen, S. 72
[311] de Bono, Laterales Denken, S. 42
[312] de Bono, Laterales Denken, S. 66
[313] de Bono, Laterales Denken, S. 65
[314] de Bono, Laterales Denken, S. 93 f.
[315] de Bono, Laterales Denken, S. 109
[316] de Bono, Laterales Denken, S. 112 f.
[317] de Bono, Laterales Denken, S. 217 f.

tuation wird auf eine neue Weise betrachtet. Wenn man das Etikett abschafft, kann man wiederentdecken, was dahintersteckt. Eine intuitive Umstrukturierung wird versucht, eine Neuanordnung der Information begonnen. Es geht darum, Muster zu durchqueren, statt ihnen bloß zu folgen.[318] Man probiert die Abweichung von einer starren Denkweise und begibt sich auf Seitenwege.[319]

Das von de Bono geschaffene Denkwerkzeug „PO" ist in alldem ein hilfreiches sprachliches Kunstmittel. Es dient als Indikator dafür, dass etwas als Provokation vorgebracht wird. Das Wort ist von den Begriffen „suppose" (nehmen wir mal an), „hypothesis" (Hypothese), „possible" (möglich) und „poetry" (Poesie) abgeleitet. PO ist auch eine Abkürzung für „Provokative Operation".[320] PO hat den Zweck, neue und ungewöhnliche Ideen vor allzu schneller Zurückweisung zu bewahren sowie scheinbar unmögliche Ideen als Sprungbrett für weitere Denkarbeit zu fördern. Im Vordergrund steht der Bewegungswert einer Idee, nicht die Frage, ob sie unserem kritischen Denken standhält.

Wir sollten erst spüren und hören, bevor wir antworten und reagieren. Wie viele Lehrkräfte haben die fertige Antwort schon parat, bevor der andere, der Schüler, der Kollege usw. seinen Satz auch nur beendet hat. Es ist daher wichtig, ohne Routine und feststehende Erwartungen an Situationen heranzugehen. PO kann helfen, eine Situation überhaupt erst einmal in Bewegung zu bringen. Etwas, was sich bewegt, lässt sich viel leichter beeinflussen. Das logische Ja/ Nein-Denken basiert auf Bewerten. PO-Denken dagegen basiert auf Bewegung.[321] PO wirkt dem rigiden Ja/ Nein-Denken des vertikalen Systems (Yes/ No-System) entgegen:

„Das Ja/ Nein-System führt zu scharfen und künstlichen Polarisierungen. Diese sind gefährlich, weil sie einfache und rigide Wertungen für komplexe Situationen erzeugen [...] Im Ja/ Nein-System können zwei gegensätzliche Vorstellungen nicht gleich-

---

[318] de Bono, Denkschule, S. 92
[319] de Bono, Chancen, S. 18
[320] de Bono, Chancen, S. 329
[321] de Bono, Chancen, S. 7

zeitig als richtig gelten [...] Im PO-System sind Widersprüche erlaubt."[322] Einige Kolleginnen und Kollegen an einer Sonderschule hielten es etwa für notwendig, eine dicke rote Linie mit Farbe auf den Teer zu pinseln, um ein für alle Mal genau festzulegen, wo der Schulhof auf der Eingangsseite des Geländes endete und wo sich die Schülerinnen und Schüler noch aufhalten durften. Sie folgten dabei den Prinzipien Grenzsetzung, Klarheit und Eindeutigkeit, was je nach Kontext, ja durchaus seinen Sinn haben kann.

Hintergrund war, dass sie eine Regelung durchgesetzt hatten, nach der Schülerinnen und Schüler, die den Schulhof während der Pause, auch nur geringfügig, das heißt bis zu wenigen Metern, verlassen hatten, in einen „Strafraum" eingewiesen wurden. Dass es hier eine *unklare* Übergangszone gab, die bis hin zu einer ehemaligen, noch auf dem Schulgelände befindlichen Hausmeisterwohnung und einem kleinen Sträßchen oberhalb eines Friedhofs reichte, in dem einige Jugendliche auch gerne einmal heimlich eine Zigarette rauchten, hielten diese Kolleginnen und Kollegen nicht länger für tolerierbar.

Die Lebensbäume und Hecken des angrenzenden Friedhofs boten den rauchenden Jugendlichen offenbar eine Nische, die ihnen die Einweisung in den „Strafraum" ersparte. Ein Phänomen, das so alt ist, wie das Schulsystem selbst. Je nachdem, wer nun Aufsicht hatte, kam es mehr oder weniger schnell zu Einweisungen in den „Strafraum". Ich ging nun an den roten Streifen heran und zwar mit der PO-Einstellung im Sinne von de Bono.

Es waren die Schüler selbst, die mich eines Tages, während einer Hofaufsicht, auf den roten Streifen und seine Bedeutung aufmerksam machten. Ich fragte sie nach dem Entstehungshintergrund dieses roten Streifens und während wir sprachen, stellte ich mich mal auf die eine und mal auf die andere Seite. Ich sprach mit den Jugendlichen über Grenzen in der Gesellschaft und wo es noch alles Grenzen gäbe. Schon bald waren wir dort draußen in ein sehr lebendiges und interessantes Gespräch verwickelt. Ich fragte die Jugendlichen, wie sie in ihrem Leben ansonsten mit

---

[322] de Bono, Chancen, S. 31

Grenzen umgegangen wären, welche Emotionen sich eingestellt hätten, als sie sich vor einer solchen Grenze befunden hätten, ob sie die Grenze dann überschritten oder respektiert hätten usw.

Ich konzentrierte mich dabei allein auf das Gespräch und ging dabei mit der sich stets bei mir einhakenden Entourage von zwei oder drei geistigbehinderten Mädchen (an dieser Schule wurden lernbehinderte, verhaltensauffällige und geistigbehinderte Kinder und Jugendliche zugleich unterrichtet) langsam, aber beständig über den roten Streifen hinweg. Ob nun jemand zur Friedhofshecke gegangen war oder nicht, vermochte ich nicht zu sagen. Ich sah jedenfalls niemanden gehen. Vielleicht war an jenem Tag diese Art von Gespräch doch interessanter als das Rauchen, für das sich sicher noch eine andere Gelegenheit fand.

Bei meiner nächsten Hofaufsicht fanden sich wiederum etliche Jugendliche in der Zone um den roten Streifen ein. Sie erwarteten offenbar wiederum ein Gespräch in der Art, wie ich es zuvor mit ihnen geführt hatte. So wurde die ganze Sache doch noch ins Produktive gewendet, dank der PO-Einstellung. „PO ist für das laterale Denken, was NEIN für das logische Denken ist. NEIN ist ein Ablehnungswerkzeug. PO ist ein Umstrukturierungswerkzeug."[323] PO hat die Aufgabe, Ideen zu fördern. PO verlagert die Aufmerksamkeit. Man fragt nicht mehr, warum etwas falsch ist, sondern wie es nützlich sein könnte.[324]

In gewissen Situationen kann eine starre Betrachtungsweise zu emotionaler Überreaktion führen. In solchen Fällen ist PO wie ein Lachen oder ein Lächeln, um die Spannung zu lösen, die ein hartnäckig verfochtener Standpunkt erzeugt. Zum Lachen und Lächeln kommt es, wenn eine bestimmte Art und Weise, eine Situation zu betrachten, plötzlich umgekehrt wird.[325] Humor, Witz, Satire kann hier von großem Nutzen sein. Andere Sichtweisen werden möglich. Lösungen rücken näher. PO wird verwendet, um starre Muster durcheinander zu bringen. PO dient als Katalysator, um Informationen neu zusammenzustellen.[326]

---

[323] de Bono, Laterales Denken, S. 227
[324] de Bono, Laterales Denken, S. 234
[325] de Bono, Laterales Denken, S. 248
[326] de Bono, Laterales Denken, S. 251

PO zeigt nicht an, dass derjenige, der es ausprobiert, eine bessere oder überhaupt eine Lösung weiß. PO besagt lediglich: „Ich bin nicht unbedingt anderer Meinung als du – aber lass uns doch beide versuchen, die Dinge auf eine andere Weise zusammenzubringen. Nicht dass ich gegen dich wäre; vielmehr wollen wir gemeinsam nach einer Alternativlösung suchen."[327] Es geht darum, Bewegungsabläufe zu erkunden, deren ständig wechselnde Kreise, Ellipsen und Spiralen. Lehrkräfte, ich sage bewusst Lehr-*Kräfte*, um auf die notwendigen Energien zu sprechen zu kommen, sollten sich in diesen Dingen tagtäglich als Forscher und Entdecker verstehen.

Wir müssen flexibel auf den ständigen Wandel der pädagogischen Wirklichkeit reagieren und können dabei nicht von fertigen Konzepten ausgehen. „Chancen bedeuten Risiko, Anstrengung [...] aber wir können es uns nicht leisten, *nicht* nach ihnen Ausschau zu halten."[328] Das Wichtigste ist hier wohl, produktiv zu sein und sich nicht entmutigen zu lassen, gleichgültig wie die Rahmenbedingungen auch sein mögen.

Ich versuche also, meinen Chancenspielraum, das heißt meinen „Raum für Veränderung und Initiative"[329] zu erweitern. „Innerhalb des Chancenspielraumes geschehen alle Veränderungen, die wir vornehmen, alle Entscheidungen und jede Auswahl, die wir treffen können, ebenso schließt er die uns zur Verfügung stehenden Hilfsmittel und unsere Möglichkeiten des Handelns ein [...] Der Chancenspielraum bestimmt sowohl unsere Handlungsfreiheit als auch die Aktiva, die wir haben [...]. Solche Hilfsmittel können Zeit, Know-How und Kontakte umfassen."[330]

Wir benötigen eine bewusste Aufmerksamkeit Chancen gegenüber. Die durch de Bono[331] gestellte Frage lautet: Welche Art von Denkarbeit ist für die Erzeugung von Chancen notwendig? Überprüfen wir also den Chancenspielraum[332] zunächst bezüglich

---

[327] de Bono, Laterales Denken, S. 256
[328] de Bono, Chancen, S. 15
[329] de Bono, Chancen, S. 122
[330] de Bono, Chancen, S. 117
[331] de Bono, Chancen, S. 114
[332] de Bono, Chancen, S. 118 f.

der „Handlungsbereiche." „Selbst wenn umfassende Vorschriften bestehen oder ein Soll zu erfüllen ist, überlegen Sie, welche Bewegungsfreiheit es trotz dieser Einschränkungen gibt. Nehmen Sie es nicht als gegeben hin, dass die Existenz von Vorschriften jede Handlungsfreiheit zunichte macht."[333] Vorschriften lassen sich schließlich so oder so auslegen. In manchen Fällen müssen sie im Sinne der Sache, der Schüler, des eigenen Wohlbefindens in Frage gestellt werden.

Wo liegen Chancen bezüglich der „Handlungsformen"? „Gehen Sie die verschiedenen Handlungs- und Betätigungsformen durch, die der Arbeitsplatzbeschreibung entsprechen. Wie viel Chancenspielraum bleibt ihnen, wenn Sie diese Tätigkeiten ausführen? Werden die Tätigkeiten durch das Endprodukt bestimmt oder durch die Methode, dorthin zu gelangen? Betrachtet man den festgelegten Weg als selbstverständlich? Ist die rigide Art einer Vorgehensweise jemals hinterfragt worden?"

Die Chancensuche bezieht sich ferner auf „Reaktionsmodelle": „Untersuchen Sie die Reaktionen, die in verschiedenen Situationen erwartet werden. Wenn jemand Sie wüst beschimpft, liegt es in Ihrem Chancenspielraum, zurückzufluchen, die Achseln zu zucken oder zu lächeln."[334] Als Lehrkraft lote ich meinen Chancenspielraum aus. Ich sehe die Chance, die Denkweise der Schülerinnen und Schüler genauer zu untersuchen, außerhalb dieser konkreten Schule Kontakte herzustellen, mir Gesprächs- und Reflexionsmöglichkeiten zu verschaffen. Könnte ich mich auf bestimmten, für meine pädagogische Arbeit relevanten Teilgebieten fortbilden, etwa in den Bereichen Konfliktmanagement oder Coaching? Könnte ich mich in persönlichen Interessensgebieten wie Sport oder Fremdsprachen weiterentwickeln und von dort aus meine Kräfte, Energien und Ressourcen stärken?

Gut wäre, wenn ein oder zwei Lehrkräfte in einem Kollegium sich fänden, den lateralen Denkprozess, die Chancensuche zu stimulieren. Sie fungieren dann als Chancenmanager.[335] Ihre Aufgabe besteht darin, den technischen Vorgang der gesamten Chan-

---

[333] de Bono, Chancen, S. 119
[334] ebd.
[335] de Bono, Chancen, S. 142 ff.

censuchübung zu organisieren, eine Kommunikationsleitung zu bilden, eine Verbindungs- und Anlaufstelle zu sein, Hilfe und Rat zu geben, ein offenes Ohr zu haben, das Chancenteam zu leiten, Personen zusammenzubringen, die Aufmerksamkeit auf bestimmte Probleme zu lenken, Kontakt mit Beratern von außen herzustellen sowie die gewonnenen Ergebnisse der Chancensuche zu sichern, zu dokumentieren und zu vertreten.

Es wird eine bewusste Steuerung der Aufmerksamkeit benötigt. Chi va piano, va sano e va lontano, lautet ein altes italienisches Sprichwort. Wer langsam geht, geht sicher und kommt weit. De Bono[336] empfiehlt, *langsam* zu denken. Statt auf eine Schlussfolgerung loszustürzen, sollten wir dies in langsamen Schritten tun. An jedem Punkt sollten wir uns umwenden, um festzustellen, wo wir überhaupt stehen, und um die Umgebung zu erforschen, jeden einzelnen Schritt schärfer ins Auge zu fassen. Hilfreich ist das Prinzip der langsamen und achtsamen Bewegung. Jede einzelne Bewegung wird mit größtmöglicher Achtsamkeit durchgeführt.

Bei der Exlektik geht es nun um das gemeinsame Zuhören und Erforschen. Die Nachteile des bereits oben erwähnten Konfliktsystems (destruktive Kritik, Ausgrenzung usw.) liegen auf der Hand: „Während die eine Partei angreift und die andere sich verteidigt, wird jede Ansicht zunehmend starrer und kann sich nicht mehr weiterentwickeln [...] Die Notwendigkeit anzugreifen und sich zu verteidigen, schließt nützlicheres Denken aus."[337]

Dem energieraubenden Konfliktsystem setzt de Bono „Exlektik" entgegen. Exlektik versucht, aus einer Situation herauszuziehen, was wertvoll ist, ganz egal, auf welcher Seite es sich befindet. Es gibt von Anfang an keine entgegengesetzten Ideen, sondern nur ein gemeinsames Zuhören und Erforschen. Erst später bilden sich langsam einzelne Vorstellungen heraus. Exlektik fördert die Konzentration auf die Sache selbst, nicht auf Ansichten. Dieser Ansatz könnte sowohl für Verhandlungen zwischen den Kindern und Jugendlichen und ihren pädagogischen Bezugsper-

---

[336] de Bono, Denkschule, S. 23 f.
[337] de Bono, Denkschule, S. 109 f.

sonen, aber auch für kollegiumsinterne Prozesse von Bedeutung sein.

„Die eigentliche Schwierigkeit besteht darin, sich überhaupt nach Alternativen umzuschauen."[338] Sich mit einer angemessenen Lösung zufriedenzugeben oder der Lösung möglichst nahe gekommen zu sein, sind der größte Hemmschuh auf der Suche nach einer besseren Alternative."[339] Das von de Bono[340] verwendete Verfahren „Alternativen, Möglichkeiten, End-Auswahl (APC, alternatives, possibilities and choices) soll die Suche nach Alternativen fördern.

Die eingehende Betrachtung eines Konfliktgegenstandes kann etwa mit Hilfe des Verfahrens „CAF", „Consider all factors" bzw. „Bedenken Sie alle Faktoren"[341] gelingen. Die zentrale Frage lautet hier: „Was wurde ausgelassen? Was sollten wir noch berücksichtigen?" Das sind hochspannende Fragen für die pädagogische Arbeit mit Kindern und Jugendlichen mit Verhaltensproblemen und/ oder schulverweigernder Haltung.

Eine weitere Möglichkeit zur differenzierten Betrachtung einer Problemsituation zu gelangen, ist „EBS", „Examine both sides" bzw. „Prüfen Sie beide Seiten".[342] Interessant ist etwa die Frage, in welchen Zusammenhängen, in umgekehrter Betrachtung, Verweigerungsreaktionen bei den Lehrkräften oder Sozialpädagogen selbst auftreten? Genau genommen sind auch Pädagoginnen und Pädagogen ständig dabei etwas zu verweigern, nämlich immer dann, wenn ihnen etwas als unzumutbar, als zuviel, als das Falsche, als das persönlich nicht Authentische oder Relevante, Machbare oder Passende erscheint. Eine Betrachtung dieser verweigernden Elemente und Haltungen auf der *anderen* Seite, nämlich auf der Seite der Professionellen und Etablierten, könnte doch auch die Verweigerungstendenzen von Kindern und Jugendlichen in einem anderen Licht erscheinen lassen.

---

[338] de Bono, Denkschule, S. 40
[339] de Bono, Denkschule, S. 42
[340] de Bono, Denkschule, S. 44 f.
[341] de Bono, Denkschule, S. 96 f.
[342] de Bono, Denkschule, S. 114 f.

Vielleicht stünde am Ende gar die Erkenntnis, dass es sich nur um zwei Seiten ein- und derselben Medaille handelt. Vielleicht produziert das vorhandene Bildungssystem unweigerlich ein bestimmtes Potenzial an Verweigerung, denn auch den Lehrkräften wird von institutioneller Seite aus so vieles verweigert. Wir alle sind Teil dieses mitunter Fragmentierung und Stagnation erzeugenden Systems. Wenn wir also beide Seiten prüfen, sind Neutralität, innere Zurückhaltung und Objektivität gefragt. Die persönliche Ansicht folgt auf die Überprüfung, nicht umgekehrt.

Bei „ADI", Agreement, disagreement and irrelevance[343] geht es darum, Punkte der Übereinstimmung, der fehlenden Übereinstimmung und unwesentliche Punkte bzw. Aspekte in einem Konflikt auszumachen und zu sortieren. Das Ergebnis stellt sich wie folgt dar: A. In diesen Punkten sind wir im Grunde einer Meinung. B. In jenen Punkten sind wir tatsächlich unterschiedlicher Auffassung. C. Diese Punkte schließlich tun überhaupt nichts zur Sache.

Bei „OPV", das heißt „Other people´s views" bzw. "Wie denken die anderen?"[344] geht es darum, sich in die Lage anderer hinein zu versetzen, um die Welt mit deren Augen zu sehen. Mit OPV wird versucht, die Welt vom jeweiligen Standpunkt des anderen aus zu betrachten, den logischen Ermessensraum, den Wahrnehmungsrahmen, in dem jemand agiert, nachzuvollziehen.[345] In eine ähnliche Richtung zielt ja das in den systemischen Therapien und im Coaching verwendete „zirkuläre Fragen".[346] Dies kann eine wichtige Übung für eine Lehrkraft sein, die mit schulaversivem, ungesteuertem, verweigerndem oder aggressivem Verhalten konfrontiert ist.

Bei der „PMI"-Methode, Plus, Minus, Interesting[347] handelt es sich darum, ein Thema, ein Problem oder eine Idee gründlich zu erforschen. „P" steht für plus oder die guten Punkte. „M" steht für

---

[343] de Bono, Denkschule, S. 116 ff.
[344] de Bono, Denkschule, S. 121 ff.
[345] de Bono, Denkschule, S. 118
[346] z.B. Simon, F. B. & C. Rech-Simon (2001): Zirkuläres Fragen. Systemische Therapie in Fallbeispielen. Heidelberg 2002, erneute Aufl.
[347] de Bono, Denkschule, S. 25 ff.

minus oder die schlechten Punkte. „I" steht für interessant oder die interessanten Punkte. *Interessant wäre zu sehen ....* PMI dient der bewusst gesteuerten Aufmerksamkeit. Man konzentriert sich absichtlich zunächst auf die Pluspunkte, dann auf die Minuspunkte und schließlich auf die interessanten Punkte, über einen Zeitraum von ca. drei Minuten. Statt Intelligenz dafür aufzuwenden, ein gewisses Vorurteil zu unterstützen, nutzt man sie dazu, ein bestimmtes Thema zu durchleuchten.

Die Kategorie „Interessant" fördert die Fähigkeit, eine Sache außerhalb des Beurteilungsrahmens zu erforschen, um herauszufinden, was an der Vorstellung so interessant ist, wohin sie führt. Die zentrale Frage lautet: „Wäre es interessant zu sehen, ob...?" PMI versucht, eine Idee auszudehnen, festzustellen, ob ein bestimmter Gedanke zu einem neuen führt. PMI sollte besonders dann angewendet werden, wenn wir keinerlei Zweifel über eine gewisse Situation verspüren, sondern uns sofort entscheiden, dass wir sie für gut oder für nicht gut befinden. PMI zwingt zur kritischen Prüfung von Situationen, bei denen wir dies normalerweise für unnötig halten.

Mit der Umkehrmethode[348] lässt sich gegen das antreten, was vorhanden und gesichert ist, um sich in die entgegengesetzte Richtung zu bewegen. Man kehrt die Dinge von innen nach außen, von oben nach unten, von hinten nach vorn. „Man lässt das Wasser den Berg hinauflaufen und nicht hinunter" und beobachtet, was passiert.[349] Warum verweigere ich nicht einmal den Unterricht, wenn die Schüler meinen, sie könnten mich mit ihrer Verweigerungshaltung frustrieren? Ich könnte beispielsweise einen Schrank oder ein Regal aufräumen, bis dass die Schüler sich langweilen, bis dass sie von selbst nach einer Lernaktivität verlangen. Oder ich verhalte mich fröhlich und humorvoll, obwohl ein Schüler mich pausenlos beleidigt. Der türkische Jugendliche nennt mich „Bastard" oder „Missgeburt", und ich arbeite fröhlich, lachend, humorvoll (vielleicht durchaus gespielt) an

---

[348] de Bono, Laterales Denken, S. 142 f.
[349] de Bono, Laterales Denken, S. 143

einer neuen themenbezogenen Dokumentation, schneide etwas aus, klebe etwas auf...

Es scheint bei alldem einen subtilen Zusammenhang von Lateralem Denken, Beweglichkeit und Energie zu geben. Aus dem Umkehr-Denken resultiert schließlich die folgende Überlegung: Müssen Lehrkräfte wirklich so unendlich viel Kraft aufwenden? Geht es nicht vielmehr um Mühelosigkeit und Leichtigkeit? (*Leggerezza*, um noch einmal auf das suggestive Ambiente und die entsprechende Lebensart der Menschen hier unten im Golfo di Napoli anzuspielen, den Ort, den ich wählte, um die letzten Streichungen und Ergänzungen in diesen Manuskripten vorzunehmen.) So viel Mühelosigkeit wie möglich, soviel Kraft wie nötig?

Müheloses Leisten. Geht es nicht vielmehr darum, die eigenen Energien in Fluss zu halten, beweglich zu bleiben? Es gilt, den eigenen Schwung zu nutzen und sich ein offenes, unterstützendes Arbeitsfeld zu erschließen. Beim Kegeln nutzen wir den Schwung der an sich schweren Kugel, um diese auf die Bahn zu bringen. Wir verwenden nicht pure Kraft, was uns schon nach wenigen Würfen erschöpfen würde. Wenn ich nicht genügend Raum vorfinde, um meine Kugel in Schwung zu bringen, mache ich einen Schritt zur Seite, um von dort aus zu starten.

Wir müssen die zukünftigen Lehrkräfte und Pädagogen, die mit besonders herausfordernden Heranwachsenden arbeiten, das klare und flexible Denken lehren und zugleich gilt es, ihre Körper, ihren Energiehaushalt stärker ins Visier nehmen, damit sie nicht eines Tages vor lauter Erschöpfung oder Starrheit zusammenbrechen. Wir müssen sie das Ausweichen und Nachgeben, das Aufnehmen und Abgeben von Energien lehren. Sie müssen sowohl Ruhe, Gelassenheit, Entspannung, Erdung, Wurzelung, Zentrierung, Aufnahmebereitschaft, Gleichgewicht, Ganz-Sein lernen als auch Intensität, Explosivität, Ausrichtung, Energieabgabe und Durchsetzungskraft. Lebendige pädagogische Arbeit braucht den Wechsel von Anspannung/ Kraft auf der einen Seite und Entspannung/ Loslassen auf der anderen Seite.[350]

---

[350] Bröcher, J.: Kann Denken bei der Lösung pädagogischer Kommunikations- und Kooperationsprobleme helfen? Ein imaginärer Dialog mit Edward de Bono. In: Wachtel, P. (Hrsg.): Sonderpädagogischer Kongress 2001 (München), Band

BAUSTEINE AUS DER PROBLEMLÖSEFORSCHUNG
Doch gehen wir noch ein wenig weiter in der Untersuchung derjenigen Elemente, die für die Konstruktion beweglicher, variabler didaktischer Strukturen und Einheiten notwendig und hilfreich sein könnten. Bedeutsame Anregungen lassen sich auch aus dem Bereich der Gestaltpsychologie, speziell den Arbeiten der Berliner Schule (Köhler, Duncker, Wertheimer) beziehen. Man interessierte sich hier insbesondere für das produktive Denken, das heißt für ein Denken, in dem neue Antworten auf neue Probleme zu finden sind. Es ging darum aufzuzeigen, wie Lösungen gefunden werden können, anders als durch den Zufall oder durch die Verwendung und Reproduktion früherer Erfahrungen.[351]

Die im folgenden angesprochenen Konzepte und Erkenntnisse sind stets in zweifacher Weise für unser Thema interessant. Zum einen auf der Ebene des Heranwachsenden, den wir zu einer adäquaten Problemlösung und Lebensbewältigung anregen wollen. Zum anderen auf der Ebene unserer eigenen Versuche, mit einem überdurchschnittlich schwierigen Aufgabenfeld zu Rande zu kommen.

Die Gestalttheoretiker sehen im Problemlösungsprozess überwiegend ein Suchen nach Beziehungen zwischen den einzelnen Aspekten einer Problemsituation. Während dieser Suche wird „Strukturverständnis" gewonnen, das heißt die Fähigkeit, zu begreifen, wie alle Teilaspekte eines Problems zusammenpassen, damit ein Ziel erreicht wird. Strukturverständnis zu erlangen und damit eine neue Perspektive in der Problembearbeitung zu entwickeln, erfordert allerdings die Neuorganisation von Problemelementen.[352]

Eine Schlüsselposition innerhalb gestaltpsychologischer Konzepte zum produktiven Denken nimmt der Begriff des „Umstrukturierens" ein und es liegt nur nahe, dass ein solches Konzept für

---

I: Entwicklungen fördern. Impulse für Strukturen und Organisationen. vds-Fachverband für Behindertenpädagogik, Würzburg 2001, 30 – 38

[351] Meili, R.: Gestaltpsychologie, Piagets Entwicklungstheorie und Intelligenzstruktur. In: Steiner, G. (Hrsg.): Die Psychologie des 20. Jahrhunderts, Band VII: Piaget und die Folgen. Zürich 1978, 530 – 546, hier: S. 536

[352] Mayer, R. E.: Denken und Problemlösen. Berlin, Heidelberg 1979, S. 65 f.

unser Vorhaben von zentraler Bedeutung sein wird. Hierzu G. Steiner[353]: „Produktivität besteht in der Fähigkeit, strukturierte Ganzheiten umzustrukturieren. Bei Wertheimer[354] und den anderen Gestaltpsychologen bedeutet Umstrukturieren meist ein Umstrukturieren des Wahrnehmungsfeldes. [...] die Situation wird [...] umgeformt, [...] reorganisiert [...] Die Problemsituation, und darin besteht das kreative oder produktive Moment, ist in Richtung auf eine strukturelle Verbesserung hin [...] umstrukturiert worden."

Strukturverständnis durch ein Umstellen und Umstrukturieren vorhandener Elemente zu erwerben, scheint mir für kreative Ideenbildungsprozesse im pädagogischen Feld des Umgehens mit Verhaltensschwierigkeiten und Verweigerungsreaktionen, aber auch mit besonderen Lerninteressen, Motivationen und Begabungen, je nach dem, von besonderer Bedeutung zu sein. Duncker[355] unternahm den Versuch, Stadien des Problemlöseprozesses empirisch zu untersuchen. Er forderte seine Versuchspersonen auf, laut zu denken und gelangte zu dem Ergebnis, dass sich Stadien beim Problemlösen von allgemeinen zu spezifischen Lösungsvorschlägen entwickeln, wobei die ursprüngliche Anforderung ständig umgeformt wird.

Als zentral für die theoretisch abzusichernden und praktisch immer wieder neu zu entwickelnden *Didaktischen Variationen* erweist sich deshalb „Umformen" bzw. „Umzentrieren" im Sinne Dunckers. Problemlösen beinhaltet „sukzessive Stadien produktiver Umformung (oder Umstrukturierung) der Problemstellung, wobei jede neue Teillösung ein neues, konkreteres Teilproblem generiert." Zum Erreichen der erforderlichen Flexibilität im Wahrnehmen und Denken dient entweder „Anregung von oben" im Sinne einer „Umformulierung des Ziels, damit es sich zu den Gegebenheiten besser in Beziehung bringen lässt" oder „Anregung von unten" im Sinne von „Umformulierung der Gegeben-

---

[353] Steiner, G.: Leistungsmotivation, kognitive Stile und Kreativität. In: Ders. (Hrsg.): Die Psychologie des 20. Jahrhunderts, Band VII, 425 – 431, hier: S. 428
[354] Wertheimer, M. (1945): Produktives Denken. Frankf. am Main 1964, 2. Aufl.
[355] Duncker, K. (1935): Zur Psychologie des produktiven Denkens. Berlin 1974

heiten", damit sie leichter mit dem Ziel oder dem Gesuchten in Beziehung zu setzen sind.[356]

Auch die Gestaltpsychologen gehen, ähnlich wie Piaget, davon aus, dass ungelöste Probleme motivierend auf einen Problemlöser wirken können. Durch die Problemstellung entsteht eine Art Spannungszustand im Problemlöser, der nach einer Lösung drängt. Meili[357] spricht von einer „Tendenz zu ausgezeichneten Zuständen, [...] einer Tendenz zu *guten* Gestalten [...] das bedeutet, [...] dass bei einer gegebenen Reizmannigfaltigkeit nicht beliebige Elemente zusammengefasst werden, sondern dass [...] bestimmte Ordnungen bevorzugt werden (z.B. Einfachheit der Aufteilung und Stabilität)." Ähnlich besteht für Metzger[358] das Ziel von produktiven Umstrukturierungsprozessen im Erreichen einer „möglichst vollkommenen Ordnung".

Kreatives oder produktives Denken haben vor gestalttheoretischem Hintergrund ihren Platz, „wo aus einer Problemlage eine Lösung (eine Entdeckung, eine Erfindung, ein Beweis) oder aus einem Gedankenkeim (einer Idee) ein Werk hervorgehen." Dieser Vorgang darf nach Metzger[359] aber „nur dann kreativ genannt werden, wenn er nicht aus der Befolgung bekannter Regeln oder Vorschriften [...] hervorgeht, sondern in freier Auseinandersetzung" mit dem jeweiligen Gegenstand besteht. Duncker und Wertheimer unterscheiden denn auch das „produktive Denken" im Sinne des Erfindens einer neuen Lösung für ein Problem vom „reproduktiven Denken" im Sinne der Anwendung früherer Lösungen und dem Reproduzieren alter Gewohnheiten und Verhaltensweisen.

Eine Problemlösung verlangt nun einige äußere (konkrete) und innere (kognitive) Operationen zur Überwindung einer Barriere und zur Überführung des Ausgangs- in einen Zielzustand. Die Auswahl und Abfolge der für den Problemlösungsprozess erfor-

---

[356] Mayer, Denken und Problemlösen, S. 81 f.
[357] Meili, Gestaltpsychologie..., S. 532
[358] Metzger, W.: Gestalttheoretische Ansätze zur Frage der Kreativität. In: Condrau, G. (Hrsg.): Die Psychologie des 20. Jahrhunderts, Band XV: Transzendenz, Imagination und Kreativität. Zürich 1979, 805 – 812, hier: S. 810
[359] ebd.

derlichen kognitiven Operationen hängt nach Dörner[360] im wesentlichen von zwei Bedingungen ab: Erstens: „Dem Wissen, das der Problemlöser über den Bereich hat, in dem das Problem zu lösen ist, und der Kenntnis von Handlungsmöglichkeiten, mit deren Hilfe problematische Sachverhalte im Sinne der Problemlösung verändert werden können." Zweitens: „... das Arsenal von Konstruktionsverfahren oder Heurismen, die es dem Heranwachsenden ermöglichen, Handlungspläne systematisch zu entwickeln, wenn diese [...] nicht aus dem Gedächtnis abgerufen werden können."

Lompscher[361] konkretisiert diese Verfahren und Heurismen. Es handelt sich dabei um das Erfassen der Eigenschaften eines Sachverhalts, das Zergliedern eines Sachverhaltes in seine Teile, das Vergleichen von Sachverhalten hinsichtlich ihrer Unterschiede und Gemeinsamkeiten, das Ordnen von Sachverhalten hinsichtlich verschiedener Merkmale, weiterhin um Abstrahieren, Verallgemeinern, Klassifizieren und Konkretisieren.

Interessant in diesem Zusammenhang sind auch die von Simon & Newell[362] vorgestellten Konzepte „Aufgabenraum" und „Problemraum". Ein Informationsverarbeitungssystem (information processing system) ist nach diesem Ansatz dann flexibel und anpassungsfähig, wenn es sich in jedem Aufgabenraum, in den es sich gestellt sieht, zurecht findet. Das Konzept des Aufgabenraums bezeichnet die „objektive Situation, in die der Problemlöser gestellt wird, verbunden mit einem Ziel, einem Problem, einer Aufgabe. Der Aufgabenraum definiert das wirkliche Problem, mit dem der Problemlöser konfrontiert wird, vom Standpunkt eines objektiven Beobachters aus gesehen." „Problemraum" bezeichnet dagegen die „Repräsentationen, die sich der Problemlöser selbst von der Problemsituation macht. Es ist der Raum, in dem der

---

[360] Dörner, K. (1976): Problemlösen als Informationsverarbeitung. Stuttgart, Köln, Berlin 1979
[361] Lompscher, J.: Theoretische und experimentelle Untersuchungen zur Entwicklung geistiger Fähigkeiten. Berlin 1975
[362] Simon, H. A. & A. Newell: Informationsverarbeitung und Problemlösen. In: Steiner, G. (Hrsg.): Die Psychologie des 20. Jahrhunderts, Band VII: Piaget und die Folgen. Zürich 1978, 930 – 950, hier: S. 935

Problemlöser vom subjektiven Standpunkt aus mit seinen kognitiven Aktivitäten die Lösung des Problems sucht".[363]

Ein weiterer, wesentlicher Beitrag gestaltpsychologischer Untersuchungen und Experimente zum Denken und Problemlösen ist in der Erkenntnis zu sehen, dass frühere Erfahrungen sich unter einigen situativen Bedingungen negativ auf das Lösen von Problemen auswirken können. Duncker spricht in diesem Zusammenhang von „funktionaler Gebundenheit", wenn also die reproduktive Anwendung früher erworbener Gewohnheiten produktives Denken oder Problemlösen behindert. Versuchspersonen, denen Vorerfahrungen mit bestimmten Objekten vermittelt wurden, brauchten wesentlich länger zur Lösung der eigentlichen Aufgabe. Verwendeten diese zum Beispiel ein Objekt zunächst als elektrischen Schalter, so erschwerte diese Erfahrung eine spätere Verwendung desselben Gegenstandes als Gewicht.[364]

Aus dem Dargelegten lässt sich der Schluss ziehen, dass es im pädagogischen Kontext darauf ankommen wird, einen offenen und spielerischen Umgang mit Situationen, Objekten und Prozessen zu initiieren und zu fördern und diesen auch für sich selbst, das heißt als Pädagogin oder Pädagoge, in Anspruch zu nehmen. Mit Blick auf praktische Umsetzungen können wir an dieser Stelle eine Reihe von Problemlösungsmodellen heranziehen. Diese Modelle beschreiben die Entwicklung einer Problemlösung als einen Prozess, in dessen Verlauf sich Phasen erkennen und unterscheiden lassen.

Die bekanntesten Phasenmodelle des Problemlösens beruhen auf Resultaten der Introspektion und der Analyse typischer Denkverläufe beim Problemlösen[365], der Analyse des Erfindungspro-

---

[363] ebd.
[364] Vgl. auch den Untertest „Ungewöhnliche Verwendungsarten" in den Kreativitätstests von Torrance, E. P.: Torrance Test of Creative Thinking. Princetown, New Jersey 1974, oder: Schoppe, K.-J.: Verbaler Kreativitätstest. Göttingen 1975
[365] Dewey, J.: How we think. New York 1910. – Johnson, D. M.: The Psychology of Thought and Judgement. New York 1955

zesses[366], der Analyse wissenschaftlicher Problemlösungen[367], der Analyse selbst erlebter Entdeckungsprozesse[368], den Ergebnissen der wissenschaftlichen[369] und der angewandten Kreativitätsforschung.[370] Ferner existieren lerntheoretisch[371] und kybernetisch orientierte Problemlösemodelle.[372] Die meisten der genannten Modelle sind linear konzipiert und beschreiben in Stufen die Folge von Ereignissen, kognitiven oder konkreten Operationen, die in der Zeit zwischen Problemwahrnehmung und Problemlösung ablaufen, etwa Präparation, Inkubation, Illumination und Verifikation bei Wallas.

Wie die Konstruktion der unterschiedlichen Phasenmodelle zeigt, wurden kreatives Denken und Problemlösen häufig als zwei weitgehend voneinander unabhängige Prozesse betrachtet. Seiffge-Krenke[373] fand dagegen in einem kritischen Vergleich von Phasenmodellen zum kreativen Denken (z.B. Wallas) einerseits und zum Problemlösen (z.B. Dewey) andererseits, auffallende Parallelen. Die Autoren beider Gruppen betonen lediglich jeweils verschiedene Aspekte desselben intelligenzgesteuerten Prozesses. Johnson[374] ist der Auffassung, dass kreatives Denken lediglich eine spezielle Form des Problemlösens ist („Creative Problem

---

[366] Rossmann, J.: The Psychology of the Inventor. Washington 1931. - Arnold, J. E.: Creativity in Engineering. In: Smith, P. (Ed.): Creativity. An Examination of the Creative Process. New York 1959
[367] Polya, G.: Schule des Denkens. Bern 1949
[368] Poincare, H.: The Foundations of Science. New York 1913
[369] Wallas, G.: The Art of Thought. New York 1926. – Torrance, E. P.: Implications of Creativity Research Findings for Instructional Media. In: Taylor, C. W. & F. E. Williams (Eds.): Instructional Media and Creativity. New York 1966, 147 - 178
[370] Osborn, A. F. (1953): Applied Imagination. New York 1963, 3. überarb. Aufl. – Harris, R. A.: Creativity in Marketing. In: Smith, P. (Ed.): Creativity. An Examination of the Creative Process. New York 1959
[371] Skinner, B. F.: Science and Human Behavior. New York 1953
[372] Miller, G. A., Galanter, E. & K. H. Pribram: Pläne und Strategien des Handelns. Stuttgart 1973. – Guilford, J. P.: Basic Problems in Teaching for Creativity. In: Taylor, C. W. & F. E. Williams (Eds.): Instructional Media and Creativity. New York 1966
[373] Seiffge-Krenke, I.: Probleme und Ergebnisse der Kreativitätsforschung. Bern, Stuttgart, Wien 1974, hier: S. 14 f.
[374] Johnson, D. M.: The Psychology of Thought and Judgement. New York 1955

Solving"[375]). Krause[376] definiert kreatives und intelligentes Handeln als Unterformen des Problemlösens. Russel[377] betrachtet kreatives Denken als „Problemlösen plus." Lohmann[378] geht noch einen Schritt weiter, indem er kreatives Denken/ Problemlösen mit der Entwicklung der Gesamtpersönlichkeit in Verbindung bringt. Lohmann betrachtet kreatives Denken als Voraussetzung für „autonom-problemlösendes Handeln", durch das sich selbstoptimierendes Verhalten" entwickelt. Mit seinem Konzept der Selbstoptimierung verbindet er die Intention, den Heranwachsenden zu unterstützen (und dasselbe müsste hier im Hinblick auf die Pädagogen und Lehrkräfte gedacht werden, die didaktische Variationen entwickeln und in Gang setzen wollen, J. B.), veränderte Situationen selbstständig und unter Berücksichtigung eigener Wünsche sowie situativer Anforderungen zu bewältigen.

Als Voraussetzung für selbstoptimierendes Verhalten nennt er ein stabilisiertes und differenziertes Modell der eigenen Person und das Selbstbewusstsein, durch eigenes Handeln Veränderungen herbeizuführen. Eine weitere Voraussetzung ist ein stabilisiertes und differenziertes Modell der Umwelt, durch welches die Situation interpretiert, Handlungsmöglichkeiten identifiziert und Vorhersagen über die Konsequenzen des eigenen Verhaltens gemacht werden.

Nach Seiffge-Krenke[379] beginnt der Problemlöseprozess mit dem Bemerken einer Schwierigkeit, dem selbstständigen und spontanen Entdecken einer Problemstellung. Denkbar sind ebenfalls vorgegebene Themen- und Aufgabenstellungen, die zunächst ein Analysieren der Situation, die Konkretisierung des Problems und eine vorläufige Zieldefinition erfordern. Als nächstes finden

---

[375] Parnes, S. J.: Guiding Creative Action. In: Gowan, J. C., Khatena, J. & E. P. Torrance (Eds.): Creativity: Its Educational Implications. Dubuque, Iowa 1981, 125 - 135
[376] Krause, R.: Produktives Denken bei Kindern. Untersuchungen über Kreativität. Weinheim, Basel 1977, hier: S. 46 f.
[377] Russell, W. R.: Brain, Memory, Learning. London 1959
[378] Lohmann, J.: Kreativität, Persönlichkeit, Erziehung. Eine empirische Analyse der Korrelate kreativen Verhaltens. Dissertation, Trier 1975, hier: S. 74 f.
[379] Seiffge-Krenke, Probleme und Ergebnisse der Kreativitätsforschung..., S. 24

Phasen der Vorbereitung, Orientierung und Informationssuche statt. Es folgt die Phase des Entwerfens von Hypothesen, des Kombinierens von Erfahrungen und Informationen, des Entwickelns vielfältiger Ideen und Lösungsansätze anhand divergenter Denkprozesse. Es kommt zu Phasen des bewussten, organisierten, rationalen Zugangs (Prüfen von Hypothesen) und Phasen des eher inspirierten, intuitiven Zugangs. Phasen der Ideenproduktion, des aktiven Denkens wechseln mit Phasen der Entspannung, der Nicht-Beschäftigung (Inkubation). Es folgen nun bewusstes und unbewusstes Kombinieren, das Erweitern und Umstellen lösungsbezogener Ansätze, Ideen, Assoziationen, das Herausarbeiten von Lösungsalternativen nach rationalen Kriterien (konvergentes Denken).

In der abschließenden Phase geht es um das Bewerten, Verifizieren und das Abschätzen von Konsequenzen, die sich aus dem Entwickelten ergeben. Unter Umständen ist es angebracht, zur Revision oder Modifikation einzelner Schritte auf frühere Stufen zurückzugehen. Wichtig ist, zu diesem Zeitpunkt Kriterien für eine kritische Evaluation der entwickelten Ideen zur Verfügung zu haben. Als nächstes folgt die Vorbereitung von Realisation und Kommunikation der Lösung. Das alles lässt sich nun genauso bezogen auf die kindlichen und jugendlichen Lerner wie auch im Hinblick auf die Lehrkräfte oder Pädagoginnen, die vor komplexen Lehr-Lern-Situationen stehen und diese auf eine kreative und lebendige Art und Weise beeinflussen und steuern wollen, denken.

Im Gegensatz zu den linearen Modell, gehen kybernetisch orientierte Modelle davon aus, dass zwischen den Prozessphasen Überlappungen, Vernetzungen, Rückkopplungen und Rückgriffe erfolgen, die für komplexe, kreative Denk- und Arbeitsprozesse typisch sind. Guilford[380] beschreibt eine Problemlösungshandlung beispielsweise als Folge von Ereignissen in einem System, das sich aus einem, mit den unterschiedlichsten Informationen oder Inhaltsklassen angefüllten Gedächtnisspeicher und einer Reihe

---

[380] Guilford, J. P.: The Nature of Human Intelligence. New York 1967

von Operationen zusammensetzt, die dem „Strukturmodell des Intellekts" entlehnt sind: Kognition, divergente Produktion, konvergente Produktion und Bewertung. Obwohl sich der Informationsfluss im Prinzip auf ein Ziel hin und damit in gewisser Weise linear vollzieht, können viele Ereignisse wie etwa das Entwickeln und Auswählen von Ideen, das Sammeln von Informationen oder das Einlegen von Inkubationsphasen gleichzeitig auftreten. Der Problemlöser kann sich unter Umständen veranlasst sehen, zu vermeintlich abgeschlossenen Lösungsaktivitäten zurückzukehren.

Das Guilfordsche Prozessmodell des Problemlösens dokumentiert durch den direkten Bezug zum Intelligenz-Struktur-Modell eindrucksvoll die Funktion sowohl divergenter (assoziativ-generierender) als auch konvergenter (logisch-schlussfolgernder) Produktionsweisen bei der Problembearbeitung bzw. Problemlösung und zwar in ihrer Wechselwirkung mit allen anderen kognitiven Funktionen. Weiterhin bringt das Modell durch seinen kybernetischen Charakter die vielfältigen Vernetzungen und Rückkopplungen kognitiver Operationen oder Teilprozesse deutlicher heraus als die linearen Modelle.

Umstrukturierendes Denken lässt sich in der pädagogischen Praxis insbesondere durch das Stellen von prozessorientierten Fragen stimulieren (z.B. *Siehst du noch eine andere Möglichkeit, die Flexibilität dieser Stange zu erhalten oder muss diese überhaupt erhalten bleiben?*). Karl-J. Kluge sprach in den Universitären Sommercamps/ SkyLight-Camps in dieser Hinsicht von „umlenkendem Fragen". David Weikart richtete in den Sommerworkshops der High/Scope Educational Research Foundation immer wieder die folgende Frage an die Jugendlichen: „What do you think?" Torrance[381] nennt es das Stellen „provokativer Fragen".

Es lassen sich auch bestimmte Checklisten-Verfahren oder Kataloge mit Impulsfragen heranziehen, um mehr Auswahl bzw. Handlungsmöglichkeiten für pädagogische Interventionen zu

---

[381] Torrance, E. P.: Encouraging Creativity in the Classroom. Dubuque, Iowa 1970, p. 207 ff.

gewinnen. Eine solche Systematik an prozessorientierten Fragen entwickelte etwa Polya[382]:
„Was ist unbekannt? Was ist gegeben? Kennst du eine verwandte Aufgabe? Kennst du einen Lehrsatz, der förderlich sein könnte? Hier ist eine Aufgabe, die der deinen verwandt und schon gelöst ist. Kannst du sie gebrauchen? Kannst du ihr Resultat verwenden? Würdest du irgendein Hilfselement einführen, damit du sie verwenden kannst? Wenn du die vorliegende Aufgabe nicht lösen kannst, kannst du dir eine zugänglichere verwandte Aufgabe denken? Eine allgemeinere Aufgabe?
Eine speziellere Aufgabe? Eine analoge Aufgabe? Kannst du einen Teil der Aufgabe lösen? Kannst du etwas Förderliches aus den Daten ableiten? Kannst du dir andere Daten denken, die geeignet sind, die Unbekannte zu bestimmen? Hast du alle Daten genutzt? Kannst du deutlich sehen, dass der Schritt richtig ist? Kannst du das Resultat auf verschiedene Weise ableiten? Kannst du das Resultat oder die Methode für irgendeine andere Aufgabe gebrauchen?"

Die Bedeutung prozessorientierter Fragen wird auch von Landau[383] herausgestellt. Ähnliche, den Denkprozess stimulierende, anregende, erweiternde Fragen oder Impulse wurden auch auf der Basis der Bloom´schen Lernzieltaxonomie[384] entwickelt.

Zum Abschluss meiner Beschäftigung mit Problemlöseprozessen möchte ich noch auf das gestalttheoretische Konzept der „Richtung" eingehen. Dieser Terminus, den Maier[385] in Zusammenhang mit der Umformulierung von Problemen vorstellt, bezieht sich auf das Finden eines Organisationsprinzips, das als von außen oder innen kommender Anhaltspunkt dient, um die Elemente der Situation auf eine neue Art zu sehen und die Problemstellung umzuformulieren. Themen- und Problemstellungen las-

---

[382] Polya, G.: Schule des Denkens. Bern 1949
[383] Landau, E.: Creative Questioning for the Future. In: Freeman, J. (Ed.): The Psychology of the Gifted. 1985, 379 – 392, hier: S. 379
[384] Maker, J.: Teaching Models in Education the Gifted. Rockville, MD 1982, p. 17 ff.
[385] Maier, N. R. F. : Reasoning in Humans I : On Direction. Journal of Comparative Psychology 10, 1930, 115 - 143

sen sich also so lange umarbeiten und umstrukturieren, bis sich eine „Richtung" ergibt, in der sich sinnvoll weiter arbeiten lässt und in der eine mögliche Lösung erwartet werden kann. Das Konzept der Richtung könnte insbesondere für die im Coaching intendierten Veränderungsprozesse relevant sein.

ELEMENTE AUS DER ANGEWANDTEN KREATIVITÄTSFORSCHUNG
Inwieweit können Techniken kreativen Denkens helfen, die mit Blick auf verweigerndes, problematisches Verhalten in überdies heterogenen Lerngruppen zu leistende variable, bewegliche, adaptive und lebendige Pädagogik und Didaktik auf den Weg zu bringen? Hat das Prinzip der Variabilität nicht etwas Grundlegendes mit Kreativität zu tun? Wie gestalten sich die Beziehungen zwischen dem Prinzip der Variation und kreativen Prozessen? Im Bereich der Industrie gehören Methoden und Techniken zum kreativen Denken schon seit Jahrzehnten zum festen Repertoire von Moderatoren, Beratern, Trainern und Coaches. Ursprünglich für Marketing, Werbung oder Produktentwicklung von Osborn, Gordon und anderen entwickelt und angewendet, wurden diese Methoden und Techniken seit Beginn der 1970er Jahre auch in pädagogische und didaktische Konzepte aufgenommen.[386]

Zunächst muss eine Problemstellung im Hinblick darauf geprüft werden, ob eher offene oder geschlossene Anfangs- bzw. Endzustände vorliegen.[387] Anschließend gilt es, geeignete Verfahren für die Problembearbeitung und Ideenfindung auszuwählen, denn nicht jede Technik eignet sich für jede Problemlösung.[388] Eine offene Fragestellung wäre beispielsweise, wie schulisches Lernen in heterogenen und inklusiven Lerngruppen in Zukunft lebendiger oder effektiver gestaltet werden könnte? Eine geschlossene Fragestellung wäre dagegen, die Ergebnisse einer konkreten wissenschaftlichen Untersuchung zur Schulverweige-

---

[386] z.B. Sturm, U.: Innovation. Erfolge durch kreative Teamarbeit. Obertshausen 1979
[387] Dörner, K.: Problemlösen als Informationsverarbeitung. Stuttgart usw. 1979.
– Krause, , R.: Produktives Denken bei Kindern. Untersuchungen über Kreativität. Weinheim, Basel 1977
[388] Sturm, Innovation...

rung mit Hilfe von Mind Mapping[389] zu visualisieren und zu präsentieren.

Bei meiner Analyse methodischer Repertoires stieß ich zunächst auf Veröffentlichungen zum „Kreativitätstraining". Neben einigen Arbeiten, die sich direkt mit der Kreativitätserziehung in (gruppen-)pädagogischen und unterrichtlichen Kontexten beschäftigen[390] und gleichzeitig ein ausgewogenes Angebot an theoretischem Grundwissen und praktisch-didaktischen Übungsvorschlägen bereit halten, zog ich eine Reihe weiterer Veröffentlichungen heran: Einerseits Arbeiten aus anwendungsbezogenen industriellen oder wirtschaftlichen Feldern wie Produktentwicklung, Marketing, Unternehmensberatung, Training usw.[391]

Andererseits ging es hier um Veröffentlichungen, die auf eine kreativitäts- und ganzheitsorientierte Umstrukturierung in Unternehmen und Management abzielen.[392] Die von mir durchforstete Literatur lässt sich im wesentlichen vier Gruppierungen zuordnen: Erstens: Allgemeine Aufgaben- und Übungsprogramme (überwiegend) zum divergenten, schöpferischen, assoziativen Denken.[393] Zweitens: Techniken kreativen Denkens in Zusammenhang mit Produktentwicklung und Marketing usw.[394] Drittens: Übergreifende pädagogische Konzeptionen, die theoretische und

---

[389] Buzan, T. (1974): Kopftraining. Anleitung zum kreativen Denken. München 1984

[390] Beer, U. & W. Erl (1972): Entfaltung der Kreativität. Tübingen 1973, 3. Aufl. – Heinelt, G.: Kreative Lehrer. Kreative Schüler. Freiburg 1974. – Kluge, K.-J. & R. Patt: Kreativierender Unterricht. Eine Lernchance für Problemschüler in allen Schulstufen. München 1982. – Sikora, J.: Handbuch der Kreativ-Methoden. Heidelberg 1976

[391] Bono, E. de: Au service de la creativité dans l´entreprise. La pensée laterale. Paris 1973. – Schütte, A. F.: Innovationen. Schöpferische Methoden der Zukunftssicherung. Grafenau 1979. – Schlicksupp, H.: Kreativität und Ideenfindung. Würzburg 1981. - Geyer, E.: Kreativität – angewandte. In: Management Enzyklopädie Bd. 5. Landsberg a. Lech 1973. – DABEI Deutsche Aktionsgemeinschaft Bildung-Erfindung-Innovation e.V. (Hrsg.): Handbuch für Erfinder und Unternehmer. Düsseldorf 1987

[392] Müri, P.: Erfolg durch Kreativität. Chancen kreativer Selbstentfaltung auf Führungsebene. Egg-Zürich 1984. – Ray, M. & R. Myers: Creativity in Business. New York 1986

[393] Kirst, W. & U. Diekmeyer: Kreativitätstraining. Reinbek 1973

[394] Sturm, Innovation...; Linneweh, K.: Kreatives Denken. Karlsruhe 1984

praktische Aspekte miteinander verbinden.[395] Viertens: Übergreifende Konzeptionen aus dem Management-Sektor, die theoretische und praktische Aspekte miteinander verbinden.[396]

Der ersten Gruppe von Veröffentlichungen[397] liegt in der Regel die Auffassung zugrunde, dass kreatives, schöpferisches, divergentes Denken, je nach Sprachgebrauch der Autoren, grundsätzlich von jedem erlernbar bzw. trainierbar ist und durch gezielte Übung anhand der vorgeschlagenen Aufgaben gesteigert und verbessert werden kann. Eine breite Palette von Aufgaben- und Übungsreihen wird angeboten, z.b. Zahlen- und Wortspiele, das Ergänzen von Zeichnungen oder graphischen Fragmenten, das Sammeln von „Kreativitätshemmern" oder „Killerphrasen" (z.B. „Das haben wir doch alles schon vor Jahren versucht!") u.a.

In der Konstruktion solcher Aufgaben- und Übungsreihen werden teilweise Anleihen bei Autoren aus der zweiten Gruppe oder aber in gängigen Tests zum kreativen oder divergenten Denken[398] sowie in projektiven Testverfahren[399] gemacht. Außer R. Fischer, U. Sturm und H. Dinter verzichten fast alle der genannten Autoren auf die Darstellung eines theoretischen Bezugsrahmens. Daher ist es nicht in allen Fällen nachvollziehbar, wie die nun trainierten bzw. verbesserten, jedoch nicht immer explizit benannten Fähigkeiten wie z.B. assoziieren, verknüpfen, kombinieren, umgestalten, anpassen, abstrahieren usw. in sinnvolle Prozesse des Lernens, Problemlösens, Entwerfens und Entwickelns integriert werden können.

---

[395] Smoley, F.: Kreativitätserziehung in der Schule. Wien 1983. - Sikora, Handbuch der Kreativmethoden...; Beer & Erl, Entfaltung der Kreativität...
[396] Müri, Erfolg durch Kreativität...
[397] Kirst & Diekmeyer, Kreativitätstraining...; Nimmergut, J.: Regeln und Training der Ideenfindung. München 1975. – Ders.: Die Kreativitätsschule. München 1982. – Fischer, R.: Denk- und Kreativitätstraining, höhere Intelligenz, bessere Leistungsfähigkeit. Sindelfingen 1983. – Raudsepp, E.: Kreativitätsspiele. München 1981. – Ders.: So steigern Sie Ihre Kreativität. München 1984. – Sturm, Innovation... – Dinter, H.: Schule der Kreativität. Köln 1985. – Heiderich, R.: Übungen zu Kreativität, Konzentration, Gedächtnis. Mühlheim 1987. – Aigner, G.: Berufserfolg durch Kreativität. Düsseldorf 1987
[398] Torrance, E. P.: Torrance Test of Creative Thinking. Princetown, New Jersey 1974. - Guilford, J. P.: Creativity Tests for Children (CTC). Orange 1976
[399] z.B. Rohrschach-Test

Trotz dieser Einschränkung lassen sich ausgehend von Veröffentlichungen dieser Kategorie, Planungsformen denken, mit denen in relativ kurzer Zeit Lernprozesse im Sinne der *Didaktischen Variationen* stimuliert oder angereichert werden können. Vorausgesetzt Lehrkräfte und Sozialpädagogen verfügen selbst über eine gewisse Flexibilität und sind nicht darauf ausgerichtet, vorgefertigte Konzepte gebrauchsfertig umzusetzen. Die Aufgabenrepertoires können als Ideen-Pool betrachtet werden, aus denen bei der Konstruktion und Variation von didaktischen Einheiten geschöpft wird. Die angebotenen Übungsvorschläge werden dann flexibel abgewandelt, verknüpft, kombiniert, modifiziert, erweitert usw.

Die Veröffentlichungen der zweiten Gruppe umfassen die Techniken kreativen Denkens im engeren Sinne.[400] Hier geht es um planende Verfahren zur gezielten und systematischen Produktion von Ideen. Diese, zumeist in den USA entwickelten Verfahren lassen sich nach meiner Erfahrung jedoch auch auf den pädagogischen Sektor transferieren, wenn sie entsprechend modifiziert und variiert werden. Durch die Umstrukturierung und Erweiterung kognitiver Muster und Prozesse (etwa perceptual blocks, cultural and environmental blocks u.a.) können diese Verfahren zu einem Abbau von Denkblockaden beitragen, wie sie von Adams[401] oder de Bono, dessen Denkwerkzeuge und Konzepte ich bereit ausführlich dargestellt habe, diskutiert werden.

Solche Erweiterungen in Wahrnehmung und Kognition können zu einer erhöhten Ideenflüssigkeit im Sinne divergenten, assoziativen, produktiven Denkens beitragen. Meine eigenen empirischen Erhebungen deuten zumindest in diese Richtung.[402] Der

---

[400] Manager Magazin: Kreativität. Dokumentation der Methoden. Hamburg 1972. – Linneweh, Kreatives Denken..., - Stein, M. I.: Stimulating Creativity. New York, San Francisco, London 1974. – Sikora, Handbuch der Kreativ-Methoden... - Sturm, Innovation..., Sand, H.: Neue Methoden zum kreativen Denken und Arbeiten. Kissing 1979. - Clark, C. H.: Idea Management: How to Motivate Creativity and Innovation. New York 1980

[401] Adams, J. L.: Conceptual Blockbusting. A guide to better ideas. New York 1979

[402] Bröcher, J.: Kreative Intelligenz und Lernen. Eine Untersuchung zur Förderung schöpferischen Denkens und Handelns unter anderem in einem Universitä-

Wert der Kreativitätsmethoden an sich darf allerdings auch nicht überschätzt werden. Linneweh[403] plädiert für eine realistische Perspektive: „Wir können mit den Methoden nichts ersetzen, wir können nur stimulieren. Die Methoden sind kein Ersatz für Kreativität, sondern bereiten sie nur vor. Unter sonst gleichen Bedingungen können sie das schöpferische Problemlösen erleichtern und fördern, indem sie den unbewusst ablaufenden schöpferischen Prozess, von einem höheren Niveau aus, systematisieren."

Eine weitere Einschränkung, was die Effektivität der Kreativitätsmethoden betrifft, liegt in deren ausschließlicher Betonung kognitiver Prozesse. Hierzu Matussek[404]: „...nicht alle sogenannten Kreativitätsmethoden machen schöpferische Kräfte frei, die dem Wachstum der Gesamtpersönlichkeit dienen. Die meisten der heute allseits angepriesenen Techniken zur Verbesserung der Kreativität beeinflussen nur das Denken."

Andererseits, Denken wäre manchmal schon viel. In dem Versuch, die gängigsten Methoden systematisch darzustellen, lässt sich etwa der folgenden Einteilung von Linneweh[405] folgen. Dieser führt viele der heute bekannten und verwendeten Techniken und Verfahren, die mit der Ideenfindung und Ideenentwicklung in Verbindung gebracht werden, auf eine Reihe grundlegender Denkprinzipien zurück: *Abstraktion*, zum Erreichen einer eindeutigen und systematischen Problemdefinition. *Zerkleinerung*, zur systematischen Strukturierung und Hypothesenbildung. *Anknüpfung*, zum Produzieren möglichst vieler verwertbarer Ideen durch freie Gedankenspiele. *Analogie*, zum Lernen aus Problemlösungen, die in anderen Bereichen liegen, jedoch ähnliche Strukturen aufweisen. Schließlich *Methoden zur Suchfeldauflockerung*.

Diejenigen Verfahren, die mit Abstraktion und Zerkleinerung arbeiten und logische bzw. kombinierende Denkprozesse beinhal-

---

ren Sommercamp. München 1989, hier: S. 341 ff. (Neuauflage: Hochintelligente kreativ begaben. Münster, Hamburg, London 2005)
[403] Linneweh, Kreatives Denken..., S. 109
[404] Matussek, P.: Kreativität. In: Condrau, G. (Hrsg.): Die Psychologie des 20. Jahrhunderts. Bd. XV: Transzendenz, Imagination und Kreativität. Zürich 1979, 44 – 66, hier: S. 46
[405] Linneweh, Kreatives Denken..., S. 81 f.

ten, fasst Linneweh als systematisch-logische Verfahren zusammen. Assoziationen und Verfremdungen dagegen, welche unbewusste und spontane Eingebungen stimulieren, bezeichnet er als intuitiv-kreative Techniken. Im Folgenden werde ich die oben genannten Denkprinzipien ein wenig genauer untersuchen, um am Ende etwas mehr brauchbares Handwerkszeug für das Entwickeln von didaktischen Variationen zur Verfügung zu haben.

Unter Abstraktion versteht Linneweh[406] die „gedankliche Verallgemeinerung einer Problemstellung oder einer Situation". Wird diese „mehrmals hintereinander angewandt mit dem Ziel, durch Aufzeigen übergeordneter Zusammenhänge die Lösungssuche zu erweitern", spricht man von „Progressiver Abstraktion". Der Zweck der bewusst eingesetzten Abstraktion wird in der Auflockerung von Problem- und Suchfeldern und dem Einbeziehen von anderen Denkkategorien in die Suchrichtung gesehen, indem man sich zunächst vom Problem entfernt. Ausgehend von einer vorläufigen Problemdefinition findet der Denkende erste Ursachen und Erklärungen, welche sich häufig bald als Auswirkung tieferliegender Phänomene herausstellen. Der Abstraktionsvorgang erreicht sein Ziel, wenn ein Problem so weit operationalisiert ist, dass konkrete Maßnahmen zur Lösung entwickelt werden können.[407]

Linneweh empfiehlt, eine Matrix zu verwenden, in der man die einzelnen abstrahierten Ebenen voneinander trennt. Sind einmal die übereinander liegenden Ebenen bekannt, lassen sich Hypothesen und Lösungsansätze entwickeln. Weiterhin regt Linneweh an, jedes Problem mit Hilfe einer divergenten Fragestellung, etwa: *Worum geht es hier eigentlich?*, aufzulockern, um anschließend zu überlegen, welche Suchrichtung für die Ideenfindung überhaupt eingeschlagen werden soll. Auf diese Weise wächst die Wahrscheinlichkeit, dass die Problemlösungsversuche an der richtigen Ebene der Problemhierarchie ansetzen.

Bei der Zerkleinerung, auch morphologische Analyse genannt, geht es um das Zerlegen eines Problems in seine Teilelemente.

---

[406] Linneweh, Kreatives Denken..., S. 83 f.
[407] ebd.

Mit Hilfe dieses Denkprinzips lassen sich komplexe Aufgabenstellungen analytisch auf ihre Teilprobleme zurückführen. Zwicky[408] entwickelte etwa den „Morphologischen Kasten" zur Systematisierung des Erfindungsvorganges. Zunächst werden auf logischem Wege Kategorien und Parameter gesucht und festgesetzt, die das Problem oder Thema sinnvoll untergliedern. Anschließend werden zu jedem der Parameter mit Hilfe divergenter Denkprozesse Teillösungen oder Lösungsansätze generiert. Der hochbegabte, allerdings an einer gewissen Schulmüdigkeit leidende Jugendliche in dem folgenden Beispiel. Es stammt aus dem Universitären Sommercampus des Jahres 1987. Der Junge zerlegte seine Fragestellung in die Kategorien Umblättermechanismus, Flexibilität der Maschine, Peripherie zum Mechanismus u.a.

Hier einige Auszüge aus diesem Arbeitsprozess: Erstes Gespräch mit dem 15jährigen Bastian (Gymnasialschüler), zu Beginn der Independent Studies:[409]

L.[410]: An welchem Thema möchtest du gerne während der Independent Studies arbeiten?
Bastian: Ich habe Lust, eine Heftseitenumblättermaschine zu bauen.
L.: Wie bist du auf die Idee gekommen, an einem solchen Projekt zu arbeiten?
Bastian: Auf diese Idee bin ich im Anschluss an eine Ihrer Instructions gekommen, als wir auf Ihre Anregung hin Phantasiemaschinen entwerfen sollten.
L.: Und dann hast du dich entschieden, selber eine solche Maschine zu konstruieren.
Bastian: Ja, ich will das mal ausprobieren. Seit einigen Tagen sammle ich bereits Ideen.
L.: Haben sich für dich bereits interessante Anregungen ergeben?
Bastian: Besondere Schwierigkeiten bereitet mir der Umblättermechanismus. Ein bisschen Zeit brauche ich schon noch, um alles genau zu durchdenken.
L.: An dieser Stelle möchte ich dir einen Vorschlag machen. Ich habe hier verschiedene Raster, Schemata und Checklisten. Es sind allesamt Hilfsmittel, die

---

[408] Zwicky, F.: Entdecken, Erfinden, Erforschen im Morphologischen Weltbild. München 1971, hier: S. 88 f.
[409] vgl. das ausführlich dokumentierte Beispiel: „Entwickeln und Konstruieren einer Buchumblättermaschine" in Bröcher, Kreative Intelligenz und Lernen..., S. 314 – 323 (Neuauflage unter dem Titel: Hochintelligente kreativ begaben..., 2005)
[410] „L." steht für Lernprozessbegleiter, in den 1980er Jahren auch Counselor, heute, auf dem SkyLight-Campus: Coach.

zur Ideenentwicklung eingesetzt werden können. Mir scheint, dass sich der „Morphologische Kasten" bei der Bewältigung deiner Problemstellung als hilfreicher Start erweisen könnte. Willst du es einmal versuchen. (Bastian schaut sich den entsprechenden Karton an).
Bastian: Wie soll das funktionieren?
L.: Zuerst wird ein x-beliebiges Problem in gliedernde Gesichtspunkte, das heißt Parameter, zerlegt, etwa Beleuchtung oder Bedienung zu der Frage, wie ein neuartiger Diaprojektor beschaffen sein könnte? Anschließend werden zu den Parametern Ideen und Lösungsvorschläge gesammelt, zunächst nach der Art des Brainstorming, also ohne vorzeitige Bewertung und Vorauswahl. Zum Parameter Bedienung könnten diese in etwa lauten: automatisch, per Computer, oder von Hand.
Bastian: Die Methode gefällt mir. Ich habe Lust damit zu arbeiten (Nimmt sich die Materialien und geht.) [...]
(einige Tage später)
Bastian: Ich habe inzwischen den morphologischen Kasten ausgefüllt, soweit meine Ideen reichten. Da habe ich zum Beispiel alle möglichen Umblättermechanismen eingetragen.
L.: Zunächst hast du also Parameter gesucht und gefunden.
Bastian: Ja, zuerst „Umblättermechanismus", dann „Flexibilität der Maschine", „Funktion des Programms", „Peripherie zum Mechanismus", „Benutzerschnittstelle zur Maschine" und schließlich „Luxus bei Maschine und Programm".
L.: Willst du mir einmal die erste Idee zum Umblättermechanismus erläutern?
Bastian: Eine Möglichkeit wäre etwa eine Art Daumenmechanismus. Dazu muss man einmal beobachten, wie ein Mensch eine Buchseite umblättert. Man setzt den Daumen in einem 45-Grad-Winkel an und durch die Reibung geht die Seite hoch, und man geht mit dem angefeuchteten Zeigefinger drunter und schiebt die untere weg. Das wäre zur Zeit auch der Mechanismus, dem ich einigermaßen Chancen gebe, dass er sich auch verwirklichen ließe. Eine weitere Möglichkeit wäre die Spannungstechnik.
L.: Beschreibst du mir einmal, wie diese konkret funktioniert?
Bastian: Man setzt eine elektrisch geladene Platte auf das Buch und dann geht die Seite hoch. Diese Möglichkeit scheint mir jedoch zu aufwändig. Weiter die Feuchtigkeitstechnik. Das ginge prinzipiell, allerdings ist das von der Beschaffenheit der Buchseiten abhängig, denn das Aussehen des Buches würde mit der Zeit darunter leiden. Die Feuchtigkeit greift das Papier an.
L.: Wie funktioniert diese Methode genau?
Bastian: Einfach ein Greifer, der etwas angefeuchtet ist, mit einem Flüssigkeitsfilm darunter.
L.: Das ginge in eine ähnliche Richtung wie bei der Spannungstechnik.
Bastian: Ja. Nur dass keine Spannung, sondern Flüssigkeit dazwischen ist. Dann weiter ein Mechanismus, wie er in Photokopiermaschinen verwendet wird, wo mehrere Blätter eingezogen werden, oder bei einem Drucker, und zwar eine Gummirolle, die mit einem bestimmten Druck auf die Mitte des Blattes zurollt und das Papier etwas anwellt. Eine weitere Möglichkeit wäre das Um-

blättern mit Luftstrom. Wenn man etwa ein Buch in den Wind legt, blättert dieser die Seiten weiter. Allerdings schwer zu realisieren. Dann das Blättern mit Klebestreifen, obwohl ich dieser Idee zur Zeit keine großen Chancen gebe. Weiterhin mit Magnetismus, nur so eine Idee. Im Moment weiß ich nicht genau, wie ich sie realisieren könnte. Und dann gibt es noch den Unterdruckstrom. Das ist so ein Effekt wie bei einem Staubsauger. Wenn man hier zum Beispiel ein Röhrchen hat, das auf einer Platte endet und man einen Luftstrom mit einer bestimmten Geschwindigkeit durch dieses Röhrchen gehen lässt, wird das Papier mit der angesaugten Luft nach oben gezogen.

L.: Du hast nun eine ganze Reihe interessanter und vielversprechender Ideen entwickelt. Wie willst du von hier aus weiter vorgehen?

Bastian: Das erste, was ich während der nächsten Tage tun werde, ist, die verschiedenen Möglichkeiten durchzuprobieren und zu testen, soweit ich dies mit den mir zur Verfügung stehenden Mitteln, das heißt dem Fischer-Technik-Material, realisieren kann.

(einige Tage später, gegen Ende der Independent Studies)

L.: Wie entwickelte sich dein Vorhaben weiter?

Bastian: Zuerst habe ich den Daumenmechanismus getestet. Ich habe es ausprobiert mit einem Stück Holz, um das ich Gummi, genau gesagt ein Stück Luftballon gespannt habe. Allerdings war es eher zufällig, ob die Seite hoch ging oder nicht. [...]

L.: Gibt es bereits vorliegende Ergebnisse oder Entwicklungen, auf die du zurückgreifen kannst?

Bastian: Hm..., ja, es gibt eine Maschine, die ist realisiert worden, das ist Seitenumblättern für Orgel- und Klavierspieler. Da muss man allerdings oben ein großes Eselsohr reinmachen, damit die Seite gegriffen werden kann. Das will ich ja eben nicht. Ich will die Seite kein bisschen verändern.

L.: Gut. Ich sehe, du hast eine Reihe von Ideen zu den Funktionen des steuernden Programms entwickelt?

Bastian: Ja. Zunächst die Entwicklung einer eigenen Programmiersprache. Wenn ich etwa die Seiten 10 – 20 lesen möchte oder auf Seite 37 zurückblättern möchte... Wichtig scheint mir die einfache Bedienungsmöglichkeit, also auch ohne besondere Kenntnisse über den Computer. Dazu sollte sich das Programm selbst erklären, also menügesteuert sein. [...]

L.: Mir fällt gerade das Wort Luxus innerhalb deiner Parameter auf. Was verstehst du darunter?

Bastian: Den Luxus, den das Gerät aufweisen sollte oder könnte... Das ist zunächst eine Abschaltautomatik, zum Beispiel, wenn man fünf Minuten lang keine Seite mehr umgeblättert hat, dass der Computer dann irgendein Signal sendet und wenn das vom Benutzer nicht beantwortet wird, schaltet sich das Gerät automatisch ab. Weiterhin könnten Lesezeichen aufgespürt werden, dann muss der Computer von vorne blättern. Wenn man allerdings sichtbar ein Lesezeichen reinsteckt, kann er auch gleich auf der betreffenden Seite beginnen.... Ja, ... weiter bestimmte Seiten nach Eingabe suchen. Dann von Seite x bis Seite y lesen. Das wäre so eine Art Programmiersprache, wenn ich zum Beispiel sage, dass ich von Seite 1 – 17 und dann von Seite 20 – 23 lesen möchte. Weitere Gesichtspunkte wären das Zurückblättern und das freie Programmieren der Seitenfolge.

L.: Mit Hilfe welcher konkreter Materialien und Bauteile ist es dir gelungen, das Modell zu konstruieren?

Bastian: Ich habe die ganz normalen Bauteile aus verschiedenen Fischer-Technik-Bausätzen verwendet, das heißt Platten, Schienen für Motoren, eigentlich auf fünf reduzierbar. Hier, sehen Sie, meine Skizze. Weil die Einzelteile etwas instabil waren, habe ich diese mit einem zusätzlichen Motor verstärkt. Je zwei Motoren in den Greifarmen und im eigentlichen Umblättermechanismus drei Motoren. Da wären zwei Motoren, die das hoch und runter fahren können, je nachdem, wie hoch bzw. dick das jeweilige Buch ist, ob es 150 oder 700 Seiten hat. Da muss sich der Greifarm anpassen. [...]

Soweit dieses Beispiel aus den Universitären Sommercamps. Mit Blick auf eine komplexe Problemlösung werden beim Morphologischen Kasten die einzelnen Lösungsansätze oder Ideen systematisch variiert und kombiniert. Die jeweiligen Zwischenergebnisse dieses, divergentes (schöpferisch-assoziatives) und konvergentes (logisch-schlussfolgerndes) Denken integrierenden, Verfahrens werden in einer Tabelle festgehalten, abschließend bewertet und im Hinblick auf eine vorläufige Lösung ausgewählt. De Bono[411] verbindet mit der Operation der Zerlegung eine Umstrukturierung des Problems sowie eine veränderte Wahrnehmung einer Situation : „... wenn man eine beliebige Situation nimmt und zerlegt, dann kann man sie umstrukturieren, indem man die Teile neu zusammensetzt. [...] Die Zerlegung soll [...] feste Einheiten eines festgelegten Musters aufbrechen."

Kommen wir nun zum Prinzip der Anknüpfung. In Zusammenhang mit diesem Prinzip nennt Linneweh[412] die wohl bekannteste Technik kreativen Denkens, das auf dem assoziationstheoretischen Konzept basierende „Brainstorming" und seine Abwandlungen.[413] Aufgrund des hohen Bekanntheitsgrades dieser Methoden will ich mich hier nicht mit diesbezüglichen Erläuterungen aufhalten. Die mit Hilfe des Brainstorming gefundenen Ideen und Lösungsansätze können unter Verwendung von Checklisten (vgl.

---

[411] de Bono, Laterales Denken..., S. 132 f.
[412] Linneweh, Kreatives Denken..., S. 94 f.
[413] Osborn, A. F.: Applied Imagination. New York 1963. - Clark, C.: Brainstorming. München 1972

die Methoden zur Suchfeldauflockerung) weiterentwickelt oder verbessert werden.

Interessante Ergebnisse lassen sich auch mit dem „dialektischen" Brainstorming[414] erzielen. Bei dieser Methode wird ein Problem in zwei gegensätzliche Aspekte zerlegt, etwa: *Wie lässt sich lebendiges Lernen fördern? Und: Wie lässt sich lebendiges Lernen aktiv verhindern?* Ausgehend von der Brainstorming-Idee wurden auch verschiedene Brainwriting-Methoden entwickelt. Diese bestehen im spontanen Niederschreiben von Ideen. Positive Erfahrungen machte ich etwa mit der Methode „6.3.5."[415], dem „Slip Writing"[416] sowie der „Kartenabfrage".[417]

Stellvertretend für diese Methodengruppe soll hier „6.3.5." näher vorgestellt werden. Das wesentlichste Element dieser Methode ist neben der Anknüpfung das gegenseitige Assoziieren. Dieses wird dadurch erreicht, dass die Teilnehmer, die Ideen oder Lösungsansätze der anderen nachlesen und sich von ihnen anregen lassen. Nachdem die Problemstellung hinreichend spezifiziert worden ist, wird den sechs Gruppenmitgliedern ein spezielles Arbeitsblatt vorgelegt, in dessen obere Spalte zunächst jeder drei Ideen oder Lösungsvorschläge einträgt. Je nach Schwierigkeitsgrad der Problemstellung wird nach angemessener Zeit, nach drei bis fünf Minuten etwa, jedes Gruppenmitglied aufgefordert, seinen Lösungsbogen in einem gleichmäßigen Rotationsrhythmus an den Nachbarn weiterzugeben.

Dieser entwickelt nun zu den drei Vorschlägen oder Ideen seines Nachbarn drei weitere und notiert diese. Sechs Teilnehmer geben jeweils drei Lösungsvorschläge insgesamt fünf mal weiter. Es können also maximal 108 verschiedene Ideen oder Lösungsansätze erarbeitet werden.[418] Meine Untersuchung „Kreative Intelligenz und Lernen" enthält eine entsprechende Prozessdokumentation zu einem Planspiel mit dem Thema „Überqueren einer

---

[414] General Electric
[415] Rohrbach, B.; zit. n. Sturm, Innovation...
[416] Crawford, R. P.: Ideen tragen Zinsen. Düsseldorf 1956
[417] Schnelle, E.: Neue Wege der Kommunikation. Königstein 1978
[418] Linneweh, Kreatives Denken..., S. 98 f.; Sturm, Innovation... Bd. I, 99 f.

Schlucht in den Kordilleren".[419] Einen besonderen gruppenpsychologischen Vorteil dieser schriftlichen Methoden sehe ich darin, dass auch introvertiertere Schülerinnen und Schüler stärker im Ideenentwicklungsprozess zu Wort kommen. Ein weiterer Vorteil der Brainwriting-Methoden besteht darin, dass die Ergebnisse gleich in verschriftlichter Form vorliegen und nichts verloren geht.

Eine weitere, auf dem Assoziations- oder Anknüpfungskonzept basierende Methode ist das mittlerweile in nahezu allen Bildungsbereichen stark verbreitete „Mind Mapping"[420] bzw. „Concept Mapping"[421]. Buzan, der sich auf die Ergebnisse der "Split-Brain-Forschung", der Hirnbiologie und Gedächtnisforschung bezieht, entwickelte mit dem Mind-Mapping eine Methode, die in besonderer Weise die räumlichen bzw. multidimensionalen und bildhaften, komplexen Kapazitäten der rechten Hirnhemisphäre im Hinblick auf das Aufnehmen, Speichern, Verarbeiten und Verknüpfen von Informationen nutzt.

Schließlich soll hier eine mittlerweile in allen mit Bildung und Weiterbildung befassten Bereichen sehr stark genutzte Methode genannt werden, die ebenfalls Elemente von Anknüpfung beinhaltet: Das kooperative Problemlösen und Ideen-Entwickeln mit Hilfe der „Moderation".[422] Zunächst bekannt geworden als „Metaplan"-Methode stellt dieses gruppenorientierte Verfahren weniger die verbale als die visuelle Kommunikation in den Mittelpunkt.

Eine weitere Methodengruppe beschäftigt sich mit dem „analogen Denken". Das wesentliche Element dieser Methoden, die auf Gordon[423] und Prince[424] zurückgehen, ist die Konfrontation der Problemstellung mit Wort-Bildern oder Symbol-Bildern sowie die Nutzung darin erkannter Prinzipien für das Lösungsfin-

---

[419] vgl. Bröcher, Kreative Intelligenz und Lernen..., S. 287 – 300 (vgl. Neuauflage: Hochintelligente kreativ begaben..., 2005)
[420] Buzan, Kopftraining..., 1984
[421] Nowak, J. D. & D. B. Gowin: Learning how to learn. Cambridge 1985
[422] Schnelle, Neue Wege der Kommunikation...
[423] Gordon, W. J. J.: Synectics. New York 1961
[424] Prince, G. M.: The Operational Mechanism of Synectics. In: Journal of Creative Behavior, 2, 1968, 1 - 13

den.[425] Die schöpferische Konfrontation soll das intuitive Hervorbringen von Lösungsansätzen stimulieren. Sturm und Sikora bringen Phasenübersichten, in denen in der ersten Phase das Problem detailliert erläutert und analysiert wird. Unbekanntes wird bekannt gemacht durch genaues Definieren, Analysieren und Neuformulieren. Dagegen wird im zweiten Phasenabschnitt das Problem oder die Fragestellung systematisch verfremdet, indem Analogien, Metaphern oder Gleichnisse auf die Problemstellung transferiert werden. In der dritten und abschließenden Phase werden in der Regel neue und ungewöhnliche Gesichtspunkte generiert.

Hilfreiche Vorschläge, Hinweise und Prozessprotokolle zur „Synektik" finden sich etwa im „Magazinbuch" zum „kühlen Denken"[426], in „Synectics, Inc.[427], wie z.b. „Wie fühlen Sie sich als Teebeutel in einem Glas mit heißem Wasser? Welche Veränderungen finden in Ihnen, dem Teebeutel, statt? Welches Tier oder welche Pflanze gleicht Ihnen in Ihrem jetzigen Zustand?" Haben wir alle diese Möglichkeiten im Hinblick auf die pädagogische Arbeit mit als *schwierig* erlebten Kindern und Jugendlichen schon ausgeschöpft?

Eine Sonderstellung im Hinblick auf analoges und synektisches Denken nimmt die „Bionik" ein. Der Begriff ist eine Wortschöpfung aus *Bio*logie und Tech*nik*. Die Bionik bemüht sich darum, technische, soziale u.a. Entwicklungen bzw. Problemlösungen nach Vorbildern aus der Biologie zu konzipieren. Dabei geht es nicht nur um das Kopieren biologischer Vorgänge bzw. Vorbilder, sondern diese sollen Anregungen geben und schöpferische Ideen inspirieren. Die Bionik studiert die natürlichen Gestaltungsprinzipien und die Anwendung und den Transfer dieser Prinzipien auf die Bedürfnisse des Menschen, indem beispielsweise bestimmte sensorische Qualitäten, die bei Fledermäusen

---

[425] Linneweh, Kreatives Denken..., S. 100 f.
[426] Cannain, M. & W. Voigt : Kühles Denken. Düsseldorf, Wien 1976
[427] Synectics Inc. (Ed.): Making it Strange (4 Bände). Hier: Bd. 2. 1978

gefunden wurden, für die Entwicklung und Konstruktion von Radaranlagen nutzbar gemacht werden konnten.[428]

Impulsfragen für solche Prozesse können lauten: *Worum geht es eigentlich? Was wollen wir wirklich erreichen oder herausfinden? Was ist der zentrale Inhalt oder die zentrale Idee? Welchen Aspekt, welches Verhalten oder welchen Gesichtspunkt in Zusammenhang mit der ausgewählten Analogie wollen wir besonders herausgreifen? Was sind die zugrundeliegenden Prinzipien? Welche neuen Ideen oder Lösungsansätze ergeben sich mit Blick auf die Problemstellung oder Ausgangsfrage?*

Ein wichtiger Gesichtspunkt in Zusammenhang mit synektischem Denken ist die Nähe oder Entfernung zwischen Problemstellung und ausgewählter Analogie. Im Gegensatz zu den Zufallstechniken, etwa mit dem Finger ein Wort aus dem Lexikon herauszusuchen, bleibt beim analogen Denken trotz systematischer Problementfernung ein gewisser Bezug zum Ausgangsproblem immer bestehen. Es gilt also, das richtige Spannungsverhältnis zwischen Problem und Analogie zu finden.

Die Analogie braucht nicht völlig zu passen. Manchmal ist es besser, wenn sie nicht passt, denn dann macht es Mühe, sie mit dem Problem zu verbinden, und aus dieser Bemühung können sich neue Betrachtungsweisen des Problems ergeben. Doch unternehmen wir einen Versuch mit der Zufallstechnik. Ich schiebe meinen Zeigefinger etwa in das neben mir liegende Italienisch-Lexikon und komme so auf das Wort „estremità". Folgende Übersetzungen werden angeboten: 1. Ende. 2. Extrem und 3. Extremitäten. Und nun? Wie könnte eine Verknüpfung mit der hier zur Diskussion stehenden pädagogischen Arbeit aussehen?

Ich assoziiere einmal. Manchmal sind wir mit unserem Latein am Ende. Diese Arbeit ist ein Extrem. Extremitäten? Hände und Füße? Mani e piedi, steht dort als Übersetzung in einer Klammer. Füße? Fest auf dem Boden stehen. Den festen Stand üben. Gleichgewicht halten. Sich schützen, vorsichtig sein, sich nicht aus der Fassung bringen lassen. Hände? Was vermögen die Hän-

---

[428] Franke, H.: Problemlösen und Kreativität. Goch 1984, hier: S. 136. - Linneweh, Kreatives Denken..., S. 107

de hier? Die Hände einsetzen, aber wie? Die Kinder und Jugendlichen leicht berühren, mit den Fingerspitzen. Dann und wann das Auflegen der ganzen Hand, je nach Kind, Stimmung oder Situation. Kleine Rückenmassagen, wo es sinnvoll und förderlich erscheint. Den Kindern so signalisieren: Ich mag dich...

Solche assoziativen Übungen sind ein weites Feld, voller Entdeckungen. Kommen wir zum Schluss zu den Methoden der „Suchfeldauflockerung". Zu dieser Gruppe zählt Linneweh[429] einerseits Methoden der schöpferischen Konfrontation, Zufallsmethoden, die bewusst mit Hilfe zufälliger Beschreibungen von Reizworten oder Bildern aus einem Buch, einem Lexikon oder aus einem beliebigen Zusammenhang divergentes Denken zu provozieren versuchen. Koestler und Lohmeier sprechen hier auch von „bisoziativer" Ideenfindung. Koestler[430] versteht unter dem „Bisoziationsprinzip" die Synthese zweier bisher unverbundener Erfahrungssysteme, in dem mehrere voneinander unabhängige Assoziationsschemata wirksam werden. Kennzeichnend für die bisoziative Neuschöpfung ist der spontane Vollzug und das zufällige Auftreten der Ideensynthese.

Lohmeier[431] geht es stärker um ein „intentional organisiertes Bisoziieren". Im Anschluss an eine gründliche Auswertung von semantischen und syntaktischen Bedeutungsinhalten werden Lösungsansätze im Hinblick auf die eigentliche Problemstellung entwickelt. Diese Methoden beinhalten zum Teil Elemente der Synektik, sind aber ungerichtet und stärker zufallsorientiert. Den besonderen Wert dieser Verfahren sieht Linneweh in der Aktivierung des Vorbewussten und der Erschließung neuer oder anderer Suchfelder. Ein Beispiel für diese Methodengruppe ist die „ungewohnte Verknüpfung" (forced relationship)[432], deren wichtigstes Verfahrensmerkmal in der Stimulierung der Lösungssuche durch zunächst nicht relevant erscheinende Bedeutungsinhalte liegt. Eine Liste verschiedener Gegenstände oder Begriffe aus

---

[429] Linneweh, Kreatives Denken..., S. 108
[430] Koestler, A.: Der göttliche Funke. Der schöpferische Akt in Kunst und Wissenschaft. Bern 1966
[431] Lohmeier, F.: Bisoziative Ideenfindung. Frankfurt am Main 1985
[432] Whiting, C. S.: Creative Thinking. New York 1958

naheliegenden oder entfernten Bereichen wird zusammengestellt, zerlegt und anschließend in Teilbereichen zu neuen Kombinationen miteinander verknüpft (Katalogtechnik).

Eine Variante dieser Methode ist die „Reizwortanalyse" oder „Superposition".[433] Bei dieser Methode werden einzelne Worte aus einer wahllos zusammengestellten Liste auf die zu untersuchende Fragestellung durch eine progressive Annäherung der Bedeutung von Zufallswort und Problemstellung bezogen. Ein solches, von mir in einem Hochschulseminar, bei dem es um die Neugestaltung pädagogischer Beziehungen ging, verwendetes Zufallswort war „Autofahrt". Als charakteristische Verbindungsstücke zwischen dem Zufallswort und der anstehenden Fragestellung wurden folgende Ideen gefunden: Bei einer Autofahrt nimmt der Fahrer mitunter weitere Personen in seinem Wagen mit, wie auch eine Lehrkraft ihre Schülerinnen und Schüler eine Zeitlang *mitnimmt*. Kein Auto fährt ohne Treibstoff. Dies bedeutet, dass auch genügend Energie zur Verfügung stehen muss, um den Wagen zum Fahren zu bringen. Weiter übernimmt ein Autofahrer Verantwortung für die Sicherheit seiner Mitfahrer. Er verfügt über ein hinreichendes Orientierungswissen, um einen Weg auszuwählen und ein bestimmtes Ziel zu erreichen usw.

Auch de Bono räumt den Methoden der zufälligen Stimulierung und des zufälligen Nebeneinanderstellens von Bedeutungsinhalten („random juxtaposition") in Zusammenhang mit seinem Konzept des „Lateralen Denkens" einen besonderen Stellenwert ein. „Ein Zufallswort dient dazu, Gedankenlinien anzuzapfen, die sonst im Verborgenen bleiben würden. Wenn wir auf ein Zufallswort stoßen, erkennen wir zuerst die ihm eigenen Assoziationen. Früher oder später stellen diese dann Gedankenverbindungen mit den Inhalten des Problems her. Nun können wir das Problem hinter uns lassen und dieser neuen Richtung folgen und herausfinden, was wir dabei entdecken".[434]

---

[433] Kaufmann, A., Fustier, M. & A. Devret: Moderne Methoden der Kreativität. München 1972
[434] de Bono, Denkschule..., S. 88

De Bono[435] beschränkt sich hinsichtlich der zufälligen Stimulierung keineswegs auf einzelne Worte, sondern bezieht alle möglichen Anlässe oder Gegebenheiten mit in den nach neuen Anhaltspunkten suchenden Denkprozess ein: „...wenn ich gebeten werde, etwas zu erfinden, gehe ich zum nächsten Supermarkt, nehme zufällig irgendetwas in die Hand und schaffe so eine Verbindung zu dem Problem, das mich zur Zeit beschäftigt. Oder ich gehe zu einer Ausstellung, die nichts mit meinem direkten Interessensbereich zu tun hat oder ich spreche mit jemand von einem völlig anderen Hintergrund."

Eine weitere Methodengruppe zur Suchfeldauflockerung bilden nach Linneweh systematische Checklistenverfahren, wie sie Osborn im Anschluss an eine Brainstorming-Sitzung zur Weiterentwicklung von Ideen vorschlug. Kaufmann et al.[436] warnen jedoch zu Recht davor, solche Verfahren allzu systematisch anzuwenden. Diese seien eher „ein Trampolin für die Vorstellungskraft als ein Geduldspiel. Nur um jede Frage zu beantworten, darf man es nicht dazu kommen lassen, dass man sich langweilt und die Lust verliert." Auch Sturm[437] plädiert dafür, die Fragekataloge nach situativen oder thematischen Bedürfnissen und Notwendigkeiten abzuwandeln und zu variieren.

Im folgenden gebe ich eine grobe Zusammenfassung der in solchen Checklisten aufgefundenen *umstrukturierenden Verben*, nebst einiger eigener Ergänzungen. Diese *Materialien* könnten bei der Entwicklung von didaktischen Variationen von Nutzen sein. *Hinzufügen, abziehen; Form, Farbe, Geruch, Bewegung, Bedeutung, Klang, Material, Gestalt, Größe, Aufbau, Stil verändern; anders verwenden; adaptieren, kopieren, Parallelen ziehen, vergrößern, modifizieren, erhöhen, verlängern, verdicken, verdoppeln, multiplizieren, verkleinern, wegnehmen, verkürzen, tiefer machen, aufspalten, umstellen, austauschen, ins Gegenteil verkehren, rückwärts bewegen, Rollen vertauschen, umkehren, kombinieren, verschieben, fokussieren, aufrollen, manipulieren,*

---

[435] Bono, E. de: PO beyond Yes and No. Harmondworth, Middlesex 1978, hier: p. 105
[436] Kaufmann, Fustier, & Devret: Moderne Methoden..., S. 51
[437] Sturm, Innovation..., Bd. II, S. 95

abschwächen, übertreiben, umgruppieren, auswechseln, vereinheitlichen, generalisieren, verdrehen, verzerren, ergänzen, aufplustern, mildern, umleiten, überbrücken, verdichten, verstärken, ausbreiten, ausdehnen, zurückweisen, isolieren, absondern, trennen, zusammenfassen, zusammenfügen, abstrahieren, zergliedern, zerlegen usw.

Die Anwendung dieser und ähnlicher Verben oder Attribute auf eine Fragestellung oder auf bereits vorhandene Ideen, Produkte oder Prozesse kann zu einer Reihe neuer und veränderter Sichtweisen und Lösungsansätze in der pädagogischen und didaktischen Arbeit führen. Nehmen wir einmal *Zerlegen* und *Zusammenfügen*.

Im Unterricht meiner siebten Klasse an einer Schule für Erziehungshilfe war ich etwa mit der Situation konfrontiert, dass die Jugendlichen zunächst kaum bereit waren, einmal ein Aufgabenblatt zu bearbeiten. Zumeist warfen sie mir die Blätter, etwa Arbeitsblätter mit Rechenaufgaben mit dem Kommentar zurück: „Kann ich nicht! Ist zu schwer. Haben Sie was Leichteres?" Doch ich hörte auch das Gegenteil: „Zu leicht! Mach´ ich nicht! Können Sie wiederhaben!" Dann unternahm ich ein Experiment und zerschnitt eine Serie von Blättern mit Rechenaufgaben, die ich meiner Sammlung entnahm. Nun hatte ich *klitzekleine Zettelchen* mit einer einzigen Additions- oder Subtraktions- oder Multiplikationsaufgabe darauf in der Hand und legte jedem Schüler nur eines davon auf den Tisch.

Es war wohl die Aussicht, schnell damit fertig zu werden, die alle acht Jungen plötzlich rechnen ließ. Und dann: „Haben Sie noch eins?" Ich ließ von den Schülern die Namen auf die Rückseite der Papierchen schreiben und sammelte sie in der Pultschublade. Einige bearbeiteten drei, andere fünf oder neun dieser Mini-Arbeitsblätter. Dann klebte ich die Ergebnisse auf DIN-A-4 Blätter und heftete diese in die Ordner der Schüler, die im Regal stehen. Am nächsten Tag wurde erneut gerechnet. Die Schüler entwickelten einen regelrechten Ehrgeiz, möglichst viele von den kleinen, nach Rechenmethoden bunt gemischten Aufgabenzetteln, die ich in einem Ablagekorb bereit hielt, zu bearbeiten. Manch einer stapelte mir nachher dreißig Stück aufs Pult. Ich begann, alles aufzukleben, sichtbar für die Schüler, für jeden der Jungen auf einem eigenen, mit seinem Namen beschrifteten Blatt. Zwei Schüler wollten ihre Zettel dann selbst aufkleben, was ich natürlich begrüßte. Ich lobte alle für ihren Einsatz.

Eine Reihe weiterer, von Sturm[438] vorgestellter Checklisten verwenden Fragepronomen in unterschiedlichen Kombinationen und Konstellationen. Es wird jeweils in bejahender und verneinender Form gefragt: „Wann? Wann nicht? Warum? Warum nicht? Was? Was nicht? Durch was? Was für ein? Was für welche? Wem? Mit wem? Womit? Worin? Worüber? Wovon? Wohin? Wozu? Wen? Für wen? Wer? Weshalb? Wessen? Wie? Wie sehr? Wie lange? Öfter? Mehr? Weniger? Alle? Keine? Wichtig? Wieder? Wie oft? Wie viel? Wie viele? Wie weit? Wo? Woanders? Wodurch? Wofür? Woher? Schwerer? Leichter? Voll? Leer? Zusammen? Allein? Mit? Gegen? Über? Unter? Durch?" usw.

Dieser Fragekatalog oder Abwandlungen davon eignen sich aus meiner Erfahrung besonders dann, wenn eine Thematik noch recht unstrukturiert ist und zunächst einer genaueren Konkretisierung bedarf. Es folgen Auszüge aus einem solchen Lernprozess aus den Universitären Sommercamps. Das Arbeitsgebiet ist diesmal das Kreative Schreiben:[439]

L.: An welchem Thema möchtest du während der Independent Studies arbeiten?
Anne-Catrin (Gymnasialschülerin, 16 Jahre): Allgemein gesagt: Experimentelles Schreiben. Ich habe vor einer Weile angefangen, mich mit dem Dadaismus zu beschäftigen. Hierzu habe ich mir verschiedene Gedicht- und Textsammlungen angeschaut.
L.: Was interessiert dich besonders an dadaistischen Gedichten und Texten?
Anne-Catrin: Ich antworte einmal mit einem Zitat von Hugo Ball: „Das Leben erscheint als ein simultanes Gewirr von Geräuschen, Farben und geistigen Rhythmen, das in die dadaistische Kunst unbeirrt mit allen sensationellen Schreien und Fiebern seiner verwegenen Alltagspsyche und seiner gesamten brutalen Realität übernommen wird."
L.: Geht es dir manchmal so, dass du selbst eine solche Lebendigkeit erlebst?

---

[438] Sturm, Innovation...., Bd.II, S. 95 f.
[439] ausführlich dokumentiert in Bröcher, Kreative Intelligenz... , S. 301 – 313 (vgl. Neuauflage: Hochintelligente kreativ begaben, 2005)

Anne-Catrin: Ja, fast immer, sobald ich nur die Augen öffne und richtig hinhöre... Hugo Ball beschreibt den Zufall als wichtigstes schöpferisches, eben neu-schöpfendes, Prinzip.

L.: Du beschäftigst dich also zur Zeit besonders mit dem Zufallsprinzip. Hast du vorher bereits in dieser Art literarisch gearbeitet?

Anne-Catrin: Ja, ich habe schon mehrfach versucht, Texte zu produzieren und dabei eine Methode verwendet, die ich am ehesten mit einer Art *Brainstorming* bezeichnen würde. Einfach alles niederschreiben, was mir gerade in den Sinn kommt... Zum Beispiel über den Flur gehen und irgendwelche Worte vorübergehender Menschen aufschnappen und was damit machen. [...] Das ergab unerwartete Neukreationen von Wörtern, aus denen ich dann subjektiv neun Zeilen ausgewählt und zu einem Gedicht zusammengestellt habe.

L.: Klingt interessant. Willst du es vielleicht vorlesen?

Anne-Catrin: Ja, gern. Der Titel lautet „Kabarett"

Kabarett

Bergbürger
Meister dann
Zustände
Aids vor Aids
Mulieren
Sagt ich hof
kommen mit
was läuft auf
geschrieben

L.: Mir fallen besonders eine Reihe verblüffender Gedankensprünge und Motivwechsel auf. Was meinst du selbst?

Anne-Catrin: Für den Anfang gefällt es mir recht gut. [...]

L.: Ich möchte dir an dieser Stelle einen Vorschlag machen. Verschiedene Autoren haben Verfahren und Hilfsmittel entwickelt, die dazu beitragen können, in unserem Denken neue Wege und Gesichtspunkte zu finden und insgesamt mehr verschiedenartige Ideen und Alternativen zu entwickeln. Ich habe hier zum Beispiel eine Zusammenstellung von Fragen in Form einer Checkliste, die dir eventuell in deiner weiteren literarischen Arbeit von Nutzen sein können. Wenn du Interesse hast, können wir einmal gemeinsam ausprobieren, ob und wie sich damit im Hinblick auf deine momentane Fragestellung arbeiten lässt.

Anne-Catrin: Ich bin gespannt, was dabei herauskommen wird. Also los!

(Ich legte den Fragekatalog für uns beide gut sichtbar hin. Anne-Catrin schaute sich die dort notierten Gesichtspunkte eine Weile an. Auf ihrem Schoß lag ein Notizblock. Sie hielt darauf dann und wann etwas für sie Wichtiges fest.)

L.: Wie könnten dir diese Fragen weiterhelfen?

Anne-Catrin: Für mich bieten sich hier Konkretisierungsmöglichkeiten für mein Thema bzw. meine Arbeit an, zum Beispiel eine spontane und vorläufige Idee genauer auszuarbeiten und weiterzuentwickeln. Außerdem scheinen mir einige Fragen bei der Auswahl und Bewertung von Ideen hilfreich zu sein, indem ich mich etwa frage: *Was für eine? Was für eine nicht?*

L.: Mhm. Gut. Lass uns doch einmal einige Fragen durchgehen. Wenn eine Frage aus deiner Sicht keine Hilfe oder keinen besonderen Anhaltspunkt bietet, lassen wir sie einfach weg und nehmen eine andere, o.k.?

Anne-Catrin: So. Ich lese hier: *Was?* Hier denke ich an Inhalte oder Motive, Themen...

L.: Was wären denn interessante Themen und Motive für dich, die du gerne bearbeiten würdest?

Anne-Catrin: Zum Beispiel komplementäre Themen, gegensätzliche, widersprüchliche, spannungsgeladene Themen...

L.: Was bedeuten solche Gegensätze für dich?

Anne-Catrin: Lebensbeschreibende Motive. Einerseits zum Beispiel geboren werden, wachsen, andererseits in sich zusammenfallen, sterben. Licht und Dunkel, schön und hässlich, Wohlbefinden und Unbehagen, weich und hart...

L.: Dich beschäftigt der Gedanke, dass jede Erfahrung ihre zwei Seiten hat, dass wir uns quasi immerzu zwischen zwei entgegengesetzten Polen bewegen.

Anne-Catrin: Ja. So ähnlich würde ich es nennen. *Wann?* Was mir dazu einfällt: Samenkörner, Keimlinge, Hineinspringen ins Wasser, in einen Ozean eintauchen, baden und dann auf der Gegenseite ein Hinuntergezogenwerden, Sinken, Kindheit, Jugend, Erwachsenwerden. *Wann nicht?* Nee, das gibt im Moment nichts her. *Warum?*

L.: Du sagtest eben „lebensbeschreibende Motive".

Anne-Catrin: Ja, warum lebensbeschreibende Motive? (kurze Pause) Ich denke, wegen mir. Weil es mit mir zu tun hat. Weil es um mich geht, um mein Leben, um meine Auffassung davon, meine Zukunft, meine Vergangenheit, aber auch meine Wünsche, Vorstellungen und Ängste. Das *Warum nicht?* können wir erst einmal weglassen, denn es grenzt mich im Moment zu stark ein.

L.: *Durch was?*

Anne-Catrin: Wahrnehmen, wiedergeben: Meine Gedächtnisschubladen durchsuchen, ausschütten... Hinhören, riechen, schmecken, intensiv erleben, alles in mich aufnehmen. Wortspielereien, einzelne Wörter in einem doppelten Sinn gebrauchen. Auf meinen dadaistischen Studien und Versuchen aufbauen...

L.: *Was für ein?* oder *Was für welche?*

Anne-Catrin: Eine Sequenz, ... Improvisationen, Kompositionen I bis X, wie bei Kandinsky etwa. Eine Reihe, eine Serie schaffen, etwas weiter entwickeln, auf etwas aufbauen, ... oder Konstruktionen, Kombinationen, Neuschöpfungen, Assoziationen....

L.: *Wem?*

Anne-Catrin: Wem schreibe ich? Mir selbst. Mir schreibend, das, was ich denke und fühle, verdeutlichen, mich selbst erforschen, erklären. Landkarten von meinem Innenleben entwerfen, den Schlüssel dazu finden.

L.: Ich meine herauszuhören, dass du dich zur Zeit sehr intensiv mit dir selbst beschäftigst?

Anne-Catrin: Aus diesem Grunde besitzt gerade diese experimentelle Form des Schreibens eine besondere Bedeutung für mich.

L.: Ich möchte noch einmal auf das *Wem?* zurückkommen. Spielen andere Adressaten, außer dir selbst, irgendeine Rolle?

Anne-Catrin: Sicherlich nur in zweiter Linie. Gut, vielleicht habe ich doch das Bedürfnis, anderen etwas von mir mitzuteilen, etwas zu veröffentlichen. [...]

L.: *Mit? Gegen?*

Anne-Catrin: Nicht gegen. Gegen niemand. Höchstens gegen die Langeweile und die Sinnlosigkeit... Vielleicht sollte ich auch manche Schulstunden zum Schreiben nutzen (schmunzelt). Allerdings ist da doch zu viel Ablenkung.

L.: Nicht alle Unterrichtsstunden scheinen dich zu interessieren.

Anne-Catrin: Ach wissen Sie, wenn ich mir vorstelle, so wie jetzt hier, auch im Schulunterricht lernen und arbeiten zu können, dann ginge es mir dort erheblich besser. [...]

DIE IMPRESSIONISTISCHE METHODE: VERSUCH ÜBER DAS FREMDSPRACHENLERNEN[440]

Dass einer im Erwachsenenalter eine Fremdsprache lernt, ist an sich ja nichts Bemerkenswertes, denn: *Nessuno è troppo vecchio ad imparare* (So lange man lebt lernt man).[441] Jetzt ist er aber zugleich Lehrer und geht bewusst wieder in die Rolle eines Schülers. Für einen Pädagogen sicher eine heilsame und erkenntnisfördernde Erfahrung, denn: Es gibt einiges neu zu entdecken über das Lernen. Wie findet Lernen wirklich statt, jenseits aller Theorie? Wie ist die Innensicht, die unmittelbare Erfahrung des Lernenden? Wie gehe ich mit auftretenden Lernblockaden und Verständnisschwierigkeiten um?

Und was lässt sich aus dieser Erfahrung des erneut lernenden Lehrers folgern für die eigene Unterrichtstätigkeit, das institutionell organisierte Lehren und Lernen? Lässt sich etwas übertragen?

---

[440] vgl. auch Bröcher, J.: Chi non può come vuole, voglia come può... Lernkultur statt Sprachenlernen. In: Päd Forum – unterrichten, erziehen, 31./ 22. Jg., H. 4, 2003, 226 – 229

[441] Alle im Text verwendeten Sprichwörter sind der Sammlung von Giulio Varrini, 1668, entnommen. Vgl. Leuschner, U. & I. Sattel Bernadini (Hrsg.): Sprichwörter, nach Giulio Varrini: Scielta de proverbi e sentenze italiani, tolti da varie lingue (1668) sowie Maler Müller: Auszug von italienischen Sprichwörtern vom Giulio Varrini. Heidelberg 2000

Nur auf das schulische Fremdsprachenlernen? Auf alle Unterrichtsgegenstände? Auf das Lehren und Lernen an sich? Oder gar auf das Leben? Interessant ist doch auch die Frage, wie Lernen motiviert ist, wie sich Motivation überhaupt aufbaut? Doch machen wir einen Schritt nach dem anderen.

Nun, meine erste Berührung mit der italienischen Sprache hatte ich mit sechzehn. Gemeinsam mit zwei Freunden fuhr ich mit dem Zug nach Venedig, um auf dem Lido di Jesolo zu zelten. Es handelte sich um eine Mischung von Badeurlaub und Kulturreise, denn alle paar Tage streiften wir natürlich durch die Gassen der Lagunenstadt. Es war ein Eintauchen in einen für mich völlig neuen und faszinierenden Sprachraum. In der Schule hatte ich bis dahin ein wenig Englisch und Französisch gelernt. Nun wurde ich neugierig auf dieses wohlklingende Italienisch, von dem ich während dieser zwei Wochen Urlaub erste Worte hörte, aufnahm und mir merkte. Motivation für vertieftes Lernen regte sich, wurde jedoch *auf Eis* gelegt, mangels Gelegenheit zum Weitermachen, dort auf dem Land, wo ich damals lebte.

Mit zwanzig belegte ich dann an der Universität zu Köln zwei Semester Italienisch, einen Abendkurs für Hörer aller Fakultäten. Der italienische Lehrer unterrichtete frontal, es waren vielleicht fünfzig Studierende, und ging dabei Seite für Seite nach einem Lehrbuch vor. Texte, Grammatikübungen, Texte, Grammatikübungen usw. Zur Ergänzung konnten wir uns Kassetten mit Sprechübungen überspielen. Das machte ich. Das Erlernte wurde sogleich während einiger Reisen durch Italien angewendet. *Chi va per il mondo impara a vivere* (Wer durch die Welt reist lernt zu leben). Die Semesterferien boten ja Zeit zum Reisen, etwa durch Sizilien oder durch die Toskana. Städte wie Palermo, Enna, Lucca, Florenz oder Rom wurden erobert, Eindrücke wurden aufgenommen, Malereien, Skulpturen, Fresken, Gärten und Architektur betrachtet, und dabei im Umgang mit den Menschen die gelernten Satzmuster und Wörter zur Anwendung gebracht.

Prüfungsvorbereitungen, Referendariat und die ersten Berufsjahre, die intensiv mit Arbeit vollgepackten Jahre der Kleinkindpflege und Kleinkinderziehung ließen mein Interesse am Italienischen in den Hintergrund treten. Später dann folgten mehrere Reisen mit der Familie nach Süditalien, zunächst waren es Eltern-Kind-Reisen in einer organisierten Gruppe mit stundenweiser Kinderbetreuung. So kamen meine Frau und ich etwas in Kampanien und in der Basilikata herum. Nach einigen Jahren reisten wir dann wieder auf eigene Faust, wanderten mit den Jungs den Sentiero Azzurro, den Dörfern der Cinque Terre entlang u.a. Und parallel zu diesen Reisen fing ich wieder an, mit und an der Sprache des Italienischen zu arbeiten. Ich war inzwischen 36. Ich abonnierte mir die Zeitschrift *adesso*, hörte Kassetten und CDs, zumeist im Auto auf dem Weg zur Schule.

Doch ich suchte den Dialog. Ich nahm Stunden bei einer Sizilianerin, die in Deutschland lebt. Wir lasen die *adesso*-Texte und redeten. Schließlich schrieb ich mich im *Istituto Italiano di Cultura di Colonia* in einen Sprachkurs ein. Ich absolvierte einen Einstufungstest und begann mit den bereits vorhandenen Kenntnissen in der Mittelstufe des dortigen Kurssystems. Und jetzt kommt, was ich hier eigentlich erzählen will. Ich machte Entdeckungen. Neun Semester lang. Am Anfang belegte ich eine Doppelstunde Kurs pro Woche, später zwei Doppelstunden hintereinander, um mein Lernen zu intensivieren. Was ich in jener Zeit über Lernen entdeckte, war erstaunlich. Wenn ich mich an mein eigenes Fremdsprachenlernen auf dem Gymnasium erinnere und wenn ich meine beiden Söhne höre, die jetzt gerade Schulen besuchen, dann halte ich es für möglich, dass es einige Anregungen aus dem *istituto* geben könnte.

Eine Frage, die ich mir schon gleich am Anfang stellte, war, ob es jemals einen Italiener geben könnte, der Deutsch auf übertrieben ehrgeizige Weise lernt? Ich konnte es mir einfach nicht vorstellen. Ich entschied mich daher, bei der Aneignung des Italienischen selber auch nicht allzu leistungsorientiert und schon gar nicht *accanito*, das heißt verbissen zu sein oder mich sonst wie übertrieben zu plagen. Und trotzdem arbeitete ich relativ regelmäßig, aber mit einer lockeren Einstellung. Ich sagte mir: Du nimmst dir alle Freiheiten Fehler zu machen. Eugenia, meine erste Lehrerin dort, sie kam aus Bari, unterrichtete so, dass eine Atmosphäre entstand, in der viel gelacht wurde, auch über Fehler und all die kleinen Pannen, die uns unterliefen. Dies geschah aber

wohlwollend und aus echter innerer Anteilnahme an den gelegentlich auftretenden inneren Qualen des anderen, zum Beispiel einen Konditionalsatz richtig hinzukriegen. *Se avessi tanti soldi, farei una lunga vacanza...*
Eugenia hatte einfach unwahrscheinlich Humor.[442] Nie wurde sie wirklich finster oder ernst. Nicht einmal, wenn sie erkältet war, während des deutschen Winters. Nun, die Leute im Kurs standen zumeist voll im Berufsleben. Das heißt immer wieder kam es vor, dass einer wegen geschäftlicher Termine, Reisen oder Besprechungen einen Kursabend versäumte, folglich nicht sofort wusste, worum es ging, die Hausaufgabe nicht hatte. Und was geschah dann? Eugenia gab mit der für sie typischen Lockerheit und mit spielerischer Geste ein paar Sätze Zusammenfassung, schaffte Überleitungen, baute Brücken, sodass schon nach wenigen Minuten jeder das Gefühl hatte, er habe doch gar nichts verpasst und sitze wieder mit den anderen mitten im Boot.

Es gab keine Hausaufgabe, die so wichtig gewesen wäre, Eugenia oder uns anderen die Laune zu verderben. Alles was geschah, war voller Abwechslung. Machten wir eine Übung, die uns nach einer Weile zu ermüden begann, legte sie eine Ton- oder Videokassette ein, für einige Minuten nur, oder sie verteilte rasch Papierschnipsel mit irgendwelchen Wörtern drauf, die man den anderen erklären musste, bis sie früher oder später den Begriff errieten. Hatte sie ein wenig länger doziert, teilte sie uns schnell zu Paaren ein mit dem Auftrag, dem jeweils anderen etwas über

---

[442] Die Bedeutung des Humors im Rahmen von Erziehung und Unterricht kann sicher gar nicht hoch genug veranschlagt werden. Dies gerade, wenn es uns um die Konstruktion von didaktischen Variationen geht. Eigentlich hätte ich dem Thema Humor ein eigenes Kapitel widmen müssen. Insbesondere in Zusammenhang mit Verhaltensproblemen und Verweigerungsstrategien von Kindern und Jugendlichen erscheint mir der Humor unverzichtbar. Anregungsreiche Publikationen sind hier etwa die folgenden: Gruntz-Stoll, J. &. B. Rissland: Lachen macht Schule. Humor in Erziehung und Unterricht. Bad Heilbrunn 2002. – Kassner, D.: Humor im Unterricht. Baltmannsweiler 2002. – Lohmann, G.: Mit Schülern klarkommen. Professioneller Umgang mit Unterrichtsstörungen und Disziplinkonflikten. Berlin 2003. – Seltmann, S.: Lachen macht schlau. Humor in der Schule. SWR2 Wissen, 13.11.2004 (Manuskript unter „SWR2-Wissen" im Internet)

seinen Beruf oder sein Familienleben zu erzählen oder ein Erlebnis mit irgendeinem Tier zu berichten oder etwas von einer Reise oder sonst was auf Italienisch zu übermitteln. Wieder ein anderes Mal, bei der Diskussion kontroverser Themen etwa, wurden Gruppen gebildet. In kürzester Zeit sammelten wir Argumente für oder gegen den Anbau von genmanipulierten Pflanzen, notierten diese und schon begann ein lebhafter Schlagabtausch der beiden, von der inhaltlichen Position her gegensätzlichen Gruppen. So kam ich mit Menschen aus allen nur möglichen Berufsgruppen und aus vielen verschiedenen Lebensaltern ins Gespräch: *Chi molto prattica, molto impara* (Wer mit vielen umgeht erfährt und lernt viel). Und immer *veloce, veloce*, damit erst gar keiner von uns ins Grübeln verfiel.

Wer stammelnd nach einem Wort suchte, bekam eine passende Redewendung von Eugenia zugerufen. Also Vielfalt gab es, immer wieder neue Impulse, Übungsvarianten, alles völlig unverkrampft aus dem Ärmel geschüttelt, in der Situation entwickelt. Spielerisch, *imparare è giocare*. Mit Noten, Bewertungen und Beurteilungen hatten wir nie etwas zu tun. Es zählte lediglich das Lernen an sich. Teilnehmer, die dazu neigten, viel Redezeit für sich in Anspruch zu nehmen, wurden sanft, aber humorvoll gebremst, stillere dagegen vorsichtig ermutigt und aus sich herausgelockt. Ich hatte wahrhaftig wenig Zeit für Hausaufgaben oder systematisches Vokabeltraining. Nahm ich den Zug in die Stadt, machte ich die Hausaufgaben, etwa die Lektüre eines Textes oder das Notieren einer Stellungnahme zum Pressewesen in Deutschland und in Italien oder das Aufschreiben einer kurzen autobiographischen Episode, während der Fahrt.

Fuhr ich mit dem Auto, hörte ich als Vorbereitung auf den Kurs irgendwelche Sprachkassetten wie die von *adesso*, je nachdem, was ich gerade im Handschuhfach liegen hatte. Ich übte mich darin, schnell zu arbeiten, ohne mich dabei verrückt zu machen. Ziel war, mitreden zu können. Ein bisschen oberflächlich sein. Wörter zur Verfügung haben und mit diesen spielen, experimentieren, jonglieren... Mit Blick auf das ersehnte *dolce vita* musste das geradezu so sein. Und Eugenias Unterrichtsstil förderte diese *leggerezza*. Ja, Leichtigkeit brauchte ich auch als Gegengewicht zu meiner, nun schon Jahre andauernden, Dreifachbelastung als Lehrer, Wissenschaftler und Familienvater.

Eigentlich hätte ich die Zeit und die Energie für die Sprachkurse ja gar nicht gehabt. Viele meiner Freunde schüttelten nur den Kopf. Aber mit dem Italienisch-Lernen warten bis zur Pensionierung, wie es einige der Mitkollegiaten getan hatten? *Chi tempo aspetta perde* (Wer Zeit abwartet verliert seine Zeit). Dafür mussten jedoch Ehrgeiz und Leistungsdenken außen vor bleiben. Denn: *Il troppo tirare, l'arco fa spezzare* (Wer den Bogen überspannt, bricht ihn). *Goia* und *gioco*, das wurden für mich die Kernbegriffe dieses Lernens. Einer Richtschnur folgen, aber nicht übertrieben systematisch, immer die Menschen und die lebendige Situation im Auge haben und nicht allzu starr an irgendwelchen Lernzielen kleben.

Eugenias liebstes deutsches Wort war *Widerspruchsgeist*. Sie wollte uns vor jeder gesellschaftlichen Konditionierung bewahren. Sie provozierte Stellungnahme und eigene Sichtweise. Sie gab uns Spielraum und ermutigte uns, unseren persönlichen Handlungsraum zu erweitern. Sie wollte unser Leben bereichern. Das hat sie geschafft. Dieser Tochter Apuliens sei es gedankt. Und bei Maria aus Sardegna, Mariagrazia vom Lago di Garda oder Margerita aus Torino war es ja genauso, auch wenn jede Lehrerin, jeder Lehrer auch deutlich eigene Akzente setzte. Alle unterrichteten sie mit Herz! Alles pure Motivation, die schon da war oder die sie zusätzlich erzeugten.

Sie schafften das durch ihren Humor, durch ihre Bezugnahme auf die aktuelle Lage der Lernenden, auf unsere Stimmungen, auf unseren Überlebenskampf draußen in der Welt, auf unsere Müdigkeit, denn die Kurse lagen ja am Abend und wir hatten schon so manches hinter uns an dem jeweiligen Tag. *Sono stanchissimo oggi..., Oh, Joachim, dai... Come vanno le cose..?* Die italienischen Lehrerinnen und Lehrer im *istituto* stimulierten Lernen durch ihren didaktischen Einfallsreichtum. Und der zeigte sich in Kleinigkeiten, in Gesten, in plötzlichen thematischen Veränderungen, Richtungswechseln oder methodischen Abwandlungen, Variationen, nicht in gigantischen oder übertriebenen Vorbereitungen. Es war alles zu schaffen, was wir da geboten bekamen und so musste es auch sein, eben nicht *accanito*.

Bei Salvatore aus Napoli war es gleich eine Unterrichtung in der Lebenskunst an sich, eine regelrechte kulturtheoretische und philosophische Schule. Nun, ich war jetzt ja schon *corso superiore* und *conversazione* war angesagt. Es ging um den Zusammenhang von *letteratura, società* und *vita*. Wir lasen Texte zu Wirtschaft und Politik, genauso wie zu Wissenschaft, Gesellschaft und Themen des Alltagslebens. Besonders schöne Erlebnisse waren Lektüren wie Maurizio Maggianis „Il coraggio del pettirosso", Dacia Marainis "La lunga vita di Marianna Ucria" oder Erri de Lucas "Montedidio" (Der zuletzt genannte *romanzo* ist eine autobiographische Erzählung zum Aufwachsen, zum Reifungsprozess eines Jungen in den Gassen von Neapel und auch für Jungen im Erziehungshilfebereich als Lektüre interessant).

Nun, einerseits kamen unsere eigenen biographischen Themen in diesen Texten vor, aber in einer anderen kulturellen und historischen Einkleidung. Dies machte das Lernen ja nur umso interessanter, suchten wir doch auch das Andere, das Fremde und Exotische, das eigene Leben Überschreitende. Zumindest nahmen diese Lektüren und Diskurse ja auf unsere geistigen und kulturellen Interessen Bezug. Das schuf natürlich eine solide Motivation.

Wie in allen anderen Kursen stand das Sprechen, das unmittelbare Anwenden der Sprache im Vordergrund. Korrekturen am Gesagten wurden äußerst dezent angebracht, wenn überhaupt. Oft griffen die Lehrerinnen und Lehrer das von mir oder einem anderen falsch verwendete oder nicht ganz *correttamente* ausgesprochene Wort erneut in einem eigenen Satz wieder auf und zeigten so auf diskrete, indirekte Weise die richtige Verwendung oder Aussprache, ohne jedoch besonders darauf hinzuweisen. Jedenfalls führte diese *tolleranza* mit der Zeit dazu, dass die Wörter nur so aus uns heraussprudelten, egal ob richtig, halb falsch oder gar ganz unzutreffend. Ich erlebte mich als lebendig sprechend, als produktiv.

Ich hatte innerlich und äußerlich an der Sprachwelt des Italienischen teil. Das war es doch, was ich suchte. Eben nicht sprachlichen Perfektionismus anzustreben, sondern ein Gefühl zu entwickeln für die andere Sprache, damit sie eben nicht *Fremd*sprache bleibt, sondern mir nahe kommen kann und mich ein bisschen in sich aufnimmt, ich in die Sphäre dieser Sprache eintauchen kann. Ich musste nicht vorher den fertig gebauten Satz im Kopf haben und dann noch den richtigen Moment in der Gruppendiskussion erwischen, um den mühevoll zurecht konstruierten Satz einzubringen. Das hätte mir ja auch keine Flexibilität mehr ermöglicht. Ich kannte dieses Dilemma noch aus dem Englisch- oder Französischunterricht am Gymnasium. Oft genug blieben mir und meinen Mitschülern damals die Wörter oder Sätze im Halse stecken. Unter dem Druck *richtig* sprechen zu müssen, würgten wir sie regelrecht heraus. Und oft genug sind wir ja ganz verstummt, damals.

Doch hier im *istituto* erprobten wir uns zunehmend frei in den Gefilden des Italienischen und wurden dabei überhaupt nicht mit Fehlern, negativer Kritik oder übertriebenen Leistungserwartungen konfrontiert. Das setzte ungeheure Energien und Lust am Lernen frei. Alles war quasi richtig, jedes neue Wort, jeder Satz ein Fortschritt. Ich griff eine Redewendung auf, die ein anderer verwendet hatte, ich erinnerte mich an ein Wort aus einem schnell überflogenen Text, oder an ein Satzmuster, das ich während der Autofahrt auf der Kassette gehört hatte und wandte diese *parole* sogleich an. Ich begann mit den Wörtern zu spielen.

Ich sammelte etwa Wörter, die mir vom Klang her besonders gut gefielen und schrieb sie in Listen, etwa Wörter auf die Endsilbe *-anza* wie zum Beispiel eleganza, abbondanza, ordinanza, importanza, maggioranza, minoranza... Oder: rozzo, pozzo... So etwas machte mir einfach Spaß.

Bei einer der Wanderungen, die ich mit einem meiner Söhne durch Irland unternahm, hatte ich die Idee, aus den Irish Short Stories, die ich unterwegs las, diejenigen Wörter herauszusuchen, die etwas mit unserer eigenen Erfahrung mit der irischen Landschaft zu tun hatten. Ich ordnete diese Wörter verschiedenen Kategorien zu und kam zu Ergebnissen wie den folgenden:

Landschaft: bleak – öde, trostlos; lined – zerfurcht; bog – Torfmoor, Sumpf; turf – Torf; rolling hills – wellige Hügel; stone scattered – mit Steinen übersät; boghole – Sumpfloch; to run to

furrows – Furchen aufweisen; humps and hollows – Buckel und Senken; grassy bank – Grasböschung; high ground – Hochland; fells – felsiges Hochland...
Landwirtschaft: paddock – Koppel; drain – Abflussrinne, Graben; byre – Kuhstall; hayshed – Heuschober...
Pflanzen: heather – Heidekraut; elderflower – Holunder; honeysuckle – Geißblatt; scented – duftend; hazel – Haselnussstrauch; briar – wilde Rose, Dornbusch; weed – Wildkraut; ragwort – Jakobskraut; thistle – Distel; common dock – Ampfer...
Tierwelt: drone – Brummen, Summen (Insekten!); to assault s.o. – auf jemanden losgehen, anfallen (Insekten!); ewe – Mutterschaf; sheep dog – Hütehund; faeces – Kot, Exkremente, Fäkalien; cowdung – Kuhmist, Kuhfladen ...
Wege: lap – Wegstück, Wegstrecke; to pace up and down – auf und abgehen; corkscrew road – Serpentinen; imprint – Spur, Spuren; to shun s.o. – jemanden meiden, aus dem Weg gehen (Rinder!)[443]...

Ich las meinem Sohn das Ergebnis dieser Wörtersuche vor. „Glaubst du nicht auch, dass wir die Wörter leichter behalten, wenn sie etwas mit unserer unmittelbaren Erfahrung zu tun haben?" Mein damals vierzehnjähriger Sohn stimmte mir zu und ich las ihm meine Liste noch ein zweites Mal vor. Das war am Nachmittag, es war in Waterville, und später am Abend schrieb ich noch das folgende Gedicht, allerdings auf deutsch. Es resultierte letztlich aus meinem Spiel mit den Worten aus den Kurzgeschichten:

Kerry

Ziehen zwischen alten Steinmauern
Mit Moos und Flechten bewachsen
Ein Schafsbock wartet stolz, um uns
Seine geschwungenen Hörner zu zeigen
Dann schleicht er seitlich durch einen Spalt
Verschwindet im neblig grünen Farn
Balancieren übers Geröll hinunter

---

[443] Ausführlicher in: Bröcher, J., Bröcher, Jan & Philipp Bröcher: Vater und Sohn auf Reisen. Ein (pädagogisches) Tagebuch. Niebüll 2003, S. 156 ff.

> In sumpfige Wiesen endlich wieder bergauf
> Herb und würzig die Kräuter und der Tierdung
> Eine wasserüberströmte Steiggasse hinauf
> Durch ein lauschig schattiges Eichenwäldchen
> Vorbei an der Ruine einer Bauernkate
> Alles verlassen und doch voller Seelen
> Hinterm Bergrücken silbrig gleißend die See.

Gefällt es dir? fragte ich meinen Sohn. Ja. Schön. Kannst du es nachvollziehen, ich meine das, was ich beschrieben habe? Ja, gut. Doch zurück zum Italienisch-Lernen. In den Kursen im *istituto* ließen wir uns also nicht dadurch bremsen oder blockieren, dass wir viele grammatikalische Feinheiten und Spitzfindigkeiten zunächst noch unzureichend beherrschten. Wieso auch? Wozu sollten wir uns stundenlang mit Übungen zum Konjunktiv plagen, wo ihn die meisten Italiener nicht einmal verwenden, geschweige denn kennen?

Und trotzdem stießen wir immer wieder auf den Konjunktiv, in irgendwelchen situationsbedingten Zusammenhängen, schauten uns die Sache kurz an und fuhren fort, ohne uns den Kopf darüber zu zerbrechen. Ja, ich lernte diesen Mut zur Lücke und die Neigung zum Unsystematischen sehr zu schätzen. Das alles stand ja nicht im Widerspruch zu einer ausgefeilten, punktgenauen äußeren Organisation, was die Rahmenbedingungen betraf. Rita, die Koordinatorin der Sprachkurse, ist nämlich in dieser Hinsicht ganz und gar preußisch orientiert. Die Kurse begannen und endeten stets pünktlich, und war eine Lehrkraft einmal verhindert, stand sofort eine Vertretung bereit.

Spreche ich hier von Un-Ordnung oder Nicht-System bezeichne ich damit eher meine inneren Bilder. Von nichts anderem kann ich ja ausgehen, wenn ich meinen eigenen Lernprozess zu beschreiben versuche. Natürlich folgten die Lehrerinnen und Lehrer, jeder für sich, einer Systematik, mehr oder weniger, più o meno. Doch für mich, der ich bei vielen verschiedenen Lehrkräften lernte und somit unterschiedliche Lehr-Lern-Stile und ganz abwechslungsreiche Gruppenzusammensetzungen erlebte, ergab sich natürlich ein offeneres Bild. (Ich greife gedanklich noch einmal zurück auf Umberto Ecos Diskurs zum offenen Kunstwerk, l´opera aperta). Und dieses innere Bild setzte sich aus den verschiedensten Farbflächen, die teils nebeneinander standen und teils einander überlagerten, zusammen.

Doch: *Un disordine tall´hora concia un´ordine* (Aber eine Unordnung bringt oft wieder Ordnung). Ich strukturierte das bisher kennen gelernte und erarbeitete Material an Wörtern, Satzmustern und Redewendungen und ordnete es bestimmten thematischen Kategorien zu wie *architettura, arte, cinema, filosofia, letteratura, musica, storia, pedagogia, comunicazione, scienza* oder *viaggiare*. Aus den Wortlisten auf losen Blättern wurden thematische Mappen und schließlich fünf dicke Ordner mit den Aufschriften *comunicazione, vita quotidiana, cultura* etc.

Eine interessante Frage war für mich etwa auch (mit Blick auf die vielen Kinder und Jugendlichen mit Lern- und Verhaltensproblemen oder Verweigerungshaltung, die ich über all´ die Jahre unterrichtet haben): Was mache ich, wenn ich im Kurs sitze und nichts mehr verstehe? Wie verhalte ich mich, wenn alles an mir vorbeirauscht, weil ich vielleicht müde bin, der verhandelte Stoff mir zu schwer erscheint, mich das Thema nicht interessiert oder ich aus anderen Gründen den roten Faden verloren habe? Auch dazu kam es ja mal, in Ansätzen zumindest. Können das Gründe sein, den Spaß am Lernen zu verlieren?

Nein, denn ich begann mit einer inneren Haltung zu experimentieren, die in Entspanntheit, Gelassenheit und einer erneuten Hinwendung zum Gruppengespräch oder zur Lehrerinstruktion bestand. Ich sagte mir zur eigenen Entlastung: *Chi non può come vuole, voglia come può* (Wer nicht kann wie er will, wolle wie er kann). Und außerdem beruhigte ich mich mit dem Satz: *Fa il passo secondo la gamba* (Mache den Schritt nicht länger als deine Beine reichen). Ich gestand mir daher mein eigenes Lerntempo und mein eigenes Leistungsniveau zu, ohne ständig zwanghaft darüber hinaus zu wollen oder zu müssen. Und wenn ich sehr wenig oder fast gar keine Zeit hatte, die Lesetexte oder Übungen vorzubereiten, machte ich das, was ich schaffte und sagte mir: *Ogni poco aiuta* (Jedes Wenige hilft weiter).

Auf diese Weise erfuhr ich nicht Stress, sondern ich befand mich mitten in einem von lebendiger Sprache durchfluteten

Raum. Wörter wie Farbtupfer, Satzmuster wie Farbenflimmern. Ja, ich ließ mich einfach treiben und wenn ich inhaltlich nicht sogleich verstand, worum es ging, konzentrierte ich mich einfach auf den Wortklang und die Sprachmelodie und genoss diese Eindrücke. Diese gelassene Haltung setzt allerdings von Seiten der Lehrkraft eine Methode voraus, die mir als Lernendem die Gewissheit gibt, dass ich den Anschluss nicht verpassen werde, auch dann nicht, wenn ich phasenweise innerlich aus dem unmittelbaren Lerngeschehen aussteige und die gehörte Sprache mehr ganzheitlich aufnehme, ohne jedes Detail zu verstehen.

Diese Methode besteht bei den Kursen im *istituto* darin, dass immer wieder Schleifen eingebaut werden, in denen auf die sprachlichen Kernelemente und Grundlagen zurückgegriffen wird. Dies stets in neuen Variationen, immer ein wenig anders und daher interessant genug, um für mich als Lernenden motivierend zu sein. Angeregt durch die literarischen Diskurse und sonstigen Diskussionen mit Eugenia, Maria, Mariagrazia oder Salvatore verknüpfte ich schließlich mein pädagogisches und sozialwissenschaftliches Denken mit der Geschichte, Kultur und Geographie Italiens, insbesondere des italienischen Südens, das heißt ich wurde produktiv. Dies geschah durch Lesen, Reisen, Beobachtungen machen und Schreiben.[444]

Durch die abgelegenen Dörfer Lukaniens zu wandern und unter der Mittagssonne im Schatten auf der Piazza zu sitzen, in nahezu vollkommener Stille und Harmonie, das vermag einen geplagten Pädagogen wieder mit sich selbst in Kontakt zu bringen.[445] Auch ließ ich einen Text, der meine Kernideen zur Lebensweltorientierten Didaktik zusammenfasste, durch Dr. Salvatore Tufano ins Italienische übersetzen.[446]

---

[444] Bröcher, J.: Die „Murales" in Diamante. Die Leidensgeschichte des Mezzogiorno, dargestellt in den Wandbildern zeitgenössischer Künstler. Musik-, Tanz- und Kunsttherapie 10. Jg., 1999, H. 4, 186 -196
[445] Bröcher, J.: Unterrichten aus Leidenschaft? Eine Anleitung zum Umgang mit Lernblockaden, widerständigem Verhalten und institutionellen Strukturen. Heidelberg 2000, S. 320 ff.
[446] Bröcher, J.: „Mondo-della-vita" e didattica. Un Modello didattico basato sull´ esperienza artistica con orientamento socio-pedagogico-terapeutico applicabile

Was war nun das Besondere und Faszinierende dieses Lernens? Ich ziehe einmal zum Vergleich die Maltechnik der Impressionisten heran. Bei dieser Methode setzt sich eine Vielzahl von Farbtupfern, Farbflecken zu einem Bild zusammen. So ging es mir mit der italienischen Sprache. Was hier zustande kam, waren nicht verstandesmäßig erfasste Konturen, die ein Bild ergeben, es waren auch keine rationalen Bildkompositionen, sondern was ich wahrnahm und innerlich erlebte war eine flimmernde frische Skala von Farbtönen.

Hans L. C. Jaffé[447] spricht in Zusammenhang mit der impressionistischen Malweise von der „neugewonnenen Unschuld des Auges", ich müsste hier ergänzen: und des Ohres. Beim Malen dem ersten Eindruck folgen und nicht einem theoretischen Konzept. Der impressionistische Ansatz hat etwas Skizzenhaftes, er folgt der Inspiration und bewahrt vor Routine, die das Empfinden abstumpfen lässt. So wie das impressionistische Gemälde in seiner Struktur absichtlich fragmentarisch bleibt, geschah dies hier auch im spielerischen Umgang mit der Sprache.

So wie im impressionistischen Bild die Unmittelbarkeit des Entwurfs bewahrt wird, geschieht dies auch in den situationsbedingten sprachlichen Konstruktionen. So wie der impressionistische Maler vermeidet, den Sehprozess auf eine festumrissene statische Tatsache zu reduzieren, hielt sich die Kommunikation in der *anderen* Sprache, hier des Italienischen, stets offen und in der Schwebe.

So wie die Kunst eines Renoir oder Monet Stimmungen wiedergibt und sich auf die Wahrnehmung des Objektes konzentriert und weniger auf das Objekt selber, so ging es hier in der Aneignung des Italienischen auch nicht um die Wörter und Satzkonstruktionen an sich, sondern um die mit der Sprache und ihrer Internalisierung verknüpften Sinneseindrücke, Emotionen oder Sehnsüchte, die ja weit über das Grammatikalische hinausweisen und hier im Istituto Italiano di Cultura di Colonia glücklicherwei-

---

in casi di difficoltà di apprendimento e disturbi nel comportamento. I problemi della pedagogia, Rom, 48. Jg., H. 1 - 3, 2002, 139 – 156

[447] Jaffé, Hans L. C.: Die Welt der Impressionisten. Herrsching, Ammersee 1976, hier: S. 16 f.

se nicht durch das ständige Ankreiden von Fehlern gedämpft worden sind. Ganz im Gegenteil. Manches blieb etwas unscharf und das war gut so. Vielleicht auch vergleichbar mit einem Mosaik, bei dem sich die einzelnen farbigen Steinchen zu einem Gesamteindruck zusammenfügen, wenn man das Bild aus genügendem Abstand betrachtet.

Lässt sich das Dargelegte auf Lernen an Schulen oder auf andere Bildungskontexte übertragen? Natürlich ist es etwas anderes, wenn erwachsene Menschen sich freiwillig entscheiden, zum Beispiel eine bestimmte Sprache zu lernen, als wenn Kinder und Jugendliche, gelegentlich gar gegen ihren Willen, zum Lernen gebracht werden sollen. Aber besteht nicht doch ein subtiler Zusammenhang zwischen den häufig anzutreffenden schulischen Motivations-, Sprech-, Lern- und Verhaltensproblemen und den jeweils eingesetzten Lehr-Lern-Methoden sowie den in diese Prozesse lehrerseits eingebrachten Methoden, Einstellungen und Haltungen? Ich will es diesbezüglich beim Skizzieren und Andeuten belassen, ganz wie bei der impressionistischen Methode.

UNIVERSITÄRER SOMMERCAMPUS UND SKYLIGHT-PÄDAGOGIK

Das Bedürfnis, an einem begabungspädagogischen Coaching-Programm teilzunehmen, ist bei vielen hochintelligenten und hochmotivierten Heranwachsenden offenbar vorhanden, sonst hätten die *Skylight-Camps* ihre Erfolgsgeschichte in der für sie typischen Form nicht schreiben können. Kai Schloesser hat im Sommer 2002, als der *SkyLight-Campus* auf dem schleswig-holsteinischen Herrenhaus und Internat „Schloss Rohlstorf" stattfand (wo er auch in der Gegenwart noch stattfindet), einen bemerkenswerten Film gedreht. Dieser Film trägt den Titel „Lernen in Neuen Dimensionen" und zeigt den durch Eva & Karl-J. Kluge begründeten L.i.N.D.–Ansatz „in Aktion". Im Untertitel des Films heißt es weiter: „Ein pädagogischer Weg. Wenn Kinder ihr Lernen mitgestalten."

Der Film präsentiert nun im Wechsel szenische Ausschnitte aus den Lerngruppen und kurze, präzise Interviews mit den Kindern und Jugendlichen, den *Counselors,* inzwischen auch *Coaches* genannt, und den Camp-Begründern. Auf diese Weise entsteht ein authentisches und facettenreiches Gesamtbild, eine filmische Montage zur Camp-Wirklichkeit, nämlich wie sie von den verschiedenen beteiligten Personen erlebt und gesehen wird. Die Stärke von Kai Schloessers Film besteht vor allem im Herausheben, im Sichtbarmachen von Zwischentönen und feinsten Nuancierungen, die die innere Welt des Einzelnen und das pädagogische Beziehungsgeschehen in der *Camp Community* betreffen.

Im Jahre 1987 erschienen zwei Dokumentationen zu den beiden ersten Camps von 1985 und 1986.[448] Diese Bände sollten die spezifischen, in diesen internationalen Programmen entwickelten Formen des Lernens und Lehrens in der Praxis und an lebendigen Beispielen zeigen. Sie enthalten Photos, Zeichnungen, Briefe, Zeitungsausschnitte, Texte zur Vorbereitung der Camps, Texte und Gedichte von den Campteilnehmern und *Counselors*, zu ihren Erlebnissen, Erfahrungen und Eindrücken, ferner Berichte zur pädagogischen Arbeit in den verschiedenen Themengruppen, Reaktionen seitens der Eltern und der Presse. Es handelt sich um eine vielseitige Sammlung von Materialien aus der frühen Anfangsphase. Sie besitzen den besonderen Vorzug, noch nicht in ein allzu ambitioniertes oder theoretisch durchkomponiertes pädagogisches oder didaktisches Modell gepresst worden zu sein.

Auf diese Weise vermitteln sie in ihrer Buntheit und Lebendigkeit etwas vom Pioniergeist, vom Aufbruchsgeist jener Jahre. Die vorläufigen Ergebnisse, Ideen und Konzepte aus den *Universitären Sommercamps* wurden damals bereits auf internationalen Kongressen in Hartford, Connecticut, USA (*Confratute* 1988[449]), Salzburg (*Needed the gifted!* 1988[450]), oder Zürich (*Echa* 1988)

---

[448] Bröcher, A., Griffel, N. & K.-J. Kluge: Mit Vergnügen Forschen und Lernen ´85. Außergewöhnliches Lernen in Universitären Sommercamps. München 1987. – Dies.: Mit Vergnügen Forschen und Lernen ´86. Außergewöhnliches Lernen in Universitären Sommercamps. München 1987

[449] Bröcher, J.: „Fostering Creative Intelligence in a University Summer Program". Zu: Confratute, University of Hartford, Connecticut, USA, 18. - 29. Juli 1988

[450] Bröcher, J.: Ganzheitliche Kreativitätserziehung bei hochintelligenten Kindern und Jugendlichen. Vortrag zum Kongress: „Begabungen gefragt - Needed the Gifted", Europäische Gesellschaft zur Förderung Hochbegabter; Salzburg 26. - 28. Sept. 1988

vorgestellt, während es in Deutschland diese Möglichkeit der Präsentation und Diskussion gar nicht gab. Die Medien reagierten zwar sehr wach, denn das Thema eignete sich für die allgemeine Öffentlichkeit offenbar als reißerische Schlagzeile (*Superhirne, Intelligenzbestien, die klugen Kinder, kleine Einsteins* usw.). Doch die pädagogische Fachöffentlichkeit hüllte sich in Schweigen.

Insbesondere die sonderpädagogische Fachöffentlichkeit zeigte sich irritiert. Niemand, außer den *Insidern*, verlor ersichtlich oder nachweislich ein Wort über unsere Ideen, über unsere Lernphilosophie, über unsere methodischen und didaktischen Versuche und Ergebnisse, über unsere Forschungen, über die von uns aufgeworfenen pädagogischen Fragen und die von uns entwickelten Handlungsansätze.

An möglichen Hintergründen für diese Reaktionen bzw. für das Ausbleiben derselben ziehe ich einmal in Betracht, dass die bundesdeutschen Bildungswissenschaften aufgrund politischer und historischer Hintergründe nie unbefangen mit dem Thema Hochbegabung umzugehen vermochten. Es wurde immer zu schnell mit dem ambivalenten Begriff der *Elite* hantiert und diesbezüglich ein Distanzierungsbedürfnis geäußert (Hätte man nicht vielleicht stärker von der aus dem künstlerischen Feld stammenden Kategorie der *Avantgarde* aus denken können?) Zweitens, dass man nie recht wusste, sofern man sich überhaupt zu einer Konzeptionalisierung und Installierung einer *Begabtenpädagogik* durchrang, *wo* in den bildungswissenschaftlichen Fächerdisziplinen diese unterzubringen sei.

Drittens erschien es vermutlich vielen inakzeptabel, dass die Kölner Begabungspädagogik sich ausgerechnet vor sonderpädagogischem Hintergrund konstituierte, definiert doch der größte Teil dieser *Scientific Community* Sonderpädagogik immer noch eher *eng*, nämlich als Pädagogik für Behinderte, sozial Benachteiligte, Desintegrierte, Schwache usw. Man folgte offenbar der Theorie bzw. Annahme: Wer etwas Besonderes kann oder über besondere Fähigkeiten verfügt, kann sich doch allein schon glücklich schätzen, auch wenn er oder sie oftmals nicht weit mit der Realisierung der eigenen Potenziale und Lebensentwürfe kommt.

Einen sonderpädagogischen Handlungsbedarf wegen ausgeprägter Begabung, Intelligenz oder Kreativität gab es aus der Sicht der allermeisten jedoch nicht.

Die neuerdings in Fachkreisen angemahnte Internationalisierung der pädagogischen Forschung und Konzeptentwicklung war in den Universitären Sommercamps von Anfang an mitbedacht. Es gab schon in den 1980er Jahren intensive Kontakte mit Instituten in USA, Russland, Polen, Frankreich, Israel, Ungarn, Niederlande, Dänemark, Italien, Spanien usw. und diese bestehen bis heute. Kinder und Jugendliche aus den genannten Ländern nahmen und nehmen teil. Im Gegenzug fuhren deutsche Jugendliche in die Camps von Partnerorganisationen in USA, Polen, Russland, Italien, Frankreich oder Israel. Auch das Team der *Counselors* war und ist international besetzt. Konzepte, Ideen und Ergebnisse wurden ausgetauscht. Es fanden Arbeitstreffen, Konferenzen, Trainings, Besichtigungen von Einrichtungen etc. in Connecticut, Michigan, Polen, Italien, Frankreich und Israel statt.

Bemerkenswert war und ist, dass schon lange vor dem Fall des *Eisernen Vorhangs*, zum Teil unter sehr schwierigen Bedingungen und dank des Engagements von Professor Andrej Jaczewski von der Universität Warschau ein intensiver pädagogischer Austausch mit Polen vorhanden war. 1987 fuhr ich mit einer Gruppe nach Warschau und Masuren, um die begabungspädagogischen Projekte und ein erlebnispädagogisches Sommerprogramm des Jugendpalastes aus der Nähe kennen zu lernen.

GIFTED EDUCATION AUF DEM HIGH/SCOPE-CAMPUS

1984 ging ich nach Amerika, um für zwei Monate in den Summer Workshops der High/Scope Educational Research Foundation als *Counselor* mitzuarbeiten (Auch H. Lietz ging 1896 nach England an die Internatsschule Abbotsholme. Dies wurde für ihn zum Schlüsselerlebnis. Die dort gemachten Erfahrungen und die vorgefundene pädagogische Konzeption wurde zum Vorbild für die Entwicklung einer eigenen Schulkonzeption. Einen durchaus vergleichbaren Stellenwert besitzt für mich die Berührung mit der amerikanischen High/Scope-Pädagogik.). Es handelt sich hierbei um international bekannte und hochangesehene Förderprogramme für hochintelligente und hochmotivierte Jugendliche.

Diese projektorientierten und unter anderem erlebnispädagogischen Sommerworkshops, die auch begabte Heranwachsende aus sozial schwächeren Familien durch die Vergabe von Stipendien berücksichtigen, werden seit Anfang der sechziger Jahre von Professor David Weikart von der University of Michigan, seiner Frau Phyllis und einem sich stets neu rekrutierenden Team an *Counselors* durchgeführt. Ich arbeitete dort mit, um das in USA vorhandene Know-How in die Entwicklung der *Universitären Sommercamps* in Deutschland einzubringen.[451] Die pädagogischen Schwerpunkte dieser High/Scope-Summer-Workshops bildeten die Entwicklung von Team- und Führungsfähigkeiten, das gemeinsame Lernen in Projekten, das problemlösende, produktive, kreative und schöpferische Denken und Handeln.[452]

Es ist hier natürlich nicht möglich, die pädagogischen Grundlagen der High/Scope-Summer Workshops in aller Ausführlichkeit darzustellen, und doch will ich hier auf einige wesentliche Prinzipien kurz hinweisen und zugleich einige Querverbindungen zu reformpädagogischen Strömungen, die hier eingegangen sind, herstellen, denn dies alles ist als Entstehungshintergrund für die

---

[451] vgl. Bröcher, J.: Zur Planung und Vorbereitung des 1. deutschen kreativen Sommercamps. In: D. Gafni, K.-J. Kluge & K. Weinschenk (Hrsg.): Die verborgene Kraft - Hochbegabung, Talentierung, Kreativität. München 1985, 133 – 144. - Bröcher, J.: „Ausgerechnet hochbegabte Schüler fördern?" - Erfahrungen als Counselor im High/Scope Summer Workshop (USA). In: D. Gafni, K.-J. Kluge & K. Weinschenk (Hrsg.): s.o., 239 – 248. - Bröcher, J.: Das erste deutsche kreative Sommercamp. Ein pädagogisch-therapeutischer Beitrag zur Demokratisierung von Hochbegabung und eine persönliche, konstruktiv-kritische Stellungnahme anhand der Auswertung von Erfahrungen und der aktuellen Fachliteratur. Schriftliche Hausarbeit/ 1. Staatsexamen. Erziehungswissenschaftlich-Heilpädagogische Fakultät, Universität zu Köln 1985

[452] vgl. Hohmann, C.: The High/ Scope Summer Workshop for Teenagers. High/ Scope Educational Research Foundation, Ypsilanti, Michigan 1982. – Weikart, D. (Ed.): Summer Program for Teenagers: Workshop Reports. High/Scope Educational Research Foundation, Ypsilanti, Michigan, n.d. – Weikart, D. (Ed.): High/Scope Staff Training Manual. Ypsilanti, Michigan 1984. - Vgl. auch die aktuellen Publikationen zu den High/Scope-Sommer-Programmen, heute auch unter dem Namen IDEAS bekannt

Didaktischen Variationen durchaus relevant. Auf diese Weise wird auch deutlich werden, warum es gerade der lange Sommer des Jahres 1984 war, der für meine gesamte weitere pädagogische Arbeit fundamentale Bedeutung erhielt.

Im ländlichen Clinton in Michigan, vielleicht eine gute Autostunde von Ann Arbor entfernt, wo sich das Anwesen der High/Scope Educational Research Foundation befindet, wurde unter anderem mit den Jugendlichen nach der Projektmethode im Sinne von John Dewey gearbeitet. Erkenntnisse wurden nicht in abstrakter Einsicht gewonnen, sondern im pragmatischen Sinne durch das Handeln selbst. Wir lernten und arbeiteten während dieses Sommers durch gemeinsames Planen, durch aktive Beteiligung an einer größeren Aufgabe, etwa den Bau eines Bootes, einer Hängebrücke oder eines Baumhauses. Es ging darum, gemeinsam die Aufgabe zu lösen, gemeinsam das angesteuerte Ziel zu erreichen. Dieses Arbeiten *in* der Gruppe, dieses Arbeiten *als* Gruppe besaß dabei durchaus eine erzieherische Funktion, einen Gedanken wie wir ihn ja auch bei G. Kerschensteiner wiederfinden. Die eigene Arbeit und die eigenen Fähigkeiten und Potenziale wurden in den Dienst der Gemeinschaft gestellt.

David Weikart, einerseits Präsident der High/Scope Foundation und andererseits praktischer Pädagoge und Lehrer, der auch unmittelbar in den Workshops und Projekten der Camp Community präsent und teilweise aktiv beteiligt war, indem er mit Counselors und Teilnehmern sprach, sich ansatzweise in die aktuellen Problemlösungsprozesse einbrachte und mitüberlegte, Impulse gab, Fragen aufwarf usw., lehrte uns, dass Erziehung immer soziale Erziehung ist, dass es in erster Linie darum geht, soziale Tugenden zu entwickeln. Es ging dabei nicht nur um die erzieherische Funktion der Zusammenarbeit, wie wir sie ja auch bei P. Petersen als Arbeitsgemeinschaft oder Gruppenarbeit finden.

Es ging, vielleicht der Pädagogik Kerschensteiners vergleichbar, stärker noch um staatsbürgerliche Erziehung, und da die High/Scope-Programme zumeist international konzipiert sind und gebucht werden, also durchaus Jugendliche aus den amerikanischen Südstaaten, aus New England, aus Hawaii, aus Frankreich, Deutschland, Kolumbien, Peru, Japan usw. miteinander in den

Projekten arbeiteten, ging es hier um eine Art weltbürgerliche Erziehung, im Sinne staatenübergreifener Zusammenarbeit, Kooperation, um gegenseitige Akzeptanz und Wertschätzung. Die High/Scope-Pädagogik basiert also zu einem großen Anteil auf Gemeinschaftserziehung. Neben den Einwirkungen durch den Camp-Präsidenten David Weikart, seine Frau Phyllis, die von ihnen eingesetzten Direktoren und Counselors konstituierte sich hier auch eine Gemeinschaft der Jugendlichen, die sich selbst erzieht.

Ich sah mich in manchem, was sich unter dem weiten Himmel von Michigan vollzog, an die Ideale der Jugendbewegung erinnert. Das Prinzip der Gemeinschaft, der Freundschaft stand sehr im Vordergrund. Die High/Scope-Pädagogik, wie ich sie 1984 erlebte und selbst mit verwirklichte, entfaltete sich geradezu in der Gemeinschaft und durch die Gemeinschaft. Sie war ihrem tieferliegenden Wesen nach in der Gemeinschaft begründet. Rücksichtnahme, Hilfsbereitschaft, Zusammenarbeit waren täglich neu angewandte und eingeübte Werte und Prinzipien, vom gemeinsamen Essen am Tisch, bei dem die Tisch-Counselors ein kultiviertes Gespräch förderten und auf eine gerechte Verteilung von Essen und der zu übernehmenden Aufgaben achteten über die Kooperation in den Workshops und Projekten bis hin zur Abendgestaltung und Nachtruhe.

Auch hier versahen die Counselors die Aufgabe, mit jeweils sechs Jugendlichen ein Zimmer zu teilen. Diese Verantwortung schloss einmal ein, für einen geordneten Ablauf auf den Zimmern zu sorgen, die Einhaltung der Nachtruhe zu gewährleisten und zum anderen die Zeit nach dem Löschen des Lichtes (22.00 – 22.30 Uhr) in der Schlafstube für ein reflektierendes, philosophisch fundiertes, den Tag auf harmonische Weise zuende bringendes Gespräch zu nutzen. In manchem erinnerte das an die *Totalerziehung* und die Idee der Lebensgemeinschaft, wie wir sie in den deutschen Landerziehungsheimen Anfang des 20. Jahrhunderts wiederfinden.

Speziell diese abendlichen Gespräche mit den Jugendlichen aus Peru, Kolumbien, Hawaii, Japan, Frankreich, New England, Mississippi usw. zeigten mir nachdrücklich und auf unvergessliche Weise, zu welch anspruchsvoller Reflexion, zu welcher geistigen Empfindungsfähigkeit und gedanklichen Komplexität bereits Vierzehn- oder Fünfzehnjährige in der Lage sind.

Selbsterziehung statt Fremderziehung, war ja einer der Grundsätze der Landerziehungsheimbewegung. Sich selbst sollte der einzelne etwas abverlangen, um vor sich und der Gemeinschaft bestehen zu können, so auch auf dem High/Scope-Campus. Dabei ging es auch um die Überwindung egoistischen und selbstsüchtigen Verhaltens. Hier spielte ebenfalls die Überzeugung hinein, dass die Familienerziehung nicht alles allein leisten kann. Auch die Landerziehungsheimbewegung war ja zurückhaltend gegenüber der Familie, ihrem Erziehungsverhalten und ihren tatsächlichen Erziehungsmöglichkeiten eingestellt.

Besonders bei Gustav Wyneken findet sich hier eine kritische Sichtweise. Die Grenzen der Familienerziehung wurden dabei vor allem in deren Mangel an Sozialwillen, in Selbstzufriedenheit und in ihrem individualistischen Charakter gesehen. Es kann hier natürlich nicht darum gehen, Familienerziehung und Gruppenerziehung gegeneinander auszuspielen. B. Otto wiederum war es, der die Bildungsbedeutsamkeit des Gespräches am Familientisch betonte und diese Struktur erneut auf die Internatspädagogik übertrug. Es geht daher wohl nicht um ein *oder*, sondern um ein *und*.

David Weikart, Charles Hohmann und seine anderen Mitstreiter, die die High/Scope-Camps Anfang der 1960er Jahre gründeten, begannen zunächst mit einem achtwöchigen Programm, um die Möglichkeiten der pädagogischen Einflussnahme zu erhöhen. Später dann wurde das Intensiv-Programm auf sechs Wochen verkürzt, ich erlebte es 1984 noch so (plus eine Woche Intensivtraining für den Staff, das Team der Mitarbeiter also). Inzwischen wurde der Summer Workshop meines Wissens auf drei Wochen verkürzt (auch die Universitären Sommercamps/ SkyLight-Camps in Deutschland begannen 1985 noch mit vier Wochen plus einer Trainingswoche für die Counselors; inzwischen sind es zwei Wochen Camp-Programm), was alles nachvollziehbare Gründe hat, die sich um Ressourcen, Qualitätssicherung und Finanzierbarkeit drehen. Rein pädagogisch betrachtet, sind das vielleicht schon

Verluste, denn das innere Sich-Entwickeln, Sich-Verändern, das solche Intensivprogramme bewirken können, braucht ja auch Zeit und Dauer.

Körperliche Arbeit besaß im Rahmen der High/Scope-Pädagogik einen sehr großen Stellenwert. Auch H. Lietz, einer der prominentesten Vertreter der Landerziehungsheimbewegung, sah ja die körperliche Arbeit auf dem Lande als wichtiges Element der Jugenderziehung an. Gärtnerische und landwirtschaftliche Arbeit oder handwerkliche Werkstattarbeit besaßen für ihn, genauso wie für David Weikart auf dem High/Scope-Campus eine besondere Bedeutung. Der Tag in Clinton begann etwa mit einer halben Stunde Gartenarbeit. Es wurde Unkraut gejätet oder es wurden Tomaten, Kopfsalat oder Zucchini geerntet und zur direkten Verarbeitung in die Küche gebracht.

Hermann Lietz war ein Bauernsohn und auch David Weikart ist abgesehen von seinem überaus beachtlichen wissenschaftlichen Engagement ein bodenständiger Farmer, naturverbunden, mit den Jahreszeiten lebend, ursprünglich, einfach, praktisch orientiert und versiert. Dave, wie wir ihn nennen durften, flog etwa während des Sommercamps für einen Tag zu einem Vortrag irgendwo in den USA. Am Tag darauf kniete er bereits wieder an unserer Seite, als wir versuchten, irgendetwas über eine landwirtschaftliche Maschine herauszufinden, um sie reparieren zu können.

Die Jugendlichen im Gras, unter dem Gerät und dann Dave, wie er sich nach unten beugte und irgendein Gewinde, irgendeinen Mechanismus in Augenschein nahm und den Jugendlichen Anregungen und Impulse gab, damit sie eigenverantwortlich und selbstständig mit ihrer Problemlösung weiterkamen. Er gab Lösungen nie einfach nur vor. Ein sehr häufig von Dave an die Jugendlichen (wie auch an uns Counselors) gerichteter Satz, wenn sie ihn etwas gefragt hatten, lautete: „What do you think?"

In manchem sah ich mich während des Sommers auf dem High/Scope-Anwesen auch an die Kunsterziehungsbewegung erinnert. Auch diese betonte ja das Musische und verknüpfte es mit Bodenständigkeit, Volksnähe und ursprünglichen Lebensformen, wie sie hier in Clinton/ Michigan kultiviert wurden. (Auch in den deutschen Landerziehungsheimen wurde ja großer Wert auf die Entfaltung des Musischen gelegt. Paul Geheeb nahm das Musische etwa in sein pädagogisches Programm auf.)

Es gab die beiden, einander gegenüber liegenden Herrenhäuser, dazwischen einen See, drumherum kleinere Wirtschaftsgebäude, Scheunen, Werkstätten, insbesondere eine zum Tanzsaal umgebaute Scheune mit bunt getönten Fensterscheiben: „the barn". Das alles fügte sich zu einer Ganzheit zusammen, einerseits einfach und bodenständig, andererseits doch stilvoll, ästhetisch, künstlerisch veredelt. Phyllis Weikart vermittelte uns Volkstänze aus allen Ländern dieser Erde und wir tanzten diese gemeinschaftlich an vielen Abenden. (Auch im Rahmen der Kunsterziehungsbewegung wurde ja der Volkstanz neu entdeckt und belebt.)

Einen ganz besonders hervorgehobenen Stellenwert besaß innerhalb des High/Scope-Programms das Trecking im Sinne einer intensivierten Gemeinschafts- und Naturerfahrung. So zogen wir drei Tage lang, aufgeteilt in mehrere Gruppen von etwa fünfzehn Jugendlichen, die jeweils durch zwei Counselors begleitet wurden, mit Zelten, Schlafsäcken und Proviant auf dem Rücken durch einen Nationalpark, über den Potawotami-Trail, einen alten Indianerpfad (Das Wandern bzw. das Trecking, zu beiden Seiten des Atlantiks, ist ja unter anderem auch durch die Jugendbewegung motiviert und initiiert worden.).

Das Wandern und Übernachten in freier Natur diente der Chrakterbildung und Gemeinschaftserziehung. Pädagogen und Jugendliche, aber auch die Jugendlichen untereinander, kommen sich beim Wandern näher. In der Bewältigung der unmittelbar anfallenden Arbeiten und Aufgaben, wie Zelte aufbauen, Essen zubereiten usw., sind sie aufeinander angewiesen und zu gegenseitiger Hilfe angehalten. Wir finden diese Prinzipien ja auch im Rahmen der gegenwärtigen Erlebnispädagogik wieder. Es stellen sich den Heranwachsenden Aufgaben und Herausforderungen. Es kommt mitunter auch zu Begegnungen mit anderen, neuen, fremden Menschen, die ja über den üblichen Schulbetrieb weit hinausgehen.

Im Rahmen eines vergleichbaren pädagogischen Unternehmens wanderte ich in Südwest-Irland auf dem Dingle Way. Es war eine große Herausforderung, die gesamte Schleife von Annascaul um Slea Head herum, über Dunquin, Ballydavid, Castlegregrory zurück bis nach Camp zu wandern, und dies in sechs Tagen, was insgesamt eine Fußstrecke von ca. 130 Kilometern umfasste. Mal führte uns der Weg durch die Hügel, mal an Steinmauern vorbei, mal gingen wir direkt an der Küste, in kurzen Strecken auch einmal über den Strand, wie in der weiten Brandon Bay. Wir waren der Sonne, Wind und Regen, jedenfalls einem sich ständig wechselnden Wetter ausgesetzt, selbst im Sommer.

Eine besondere Herausforderung war die Überquerung des Sattels unterhalb des Mount Brandon. Wir starteten morgens in Ballydavid bei Regen, wanderten dann unter blauem Himmel und arbeiteten uns langsam in die Berge hinauf. Oben auf dem Bergrücken angekommen, hüllte uns dichter Nebel ein, die Orientierung wurde schwieriger und schließlich goss es wie aus Eimern. Schnell wurden die Rucksäcke mit Folien wasserfest gemacht und abgewartet. Als der Regenschauer nachließ, stärkten wir uns mit Keksen, Äpfeln und Wasser. Der Abstieg nach Cloghane hin, zuerst in Anbetracht des mühseligen Aufstiegs von 0 auf nahezu neunhundert Meter fiebernd herbeigesehnt, erwies sich jedoch als ganz neues Abenteuer.

Statt vor einem fröhlichen Hinunterschlendern standen wir vor einer ziemlichen Herausforderung, denn der durch die schwarzen Pfähle mit dem gelben Wanderersymbol markierte Weg fiel zunächst an die hundertfünfzig Meter jäh ab, dies so steil, dass wir erst einmal ratlos innehielten. Der Weg bestand nur aus groben Felsblöcken, über die das Regenwasser nach unten stürzte, dazwischen matschige Mulden und rutschige Erdpartien. Ich konnte nicht erkennen, wie wir hier mit den Fußsohlen und Wanderstöcken Halt finden konnten und entschied, besser in langen Serpentinen den sumpfigen und grasbewachsenden Hang neben dem markierten Weg hinunterzugehen. Wie groß ist die Freude eines Fünfzehnjährigen, wenn er nach neun Stunden anspruchsvoller

Wanderung und Bergüberquerung dann Essen und Bett im Gasthaus, hier im irischen Cloghane, bekommt.

Die Herausforderungen auf dem Potawotami-Trail waren freilich andere. Zwar gab es hier keine Berge wie den Mount Brandon zu überqueren, doch hatten wir hier immerhin stundenlange Regengüsse und Attacken von Mückenschwärmen zu ertragen. Auch mussten wir den vereinbarten Zielpunkt erreichen, denn nur von hier aus konnten wir mit einem Bus wieder abgeholt werden. Gemeinsam bauten wir die nicht mehr neuen Zelte auf, flickten schadhafte Stellen, knoteten und schnürten, machten ein Lagerfeuer, um Pfannkuchen zu braten, die wir aus dem mitgebrachten Pulver bereiteten.

Die High/Scope-Pädagogik beinhaltete auch diese Art von Fahrtenleben, mit Wandern, Singen, Lagerfeuer. Am abendlichen Feuer ergab sich so manches Gespräch. Diese jungen Menschen aus Südamerika, den USA, aus Europa und Asien konnten bis tief in die Dunkelheit hinein letzten Fragen des Daseins nachgehen. Auch gehörten Abende, an denen die gesamte Camp Community um ein Lagerfeuer saß und einem bestimmten gesellschaftlichen oder philosophischen Thema reflektierend nachging, fest mit zum Programm. Einmal pro Woche fand unter dem Namen „Council" ein solcher Abend, am Feuer, unter freiem Himmel, wir alle im Kreis auf Baumstämmen sitzend, statt.

Es gibt also in mancherlei Hinsicht eine starke Parallele zwischen der High/Scope-Pädagogik und der Jugendbewegung, speziell mit Blick auf die körperliche Erziehung auch der Landerziehungsheimbewegung, wie sie insbesondere durch H. Lietz verkörpert wurde. Der Körper wurde entsprechend planmäßig bei der Erziehung einbezogen. Es wurden täglich Körperübungen gemacht. Der Tag begann etwa mit Gartenarbeit an frischer Luft und zu einer bestimmten Zeit am Nachmittag wurde Sport getrieben, wobei die Jugendlichen stets zwischen drei verschiedenen Angeboten wählen konnten. In der Regel war mindestens eine Ballsportart und Schwimmen im See mit im Angebot.

Auch wurde in Clinton großer Wert auf eine gesunde und ausgeglichene Ernährung gelegt. Die Jugendlichen und auch die Counselors hatten auf sämtliche Genussmittel (außer Kaffee) zu verzichten. Auch hierin zeigt sich eine deutliche Parallele zwischen der High/Scope-Pädagogik und der Pädagogik der deutschen Landerziehungsheime Anfang des 20. Jahrhunderts, ohne freilich eine allzu direkte Beziehung zwischen beiden Strömungen herstellen zu wollen. Doch zeigte mir die intensive Auseinandersetzung mit der High/Scope-Pädagogik, in welchen weitreichenden historischen Verflechtungen sich die Dinge befinden.

Es ist nicht von der Hand zu weisen, dass ähnlich wie bei Gustav Wynekens Gemeinschaftserziehung in den Landerziehungsheimen in der High/Scope-Pädagogik (vielleicht auch in den deutschen Universitären Sommercamps/ SkyLight-Camps) entfernt die Idee der Bildung einer geistigen Elite anklingt, ohne dass dies freilich in den Programmen so expliziert worden wäre. Für Wyneken gab es so etwas wie die Vorstellung von einer ausgelesenen Gemeinschaft mit einer besonderen Verpflichtung dem Geiste gegenüber. Die Idee einer Elitebildung, der Bildung einer Führungsschicht also, ist, sofern sie hier eine Rolle spielt, zugleich geknüpft an bestimmte humane, der Gemeinschaft dienende Werte, die durch die pädagogisch besonders geförderten jungen Menschen eines Tages gelebt und in der Gesellschaft angewandt werden sollen, zum Wohle aller.

Die folgende, von Paul Geheeb stammende Passage ist vielleicht in diesem Zusammenhang in ihrer tieferen Bedeutung zu verstehen: „Nicht bequemer wollen wir es euch machen – nein schwerer, insofern wir euch höhere Ziele stecken und größere Ansprüche an eure Einsicht, an eure Initiative, an eure Energie, an euer vernünftiges Wollen stellen. Leichter freilich machen wir es euch dadurch, dass wir die in euch wohnende Schaffenskraft nicht beengen und unterdrücken, sondern zu freier Entfaltung und kräftiger Erstarkung zu bringen versuchen, in der Absicht, euch auf euch selbst zu stellen und uns nach und nach entbehrlich zu machen."[453]

Die High/Scope-Pädagogik, wie sie auf dem Sommer-Campus erfahrbar wurde, setzte sich, hierin dem pädagogischen Streben

---

[453] aus: W. Schäfer: Die Odenwaldschule 1910 – 1960, S. 6; ders: Paul Geheeb (Aus den deutschen Landerziehungsheimen, Heft 4), Stuttgart 1967

von Kurt Hahn verwandt, deutlich von den Schattenseiten der modernen Zivilisation, insbesondere des Großstadtlebens ab. Auch die von Hermann Lietz, Gustav Wyneken, Paul Geheeb und anderen begründeten Landerziehungsheime lagen ja weit außerhalb der Städte. Auf diese Weise konnte sich die Stille des Waldes, der Berge, der Felder und Weiden pädagogisch förderlich auswirken, im Falle des High/Scope-Camps war das eine nahezu unendliche Weite der Landschaft und auch die Universitären Sommercamps/ SkyLight-Camps sind, nach Zwischenstationen am Niederrhein, im Hochsauerland oder in Südtirol, nunmehr mit Schloss Rohlstorf, einem am schleswig-holsteinischen Warder See gelegenen Herrenhaus in einem äußerst stillen, zauberhaften und Kontemplation ermöglichenden landschaftlichen Ambiente angekommen.

Abschließend sei noch hervorgehoben, dass die Counselors im High/Scope-Programm, neben ihren vielen anderen Aufgaben auch als Fach-Counselors für Elektrotechnik, Theater, Musik, Tanz, Kunst, Informatik usw. aktiv werden. Das heißt, beim Stand des Konzeptes von 1984, boten wir während der ersten zwei Wochen neunzigminütige einführende Veranstaltungen („Instructions") in das von uns vertretene Themengebiet an.

Diese Instructions waren von den Jugendlichen wählbar. Genauso wie die, während der dritten und vierten Campwoche anzubietenden „Clubs". Diese bestanden aus insgesamt drei neunzigminütigen Lernveranstaltungen und vertieften bereits bestimmte Fragestellungen, Methoden, Verfahren, Techniken, je nach Fachgebiet. Während der fünften und sechsten Campwoche boten die Fach-Counselors schließlich einen längerfristigen Workshop, bestehend aus etwa acht Arbeitseinheiten, an.

Doch neben aller Konzentration auf Gemeinschaft und soziale Erziehung wurde auch individuelles Lernen und Arbeiten gefördert. David Weikart nannte diesen pädagogischen Schwerpunkt „self-scheduled time". Entsprechende Lerneinheiten verteilten sich über die gesamten sechs Wochen. Diese selbst zu gestaltende Lernzeit besaß im Rahmen der High/Scope-Pädagogik, wie ich sie damals erlebte, einen besonders zentralen Stellenwert (Wir finden dieses Konzept auch als „Individual Work" in der schulischen Konzeption von Carleton Washburne. Mit Bezug auf das „Enrichment Triad Model" von Joe Renzulli etablierten wir in den Universitären Sommercamps später mit ähnlicher Zielsetzung die „Independent Studies".). Die Counselors fungieren hier als Berater, als Lernhelfer, quasi als Coach, wie heutzutage in den SkyLight-Camps.

Dieses Modell des Pädagogen als eines Lernhelfers wurde ja auch von dem Reformpädagogen Hugo Gaudig so vertreten. Ich erinnere mich allerdings auch an verschiedene Gespräche mit David Weikart, in denen deutlich wurde, dass die „selfscheduled-time" für viele der Jugendlichen noch eine ungewohnte Lernform zu sein schien. Hier waren in hohem Maße Eigeninitiative, Selbstgestaltung und Durchhaltevermögen gefragt, Voraussetzungen, die nicht bei allen Heranwachsenden gleichermaßen, auch nicht bei den begabten und intelligenten, gegeben waren. Wir Counselors hatten hier die Aufgabe, zu beraten, zu unterstützen, Impulse und Feedback zu geben.

Das Modell des „Lernhelfers" oder „Lernprozessbegleiters" wurde insbesondere durch Karl-J. Kluge im Rahmen der Universitären Sommercamps weiterentwickelt, bis hin zu dem heute auf Schloss Rohlstorf durch Eva & Karl-J. Kluge angewandten Coaching-Ansatz. *Vom Lernhelfer zum Coach*, ließe sich diese, zwanzig Jahre umspannende, Entwicklung vielleicht beschreiben. Dies immer vor dem Hintergrund und verbunden mit dem Ziel, die häufig unter einer erheblichen Schulmüdigkeit leidenden hochintelligenten und hochmotivierten Jugendlichen wieder an ihre Lernpotenziale heranzuführen und ihnen neue Entwicklungsmöglichkeiten zu eröffnen.

Was die High/Scope-Summer-Workshops (inzwischen I-DEAS) betrifft, so haben auch diese während der vergangenen zwanzig Jahre Veränderungen und Weiterentwicklungen erfahren. Ich kann dem hier nicht in allen Einzelheiten nachgehen. Es gibt dazu aktuelle Publikationen.[454] Ich selbst habe mich hier vor al-

---

[454] Oden, S., M. Kelly, Z. Ma & D. Weikart: Challenging the Potential. Programs for Talented Disadvantaged Youth. Ypsilanti 1992. - Ilfeld, E.M.: Learning Comes to Life. An Active Learning Program for Teens. Ypsilanti 1996

lem auf meine unmittelbaren pädagogischen Erfahrungen und die im Jahre 1984 verwendeten Trainingsunterlagen, Programmbeschreibungen und sonstigen Handreichungen für den *staff*, das heißt die High/Scope-Counselors, bezogen.

1988 ging ich nach Connecticut, um das von Jeff Ostroff geleitete *Young People´s Institute* und das durch Joseph Renzulli und seine Mitarbeiter entwickelte *Enrichment Triad Model*[455] aus der Nähe kennen zu lernen. Diese Berührungen mit der amerikanischen *Gifted Education* waren sehr prägend für mich. Die gesamte Haltung gegenüber hoher Intelligenz, Kreativität, Begabung, ja gegenüber Lernen und persönlicher Weiterentwicklung *generell*, erlebte ich in den USA als viel freier, offener, dynamischer, unbelastet von Vorurteilen. In jedem Kind, das etwas Besonderes kann oder von sich zeigt, spiegelt sich aufs Neue der *American Dream,* der Traum von der Machbarkeit des Erfolgs.

Ist diese Lebensphilosophie inzwischen auf Deutschland übertragbar? Auch nicht jetzt, nach *PISA*, wenigstens im Ansatz? Ein wenig von dem Schwung der amerikanischen *Gifted Education* vermochten wir allerdings in den *Universitären Sommercamps/ SkyLight-Camps* zum Leben zu erwecken. In den Folgejahren wurden diese international bekannt als eine kreative Ideenschmiede für Kinder und Jugendliche, die in den Schulen ihre Potenziale aus den verschiedensten Gründen nicht leben können, vielleicht ein nicht zu unterschätzender Teil unseres Führungsnachwuchses. Die Universitären Sommercamps oder SkyLight-Camps sind mittlerweile zu einer pädagogischen Adresse ersten Ranges geworden, ein Ort, an dem durch eine gezielte Potenzialförderung und ein intensives Coaching nicht nur Individualität und Persönlichkeitsbildung sondern auch Sinn für das soziale und kulturelle Ganze vorangebracht werden.

Es gibt hier vielerlei pädagogische Elemente wie Methoden, Arbeitsweisen, Lernprozesse und Lernerfahrungen aus diesen Kontexten, die speziell mit Blick auf das Thema der didaktischen

---

[455] vgl. Renzulli, J. S.: The Enrichment Triad Model, Mansfield Center, Connecticut 1977. – Ders.: The Schoolwide Enrichment Model. Mansfield Center, Connecticut 1985. - Renzulli, J. S., S. Reis & U. Stedtnitz: Das Schulische Enrichment Modell (SEM). Aarau und Frankfurt am Main 2001

Variation fruchtbar gemacht werden können. Natürlich sind alle diese Modelle, methodischen Elemente, pädagogische Haltungen usw. nicht 1:1 etwa auf die schulischen Kontexte oder sozialpädagogischen Projekte, die in unterschiedlicher Dosierung mit Verhaltensproblemen und Verweigerungsreaktionen konfrontiert sind, übertragbar.

Dies alles bedarf einer jeweils vorzunehmenden Umstrukturierung oder Umgestaltung, einer jeweils neuen Zusammenstellung, auch der Beimischung weiterer, anderer, ergänzender Elemente, deren Notwendigkeit erst von einer konkreten pädagogischen Ausgangssituation her beurteilt werden kann. Fünf Jahre Gifted Education, die für mich *vor* fünfzehn Jahren Lehrertätigkeit im deutschen Schulsystem lagen.

Am ehesten noch ließen sich die Grundsätze der Gifted Education, wie ich sie in aller Kürze dargelegt habe, noch an den Grundschulen, wo ich viele Jahre als Integrationslehrer tätig war, umsetzen und verwirklichen, indem ich dort mit den kompletten Lerngruppen arbeitete, also auch mit den leistungsstärkeren und motivierteren Kindern, den Lernern mit einem stabilen und teilweise sehr hochentwickelten Lern- und Sozialverhalten.

Speziell in den ersten Jahren im Bereich der Erziehungshilfe- und Lernbehindertenpädagogik ist es mir gelungen, zahlreiche Projekte zu initiieren und zu begleiten, auch wenn diese Arbeit zum Teil mit erheblichem Konfliktstoff, Widerständen usw. seitens der Jugendlichen belastet war. Auch arbeitete ich im Sonderschulbereich phasenweise sehr stark erlebnispädagogisch, dass heißt ich unternahm mit meinen Erziehungshilfeschülern Naturerkundungen, Fahrten usw. Später ergaben sich dann neue und andere Schwerpunkte, von denen in den verschiedenen Kapiteln der Didaktischen Variationen die Rede ist. Die Berührung mit der Gifted Education blieb jedoch immer prägend für meine pädagogischen Bemühungen, sodass ich auch unter den Extrembedingungen mancher Sonderschulklassen eher den Blick auf vorhandene Fähigkeiten, Potenziale, Ressourcen der Heranwachsenden und weniger auf Störungen und Abweichungen richten konnte.

Der Kreis schließt sich für mich auch insofern, dass heute meine eigenen Söhne in den SkyLight-Camps leben, lernen und sich entwickeln und dass ich mich in den reflektierenden Gesprächen mit den Jungen davon überzeugen kann, was diese Art von pädagogischer Arbeit *wert* ist, im Sinne einer Ergänzung zum schulischen Lernen und als Ergänzung zu den familiären Bildungsprozessen, im Sinne eines zukunftsweisenden Entwurfs, im Sinne des Erkundens von neuen Lernmöglichkeiten und des Iniitierens von relevanten Veränderungsprozessen, stets das Individuelle und das Ganze betreffend.

COACHING FÜR LERNENDE UND LEHRENDE
Ich deutete an den verschiedensten Stellen bereits an, dass gerade in den zur Zeit im Bildungs- und Weiterbildungsbereich diskutierten Coaching-Ansätzen und Coaching-Tools Chancen auch für eine Erziehungshilfe- und Schulverweigererpädagogik liegen könnten. Ich war viele Berufsjahre lang in meiner Wahrnehmung vermutlich sehr stark auf zu bewältigende Lebenskonflikte, Daseinsthemen, Entwicklungsaufgaben usw. orientiert, vielleicht gar fixiert. Durch eine sehr anregungsreiche Coaching-Ausbildung im Hamburger Institut Coatrain[456] lernte ich, den Blick stärker auf Lösungsansätze und Veränderungsprozesse zu richten. Ich will daher hier einige wesentliche Grundlagen aus dem Coaching mit einbeziehen.

Zunächst stellt sich die Frage, was eine Lehrkraft oder eine Pädagogin in der Rolle eines Coaches tut? Sie stellt Kontakt her. Sie hört aktiv zu. Sie stimmt sich ein auf die Emotionalität des Kindes oder Jugendlichen. Sie löst allerdings keine Aufgaben für den Heranwachsenden, sondern lässt ihm oder ihr die Selbstverantwortung. Sie begleitet bei der Lösungsarbeit. Sie gibt aktiv Impulse, ohne dabei die Autonomie des oder der Lernenden aufzuheben. Sie ergründet Motive und Antriebe. Sie stellt Fragen, reformuliert und spiegelt zurück. Sie analysiert. Sie kann auch Rat geben, Erfahrungen vermitteln und eigene Lösungsvorschläge zur Verfügung stellen. Was wird aktuell unter Coaching verstanden?

---

[456] COATRAIN – coaching & personal training, Hamburg-Bergedorf, J. M. Steinke & I. Steinke

Coaching dient der Gestaltung und Beschleunigung sozialer Prozesse und es dient dem Konfliktmanagement.[457] Es kann als personenbezogene Einzelberatung[458] realisiert werden, jedoch auch als Teamberatung. Coaching ist Begleitung und Auslösung einer gewollten Entwicklung[459], ein klienten- und problemorientiertes Konzept zur Optimierung vorhandener Kräfte und Potenziale[460], Beratung und Betreuung auf fachlicher sowie der Beziehungs- und Verhaltensebene.[461] Coaching ist eine Kunst zur Förderung von Bewusstsein und Verantwortung, ein professioneller lösungsorientierter Dialog über alle beruflichen und privaten Fragen, die den Erfolg und das persönliche Wachstum fördern.[462] Somit ist Coaching natürlich etwas, was auch Lehrkräfte und Pädagoginnen für sich selbst gewinnbringend in Anspruch nehmen können.

Coaching ist eine zeitlich befristete Wegbegleitung durch einen Experten. Es ist an den eigenen Lern- und Entwicklungsbedürfnissen eines Klienten oder Coachees orientiert. Coaching wird als hochwirksam beschrieben. Empirische Studien sind zur Zeit in Arbeit. Coaching hat für den Klienten zunächst eine entlastende Funktion, indem sich dieser seine subjektiven Schwierigkeiten von der Seele reden kann. Darüberhinaus setzt Coaching Potenziale frei und optimiert ihre Umsetzung.

In einer vertrauensvollen, produktiven Atmosphäre kann der Coachee (hier Schülerin oder Schüler, je nach Kontext aber auch Lehrkräfte usw.) Klarheit gewinnen, eigene Grenzen überschreiten und zu mehr Selbstbewusstsein finden. Johanna M. Steinke & I. Steinke definieren Coaching nach ihrem Coatrain-Ansatz als „persönliche Beratung und alltagsnahes Individualtraining in vertrauensvoller Atmosphäre. Es geht um die beruflichen Ziele und Rollen sowie die Persönlichkeit und sozialen Kompetenzen [...]

---

[457] Bayer, H.: Coaching-Kompetenz. Persönlichkeit und Führungspsychologie. München 1995
[458] Looss, W.: Unter vier Augen. Landsberg a. Lech 1997
[459] Rückle, H.: Coaching. Düsseldorf 1992
[460] Schmidt, G.: Business Coaching. Wiesbaden 1995
[461] Weiß, J.: Selbst-Coaching. Paderborn 1993
[462] Whitmore, J.: Coaching für die Praxis. Frankfurt am Main 1994

Der Coachee erhält Anregungen, Feedback, Know-How, sofort, maßgeschneidert und diskret. Der Coachee kommt mit Fragen und geht mit Lösungen."[463]

Coaching hängt etymologisch mit dem Wort Kutsche (coach) oder Kutscher (coachman) zusammen. Phasenweise steigt der Fahrgast beim Coaching allerdings mit auf den Kutschbock und übernimmt für ein kurzes oder längeres Stück, je nach Reifegrad oder Entwicklungsstand, die Zügel. Hierbei wird er vom Coach beraten und unterstützt, bis dass er irgendwann ganz allein steuern kann.

Bewege ich mich als Lehrer oder Pädagoge auf das Gebiet des Coaching für die Heranwachsenden, tauchen natürlich Fragen nach Rollen, möglichen Rollenkonflikten, vorhandenen Kompetenzen usw. auf. Ohnehin haben wir es schon mit so vielfältigen Kompetenzfeldern von Pädagogen zu tun, etwa Fachkompetenz, Methodenkompetenz, Sozialkompetenz, Feldkompetenz, Persönlichkeit usw. Auch haben wir eine Vielfalt an Rollen inne, wenn wir über die sich um Schulverweigerung und Verhaltensprobleme drehenden Arbeitsfelder sprechen.

Je nach konkretem institutionellen oder organisatorischen Kontext und auch je nach der eigenen Rollendefinition sind wir Trainer, Lehrer, Therapeut, Hebamme, Mentor, Ratgeber, Führer, Betreuer, Freund, Coach usw. für die uns anvertrauten Kinder und Jugendlichen oder aus einer Leitungsposition heraus für Lehrkräfte, Sozialpädagoginnen usw. Jeder von uns weist bezüglich dieser Rollen eine ganz eigene persönliche Schnittmenge auf. Wie lässt sich nun Klarheit in diese Rollengeflechte bringen?

Inwiefern ist der Lehrer oder Pädagoge Führungskraft und inwiefern kann er Coach sein? Als Führungskraft einer Klasse, einer Lerngruppe, natürlich auch als Leiter einer Schule oder eines Projektes arbeite ich ziel- und ergebnisorientiert. Ich bin verantwortlich für die Ergebnisse der Organisation (Schulsystem, Jugendhilfe usw.) oder Organisationseinheit (Schule, Projekt, Klasse, Lerngruppe usw.). Ich kontrolliere, beurteile, ergreife Partei für das jeweilige System, ich entscheide. Ich besitze Macht, wenn

---

[463] Steinke, J. M. & I. Steinke, Trainingsmaterialien. Hamburg 2004

auch in begrenztem Umfang, und ich kann Machtmittel zur Durchsetzung von Zielen einsetzen, in der Lerngruppe etwa das Verteilen von Schulnoten, das Schreiben von Zeugnissen, das Zuteilen oder Verweigern von Schulabschlüssen, erzieherische Maßnahmen, Ordnungsmaßnahmen, Sonderstundenpläne, Schulausschlüsse u.a. Ich sehe die Kinder und Jugendlichen, oder aus der Leitungssicht: die Mitarbeiterinnen und Mitarbeiter als Leistungsträger. Sie sind Mittel zum Zweck, indem sie für die Organisation Schulsystem und weitergehend für die Gesellschaft eine bestimmte Aufgabe erfüllen.

Definiere ich mich als Coach, arbeite ich dagegen lösungsorientiert, prozessorientiert, bedürfnisorientiert, klientenzentriert. Ich fördere bei denen, die mir anvertraut sind, als Lehrer bei den Schülern, als Schulleiter bei den Lehrkräften, als pädagogischer Leiter eines Sommercamps für begabte Kinder und Jugendliche bei den Mitarbeitern individuelle Ziele. Ich beziehe Position und gebe Feedback.

Ich ergreife Partei für die Person, ich bereite Entscheidungen mit vor. Ich habe zwar instrumentelle Macht, bediene mich dieser Machtmittel jedoch nicht oder kaum. Ich berate auf der Grundlage von Freiwilligkeit und Vertrauen. Ich sehe den Menschen im Mittelpunkt und seine Selbstverwirklichung als Ziel. Coaching ist also prinzipiell etwas anderes als Führung und dennoch gibt es Kontexte, wo beides ineinander übergehen kann. Es ist allerdings wichtig, dass ich stets weiß, was ich gerade tue.

Wie steht es nun um den Unterschied zwischen Coaching und Psychotherapie? Psychotherapie ist krisenbezogen. Sie widmet sich der umfassenden Handlungsfähigkeit eines Menschen. Sie versucht etwa, je nach Schule und Ausrichtung bestimmte Symptome wie Neurosen, realitätsverzerrende Anteile in der Wahrnehmung oder im Denken, tiefergehende Blockaden usw. zu beseitigen. Psychotherapie sucht primär nach Lösungsmöglichkeiten innerhalb der Person und ihrem familiären System. Sie versucht bestimmten komplexhaften Gefühls- oder Verhaltensmustern auf den Grund zu gehen und diese zu verändern. Je nach theoretischer Schule ist Psychotherapie zumeist gegenwarts- oder vergangenheitsorientiert. Je nach Ansatz wird gezielt mit dem Prinzip der

Regression gearbeitet. Psychotherapie ist Bindungsarbeit. Sie macht ein längerfristiges Beziehungsangebot, in dem sich der Klient neu erfahren kann.

Coaching orientiert sich dagegen an den gesunden und erfolgreichen Persönlichkeitsanteilen. Es ist anlassbezogen und beendet, wenn der jeweilige Anlass oder das Thema bearbeitet worden ist. Coaching widmet sich gezielt und punktuell der beeinträchtigten Handlungsfähigkeit. Es aktiviert Ressourcen für die Bewältigung von Blockaden. Coaching sucht zum Teil auch nach Lösungsmöglichkeiten außerhalb der Person, etwa auf der Ebene von Organisationsstrukturen. Coaching optimiert und unterstützt die Umsetzung von Vorhaben in die Tat. Es ist gegenwarts- und zukunftsorientiert.

Anlässe für ein Schüler-Coaching können nun vielfältige individuelle Krisen sein. Es kann sich jedoch auch um die Suche nach einer Verbesserung der individuellen Lage handeln, indem es etwa um die Flexibilisierung und Erweiterung von Coping-Strategien, um die Erweiterung von Kompetenzen auf bestimmten Gebieten oder um eine Schullaufbahnberatung geht. In einem Lehrkräfte-Coaching kann es sich ebenfalls um die Bearbeitung von individuellen Krisen, akuten beruflichen Krisen, beruflichen Deformationen, Jobstress oder Burnout handeln.

Auch eher kollektive Krisen innerhalb einer Organisation wie der Schule können zum Anlass von Coaching werden, etwa Krisen durch Umstrukturierungen, wachsende Arbeitsbelastung, schwieriger werdende Bedingungsfelder u.a. Auch kann die Suche nach einer Verbesserung der beruflichen Situation zum Motor für ein Coaching werden. Auf der individuellen Ebene kann es sich um ein effektiveres Coping handeln, um die Erweiterung bestimmter Kompetenzen, eine Rollen- oder Karriereberatung. Auf der Ebene kollektiver Verbesserungen geht es vielleicht um die Etablierung von Qualitätszirkeln, um die Entwicklung neuer Unterrichtskonzepte usw.

Ein sehr verbreitetes Coaching Modell ist das GROW-Modell.[464] Hier werden pro Sitzung vier Phasen durchlaufen.

---

[464] Whitmore, Coaching für die Praxis..., 1994

Beim „Goal-Setting" werden zunächst möglichst konkret Ziele festgelegt. Beim „Reality-Checking" wird die momentane Situation analysiert. Eventuell kommt es auch zu einer Neu- oder Umformulierung des Ziels, weil sich die Situation inzwischen anders darstellt als angenommen. Der Coach geht hier möglichst unvoreingenommen und beschreibend statt beurteilend vor, indem er zum Beispiel realitätsbezogene Fragen formuliert: *Was hast du bisher in dieser Sache unternommen? Was ist dabei herausgekommen?*

Bei der dritten Stufe, den „Options", werden Alternativen entworfen. Der Coach bringt hier keine eigenen Ideen hervor, sondern unterstützt durch eine förderliche Arbeitsatmosphäre den Gecoachten darin, die Lösungen selbst zu finden. Ziel dieser Phase ist vor allem, möglichst viele ideenreiche Alternativen zu entwickeln, die noch nicht bewertet werden sollen. Als Coach schaffe ich hier ein angstfreies Klima und beseitige alle negativen Vorannahmen und halte jede, scheinbar noch so widersinnige Idee schriftlich fest.

In der letzten, als „What, When, Who, Will" bezeichneten Phase geht es um die konkrete Festlegung einer Vorgehensweise. Jetzt werden Entscheidungen getroffen und ein fest umrissener Arbeitsplan aufgestellt. Der Coachee, gehen wir einmal davon aus, dass es sich um einen Schüler handelt, behält dabei stets die Wahl- und Entscheidungsfreiheit. Folgende Fragen sind für diesen Prozess hilfreich:

Was wirst du tun? Wann wirst du es tun? Wird das zum gewünschten Ziel führen? Auf welche Hindernisse könntest du stoßen? Wer muss es wissen? Welche Unterstützung benötigst du? Wie und wann wirst du diese Unterstützung erhalten? Welche anderen Überlegungen hast du? Bewerte auf einer Skala von 1 – 10, wie sicher du bist, dass du die vereinbarten Handlungen auch ausführen wirst.

Steinke & Steinke gehen in ihren Coaching-Gesprächen nach den folgenden sechs Schritten vor: Nach einer einleitenden Kontakt- und Situationsklärung wird eine Anliegen- und Zielklärung vorgenommen: *Was möchtest du heute besprechen? Was möchtest du verändern oder erreichen? Um was geht es dir? Was möchtest du heute ansprechen und klären? Wenn es nur nach dir ginge, was würde hier geschehen?* Als Coach oder als coachender Lehrer oder als Coach für eine Lehrkraft sorge ich dafür, dass die Anliegen, Ziele und Erwartungen für das Gespräch klar formuliert werden. Eventuelle Hausaufgaben und Reste vom letzten Gespräch mache ich zum Thema. Auch führe ich eine Einigung über das Thema und das Ziel der aktuellen Sitzung herbei. Das gewählte Thema wird zum roten Faden dieser Sitzung gemacht.

Auf der dritten Stufe findet eine Anliegen- und Problemexploration statt. Leitfragen können hier sein: *Wie ist die Situation oder der Kontext beschaffen? Welche Personen sind beteiligt? Was sind deren Rollen und Funktionen? Kannst du mal ein Beispiel geben? Kannst du mal genau erzählen, wie es für dich ist? Wie kam es dazu? Was hängt damit zusammen? Kannst du noch mehr und konkreter erzählen? Wie reagierst du darauf? Was sagst du dazu, wenn deine Mutter oder der Schüler X ...?*

Ich sorge in dieser Phase dafür, dass das Kind oder Jugendliche seine subjektive Sichtweise des Problems vorbringt, dies so lange, bis es oder er das Gefühl hat, restlos verstanden worden zu sein. Ich frage die Reaktionen der Schülerin oder des Schülers, ihre oder seine bisherigen Lösungsversuche ab, ebenso die Reaktionen der anderen beteiligten Personen. Auch achte ich darauf, dass das Kind oder der Jugendliche seine Zielsetzungen präzisiert.

Auf der vierten Stufe geht es um eine Vertiefung. Hier stellt sich die Frage nach den zugrundeliegenden Gefühlen, Mustern und Prinzipien eines Jugendlichen. Auch lassen sich in diesem Zusammenhang Zeichnungen, Bilder, graphische Darstellungen, Sprachmetaphern oder Analogien einsetzen, ebenso Aktives Zuhören, tiefende Fragetechniken oder imaginative Rollenspiele. Ich versuche, den Bezugsrahmen des Schülers zu verstehen und lenke ihn auf Gefühle, Muster, handlungsleitende Prinzipien. Ich folge dem Schüler und leite ihn zu vertieften Wahrnehmungen und Erkenntnissen an. Eventuell mache ich auch situative oder gegenwärtige Besonderheiten in der Beziehungsdynamik zwischen mir und dem Schüler zum Thema. Wenn die Bewusstheit und die Akzeptanz eines gegebenen Erlebens über symbolische oder sprachliche Mittel erreicht ist, leite ich zum konkreten Veränderungswunsch über.

Auf der fünften Stufe geht es dann um Analyse und Problemlösung, vielleicht auch um einen Themen-Input oder eine Übung. Ich sehe meine Aufgabe hier darin, gemeinsam mit dem Kind oder Jugendlichen ein Erklärungsmodell der gegebenen Schwierigkeiten und Herausforderungen zu entwickeln. Dazu setze ich lösungsorientierte Fragetechniken ein. Möglicherweise vermittle ich ein spezifisches Know-How, setze dieses gemeinsam mit einem Schüler in einer praktischen Übung um, etwa in einem Rollenspiel oder ich setze Verschreibungen, Hausaufgaben oder Vereinbarungen als Interventionen ein.

Sechstens kommt es zum Abschluss. Entsprechende Impulsfragen können etwa lauten: *Wie war das Gespräch für dich? Wie fühlst du dich im Augenblick? Was bleibt offen? Was willst du unbedingt noch hierlassen und sagen? Wie soll es weitergehen? Welche Anliegen verbleiben fürs nächste Mal?* Meine Aufgabe sehe ich hier darin zusammenzufassen, dafür zu sorgen, dass das Kind oder der Jugendliche nicht unnötigen oder negativen Ballast mitschleppt, sondern noch an Ort und Stelle loswerden kann. Ferner werden organisatorische Verabredungen getroffen, wie es weitergeht, für ein weiteres Gespräch usw.

Coaching ist ressourcenorientiert. Es wird stets an dem angeknüpft, was schon da ist, was schon anders ist, was entwickelt werden soll. Diese Ressourcenorientierung korrespondiert mit der für Coaching-Prozesse zentralen Lösungsorientierung.[465] Wir suchen stets nach Stärken und Potenzialen. Allein diese Sichtweise birgt genügend Chancen, um bevorstehende Herausforderungen zu meistern. Ressourcen sind stets ein zentrales Coaching-Thema, sowohl im Coaching mit Lernenden als auch im Coaching mit Lehrenden. Hier geht es um Quellen, aus denen ich

---

[465] vgl. De Jong, P. & I. K. Berg (1998): Lösungen (er-)finden. Das Werkstattbuch der lösungsorientierten Kurztherapie. Dortmund 2003, 5. überarb. Aufl., und speziell bezogen auf den Problemzusammenhang „Verhalten, Konflikt, Schule" vgl. Spiess, W.: Das konstruktivistisch lösungs- und entwicklungsorientierte Handlungsmodell. In: Vernooij, M. & M. Wittrock (Hrsg.): Verhaltensgestört..., Paderborn, München usw. 2004, 249 - 266

schöpfen kann, die Dinge, die ich zur Gestaltung eines zufriedenstellenden und guten Lebens brauche, was ich brauche, um Probleme zu lösen oder mit Schwierigkeiten zurecht zu kommen. Je nach Alter, Situation oder Lebensphase handelt es sich dabei um andere Ressourcen, wie Freunde, Partner, Eltern oder andere wichtige Menschen in der sozialen Umgebung; persönliche Eigenschaften, Fähigkeiten oder Kompetenzen; Aussehen oder Ausstrahlung; die Bereitschaft und Fähigkeit zu besonderen Anstrengungen; Persönlichkeit und Wesenszüge; Hobbies; wichtige Ziele im Leben; Überzeugungen und Ideen; Glaube und Religion; Vereins- und Gruppenzugehörigkeit; materielle Dinge wie Wohnung, Haus, Geld, Auto, Fahrzeuge usw.; Erinnerungen und Erfahrungen aus der Vergangenheit; Hoffnungen für die Zukunft; Sexualität; alltägliche Eindrücke und Begegnungen u.a. Alle genannten Bereiche können eine Kraftquelle sein. Sie können jedoch auch konflikthafte und belastende Elemente beinhalten. Diese Zusammenhänge und die Details darin können zum Gegenstand des Coachings werden.

In einem Coaching für Pädagogen, die ständig mit herausforderndem Verhalten von Kindern oder Jugendlichen konfrontiert sind, könnte es etwa um das Thema „Ressourcen und berufliche Entwicklung" gehen. Einmal angenommen, Sie hätten einen wohlwollenden, bisher jedoch stummen Coach, dessen Aufgabe es war, Sie bei Ihrer pädagogischen Arbeit zu beobachten. Welche persönlichen Stärken und Ressourcen würde er Ihnen zurückmelden? Welche fachlichen oder methodischen Ressourcen? Welche Feld- und Branchenerfahrungen? Welche sozialen und persönlichen Ressourcen? Was würde er sagen, welche Ressourcen Sie in Zukunft noch gezielter einsetzen könnten? Was würde er Ihnen raten, auf welche persönlichen Grenzen Sie achten sollten? Welche persönlichen Grenzen würde er Sie ermuntern zu überschreiten? Welche Ressourcen könnten Sie bei der Grenzüberschreitung und Weiterentwicklung schon nutzen? Welche Ressourcen müssten Sie noch entwickeln?

J. M. Steinke & I. Steinke arbeiten hier auch einer „Ressourcenpyramide"[466] entlang, die sich besonders für ein Coaching mit Lehrkräften oder anderen Pädagogen, auch für ein Selbst-Coaching eignet. Von der Spitze der Pyramide her wird zunächst nach dem Verhalten in der Gegenwart gefragt: *Was tue ich konkret? Wie verhalte ich mich?* Bezüglich der Zukunft: *Welche Ziele habe ich? Was tue ich dann? Welche Aktionen starte ich?* Als nächstes geht es um Fähigkeiten und Strategien, in der Gegenwart: *Was kann ich? Wie oder wodurch erreiche ich es?* Und zukunftsbezogen: *Was brauche ich? Welche Kompetenzen helfen mir?*

Etwa in der Mitte der Pyramide sind Glaubenssätze, Werte und Prinzipien angesiedelt. Bezogen auf die Gegenwart: *Was ist mein Motto oder Grundsatz? Was motiviert oder treibt mich? Warum tue ich es?* Und bezogen auf die Zukunft: *Woran glaube ich im Grunde? Welchen Grundsatz erlaube ich mir? Welche Prinzipien strebe ich an?*

Noch tiefergehend geht es um Rolle und Identität. Bezüglich der Gegenwart: *Was für einer bin ich? Was ist mein Beitrag?* Bezogen auf die Zukunft: *Was für einer bin ich dann? Was ist dann mein Beitrag?* Schließlich, an der Basis, geht es um Zugehörigkeit und Sinn. Gegenwartsbezogen: *Welchen Sinn hat mein Dasein (in Familie, Beruf, Gemeinschaft, spiritueller oder religiöser Hinsicht)?* Und zukunftsbezogen: *Was ist meine Mission? Was ist meine Berufung, meine Aufgabe (auf Erden)?* Diese ganze Ressourcenpyramide befindet sich im Kontext einer Umgebung. Impulsfragen wären hier: *Wo, wann ist...? Wo, wann findet es statt? Was nehme ich am Kontext wahr?*

Coaching versucht, den Dingen auf den Grund zu gehen. Gehen wir auf den Grund, verändern sich die Dinge an der Oberfläche. Wirksame Verhaltensänderungen haben nur bei Be-Achtung der Beweggründe des Handelns, also der Motive, Werthaltungen und unbewussten Muster, Aussicht auf durchgreifenden Erfolg. Wir schauen deshalb durch die Äußerungen eines Menschen auf die darunterliegenden Motive und Antriebe. Nur wer diese inter-

---

[466] Steinke, J. M. & I. Steinke: COATRAIN-Materialien. Hamburg 2004

nen Systeme, Muster und Motive kennt, kann etwas an seinen Verhaltens- und Ausdrucksweisen ändern und seine Lebensstrategien anpassen und optimieren.

Betrachten wir einmal *geistige Prinzipien* genauer. Diese beschreiben Werte, die für einen Menschen Trieb- bzw. Bedürfnischarakter haben. Ich habe sie nicht nur, sondern möchte sie auch leben und ausleben, oder ich möchte, dass sie gelebt und umgesetzt werden. Oftmals erwarte ich in der Projektion, dass andere mir das Prinzip erfüllen oder ich sehe andere als Ursache dafür an, dass ich es nicht habe oder bekomme. Solche geistigen Prinzipien, die vielleicht für eine einzelne Lehrkraft und die von ihr realisierte Pädagogik Geltung haben, können sein:

Achtung, Anerkennung, Echtheit, Authentizität, Effizienz, Ehrlichkeit, Empathie, Fachlichkeit, Fairness, Führung, Fürsorge, Ganzheit, Geborgenheit, Gemeinschaft, Gerechtigkeit, Gleichheit, Großzügigkeit, Hilfsbereitschaft, Harmonie, Innovation, Kooperation, Individualität, Kreativität, Lernen und Entwicklung, Loslassen und Hingabe, Natürlichkeit und Verspieltheit, Offenheit, Respekt, Qualität und Güte, Schönheit und Ästhetik, Schutz, Selbstständigkeit, Sicherheit, Solidarität, Stabilität, Stimmigkeit und Kongruenz, Synergie, Toleranz, Verantwortung, Verbesserung und Optimierung, Verbindlichkeit und Vertrauen, Vitalität und Lebendigkeit, Wachstum, Wertschätzung, Würdigung, Wahrheit, Zuverlässigkeit u.a.

Weitere geistige Prinzipien, die vielleicht konträr zu den bereits genannten sein können, sind Abhängigkeit, Dienen, Unterordnung, Kontrolle usw. Geistige Prinzipien, die ich häufig bei Kindern und Jugendlichen mit Verhaltensproblemen erlebt habe, waren Aggression und Zerstörung. Oft vermisste ich bei ihnen die Prinzipien Ausdauer und Gewissenhaftigkeit. Weitere geistige Prinzipien, die uns mitunter im Schul- oder Hochschulsystem entgegentreten können, sind Dominanz, Geltung, Status, Konkurrenz, Wettbewerb, Macht, Sparsamkeit, Perfektion, Trennung und Spaltung, Symbiose und Verschmelzung u.a. Geistige Prinzipien, die im Schuldienst mitunter nur in kleinen Anteilen gelebt werden können, sind etwa Abenteuer, Autonomie, Unabhängigkeit, Expansion, Freiheit u.a., woraus sich für eine Lehrkraft mitunter innerpsychische, aber auch nach außen manifest werdende Konflikte ergeben können.

Ein möglicherweise bedeutsames Coaching-Thema für Pädagogen, genauso jedoch für reifere Kinder oder Jugendliche ist das „Aufräumen":[467] *Gibt es nicht geführte Gespräche? Gibt es unterlassene Verabschiedungen? Gibt es nicht abgestatteten Dank? Befinden sich nicht abgeschlossene Vorgänge auf meinem Schreibtisch? Sind alle Ablagen durchgeführt? Ist alle Korrespondenz erledigt? Sind alle Briefe beantwortet? Gibt es liegen gebliebene Ideen? Gibt es unausgewertete Erfahrungen? Gibt es nicht durchdachte Vorurteile? Gibt es nicht besorgte Gegenstände? Existieren weggesteckte Verletzungen und Kränkungen? Habe ich unausgedrückten Ärger, verdrängte Sorgen, nicht gelebte Trauer? Gibt es nicht zugelassenen Stolz oder nicht empfundene Freude?* Das „Aufräumen" wäre im Sinne eines Selbst-Coachings eventuell etwas für die unterrichtsfreie Zeit, vielleicht zwei Mal pro Jahr.

COACHING ALS KUNST DES FRAGENS

Ein wesentliches Element innerhalb des Coaching ist das gezielte *Fragen* nach etwas. In Anlehnung an Trainings-Materialien von J. M. Steinke & I. Steinke[468] lassen sich die folgenden Fragekategorien unterscheiden; die Fragen habe ich so formuliert, dass sie Kindern oder Jugendlichen gestellt werden können (natürlich ist wiederum alles auch auf die Ebene der Pädagoginnen und Pädagogen als Coachees, also Coaching-Klienten, übertragbar):

Die erste Gruppe bilden offene Fragen, wobei es zunächst weit offene Fragen gibt. Diese helfen dem Gefragten dabei, einen eigenen Standpunkt zu finden und sie fordern zu einer ausführlichen Antwort auf. Weit offene Fragen erfragen die Sicht des Kindes oder Jugendlichen und sie lenken auf den Sinn einer Situation, eines Themas, eines Problems usw.: *Was weißt du darüber? Wie geht es dir damit? Welche Erfahrungen hast du gemacht? Wie kam es zu diesem Problem?* o.ä. Daneben gibt es eng offene

---

[467] Looss, W.: Coaching für Manager. Problembewältigung unter vier Augen. Landsberg am Lech 1991
[468] Steinke, J. M. & I. Steinke: Coatrain-Materialien. Hamburg 2004

oder eingrenzende Fragen: *Wann willst du eine Entscheidung treffen? Welches der angesprochenen Themen soll heute bearbeitet werden? Wo siehst du Veränderungsmöglichkeiten?*

Die zweite Gruppe bilden geschlossene Fragen. Sie provozieren eine eindeutige Stellungnahme und lenken die Aufmerksamkeit auf einen bestimmten Punkt: *Bist du schon darüber informiert? Bist du mit diesem Vorschlag einverstanden? Benötigst du noch weitere Informationen von mir?* u.a.

Die dritte Gruppe umfasst didaktische Fragen. Zunächst handelt es sich um konvergierende, stark zielgerichtete Fragen. Solche Fragen stellen vor ein Problem, für das es nur eine richtige Lösung gibt: *Wir haben nun die einzelnen Elemente dieser Rechenmethode erarbeitet. In welcher Reihenfolge der Schritte musst du nun vorgehen?* Daneben gibt es divergierende didaktische Fragen. Sie sollen anregen, ein Problem nach verschiedenen Richtungen zu durchleuchten. Mehrere richtige Antworten sind dabei möglich: *Welche Möglichkeiten siehst du selbst, dein Zeugnis zu verbessern?*

Die vierte Gruppe umschließt Informationsfragen. Filterfragen klären den Informationsstand des Schülers: *Warst du bei der damaligen Besprechung eigentlich dabei?* Kontrollfragen prüfen den Kenntnisstand des Schülers und stellen einen Konsens (oder Dissens) mit ihm her: *Habe ich nun alle Vorteile eines aktiven Einsatzes beim Lernen genannt?* Erkundungsfragen zielen etwa auf eine Analyse des Bedarfs für etwas: *Für wie viele Schüler benötigen wir das Arbeitsblatt X?*

Die fünfte Gruppe enthält wertungsbezogene Fragen: Motivationsfragen stärken vorsichtig das Selbstwertgefühl und bauen Hemmungen ab: *Findest du nicht auch, dass es gut gelaufen ist? Wie würdest du als erfahrener Skater diesen Vorfall auf der Domplatte beurteilen?* Haltungsfragen fordern zu einer Bewertung oder einem Urteil auf: *Wie ist deine Meinung? Was ist nach deiner Auffassung richtig? Ist das dein Haupteinwand? Bist du wirklich dieser Meinung?*

Die sechste Gruppe umfasst taktische Fragen: Kontaktfragen zu Gesprächsbeginn oder aufschließende Fragen zeigen Interesse: *Wie war es in der Mofa-AG? Wie geht es deinem kranken Bruder* denn? *Darf ich fragen, wie du bisher damit zurecht gekommen bist?* Rangierfragen führen zu einem bestimmten Thema hin oder zurück: *Sollten wir nicht nach der Reihe vorgehen und zuerst Punkt X besprechen? Das ist richtig, aber wollen wir nicht später noch einmal darauf zurückkommen?* Gegenfragen helfen Zeit zu gewinnen und decken manchmal Hintergründe auf: *Ist ein solches Verhalten nicht übertrieben? Im Verhältnis wozu? Als Reaktion auf was? Wie kommst du darauf?*

Suggestivfragen oder Rhetorische Fragen erzeugen Zustimmung oder Ablehnung: *Ist das nicht die richtige Lösung für die vielen Auseinandersetzungen in unserer Klasse? Liegt das eigentliche Problem nicht darin, dass...?* Provozierende Fragen locken aus der Reserve: *Kannst du dir wirklich ein solches Arbeitsverhalten leisten?* Alternativfragen legen das Kind oder den Jugendlichen auf vorgegebene Wahlmöglichkeiten fest, überlassen ihm jedoch die Entscheidung: *Willst du zuerst Englisch oder Deutsch machen? Bevorzugst du Arbeitsblatt A oder B?* Zweifelsfragen sollen starre Meinungen erschüttern und verunsichern: *Bist du dir wirklich sicher? Hast du auch alles gründlich durchdacht?*

Die siebte Gruppe enthält tiefende Fragen: Die Spiegelungsfragen signalisieren Anteilnahme und sichern gegenseitiges Verstehen. Sie aktivieren und ermuntern das Kind oder den Jugendlichen zu einer aktiven Auseinandersetzung: *Du bist also der Auffassung, dass...? Wenn ich dich richtig verstehe, meinst du...? Du hälst es also für richtig, wenn...?*

Beispielfragen veranlassen dazu, nach einem praktischen, persönlichen Beispiel zu suchen und führen in subjektives Erleben hinein: *Hast du ein Beispiel dafür? Wo oder wann ist dir das schon mal passiert? Wer hat dir das schon mal gesagt? Was sagt deine Mutter dann genau?*

Erlebnisfragen bieten eine Sprachmetapher an. Sie bieten dem anderen an, nachzuempfinden, ob da was dran ist. Sie regen an oder auf: *Manche Leute nennen das die Faxen dicke haben. Würde diese Bezeichnung zutreffen? Und es ging dir wie dem Affen im Laufstall. Stimmt das? Und dann gingen bei dir nur noch die Rolladen runter. War es so für dich?*

Fokussierende Fragen bringen ein bestimmtes Erleben in Zusammenhang mit bestimmten Ereignissen auf den Punkt: *Lass uns mal zu dem Punkt gehen, wo du ...*

Gefühlsfragen lenken, sensibel gestellt, auf die Gefühle (wenn sie nicht ganz zu Blockaden führen): *Und wie ging es dir mit dieser Entscheidung? Und was hast du empfunden, als dein Pflegevater dir diese Sache unter die Nase gerieben hat? Was löste das bei dir aus? Was geht dir da durch den Sinn, wenn du daran denkst?*

Kettenfragen führen, einfühlsam gestellt, in den Bereich der Motive, Bedürfnisse und Emotionen: *Was ist dann? Was wäre dann? Und dann? Was würde dann passieren? Und was wäre dann?*

Regressionsfragen führen in die eigene Vergangenheit, die weiter zurückliegt. Sie versetzen eventuell in Kindheitserinnerungen und Kindheitsstimmungen: *Hast du diese Rolle auch schon als kleines Kind gehabt bei euch zuhause? Hat dein Vater das von dir auch immer verlangt? Wie hast du dich früher, als du noch kleiner warst, in solchen Situationen verhalten?*

Sinnfragen fordern auf, die persönliche Bedeutung, den Sinngehalt eines Verhaltens zu erforschen: *Was tust du da eigentlich? Wofür ist das gut? Wofür brauchst du das? Was treibt dich eigentlich dazu? Was bringt dir das? Was hast du davon? Was ist deine Mission?*

Die achte Gruppe schließlich enthält flachende Fragen. Eng offene oder eingrenzende Fragen flachen das Erleben: *Wann willst du eine Entscheidung treffen? Wo siehst du Veränderungsmöglichkeiten? Welches Thema willst du heute angehen?*

Auch taktische Fragen (s.o.) vermögen das Erleben zu flachen. Ablenkungsfragen sind besonders hilfreich bei zu starker emotionaler Beteiligung des Schülers. Sie lenken die Aufmerksamkeit auf andere Sachverhalte: *Wie würde denn Y das Problem lösen? Dabei fällt mir ein, was ich dich vorher schon fragen wollte...?*

Warum-Fragen fordern zur Ursachenanalyse oder Rechtfertigung auf: *Warum hast du damals X nicht aufgefordert, offen mit dir zu reden?*

„Zirkuläre Fragen"[469] erweitern das Blickfeld und führen zu einem gedanklichen Perspektivewechsel, weg von der eigenen Person und den eingefahrenen Sichtweisen: *Was hätte dein Vater dir denn in dieser Situation geraten? Was würde dein Vater dir jetzt, in diesem Augenblick empfehlen? Wie sieht das denn der T. (Mitschüler)? Was würde er denn dazu sagen? Und wie hört sich das für die Lehrerin Frau X. an? Und was glaubst du, wie sieht deine Betreuerin vom Jugendamt das? Nimm doch mal gedanklich den Platz deiner Mutter ein. Wie erscheinen dir dann deine bisherigen Schilderungen?*

Fiktive Fragen oder konjunktivische Fragen setzen Blockaden außer Kraft. Sie aktivieren unbewusste Ressourcen und Assoziationen zur Lösung eines Problems: *Wenn du wüsstest, was du tun könntest, was würdest du tun? Stell dir vor, ein Wunder wäre geschehen*[470] *und alles wäre optimal gelaufen? Woran würdest du es merken? Wie wäre es dazu gekommen?*

Abschließende oder Feedback-Fragen kündigen das Ende an. Sie führen aus einem Thema einer Sitzung heraus: *Wie zufrieden bist du mit deinem heutigen Ergebnis? Welche Vereinbarungen willst du daraufhin treffen? Welche Erkenntnisse nimmst du mit? Was hat dir gefehlt?* usw.

Eine zentrale Rolle im Coaching spielen lösungsorientierte Frageformen. Sie machen aber nur dann Sinn, wenn der Heranwachsende, den wir beratend unterstützen wollen, für sich Klarheit gefunden hat, worum es ihm im Prinzip und im Grunde geht. Eine erste Gruppe bilden die Zielfragen, etwa: *Woran wirst du bemerken, dass du dein Ziel erreicht hast? Was wird dann anders sein? Woran werden andere erkennen können, dass du dein Ziel erreicht hast?* Ich arbeite etwa mit dem Prinzip der Zeitprogression:[471] *Lass uns mal zu dem Zeitpunkt gehen, wo... Wie müsstest du*

---

[469] Selvini-Palazzoli, M. u.a.: Hypothetisieren – Zirkularität – Neutralität. In: Familiendynamik 6, 1981, 123 – 139. – Simon, F. B. & C. Rech-Simon (2001): Zirkuläres Fragen. Systemische Therapie in Fallbeispielen. Heidelberg 2002
[470] de Jong, P. & I. K. Berg (1998): Lösungen (er-)finden. Das Werkstattbuch der lösungsorientierten Kurzzeittherapie. Dortmund 2003, 5. verbesserte und erweiterte Aufl., hier: S. 124 ff.
[471] Erickson, M. (1981): Hypnotherapie. Aufbau, Beispiele, Forschungen. Stuttgart 2004, 7. Aufl.

denn aus den Sommerferien zurückkehren, damit du sagen könntest...? Gelegentlich erscheint es sinnvoll, genau das Gegenteil zu tun und in die Zeitregression zu gehen: *Gab es frühere Situationen, wo ...?*

Eine andere Gruppe bilden Fragen, die auf Ausnahmen oder Unterschiede abzielen. Zum einen geht es dabei um das Identifizieren von Ausnahmen oder Unterschieden: *Wann war es mal anders als schwierig? Wann tritt das Problem oder das Verhalten nicht auf? Wann ist die Situation etwas besser? Ist es manchmal irgendwie anders und das Problem tritt weniger oder überhaupt nicht auf? Was ist anders, wenn das Problem nicht auftritt?*

Bei den folgenden Fragen werden Ausnahmen und Unterschiede ausgewertet: *Wie gelingt es dir, dass es dann anders ist? Was machst du anders, wenn diese Ausnahmen geschehen? Was machen andere beteiligte Personen anders, wenn dies auftritt? Wie genau sind die Dinge dann anders? Was müsste passieren, damit dies öfter geschieht? Was können die anderen Beteiligten tun, damit diese Dinge öfter passieren?*

Eine weitere große Gruppe an Fragen sind die Skalierungsfragen.[472] Sie können etwa auf die vorhandene Motivation zielen, etwas an der eigenen Lage zu verändern: *Wie stark ist dein Wunsch, etwas an deiner Situation zu ändern? Du hast eine Skala von 1 bis 10. 1 bedeutet einfach nur abzuwarten. 10 bedeutet alles auf der Welt in Bewegung zu setzen, um etwas an deiner Situation zu ändern: Wo ordnest du dich im Moment ein? Wie viel Einsatz wirst du dir abverlangen, dass du dem näher kommst?*

Skalierungsfragen können sich auch auf eine mögliche Problemlösung und auf einen Fortschritt im Umgang mit der Problemlage beziehen: *Stell dir bitte eine Skala von 1 bis 10 vor und 1 soll den schlechtesten Zustand darstellen, den du vor Beginn unserer Gespräche über dieses Thema hattest. 10 dagegen soll bedeuten, dass das Problem gelöst ist, wie auch immer es mit deinen Mitteln gelöst werden kann, wo befindest du dich heute? Manchmal ändern sich die Dinge von einer Woche zur anderen, von einem Tag zum anderen zum Besseren. Nehmen wir mal an auf einer Skala*

---

[472] de Jong & Berg, Lösungen (er-)finden..., S. 230 ff.

von 1 bis 10 warst du letzte Woche noch irgendwo bei 1 oder 2. Mal angenommen, du wolltest einen Schritt weiter in Richtung Ziel oder Problemlösung gehen, wo läge dieser Punkt auf der Skala und worin würde dieser Schritt bestehen? Was hast du dazu beigetragen, getan oder unterlassen, wenn du diesen Schritt gemacht haben wirst? Welche deiner Erfahrungen oder Stärken wirst du dabei eingesetzt haben? Wie und auf welche Weise wirst du sie eingesetzt haben?

Hilfreich sind unter Umständen auch Coping-Fragen nach der folgenden Art: *Wie hast du das bisher alles ausgehalten? Woher hattest du die Energie, die Kraft oder die Hoffnung? Wer oder was war dabei am meisten hilfreich? Worauf kannst du auch weiterhin aufbauen?*

Eine weitere Möglichkeit der Intervention besteht darin, den jugendlichen Coachee zu bitten, sich in der Vorstellung in eine Meta-Position zu begeben und die Situation einmal aus dieser abgehobenen, ein wenig der subjektiven Wirklichkeit entrückten Perspektive zu betrachten. Hilfreiche Impulsfragen können hier etwa sein: *Wie findest du das, was X (er selber) da gerade macht oder sagt? Was denkst du darüber? Was würdest du ihm raten, was er tun könnte oder tun sollte? Was würdest du den anderen Beteiligten, Y und Z, empfehlen oder raten? Was könnten deren Beweggründe sein?* usw. Anschließend werden die Wahrnehmungen, Erkenntnisse und Einsichten, die eventuell von dem Jugendlichen in der Meta-Position gewonnen worden sind, auf die reale Lebens- oder Konfliktsituation bezogen.

Ein sehr wesentliches Coaching-Werkzeug ist auch das auf M. Erickson zurückgehende, unter anderem auch im Neurolinguistischen Programmieren sehr viel verwendete, „Pacing" und „Leading".[473] Dieses Mitgehen und Führen ist jedoch nicht nur eine Technik, sondern eine innere Haltung, in der ich den Jugendlichen da abhole, wo er sich befindet. Zunächst akzeptiere ich und mache mir zugleich nutzbar, was der Jugendliche an Vorerfahrungen, Erwartungen, Befürchtungen und Hoffnungen mitbringt.

---

[473] z.B. O´Connor, J. & J. Seymour: Neurolinguistisches Programmieren. Gelungene Kommunikation und persönliche Entfaltung. Kirchzarten bei Freiburg 1992, hier: S. 51 ff. und 180 ff.

Bei Schülern, die schon häufig die Schulen, Therapeuten, Projekte usw. gewechselt haben, ohne dass sich etwas Nennenswertes an ihrer Lage geändert hat, kann ein Pacing in etwa so erfolgen: *Du warst schon an mehreren Schulen und Sonderschulen und auch bei verschiedenen Therapeuten und Ärzten. Du hast also schon sehr viel versucht, ohne dass sich irgendetwas geändert hat. Da kann ich mir vorstellen, dass du einigermaßen enttäuscht oder genervt bist und vielleicht auch wenig Hoffnung hast, dass sich hier etwas ändern kann...*
Und jetzt gehe ich ins Leading: *...denn woher solltest du wissen, dass du gerade durch unsere Gespräche hier an dieser besonderen Schule etwas verändern kannst. So dass du ziemlich überrascht wärest, wenn sich hier etwas ändert. Und deine Eltern wären sicherlich genauso überrascht.*

Ich versuche, mich auf die Sichtweise des Kindes oder Jugendlichen einzustellen. Ein Pacing könnte folgendermaßen aussehen: *Du siehst dich also als jemanden, der schon alles versucht hat, um seine Probleme zu lösen, und du siehst deine Probleme eigentlich als unlösbar an...* Ich wechsle ins Leading: *... so dass es für dich wirklich eine neue Erfahrung wäre, wenn du plötzlich entdecken würdest, dass du Fähigkeiten hast, die du noch nicht kennst, und dass du Wege finden kannst, um deine Probleme zu lösen. Wege, an die du noch gar nicht gedacht hast, die du jetzt vielleicht noch nicht kennst.*

Pacing & Leading kann das Kind oder den Jugendlichen darin bestärken, seine Schwierigkeiten selbst zu meistern. Pacing: *Und die meisten Schüler hier meinen, dass in einer speziellen Schule der Sonderschullehrer dem Kind oder Jugendlichen beibringt, was zu tun sei, und ihm bestimmte Dinge nahe legt...* Leading: *... und sie sind dann überrascht, wenn sie feststellen, dass sie selbst es sind, die die Lösungen finden. Und dass Fähigkeiten in einem schlummern, die man entdecken kann.*

Ich halte es in diesem Zusammenhang für fundamental wichtig anzuerkennen, dass Nein-Sagen und Widerstand auch einen Sinn haben können. Junge Menschen, die noch in Entwicklung sind, besonders wenn diese Entwicklungen sehr krisenbelastet sind, müssen sich schützen können. Ich kann nicht von außen bestimmen, wann sich jemand verändert. Die Verantwortung für den Veränderungsprozess liegt in der Tat beim Subjekt. Ich kann nur eine unterstützende oder schützende Rolle einnehmen.

Pacing und Leading kann auch hilfreich sein, für einen Schüler, der sehr unter Spannung steht. Im Sinne des Pacing könnte ich etwa sagen: *Spür doch einfach die Anspannung in deinem Körper und die innere Unruhe, die jetzt da ist, und es ist gut, sich Zeit zu nehmen und diesen Empfindungen einfach mal Raum zu geben...* Ins Leading wechselnd: *... was ganz von selbst dazu führt, dass diese Spannung und diese Unruhe sich irgendwann auflösen und allmählich Entspannung eintritt.*

Interessant ist auch, ausgehend vom Verhalten eines Jugendlichen, seine Glaubenssätze und Sinnbezüge, seine tieferliegenden Orientierungen zu erfragen.[474] Ich beginne mit dem Verhalten des Heranwachsenden und frage diesen: *Was tust du konkret? Wie verhälst du dich? Welche Aktionen startest du?* Dann lenke ich auf die Umgebung: *Wo und wann findet es statt? Was nimmst du an deiner Umgebung wahr?* Als nächstes exploriere ich Fähigkeiten und Strategien: *Was kannst du? Wie und wodurch erreichst du deine Ziele? Welche Kompetenzen helfen dir? Was sind deine nächsten konkreten Schritte? Lass uns doch mal schauen, wo das schon recht gut läuft.*

Sodann komme ich auf Glaubenssätze, Werte und Prinzipien zu sprechen: *Was ist dein Motto oder Grundsatz? Was motiviert oder treibt dich? Welche Werte oder Überzeugungen leiten dich? Was ist denn für dich wichtig im Sinne von Werten? Warum tust du es? Woran glaubst du im Grunde? Welche Prinzipien gelten für dich? Welche Prinzipien strebst du an? Blockiert dich dieses Prinzip vielleicht?* Nun gehe ich auf die Ebene von Rolle und Identität: *Was für einer bist du? Was ist dein Beitrag? Musst du vielleicht eine andere Rolle einnehmen, damit das auch klappt?* Schließlich geht es um Zugehörigkeit: *Wem bin ich verbunden? In welchem größeren Zusammenhang wirkst du? Welchen Sinn hat dein Dasein? Was ist deine Mission? Was ist deine Berufung*

---

[474] J. M. Steinke & I. Steinke tun dies in Form einer „Ressourcenpyramide", vgl. Coatrain-Materialien. Hamburg 2004

oder Aufgabe? Schüler im Erziehungshilfesektor werden vielleicht zunächst Antworten geben wie: „Keine Ahnung." Oder: „Lassen Sie mich doch mit so was in Ruhe!" Ich arbeite mich hier in kleinen Schritten voran.

Schule wird von Schülern mit Verweigerungstendenzen gelegentlich als *Katastrophe* erlebt. Es handelt sich zum Teil um unangemessene Bewertungen, um Übersteigerungen im Wahrnehmen, Bewerten, Erleben. Zum Beispiel: Es ist absolut schecklich, fürchterlich, ganz schlimm. Die Folgen sind das bekannte Vermeidungsverhalten, Unbehagen, Angst bis hin zu Phobien. Ich habe derlei Phänomene ja in dem Kapitel über schuldistanziertes Verhalten ausführlich beschrieben.

Doch es gibt wirksame Techniken, die ich den Lernenden für eine Auseinandersetzung mit solchen *Katastrophengedanken* an die Hand geben kann, etwa die folgenden Impulsfragen zum Realitätsgehalt solcher Wahrnehmungen und Überzeugungen: *Was würde geschehen wenn...? Was könnte schlimmstenfalls geschehen? Wie schlimm wäre das? Was genau wäre daran schlimm? Ist das wirklich so schlimm? Wie wahrscheinlich ist das, dass das wirklich eintritt?* usw.

Eine andere Interventionsmöglichkeit besteht im wiederholten Fragen nach den Konsequenzen, um an die grundlegende, unangemessene Einstellung heranzukommen: *Was passiert dann? Und danach? Wie lange und wie oft wird das sein?* usw.

Möglicherweise ist auch eine Intervention in den folgenden vier Schritten hilfreich: Erstens: Ein Schüler behauptet etwas, sagen wir, dass er beruflich keine Chancen mehr hat und dass er ein Versager, ein „Verlierer-Typ" sei. Im zweiten Schritt lasse ich ihn seine Behauptung erst einmal begründen. In dieser Phase des Gesprächs stehen mir etwa folgende Impulsfragen zur Verfügung: *Was bedeutet das für dich? Wie kommt es, dass...? Wie kommst du darauf? Was ist dir daran so wichtig? Warum betonst du das so? Warum tust du das eigentlich? Warum willst du/ musst du...? Wer sagt das? Wie geht es dir damit? Wie findest du das? Wofür ist das gut? Was ist daran schlimm? Was reizt dich daran? Was stößt dich ab? Was verbindest du damit? Was empfindest du dann? Was ist das für ein Gefühl? Wie fühlt sich das an?* o.ä.

Drittens frage ich etwa nach einem Beispiel: *Hast du ein Beispiel dafür? Wo oder wann ist dir das schon einmal passiert? Wer hat dir das schon mal gesagt?* etc. Im vierten Schritt versuche ich, die tieferliegenden Prinzipien, Motive, Antriebe oder Bedürfnisse des Kindes oder Jugendlichen zu ergründen: *Was ist dann? Was wäre dann? Und dann? Was wird/ würde dann passieren? Wogegen verstößt das? Wozu nützt das was? Wie ist/ wäre das dann? Was ist/ wäre dann mit dir? Was bringt einem das? Was erhoffst du dir dann? Was hast du davon? Welchen Sinn hat das? Wofür brauchst du das? Was treibt dich eigentlich dazu? Wozu wäre das gut? Worauf läuft das hinaus? Worauf willst du da hinaus? Was soll dabei in Erfüllung gehen? Worum geht es da im Prinzip? Was könnte dabei die Mission, die Aufgabe oder die Berufung sein?*

KONFLIKT-COACHING
Ein für die Erziehungshilfe- und Schulverweigererarbeit sehr nützliches Werkzeug ist das Konflikt-Coaching, denn die Eskalation von Konflikten steht an vielen Schulen und Sonderschulen regelmäßig auf der Tagesordnung. Oft genug kommt es in konflikthaften Prozessen zu Verhärtungen, Debatten, Taten, Koalitionen, zu Gesichtsverlust, Schuldzuweisungen, Drohstrategien, begrenzten Vernichtungsschlägen oder Zersplitterung.

Impulsfragen zur nachträglichen Exploration von Konflikten können etwa sein: *Welche Konflikte hast du zu lösen? Ist der Konflikt zeitlich zurückliegend oder aktuell? Wo und wann fand der Konflikt statt? Wer war beteiligt? Was passierte? Wie lief es ab? Was dachtest du? Was fühltest du? Was wolltest du? Was war das Ergebnis?*

C. Thomann und F. Schulz von Thun gehen in ihrem „Klärungshilfe"-Modell[475] zunächst besonders auf die gefühlsmäßigen Hintergründe der Beteiligten ein. Erst im zweiten Schritt werden Lösungsansätze für eine produktive Bewältigung der Konflikte versucht.

---

[475] Thomann, C. & F. Schulz von Thun: Klärungshilfe. Handbuch für Therapeuten, Gesprächshelfer und Moderatoren in schwierigen Gesprächen. Reinbek 1988

Wichtig beim Konflikt-Coaching ist, dass die Redeanteile gleichmäßig auf beide Konfliktparteien verteilt werden, dass keiner sein Gesicht verliert, dass ich als coachender Lehrer allparteilich bin, auch dann, wenn es sich beim Konfliktpartner meines Schülers um einen Jugendlichen aus einer anderen Lerngruppe o.ä. handelt. Zunächst gilt es, das Thema herauszufiltern, um das es eigentlich geht und die Zustimmung der beiden Konfliktpartner einzuholen. *Ich würde das gerne noch ein wenig besser verstehen. Worum geht es dir am allermeisten? Es geht also um... Stimmt das für dich so? Und dann sag´ doch X mal direkt, was du dir da wünschst?* usw.

Ich sehe auch die Möglichkeit, quasi präventiv und im Sinne einer grundlegenden Persönlichkeitsbildung mit den Heranwachsenden über konflikteskalierende und konfliktlösende Einstellungen und Verhaltensweisen zu sprechen. In meiner gegenwärtigen Erziehungshilfe-Lerngruppe (7. Klasse) hängte ich etwa die folgende Auflistung einmal in den Themenspeicher, in dem ich die jeweils aktuellen Themen und Probleme aus dem laufenden Gruppenprozess festhalte:

Konflikteskalierende Haltungen und Verhaltensweisen sind etwa: Einschüchterung, Konfrontationsbereitschaft, Schuldzuweisungen, Rechthaberei, Drohungen, Einsatz von Machtmitteln, Überheblichkeit, Überlegenheit demonstrieren, Neid, Aggression, Entwertung des anderen, Intrigen, Rachegefühle u.a.

Konfliktlösende Haltungen und Verhaltensweisen sind dagegen: Miteinander Reden, Verständnis, Ermutigung, aufmerksam Zuhören, persönlicher Kontakt, Kompromissbereitschaft, Toleranz, Partnerschaftlichkeit, Beteiligung des anderen, Ernstnehmen des anderen, Verhandlungsbereitschaft, Zusammenarbeit, Interessenausgleich, sich einigen, den anderen in seinem Selbstwert bestätigen usw. Ich hängte diese Auflistung von Haltungen und Verhaltensweisen in bunt durcheinander gemischter Form einem der Wochenarbeitspläne an und ließ sie die Jugendlichen nach den beiden Kategorien *konflikteskalierend* und *konfliktlösend* ordnen.

SPRACHMUSTER ERKENNEN UND GEZIELT EINSETZEN

Es geschieht immer wieder, dass uns Heranwachsende mental in eine Art *Problemtrance* versetzen. Das heißt, ein Jugendlicher verwickelt die Pädagogin oder den Pädagogen unbewusst mit Hilfe von speziellen Sprachmustern in einen Zustand, der dem offensichtlich ausweglosen, hilflosen oder problematischen Zustand des Heranwachsenden entspricht. Schließlich befinden sich beide Seiten in einer Problembefangenheit. Im Kern handelt es sich hier um einen unerkannten Prozess der Übertragung und Gegenübertragung, dem sich immerhin die Pädagogen durch die Bewusstwerdung und die Anwendung spezieller Techniken und Sprachmuster *widersetzen* und entziehen können.

Weiterhin kann ich durch meine Frageimpulse und Interventionen beim Heranwachsenden mentale Suchprozesse erzeugen und stimulieren. Bei bestimmten Interventionen ist es geradezu eine Bedingung für den Erfolg, dass der Heranwachsende über längere Zeit in diesem Suchprozess gehalten wird, um neue Erkenntnisse über die Problemsituation und Lösungsansätze zu entdecken.

Es geht also darum, im Rahmen eines intensiven Gespräches eine Art *Trancezustand* beim Heranwachsenden zu erzeugen, einen Zustand fokussierter Aufmerksamkeit[476], ihm die Möglichkeit zu geben, lebendige und intensive innere Erfahrungen zu machen. Auf diese Weise können vergangene Erlebnisse aktiviert und umstrukturiert, Zukünftiges kann vorbereitet werden. Auch kann es darum gehen, Ressourcen zu aktivieren und mit den jeweiligen Problembereichen zu verknüpfen. Ziel ist, dem Jugendlichen zu helfen, sich von einschränkenden Denksystemen und Überzeugungen zu lösen, sie oder ihn zu befähigen, Lösungen für Probleme zu finden, die sie oder er vorher als unlösbar angesehen hat.

Veränderung geschieht dann durch eine innere Erfahrung und nicht durch *gutes Zureden*, was gerade im Erziehungshilfesektor ohnehin zumeist auf Ablehnung bei den Heranwachsenden stößt. Durch das Aktivieren von intensiven Vorstellungen oder inneren

---

[476] Erickson, M. H. & E. Rossi (1979): Hypnotherapie. Aufbau, Beispiele, Forschungen. Stuttgart 2004, 7. Aufl., hier: S. 16 ff.

Bildern ist es häufig auch möglich, bestimmte Körpervorgänge zu beeinflussen, etwa ein Gefühl der Entspannung zu erreichen, Kopfschmerzen zu lindern, das Gefühl der optischen Überreizung abzubauen, etwa nach dem Lösen von schwierigen Aufgaben oder nach längerem Lesen usw.

Probleme und Symptome sind stets Ausdruck von zu wenig Handlungsalternativen. Es sind (vorläufige) Lösungsversuche, um eine schwierige Situation zu verändern. Ziel der pädagogischen Arbeit ist dabei stets, dem jungen Menschen mehr Ressourcen und Fähigkeiten erschließen und aufbauen zu helfen, damit sie oder er die eigenen Lebensprobleme möglichst selbstständig angehen kann.

Lange Zeit haben wir uns in der Erziehungshilfepädagogik damit beschäftigt, wie *Störungen* und *Auffälligkeiten* entstehen und wie sie aufrecht erhalten werden. Das lösungsorientierte Coaching fokussiert zusätzlich auf das, was Menschen tun, die ihr Leben erfolgreich bewältigen. Widerstand von Heranwachsenden ist stets eine Botschaft, dass ein pädagogisches Angebot in Form oder Inhalt nicht passt.

Und auch gegenüber Coaching-Gesprächen wird es eine Zeitlang Widerstand geben, weil ich als Pädagoge erst eine Gesprächsebene und eine Gesprächsform finden und entwickeln muss, die bei diesem einen Schüler *geht*. Das sind zumeist nicht ruhige und konzentrierte Gespräche am Tisch oder in einer Sitzecke, sondern kurze oder längere Episoden, die mal vor, mal während, mal nach dem Unterricht, mal auf dem Gang, mal auf dem Schulhof usw. stattfinden können.

Da wo Gesprächsbereitschaft vorhanden ist, muss ich sie stets nutzen und die vielen kleinen, fragmenthaften Episoden für mich zu einem Ganzen zusammenfügen und dem Jugendlichen in einer günstigen Situation das Resultat meiner *inneren* Zusammenfassungen und Sinnauslegungen mitteilen und zurückmelden und seine Stellungnahme zu dem von mir Gesagten und Zurückgespiegelten provozieren. Ein Schüler leistet aber vielleicht auch deshalb Widerstand gegen Veränderung, weil er sein Problem noch braucht, um sich abzulenken, daran festzuhalten, um seine

Aufmerksamkeit zu binden oder um bei anderen seine Ziele, die ich vielleicht noch nicht gut kenne oder verstehe, durchzusetzen.

Leistet ein Jugendlicher Widerstand gegen Gespräche, gegen Einsicht und damit gegen Veränderung, kann es sein, dass er sein Symptom zur Erreichung eines bestimmten Zieles braucht. Hier kann ich mich fragen, wie er sein Ziel auf eine andere Weise erreichen könnte, oder welche alternativen Ziele dem problematischen Ziel äquivalent sind.

Es existieren nun eine Reihe von Möglichkeiten, Zustände einer fokussierten Aufmerksamkeit beim Heranwachsenden zu erreichen und zu fördern. Eine davon ist, im Präsens zu sprechen. Hierdurch kann das innere Erleben aktiviert und möglicherweise verändert werden. Um gemachte Erfahrungen erneut zu aktivieren, ist es wichtig, sie wieder präsent und gegenwärtig zu machen. Der Schüler sagt beispielsweise: „Da war diese..." Hierauf könnte ich folgendermaßen reagieren: *Und geh´ da einfach noch mal hin, und sieh´ dir das wieder an, diese... und ... höre den... und spüre die....*

Dabei ist es stets günstig, alle Sinnessysteme anzusprechen und mit dem Sinnessystem zu beginnen, das für diese konkrete Jugendliche oder für diesen konkreten Jungen am wichtigsten ist. Ich versuche im Folgenden, dem Heranwachsenden so spezifisch wie möglich sein eigenes inneres Erleben zurückzumelden. Da, wo ich nicht sicher bin, was er innerlich wahrnehmen könnte, bleibe ich bewusst vage.

Günstig sind hier weiche Formulierungen wie zum Beispiel: *Du kannst vielleicht spüren, wie du dich allmählich, langsam Schritt für Schritt entspannst und dir früher oder später diese angenehme Situation, als du mit deiner Freundin geschmust hast, noch einmal vor deinem inneren Auge anschauen.* Oder: *Du merkst vielleicht schon, wie wir beide so nach und nach besser und leichter miteinander ins Gespräch gekommen sind, dass wir doch miteinander reden können, und dass es für dich nicht gerade furchtbar ist, mit deinem Lehrer solche Gespräche zu führen.*

Wichtig ist, positive Formulierungen zu wählen: *Du hast diese besondere Fähigkeit, über dich selbst und über dein Leben nachzudenken und Dinge zu spüren, Dinge in dir zu beobachten und* darüber zu sprechen. *Du kannst dich auf dich selbst konzentrieren und du kannst dich auf deine Stärken konzentrieren. Du spürst doch auch diese Energie in dir, Dinge anzupacken und dir ein schönes Leben aufzubauen.*

Möglich und interessant ist auch die folgende Intervention: *Es ist gar nicht nötig, mir besonders zuzuhören. Du brauchst auch deine inneren Stärken gar nicht so intensiv zu spüren jetzt oder zu sehen, wo du eine Lösung finden kannst. Es entsteht einfach dieser innere Spielraum, eine Losgelöstheit wird erzeugt, und das hilft, um das Leben dann zu meistern.*

Begleite ich das innere Erleben eines Heranwachsenden, so gehe ich stets auf das ein, was für diesen wirklich bedeutsam ist. *Du spürst jetzt diese unangenehmen Gefühle und weißt noch nicht, wie du dieses Problem beeinflussen kannst.* Oder: *Du weißt im Moment nicht weiter und du weißt nicht, wie du deine Situation verändern kannst und du denkst, dass es keinen Ausweg gibt.*

Offene Formulierungen können helfen, innere Suchprozesse in dem Jugendlichen in Gang zu bringen: *Schau einfach, was dir einfällt. Du kannst genießen, es sich entwickeln zu lassen. Lass einfach los von alldem, und du kannst dir ruhig erlauben zu spüren, was sich verändert. Nimm einfach wahr, was vor deinem inneren Auge entsteht. Und du kannst dir erlauben, dich auf das zu konzentrieren, was für dich wirklich wichtig ist. Geh einfach deinen Weg. Du kannst auf viele Arten lernen. Nutze diese Erfahrung auf deine Weise und erlaube dir, Ideen zu entwickeln, die dir weiterhelfen. Entdecke die Besonderheiten des jetzigen Zustandes. Schau einfach, was sich verändert und welche Lösungen du findest.*

Ich verwende in solchen Situationen eine gewährende und permissive Sprache: *Du kannst dir erlauben, jetzt einfach „nein" zu diesen Aufgaben da, zu diesem Text da zu sagen. Du kannst dir die Erlaubnis geben, alle Spannungen, allen Widerwillen gegen das Arbeitsblatt loszulassen und dir eine angenehme Erfahrung zu gönnen, dass du jetzt einmal weder schreiben noch rechnen wirst. Du sagst dir: „Den Ballast werfe ich jetzt mal ab" und „Ich entspanne mich, auch wenn ein Aufgabenblatt auf meinem Tisch liegt." Vielleicht magst du jetzt eine leichte Schwere in dir* spüren oder einfach wahrnehmen, wie du allmählich ruhiger wirst, wie du ruhiger atmest und auch deine Wut gegen mich allmählich weniger wird.

Es ist natürlich sinnvoll, von Zeit zu Zeit explizit ein verbales Feedback vom Heranwachsenden einzuholen und diesen einerseits offen, andererseits inhaltlich nicht festlegend, zu fragen: *Was ist jetzt deine Erfahrung? Was ist jetzt mit dir?*

Nicht nur Bewusstseinsveränderungen, sondern jegliche persönliche Veränderungen auf Seiten eines Kindes oder Jugendlichen lassen sich leichter anregen, wenn ich nach dem Prinzip der kleinen Schritte vorgehe. Widerstand des Heranwachsenden, etwa in der Erziehungshilfe durchaus anzutreffen („Haben Sie n´en Schaden? Was ist dat dann für´ n Gequatsche? Wollen Sie mich verarschen, mit so ´m schwulen Gelaber?" usw.) signalisiert möglicherweise, dass ich zu große Schritte in meinen Pacings oder Leadings unternommen habe.

Ich machte die Erfahrung, dass es gerade in Zusammenhang mit Jugendlichen mit einer gravierenden Verhaltensproblematik wichtig ist, sie ganz langsam an eine solche Gesprächskultur heranzuführen. Ein solcher Prozess der Gewöhnung, aber auch der inneren Verarbeitung, der inneren Umstellung auf Seiten dieser Jugendlichen dauert sicher Wochen, manchmal Monate oder Jahre.

Wichtig ist, bei den Jugendlichen das Sowohl-als-auch-Denken zu fördern, nicht hell oder dunkel, aktiv oder passiv, sondern hell *und* dunkel, aktiv *und* passiv. Wichtig ist auch, eine fehlerorientierte Sprache (*Werf´ doch den Schrank nicht um!*) zu vermeiden, denn das Unbewusste denkt vermutlich in Bildern. Die mitgelieferte Verneinung bleibt nämlich häufig wirkungslos (Der Schüler wirft den Schrank um, weil er dem internalisierten Bild des Schrank-Umwerfens folgt). Als günstiger hat sich in meiner Praxis eine zielorientierte Sprache erwiesen: *Bitte sei doch das nächste Mal pünktlich. Bitte geh´ doch sorgfältig mit den Möbeln in der Klasse um.*

Wirksam ist auch die Verwendung von Implikationen der folgenden Art: *Ich bin gespannt, wie du dein Ziel erreichst.* So beinhaltet, das heißt impliziert diese Formulierung, dass der andere sein Ziel erreicht und es nur noch die Frage ist, wie er das schaffen wird. *Mal sehen, was dir da einfällt. Ich bin interessiert zu sehen, wann du damit fertig bist, wie du das alles wieder hinbekommst. Mal sehen, wie es dir gelingt, die Dinge das nächste Mal rechtzeitig zu erledigen.*

Interessant ist auch, Sprachmuster mit bestimmten Verknüpfungen zu verwenden: *Während du auf diesen Punkt schaust, kannst du auf deine Art einen Impuls für eine Lösung finden. Indem du beginnst, mir zuzuhören, wird sich eine besondere Erfahrung vollziehen. Nachdem du diesen Stoßseufzer getan hast, kannst du die Sache von einer ganz neuen Seite sehen. Weil du dir die Situation innerlich vorstellst, spürst du deutlicher...*

Manchmal übe ich mich regelrecht im Gedanken lesen: *Und du weißt noch nicht, welche Lösungen du finden wirst, wie es da in der Betriebswerkstatt, wo du jetzt drei Wochen Praktikum machen wirst, abläuft und wie du das schaffen kannst.* Oder: *Du kennst das Gefühl, nicht zu wissen, wie es weitergeht und dann überrascht zu werden von einer einfachen Lösung, nämlich zu sehen, dass die Dinge fast wie von selber laufen.*

Oder ich arbeite mit Vorannahmen oder Implikationen nach dem folgenden Muster: *Und ich weiß nicht, welche Lösungen du finden wirst. Ich bin gespannt, wann du merkst, dass du der Lösung näher kommst. Wir können neugierig sein, woran du feststellst, dass sich in dir eine Veränderung vorbereitet. Du wirst vielleicht überrascht sein, woran du merkst, dass eine Veränderung stattfindet, welche Bedeutung diese Erfahrung hat, wie schnell du eine Lösung finden kannst. Du kannst neugierig sein, ob du bemerkst, welcher Teil in dir sich als erstes einem neuen Lösungsansatz öffnet.*

Meine Interventionen können sich auch auf Ursache-Wirkungs-Beziehungen richten: *Was macht dein Vater, sodass du dann in der Weise reagierst? Woher weißt du das? Was genau nimmst du wahr, dass...? Woraus schließt du, das...? Du meinst also, du hättest immer Pech? Deine Theorie ist also, dass die vielen Versuche dazu führen, dass...?*

Ich kann auch sogenannte Truismen verwenden: *Jeder lernt auf seine Art und Weise. Jeder hat Erfahrungen, die er nutzen* kann, Menschen können auf Lösungen kommen, ohne es zu wissen.

Andere Interventionen sind Suggestionen, die alle denkbaren Alternativen abdecken, etwa: *Du kannst auf jede mögliche Art Lösungen finden. Es kann ins Stocken kommen, stehen bleiben, Rückschläge geben, bevor es wieder voran geht. Dein Bewusstsein kann eigene Wege gehen ober beobachten, was geschieht oder etwas ganz anderes tun. Du kannst Lösungen suchen lernen oder lernen, Lösungen zu suchen oder während du nach Lösungen suchst, kannst du ebenfalls etwas lernen.*

Oder ich setze Suggestionen oder Vorschläge ein, mit denen ich zwei Alternativen anbiete: *Du kannst vorbereitet oder spontan zu dem Praktikum, zu der Prüfung oder dem Bewerbungsgespräch gehen. Du kannst die Hausaufgaben heute oder morgen machen. Es kann dich überraschen, wie es funktionieren wird oder es kann dir einfach nur natürlich vorkommen. Und ich bin gespannt, wann du bemerkst, dass es die eine Möglichkeit oder die andere Möglichkeit ist. Eine Veränderung kann dir bewusst sein oder sich eher unbewusst vollziehen. Du kannst jetzt deinen Blickwinkel verändern oder allmählich bemerken, dass du deinen Blickwinkel veränderst.*

Eine andere Intervention ist das Einsetzen von Leitsätzen und Affirmationen: *Und dann habe ich zu mir gesagt: Du kannst es! Du wirst Erfolg haben!* Und Menschen sagen manchmal zu sich selbst: *Du bist in Ordnung, so wie du bist... und dass du deinen Weg im Leben schon gehen und schaffen wirst.*

Es existieren eine Reihe von Sprachmustern, die einen Jugendlichen stringent auf die Lösung von Problemen fokussieren können. Dazu gehört etwa, Schwächen, Probleme oder Symptome in der Vergangenheit zu formulieren, um zu signalisieren, dass sie der Vergangenheit angehören[477]: *Bisher.... In der Vergangenheit/ Früher machtest du ... hattest du oft....*

Der Heranwachsende wird darin unterstützt, Informationen und Entscheidungen zu suchen und zu finden: *Ich wüsste gern einmal, welche Gedanken du dir schon gemacht hast ... was du*

---

[477] Prior, M.: MiniMax-Interventionen. Heidelberg 2003, hier: S. 17 f.

hier erreichen willst? ...was du schon an Verbesserungen deiner Problematik bemerkt hast? ... wie die nächsten Schritte und Möglichkeiten aussehen könnten? Wichtig ist, den jugendlichen Coachee positiv formulieren zu lassen, wohin er will, was er will usw. Er sagt vielleicht: „So schlimm war es heute nicht." Oder: „Letzte Woche war es in der Heimgruppe nicht so stressig." Und ich frage unter Umständen: *... sondern, wie war es? ... sondern, was war stattdessen? ... sondern, was hast du stattdessen unternommen?*

Es ist von großer Bedeutung, das Wort „immer" durch „wann" zu ersetzen.[478] „Und dann gehen bei mir immer die Rolladen runter und ich raste aus." „Und dann habe ich immer total die Schnauze voll." „Und ich ziehe hier immer die Arschkarte!" Das wären typische Schüleraussagen aus dem Bereich der Erziehungshilfe. Es ist wichtig, dem jungen Menschen zu vermitteln, dass „immer" in Verbindung mit einem Problem oder einer Symptomatik nie stimmt. Die Intervention „Wann und wann nicht" macht die Probleme kleiner und lösbar: *Wann hattest du die Nase voll und wann nicht? Wann hattest du dieses Problem und vor allem: Wann hattest du es weniger oder mal gar nicht?*

Oft ist es auch hilfreich, Sprachbilder, Metaphern und Gleichnisse zu einer Situation zu entwickeln und einzusetzen[479]: *Das ist ja wie eine Achterbahnfahrt, dein Leben im Moment, wenn ich das so höre. Deine Situation ist vergleichbar mit einem Vogel, der im Käfig sitzt, darüber traurig ist und aufgehört hat zu singen.*

Es kann sehr nützlich sein, wenn ich positiv zu beschreiben versuche, wie er hofft, handeln, denken, fühlen oder die Dinge sehen zu können. Oder ich rege den Jugendlichen an, dies selbst zu tun. Wichtig ist, der Zuversicht Raum zu geben[480]: *Hoffentlich vermeidest du dann mal die Reizthemen oder besprichst sie ganz sachlich. Sicherlich denkst du in der nächsten Hofpause: Jetzt halte ich mich mal mit meinen Bemerkungen zurück und dann werde ich auch nicht mehr so schnell in eine Streiterei mit X oder Y verwickelt. Und wenn der X dich wieder provoziert, wirst du*

---

[478] Prior, MiniMax-Interventionen, S. 28 ff.
[479] Prior, MiniMax-Interventionen, S. 32 ff.
[480] Prior, MiniMax-Interventionen, S. 39 ff.

spüren, dass es jetzt darauf ankommt, tief durchzuatmen und gelassen zu bleiben, vielleicht sogar eine humorvolle Bemerkung zu machen, um die Lage zu entschärfen. Das wirst du schon irgendwie schaffen. Wahrscheinlich verstärkt sich dein gutes Gefühl und du kannst deinen Erfolg wahrnehmen und würdigen.

Eine andere hilfreiche Interventionsmöglichkeit ist der Gebrauch der Redewendung „noch nicht".[481] Es kann eine völlig neue Sicht der Dinge entstehen, wenn es mir gelingt, den Heranwachsenden in vielerlei Konflikten und Krisen das Folgende zu vermitteln: Ziele sind noch nicht erreichte Ergebnisse. Probleme sind noch nicht gefundene Lösungen. Blockaden sind noch nicht überwundene, noch nicht gefundene Strategien. Schwächen sind Noch-nicht-Stärken: *...sodass du noch nicht genug Wege gefunden hast, es dir mit deiner schweren Arbeit etwas leichter zu machen. ...sodass du die Fähigkeit noch nicht genügend entwickelt hast, dein Wissen bei Klassenarbeiten oder Prüfungen auch wirklich zur Verfügung zu haben.*

Konstruktive W-Fragen[482] können sehr nützlich sein. Sie helfen dasjenige zu konstruieren und zu formulieren, was der Pädagoge und das Kind oder Jugendliche (gemeinsam) wollen:

Was willst du hier erreichen? Welche Idee hast du, die dich der Lösung des Problems näher bringen könnte? Was hast du bisher gefunden, was dich der Lösung des Problems näher gebracht hat? Was hast du bemerkt, was sich seit unserem letzten Gespräch geändert, vielleicht verbessert hat? Welche Fähigkeiten hast du, die dir in dieser schwierigen Situation helfen könnten? Wie könnte deine Ausdauer und dein Wissen, dass du bisher immer alles irgendwie geschafft hast, dir jetzt eine Hilfe sein? Und wie hast du das bisher eigentlich immer geschafft?

Die Intervention mit dem Wörtchen „angenommen" vermag Suchprozesse zu initiieren.[483] Der Heranwachsende wird dazu gebracht, neue Möglichkeiten innerlich durchzuspielen: *Angenommen, du würdest in einer ganz neuen Richtung nach Lösungen für dein Problem suchen, würdest du dann eher...?* Oder

---

[481] Prior, MiniMax-Interventionen, S. 44 ff.
[482] Prior, MiniMax-Interventionen, S. 49 ff.
[483] Prior, MiniMax-Interventionen, S. 62 ff.

würdest du vielleicht...? Angenommen, du würdest anfangen, diese Erkenntnis umzusetzen, würdest du dann...? Oder würdest du eher...? Gelegentlich arbeite ich gezielt mit Dichotomien zwischen dem bewussten und dem unbewussten psychischen System: *Während sich dein bewusster Verstand noch fragt, wie die Lösung aussehen könnte, weiß dein Unbewusstes schon längst, wie gut es ist, sich Schritt für Schritt der Lösung zu nähern. Und während der bewusste Verstand glaubt, es geht nicht, weiß dein Unbewusstes, dass es ganz von selbst geht. Und das Unbewusste versteht, was das Bewusstsein nicht versteht. Und während das Bewusstsein keine Lösung für dieses Poblem findet, beginnt das Unbewusste eine Lösung zu finden.*

Möglich ist also auch, dass ich behaupte, dass der Schüler nicht als ganze Person, sondern nur zu einem Teil (bewusster Verstand) denkt, er könne oder wisse nicht, wie dies oder das zu lösen sei usw.[484]: *Mit deinem bewussten Verstand weißt du nicht, wie sich deine Befindlichkeit bessern könnte, sodass da eine Besserung eher aus deinem Unbewussten heraus kommen kann.*

Die Annahmequote meiner Vorschläge bei sehr widerständigen Heranwachsenden, die aufgrund ihrer schwierigen Sozialisation jetzt stets *ihren Kopf durchsetzen* wollen, steigt gelegentlich drastisch an, wenn ich sie als Nicht-Vorschläge deklariere[485]: *Denke am besten jetzt nicht daran, wie das funktionieren könnte. Und es ist nicht, dass du dir vorstellst, wie das funktionieren könnte. Und du musst dir jetzt nicht vorstellen, wie es wäre... Und du brauchst dir jetzt noch nicht zu erlauben, dass ... Und es muss jetzt noch nicht so sein, dass...*

Erickson hat in seiner praktischen therapeutischen Arbeit verschiedene Mittel erprobt, um mit hemmenden oder oppositionellen Verhaltensweisen seiner Klienten fertig zu werden. Er fand, dass das bloße Aussprechen einer Verneinung durch den Therapeuten oft als Blitzableiter dienen kann, um kleinere Hemmungen und Widerstände, die sich im Klienten aufgestaut haben, automa-

---

[484] Prior, MiniMax-Interventionen, S. 66 ff.
[485] Prior, MiniMax-Interventionen, S. 71 ff.; vgl. auch Erickson, Hypnotherapie..., S. 56 ff.

tisch abzuführen. „Und du kannst das, oder nicht? Du kannst es versuchen, nicht wahr? Du kannst nicht damit aufhören, richtig? Du wirst das tun, nicht wahr? Du tust das, nicht wahr? Warum solltest du das nicht geschehen lassen?"[486]

Erickson & Rossi verweisen auf Forschungen, die gezeigt haben, „dass sich dieses enge Nebeneinanderstellen positiver und negativer Aussagen auch in anderer Hinsicht als günstig erweist. Es wurde festgestellt, dass es um 30 Prozent schwieriger ist, eine Verneinung zu begreifen als eine positive Aussage."[487] „Der Gebrauch von Verneinungen kann somit Verwirrung auslösen, die dazu beiträgt, die limitierte bewusste Einstellung eines Patienten (hier: eines Heranwachsenden mit einer Verhaltens- oder Verweigerungsproblematik, J. B.) außer Kraft zu setzen, so dass innere Arbeit möglich wird."[488]

Interessant ist in diesem Zusammenhang auch ein von M. Prior dokumentiertes Beispiel. Es geht dabei um einen recht schwierigen Klienten, der es sich zur Gewohnheit gemacht hatte, alle wohlmeinenden Hilfsangebote durch Negationen zu entwerten und seine professionellen Gesprächspartner zu frustrieren, sodass am Ende kaum jemand motiviert war, mit ihm weiter zu arbeiten. Eine typische Situation ja auch in der Erziehungshilfe. Prior schreibt:

„Ich fragte mich: Was war die Sprache meines Patienten? Was tat er, was ihm jedermanns Ablehnung einbrachte? Mir fiel auf: In jedem seiner Sätze gab es ein `nicht´ oder `kein´. Herr L. verneinte fast alles und lehnte zunächst einmal fast immer alles ab. [...] Ich beschloss zu lernen, die Sprache meines Patienten zu sprechen und in jedem Satz eine Negation, ein `nicht´ oder `kein´ zu verwenden. [...] Die Gespräche mit Herrn L. bekamen daraufhin einen völlig anderen Charakter. [...]

Therapeut: ... Das ist ja heute *nicht* gerade das allerschönste Wetter...
Herr L.: Nein, das kann man *nicht* sagen...

---

[486] Erickson & Rossi, Hypnotherapie..., S. 57
[487] Donaldson, M. M.: Positive and negative information in matching problems. In: British Journal of Psychology 1959, 50. Jg., 235 - 262
[488] Erickson & Rossi, Hypnotherapie..., S. 57

Therapeut: ... Aber wir sind hier ja auch *nicht* zusammen gekommen, um über das schöne Wetter zu reden... aber gleich über die wichtigen Dinge reden, und dazu noch mit einem Psychologen – ich habe *nicht* vergessen, dass Sie mit Psychologen ja *nicht* die besten Erfahrungen gemacht haben.
Herr L.: Da haben Sie *nicht* Unrecht...
Therapeut: Und über die Sache mit Ihrem Zimmergenossen, Herrn R., wollen Sie wahrscheinlich schon gar *nicht* mit mir reden...
Herr L.: Eigentlich *nicht*, da haben Sie Recht..." usw.[489]

Dieses Arbeiten mit dem Verneinungs-Tool ist möglicherweise ganz zentral für den Erziehungshilfe- und Verweigererbereich. Mancher Widerstand der Kinder oder Jugendlichen lässt sich vielleicht mit solch unscheinbaren sprachlichen Mitteln umgehen und auflösen. Dazu noch einmal Prior: „Verständnisvolle verneinende Sprachformen sind immer dann nützlich, wenn es mit anderen *schwierig* wird, *Widerstand* geleistet wird und kommunikativ gekämpft wird."

Prior sieht den Vorteil beim Einsetzen von „nicht" oder „kein", „dass der Kampf überflüssig wird, da es nichts mehr gibt, wogegen man Widerstand leisten und sich wehren muss."[490] Ganz so einfach ist es freilich im Falle des Schulunterrichts mit *schwierigen* Heranwachsenden nicht. Erfolge aus außerschulischen Einzelgesprächen lassen sich eben nicht 1:1 auf schulische Gruppensituationen, die überdies vielen weiteren Anforderungen und Restriktionen unterliegen, übertragen. Dennoch, das Verneinungs-Tool ist es sicher wert, dass wir damit experimentieren.
Leon, einer der Erziehungshilfeschüler aus den Tagebuchaufzeichnungen am Ende dieses Bandes, wollte unbedingt in ein Praktikum gehen. Einerseits hielt ich es für sehr hilfreich und nützlich, damit der Junge sich quasi an der Realität entlang entwickeln konnte. Andererseits trat er etwa ab dem 38. Schultag derart aggressiv und provokativ auf, dass ein Scheitern des Praktikums in der Werkstatt eines Verkehrsbetriebes zu scheitern drohte. Der Vierzehnjährige sprach etwa wie folgt: „Ja, da latsch ich dann dahin und da steht dann so´n Lackaffe von Meister und sacht mir

---

[489] Prior, MiniMax-Interventionen, S. 83 f.
[490] Prior, MiniMax-Interventionen, S. 85

watt?! Und ich mach dat dann? Sie können mir mal die Keule schmatzen!"

Ich hielt es für günstig, einmal Beispiele für geeignetere praktikumsbezogene Redensarten auf ein Plakat zu schreiben und in der Klasse aufzuhängen, insbesondere, weil auch zwei weitere Schüler ins Praktikum gehen wollten. Ich machte eine Rubrik *hilfreiche Verhaltensweisen* und schrieb darunter: Freundlich sein, höflich sein, pünktlich sein, mit anpacken, Respekt zeigen vor dem Eigentum des Unternehmens oder des Betriebes. Dann machte ich eine Rubrik *hilfreiche Sprechweisen* und schrieb darunter: *Schön, dass ich hier mal Einblick bekommen kann. Wie kann ich mich hier denn nützlich machen. Worauf wird denn hier am meisten Wert gelegt? Was sind Dinge, die ich beachten muss?*

Leon ignorierte diese meine Initiative zunächst völlig und als er nach einer Weile vor dem Plakat stehen blieb und las, sagte er: „Sie glauben doch wohl nicht, dass ich das da sage?! So ein angepasstes schleimiges Gelaber!" Ich antwortete darauf: „Ich kann dir aus eigener Erfahrung in Betrieben und Unternehmen sagen, wie hilfreich solche Sätze sind, dir Türen zu öffnen und dich beruflich weiter zu bringen." Leon schwieg. Es vergingen vielleicht drei Wochen und das Praktikum stand vor der Tür.

„Heute ist mein letzter Tag hier, ich meine vor dem Praktikum", sagte der Vierzehnjährige zu mir. „Es ist auch gar nicht nötig, dass du noch mal einen Blick auf das Plakat da wirfst", sagte ich kurz und knapp und wandte mich anderen Dingen zu. Und was geschah? Leons Augen wanderten unweigerlich zu dem Plakat und ich hörte ihn leise vor sich hin stammeln: „Also, wenn ich da rein komme, dann sage ich zu aller erst: Schön, dass ich hier mal Einblick bekommen kann..., ich meine, erst stell´ ich mich mal vor... Und dann sage ich als nächstes: Wie kann ich mich hier denn nützlich machen..."

Speziell das Arbeiten mit dialektischen Induktionen kann die jungen Coachees zu ganz neuen Erfahrungen und Synthesen führen: *Und so kann es beides gleichzeitig geben, sodass es sehr interessant sein kann, beides zu bemerken, dass es X und Y gibt..., dass es diesen Mut, aber auch diese Angst in dir gibt..., dass es diese Energie, diesen Willen, etwas zu schaffen und zugleich diese lähmende Passivität in dir gibt... dass es diesen Wunsch in dir gibt, deinem Lehrer irgendwie nah zu sein und dich gleichzeitig schroff von ihm abzugrenzen, indem du ihn beleidigst...*

Eine hilfreiche und nützliche Intervention ist auch das Verwenden von „Zeitprogressionen"[491] in Verbindung mit Konjunktiv-Fragen und sogenannten „Wunderfragen"[492] oder Abwandlungen davon: *Es wäre für dich sicherlich ein Wunder, wenn du die Klassenarbeit, die Prüfung, das Vorstellungsgespräch richtig gut bewältigen würdest. Ich kann mir vorstellen, dass du das gar nicht richtig glauben könntest oder zumindest wärest du ziemlich überrascht, wenn es richtig gut läuft oder richtig optimal laufen würde. Vielleicht wärest du ziemlich erstaunt, über einen richtig guten Verlauf. Und ich könnte mir vorstellen, dass es nach den Erfahrungen, die du gemacht hast, etwas ganz Neues wäre, wenn du feststellen würdest: Ich kann das, und ich kann das lernen.*

Und wenn der Schüler dann innerlich mitzieht, kann ich vielleicht das Folgende fragen: *Und woran würdest du bemerken, dass es optimal gelaufen ist? Was wäre das für ein Gefühl, was du dann hast? Und wo würdest du es besonders spüren?*

IMPULSE ZUR ANALYSE DES LERNPROZESSES

Schlüsselfragen zur Bedingungsanalyse können etwa lauten: Aus welchen Sozialmilieus, Bildungskarrieren, Schulen, Projekten, sozialen Einrichtungen wie Heimen usw. kommen die Schülerinnen und Schüler? Welche Einstellungen, Sichtweisen und Deutungsmuster haben sie dort erworben? Wie sieht ihr persönlicher, schulischer und berufsbezogener Erfahrungsbereich aus? Wie ist die Lerngruppe intern strukturiert, nach Geschlecht, Alter usw.? Welche Motive haben die Heranwachsenden? Sind sie freiwillig oder unfreiwillig da?

Wie verlief die bisherige Bildungsgeschichte der Schülerinnen und Schüler? Welche Lehr- und Lernformen kennen sie? Welche fachlichen und methodischen Voraussetzungen bringen die jun-

---

[491] Erickson & Rossi, Hypnotherapie...

[492] de Jong, P. & I. K. Berg (1998): Lösungen (er-)finden. Das Werkstattbuch der lösungsorientierten Kurzzeittherapie. Dortmund 2003, 5. verbesserte und erweiterte Aufl., hier: S. 124 ff.

gen Menschen mit, um die schulischen Bildungsziele zu erreichen? Welche Erwartungen haben die Jugendlichen an die Lerngegenstände, an die schulische Bildung und an ihre zukünftige berufliche und persönliche Entwicklung? Mit welchen extremen Verhaltensweisen, Widerständen, kognitiven Schwierigkeiten usw. ist in der jeweiligen Lerngruppe zu rechnen?

Wie sind die sozialen Beziehungen in der Lerngruppe strukturiert? Gibt es Allianzen, Einzelgänger oder Mitläufer? Wer ist das *Alpha-Tier*? Sind die erforderlichen Voraussetzungen gegeben, um zu gewährleisten, dass alle Heranwachsenden die schulischen Bildungsziele erreichen können? Welche Unterstützungsmöglichkeiten stehen zur Verfügung? Welche müssen noch verfügbar gemacht werden?

Wer von den Jugendlichen will was? Will derjenige, der vor mir sitzt, überhaupt etwas von mir? Von wem wollen die einzelnen Schülerinnen und Schüler etwas? Von wem nicht? Was wird nicht gewollt oder erwartet? Besteht Konsens über die Zielsetzung der pädagogischen Bemühungen zwischen Lehrer und Schüler?

Welche Lösungsversuche, Maßnahmen und Hilfsangebote gab es bisher? Wird von mir eventuell das Gleiche erwartet, was schon andere erfolgreich oder erfolglos versucht haben? Wie erklären sich die Schüler (und deren Eltern), weshalb die bisherigen Lösungsversuche nicht geholfen haben?

Welche Ziele verfolge ich selbst? Welche Ziele verfolge ich aus institutionellen oder fachlichen Gründen? Welche Ziele verfolge ich aus ethischen Gründen? Was ist mein institutionell vorgegebener Auftrag? Was nicht? Welchen darüber hinaus gehenden Auftrag will ich annehmen? Welchen nicht?

Wie lassen sich die Lernprozesse nun systematisch untersuchen? Wir könnten etwa beginnen mit einer Situationsklärung: Sind alle Anwesenden einverstanden, dass sie da sind? Wer ist dagegen und aus welchen Gründen? Wer ist dafür und aus welchen Gründen? Was hat eventuell jemand bewogen, nicht anwesend zu sein?

Im nächsten Schritt geht es um die Wahrnehmung und Definition möglicher Probleme: Worin besteht für jedes einzelne Systemmitglied das Problem oder die Schwierigkeit? Wie würde jedes Systemmitglied den Ist-Zustand beschreiben? Wer hat das Problem zuerst entdeckt oder benannt? Mit wem wurde darüber gesprochen? Wen belastet es am meisten?

Nun geht es um das Auffinden von Erklärungsmodellen: Wie erklären sich die Kinder oder Jugendlichen das Problem? Was vermuten sie über die subjektiven Erklärungen der anderen Schüler oder der abwesenden Systemmitglieder? Wenn die mitgeteilten Erklärungen voneinander abweichen: Welche Erklärungen haben die Jugendlichen dafür? Welche anderen möglichen Erklärungen könnte es geben, die noch nicht geäußert wurden?

Als nächstes werden Lösungsversuche unternommen: Was tun die Systemmitglieder (Schüler, Lehrkräfte, Eltern, Schulleiter usw.), wenn das Problem auftritt? Wer hat bisher versucht, das Problem zu lösen? Auf welche Weise? Welches Resultat hatte dies? Welche Lösungsideen gab es, die noch nicht versucht wurden? Welches Ergebnis wäre von ihnen zu erwarten?

Richten wir die Aufmerksamkeit nun auf Ziele: Welches Ziel haben die Einzelnen? Woran werden die einzelnen Beteiligten erkennen, wenn das Ziel erreicht ist? Welche Dinge waren bisher schon ein wenig wie der erwünschte Zielzustand? Wer hat was wie gemacht, um dies zu ermöglichen? Welches werden die nächsten Hinweise sein, dass sich die Dinge auf den Zielzustand hinbewegen? Wer wird dies zuerst bemerken? Wie wird sich dies auf den Ebenen des Verhaltens, des Denkens und der Beziehungen zeigen?

Eine interessante Übung ist auch, Unterrichten einmal mit dem Thema Marketing in Verbindung zu setzen und Unterricht als zu vermarktendes Produkt zu betrachten. Scheitert der Unterricht, könnte dies auf den folgenden Fehlern beruhen: Der Bedarf und die individuellen Vorstellungen der Schüler wurden nicht erkundet. Die Lernwünsche der Schüler wurden nicht berücksichtigt. Die Lernenden wurden mit Details überfüttert. Ich habe nicht richtig zugehört. Ich habe zu wenig Fragen gestellt. Ich bin als Besserwisser aufgetreten. Ich habe die Einwände der Lern-Kunden nicht erfragt. Die Einwände und Bedenken der Lernenden wurden nicht entkräftet. Ich habe mir zu wenig Zeit genommen und ungeduldig reagiert. Ich bin vielleicht zu direkt auf ein Agreement zu marschiert. Ich habe zu früh resigniert. Es wurden keine Visualisierungshilfen gegeben. Ich habe eine negative Körpersprache eingesetzt. Ich habe zu viel geredet. Ich habe zu früh über den Preis gesprochen, also über den Einsatz, den die Schüler selbst erbringen müssen.

REFRAMING VON MOTIVEN

Geht es mir um Veränderungsprozesse im pädagogischen Feld so ist das Reframing von Motiven gelegentlich eine sehr interessante und hilfreiche Intervention. Reframing bezieht sich hier auf ein Umdeuten, auf eine Veränderung des Bezugsrahmens, um eine andere Bedeutung zu schaffen.[493]

Verhalten, das als pathologisch, schädlich oder störend angesehen wird, bekommt mitunter eine andere Bedeutung, oft schon dann, wenn ich Verhalten und Motiv trenne und nach einem *unschuldigen* Motiv, einer positiven Absicht, einem Sinn forsche, welche dem Verhalten zugrunde liegen *könnten*. Diese Methode hilft, Vor-Urteile, Projektionen abzubauen, verfestigte Wahrnehmungen aufzulösen und zu einer wohlwollenden, ganzheitlichen Sichtweise eines schwierigen Verhaltens von Heranwachsenden zu gelangen. Impulsfragen können hier lauten:

Welches Verhalten hat der Schüler gezeigt? Was genau hat er getan? Wie habe ich darauf reagiert? Was war das Ergebnis davon? Was habe ich bisher als Erklärung für das Verhalten angenommen? Welchen Sinn, welche nützliche Absicht könnte das Kind oder der Jugendliche mit dem Verhalten verbunden haben? Worum ging es dem Schüler vermutlich im Grunde? Wenn ich eine oder mehrere nützliche Absichten und Motive in Betracht ziehe, wie könnte ich mich in Zukunft dem Schüler gegenüber anders verhalten? Worin bestand eigentlich meine eigene Interpretation, Unterstellung, mein Vorurteil, meine Projektion? Was war mein Anteil am Entstehen der Ausgangssituation?

---

[493] vgl. O´Connor, J. & J. Seymour: Neurolinguistisches Programmieren: Gelungene Kommunikation und persönliche Entfaltung. Kirchzarten b. Freiburg 1992, hier: S. 199 ff.

Protokoll eines Neuanfangs (23.-33. Tag)

23. Tag: Ich bekomme keinen der Schüler der ersten Gruppe (Max, Leon, Tim und Dominik) dazu, irgendetwas Unterrichtsbezogenes zu beginnen, auch Leon nicht. Sie steuern alle in Richtung der beiden Computer, um Spiele zu machen. Sie wirken sehr friedlich heute morgen, die Atmosphäre sehr harmonisch. Gelegentlich streiten sie sich um die PC-Plätze, von denen es zur Zeit ja nur zwei gibt.

Die Konflikte halten sich jedoch im Rahmen und ich muss nicht mehr tun, als gelegentlich zu sagen: „Bitte wechselt euch ab, dass jeder zu gleichen Teilen drankommt." Zur dritten und vierten Stunde kann ich zwei Schüler zum Kollegen in den Werkraum schicken. Tim sagt, der Kollege würde heute auch drei Schüler verkraften. Ich frage nach und bringe Tim in den Keller, um das mit dem Werklehrer abzusprechen.

Unterdessen ist Acatey gekommen. Leon will nicht mit Acatey allein auf dem Flur bleiben und drängt sich an meiner Seite mit in den Werkraum, wohl um keinen erneuten Attacken durch Acatey ausgesetzt zu sein. Dann gehe ich mit Acatey und Leon, auf deren Wunsch in den Billard-Raum. Ich schaue zunächst zu, wie sie gegeneinander spielen. Diese Partie dauert vielleicht fünfzehn Minuten und verläuft sehr harmonisch. Leon und Acatey begegnen sich offenbar auf ganz neue Art. Bei der zweiten Partie soll ich unbedingt mitspielen. Wir spielen zu dritt.

Ich soll mich mit Leon abwechseln und wir beide dann gegen Acatey spielen, Deutschland gegen Türkei, sagt Acatey. Ich willige ein und werde von beiden Schülern ziemlich zurechtgewiesen, als ich aus Unkenntnis gegen eine der Regeln verstoße und versehentlich nicht die weiße Kugel mit dem Queue anstoße, sondern eine bunte. Ach, sage ich, mit einer Mischung aus Verwunderung und Genugtuung, wie schön, dass ihr es diesmal seid, die hier auf dem Einhalten einer Regel bestehen. Sonst ist das ja mein Job, nicht wahr? Ach, kommen Sie schon....

Wir spielen drei oder vier Minuten und Acateys konstruktive Stimmung schlägt plötzlich um. Er stößt die weiße Kugel so fest, dass sie über den Tischrand und in Richtung meines Gesichts fliegt. Dabei schaut er mich grinsend aus seinen dunkel funkelnden Augen an. Ich springe schnell zur Seite und die Kugel klatscht gegen die Wand. Jetzt versucht er nur noch, mich mit der Kugel zu treffen, das Billardspiel an sich ist für ihn offenbar völlig uninteressant geworden. Wieder zielt er mit der Kugel auf mich, ich trete zur Seite, um die Kugel nicht abzubekommen, der Raum ist auch nicht sehr groß. Acatey korrigiert seinen Stand, um mich neu anzielen zu können usw.

Ich gehe energisch auf ihn zu und sage, dass ich das Spiel leid sei und hier sofort abbrechen würde, wenn er nicht damit aufhört. Dann fuchtelt er mit dem Queue vor meinem Gesicht herum und tut, als wolle er mich damit schlagen. Leon sagt enttäuscht: Jetzt haben wir es wieder und dabei fing alles so gut an. Mensch Acatey! Ich versuche noch ein letztes Mal auf ein geregeltes Billardspiel zurückzulenken, Acatey fängt sogleich wieder mit seinen Faxen an. Ich herrsche ihn jetzt an, sofort aufzuhören und dass wir hier dieses Spiel vernünftig beenden möchten, allein es geht nicht und ich breche es ab.

Auch ist die fünfte Stunde um und wir gehen zurück in die Klasse. Leon hat frei, die Jungs aus dem Werkraum auch und ich stelle Acatey in Aussicht, mit ihm gemeinsam jetzt eine Einzelstunde zu verbringen. Ich sage ihm, dass wir an irgendeinem Thema arbeiten können, das ihn interessiert. Wir könnten genauso gut Englisch, Deutsch, Mathematik oder sonst was machen. Er will aber nicht und setzt sich in die Nachbarklasse ab, wo er dann und wann *Asyl* sucht und phasenweise auch bekommt. Die Kollegin geht nachher zum Fußball in die Sporthalle und nimmt Acatey mit.

Ich verbringe die sechste Unterrichtsstunde allein in der Klasse und nutze die Zeit für das Anlegen eines Themen-Speichers, auf einem großen dunkelblauen Plakat, das ich an der Wand befestige. Ich sammle und assoziiere: Welchen Themen stehen in diesem Gruppenprozess, in diesem bisher etwa vier Wochen währenden gemeinsamen Lernprozess denn eigentlich im Vordergrund? Was sind manifeste, offensichtliche Themen? Was sind eher verborgene, unbewusste oder vorbewusste Themen? Ich achte darauf, keine negativen Formulierungen zu verwenden, auch kann ich einiges von meinen pädagogischen Grundsätzen hier unterbringen. Ich visualisiere, was ich wahrnehme, was ich erlebe, was ich heraushöre und ich gebe zugleich indirekte Impulse, die im Idealfall bei den Schülern ankommen.

Ich beschreibe rosafarbene Moderationskarten, die ich in einem der Schränke gefunden habe, mit einem dicken Filzstift und hänge die Karten in den zwei Quadratmeter großen, aus dunkelblauem Papier gefertigten Themen-Speicher: *Sich mal richtig anstrengen und was lernen, sich Ziele setzen, alle Sachen ganz lassen, Beratungsangebot des Lehrers nutzen, jeder hier ist ein besonderer Mensch, jeder hier ist ein liebenswerter Mensch, den anderen respektieren, beim anderen anfragen, Regeln einhalten, Konsequenzen bei Regelverstößen, die Grenzen des anderen einhalten, die Unterrichtszeiten einhalten, Lerninteressen formulieren, sich sicher fühlen, sich wohl fühlen, höflich sein, Hausaufgaben machen, sich gegenseitig helfen, eine Gruppe werden, mal locker zusammen sitzen, hier innerlich ankommen.* Mal sehen, wie die Jungs darauf reagieren?

Abends führe ich noch ein längeres Telefongespräch mit dem Therapeuten, zu dem Fabian geht. Es handelt sich um einen klinischen Psychologen, mit Schwerpunkt auf Verhaltenstherapie, der einerseits eine Art Lerntherapie mit dem Jungen macht, andererseits die allgemeine Lebenssituation mit ihm bearbeitet. Interessant ist, dass Fabian offenbar in diesen gerade erst begonnenen Therapiestunden, es gab vielleicht drei oder vier, sich beinahe „unterwürfig" verhält und sehr darum bemüht ist, die an ihn gestellten Anforderungen zu erfüllen. Bezüglich der Schule nimmt er, im Rahmen dieser therapeutischen Gespräche, für sich eine Opferrolle in Anspruch. Er berichtet selektiv die Dinge, die dieses Opferbild untermauern.

Ich schlage vor, dass der Therapeut einmal in den Unterricht kommt, um sich ein lebendiges Bild von der Situation zu machen. Ich entwickle als Perspektive, dass wir Fabian unterstützen, das in der Lerntherapie gezeigte konstruktive und ausdauernde Verhalten auch schrittweise auf den Schulunterricht zu übertragen. Ich tausche mit dem Therapeuten die e-mail-Adresse aus und wir vereinbaren, miteinander im Gespräch zu bleiben.

24. Tag: Die morgendliche Vierergruppe (Dominik, Tim, Leon und Max) zelebriert zuerst ihr gemeinsames Frühstück mit Brötchen aufbacken usw. Dann wollen sie wieder an die Computer. Leon hat ein Kondom mitgebracht, füllt es mit Wasser, knotet es zu und spielt damit. Er setzt sich neben mich, berichtet immerfort von sexuellen Phantasien. Auch Dominik klinkt sich diesbezüglich ein. Was sie zu dem Themen-Speicher an der Wand sagen? Leon schweigt, liest aber aufmerksam, während er im Schneidersitz rechts neben mir auf dem Tisch sitzt. Leon zu den anderen: Habt ihr schon gesehen, was der Herr B. sich hier wieder ausgedacht hat?

Ob ihm irgendetwas unter den beschriebenen Karten besonders aufgefallen sei, frage ich Leon. Er schaut und überlegt. Schweigt. Ja, die Überschrift, oben die grüne Karte, wo Themen-Speicher drauf steht. Hm, sage ich. Max kommt irgendwann und setzt sich im Schneidersitz auf mein Pult, während ich zugleich daran sitze. Ich muss spontan an die Zeit denken, als meine eigenen Söhne klein waren und, während ich arbeitete, sich zuerst auf meinen Schoß hochzogen, um sodann auf den Schreibtisch zu klettern und direkt in meinem Blickfeld zu sitzen: *Schau mich an. Hier bin ich. Bin ich nicht wichtiger als diese Papiere da? Sprich mit mir. Gib mir deine Zuwendung.*

Von daher lasse ich den vierzehnjährigen Max jetzt auf meinem Pult direkt vor meiner Nase sitzen. So nah hat er sich noch nie an mich herangetraut. Zum Schein tut er so, als wolle er mir seine Faust ins Gesicht rammen. Aber es ist uns beiden klar, dass das nur eine vorgeschobene Geste ist. Tim und Max sitzen am PC und geben gelegentlich Kommentare zu dem Thema ab. Leon führt das wasserpralle Kondom in den Mund, lutscht daran, erzählt schlüpfrige Geschichten. Dann wirft er es auf meinen Koffer, der auf dem Pult liegt. Nicht erschrecken, sagt er, klappt den Koffer auf und wirft es hinein, rüttelt an dem Koffer usw., holt es wieder raus.

Als ich sitzend Arbeitsblätter sortiere, steht Leon plötzlich hinter meinem Rücken und berührt mich mit diesem Penis-Substitut an Hals, Ohren, Nacken, schließlich hält er es direkt vor meinen Mund, erzählt von Kondomen mit Erdbeer- oder Pfefferminzgeschmack. Er tut dies immerfort in scherzender, provokativer, fast überschäumender Laune. Ich schiebe Leons Arm sanft zur Seite, höre ein wenig weiter seinen Geschichten zu und entwickle dann die Idee, aus dem von Leon Gesagten Sachfragen, Forschungsfragen quasi, zu entwickeln.

Etwa: Was passiert im Körper beim Orgasmus genau? Was passiert im Gehirn? Woraus wird Latex gewonnen, das zur Kondomherstellung verwendet wird? Wie kann sich im Laufe des Tages die Augenfarbe eines Menschen von blau nach grün verändern? (Leon berichtete das von seinen Augen.) Was geschieht mit den Farbpigmenten? Was sind die Einflussfaktoren für solche Veränderungen? Und ausgehend vom Aufbacken der Brötchen in dem kleinen Öfchen kommen wir auf die Frage: Wie genau funktioniert eine Mikrowelle (obwohl wir ja selber in der Klasse keine haben)? Was sind das genau für Wellen, die das Essen erhitzen? Stimmt es, dass diese Wellen nur die Wasserteilchen in den Lebensmitteln erhitzen?

Ich notiere diese Fragen in deutlich lesbarer Schrift und mit dickem Filzstift auf Din-A-4-Karten, um sie anschließend auf ein weiteres großes Plakat, diesmal in dunklem Rot, das den Titel „Forschungsthemen: ...was ich gerne mal wissen oder herausfinden möchte..." trägt. Als ich gerade dabei bin, das Plakat aufzuhängen, klatscht Leon das wassergefüllte Kondom von hinten gegen meinen Oberschenkel. Offenbar ist es geplatzt. Ich spüre das Wasser durch meine Jeans hereinsickern. Leon kugelt sich vor Lachen, zugleich scheint es ihm irgendwie peinlich zu sein und er entschuldigt sich bei mir. Ich hänge die Forschungsfragen auf.

Unterdessen tauchen weitere Kondome auf. Auch Tim füllt jetzt eines mit Wasser und hält es unterhalb seinen Gürtel, während Dominik eine tolldreiste Geschichte erzählt, wo er (dreizehn Jahre alt!) mit einer Freundin geschlafen hat und dann das Kondom geplatzt ist. Irgendwann steht ein Viertel des Klassenraumes unter Wasser. Ich suche im Abstellraum auf der anderen Seite des Flures nach einem Aufnehmer, finde aber nur ein altes T-Shirt und einen Schrubber und wische damit den Boden auf.

Nach der Pause ist auch Patrick wieder da. Gestern hatte er einen Termin bei der Polizei, weil er seinen Bruder mit einem Messer in den Rücken gestochen hat. Es wird ein Gerichtsverfahren geben, weil der Bruder, der Anfang zwanzig ist, ihn angezeigt hat. Wie tief das Messer denn eingedrungen sei? Vier bis fünf Zentimeter, sagt er, dicht am Knochenmark, dieser Idiot, sagt er, hat mich wegen so einer Lappalie angezeigt.

Ich biete ein breites Spektrum an Rechenblättern an, leichte und schwere, quer durch die mathematischen Grundrechenarten. Patrick sagt, er mache das zuhause und legt das Blatt unter seinen Tisch (und wird es dort liegen lassen). Leon rechnet eines und Dominik lässt sich exakt das gleiche geben und schreibt von ihm ab. Leon will auf keinen Fall ein zweites Blatt, auch keine Hausaufgaben zeigen und keine neuen aufbekommen. Heute verhält er sich diesbezüglich äußerst hartnäckig und abwehrend. Und wehe ich akzeptiere das nicht! Was dann? Dann bekäme ich einen ziemlichen Ärger mit ihm.

Wir müssten wohl beide jetzt die Tatsache anerkennen, dass er heute einfach nicht für das Thema Hausaufgaben bereit sei, sage ich und dass ich das jetzt so hinnehmen würde. Offenbar geht es nicht anders, im Moment, sage ich. Ob sich der Ärger mit dem Kontakterzieher gelegt hat? Ja, sagt er mit genervtem Unterton. Max und Tim bearbeiten kein Blatt. Acatey auch nicht. Ich sage der Gruppe, dass ich den Eindruck hätte, dass wir das wenige Geschirr, das wir noch hätten, jetzt doch nicht mehr einschließen müssten und stelle zwei Tassen in ein Regal. Die Teller müssten noch gespült werden und könnten ja dann daneben. Außerdem würde ich dann noch neue Teller und Trinkbecher kaufen.

Wenig später steht Acatey am offenen Fenster und ich höre es tief unten auf dem Schulhof klirren. Die Tassen stehen nicht mehr im Regal. Ich schaue nach unten und sehe die Scherben des Porzellans, auf dem Teer des Schulhofs verstreut, gemeinsam mit einem Stapel Lehrbücher, die auch von einem der Regale stammen. Ich bringe Acatey meine Enttäuschung rüber und sage ihm, dass ich glaubte, mit ihm schon weiter zu sein. Er geht jetzt in die Fußball-AG und zu mir kommen die vier Italienisch-

Interessenten, das heißt heute sind es nur drei, weil Gianni einen Termin bei der Polizei hat.

Ich habe fünf Arbeitsblätter selbst erstellt, die nach dem Muster funktionieren, dass die Schüler ein deutsches Wort, oder einen kleinen Satz oder eine Zahl mit dem betreffenden italienischen Wort durch das Ziehen einer Linie verbinden müssen. Das scheint ihnen Spaß zu machen. Nach dem zweiten Blatt wollen zwei von ihnen für zehn Minuten draußen auf den Gang zum Fußballspielen, was ich zulasse, der dritte arbeitet durchgehend weiter.

Ein wenig Abwechslung kommt hinein durch ein Spiel mit selbst gefertigten Karten, die ich in einem Schuhkarton mit der Aufschrift „Italiano per bambini" verwahre und die auf der einen Seite ein deutsches Wort mit Bild zeigen, auf der anderen Seite das zugehörige italienische Wort oder eine Redewendung, ein Verb usw. Mit vielen dieser Karten lassen sich auch kleine, sinnvolle Sätzen legen, diese variieren, abschreiben oder in kleinen Rollenspielen anwenden.

Diese zwei Stunden sind voller Schwung, kleiner Scherze, lustiger Sprachspiele und Abwechslung. Zwei Wochenstunden Leichtigkeit und fünfundzwanzig Wochenstunden hartes Brot. Als meine Italienisch-Schüler gegangen sind, bereite ich noch zwei mittelgroße Plakate bzw. Themen-*Container* vor, das eine in orange, das andere in gelb. Diesmal mit den Überschriften „Klagen und Beschwerden von außen" (die des öfteren von bestimmten Kolleginnen, wegen eines Schülerverhaltens, an mich gerichtet werden) und „Klagen und Beschwerden von innen".

Auf das erste Plakat hänge ich Karten mit den folgenden Aufschriften: Reingehen in andere Klassen, Beschimpfen von Lehrerinnen. Auf das zweite: dass Fabian die Spitze des Queues, die er zerstört hat, nicht ersetzt; dass Acatey die Regeln nicht einhält. Außerdem habe ich noch vier Grünpflanzen besorgt und auf die Fensterbänke gestellt. Hinten in der Klasse hänge ich einige naturkundliche Karten mit Tieren und Pflanzen sowie eine didaktisches Plakat mit allen möglichen Schiffstypen auf. Mit Blick auf Leons Hausaufgaben könnte ich bald eine Art Wochenplan mit ihm entwickeln.

25. Tag: Es ist ein Teil der von mir bestellten Bücher angekommen. Es handelt sich vielleicht um weitere dreißig oder vierzig Prozent der Gesamtmenge an Büchern und Arbeitshefte. Tim bringt seinen Freund Niko mit, der eine Realschule besucht, wo heute eine Fortbildung ist und der Unterricht ausfällt. Ich tue Tim den Gefallen und nehme Niko, der angeblich nicht weiß, wo er hinsoll, mit auf. Dominik trägt einen wenig fachmännisch angelegten Verband am Handgelenk. Es gab gestern einer Schlägerei in der Trabantenstadt, wo er wohnt. Am Ende hat er so um sich geschlagen, dass er gegen eine Betonmauer geboxt und sich selbst verletzt hat. Ich bin erstaunt, dass er das so zugeben kann.

Patrick kommt eher, weil er als Klassensprecher um 9.00 Uhr zu einer Konferenz eingeladen ist. Fabian, sein Vertreter, fehlt. Ich beginne mit einem erkundenden Gespräch, wie die aktuelle Lage sei usw. Patrick ist in sehr aggressiver Stimmung und greift mich sogleich an, was dieses „ganze schwule Gelaber" soll und was es mich angeht, wie es ihnen geht.

Tim hängt sich mit in diese verbalen Angriffe ein. Ich frage ihn, ob es sein kann, dass er sich jetzt hier vor seinem mitgebrachten Freund produzieren muss? Doch er hört nicht auf, mault und meckert, was wir hier für einen „Scheiß" im Unterricht machen würden, dass er mich einmal gerne so richtig zusammenschlagen würde, dass man hier ja nichts lernen könnte. Zur Unterstützung des Gesagten macht er karateartige Bewegungen mit Händen und Armen.

„Sie fucken mich einfach ab, mit ihrem ganzen schwulen Scheiß! Gucken Sie mich nicht so an! Schaut euch den Kack an, den der Herr Bröcher da an die Wand gehängt hat, Themen-Speicher, diese ganze schwule Scheiße da!" kommt es von Patrick. „Was ist los mit dir? Warum bist du heute so wütend? Gab es irgendeinen Anlass heute morgen?" „Ach, ficken Sie sich doch in den Arsch! Heulen Sie doch! Dieser ganze Kack hier, geht mir doch am Arsch vorbei! Wenn Sie nicht gleich die Klappe halten, komme ich Ihnen dahin!"

Ich sage nur: „Im Moment können wir uns hier gar *nicht* vernünftig unterhalten. Es geht offenbar *nicht*, dass wir anders miteinander reden. Ich bin sicher, dass es nach einer Zeit wieder besser gehen wird. So wie jetzt sollten wir jedenfalls *nicht* weiter machen."

„Och fuck, Sie kotzen mich an, mit diesem ganzen Scheiß! Ich will raus auf den Flur, Fußball spielen. Kann ich den Ball haben?" Ich gebe den Softball raus, Patrick, Max und Dominik gehen raus. Sie kommen nach drei, vier Minuten wieder rein und schießen in der Klasse herum. Ich rede gegen das Schießen in der Klasse. Patrick stichelt weiter und will mich dazu bringen, den Ball gegen seinen Willen einzuziehen. Ich spiele aber nicht mit und ignoriere das Ballschießen. Patrick geht nun endlich, es ist 9.00 Uhr zu dem Treffen der Klassensprecher und nimmt Max anstelle von Fabian mit.

Ich nutze die zwanzigminütige Abwesenheit von Patrick, um mit Leon über seine beruflichen Vorstellungen zu reden. Ich habe zwei Bände „Beruf Aktuell" mitgebracht, herausgegeben von der Bundesagentur für Arbeit. Leon will bei dem Verkehrsbetrieb, wo seine Mutter in der Verwaltung arbeitet, bald ein Praktikum machen, in einer Betriebswerkstatt, wo Straßenbahnen und Busse gewartet und repariert werden.

Er könnte sich vorstellen, auch einmal in so einem Kontext zu arbeiten. Ich schlage vor, einmal nachzusehen, welche Berufsbilder hiermit zu tun haben. Leon sitzt nah neben mir, nimmt plötzlich wieder ein mit Wasser gefülltes Kondom aus der Tasche und spielt damit, tritt neben mich, berührt mich an Hals und Nacken mit dem wassergefüllten Penis-Substitut.

Ich wehre das erneut ab, ohne diesen Gesten besondere Beachtung zu schenken, lenke Leon auf seinen Platz und auf das Sachthema zurück. Ich lese ihm vor, was ich bezüglich des genannten Arbeitsfeldes in dem Buch finde. Da wären der Elektroanlagenmonteur, der Elektroniker für Antriebstechnik oder der Elektroniker für Betriebstechnik, denke dabei einfach laut, verbalisiere meine Überlegungen, „...Moment, auf Seite ... steht da noch mehr..., dann schlage ich da mal auf und lese hier mal nach..." usw.

Dann nimmt Leon zwei nicht besetzte Tische und schiebt sie seitlich an mein Pult heran, legt sich darauf, mit dem Kopf (mit der Wikingerfrisur) auf den Koffer, zuvor legt er das wassergefüllte Kondom wieder in den Koffer, nein der ist zu unbequem der Koffer für den Kopf, stellt ihn runter auf den Boden, nimmt vorher das Kondom wieder raus, legt den Kopf auf die Unterarme. Nach diesen Vorbereitungen haben Leon und ich Gelegenheit, genauer nachzulesen (das heißt ich lese und Leon hört zu und lutscht und saugt jetzt gedankenverloren am Wasser-Penis in seiner Hand), wie die Tätigkeitsbeschreibungen zu den oben genannten Berufen sind, wie die Rahmenbedingungen und Voraussetzungen der Ausbildung sind. Ich halte die wesentlichen Gesichtspunkte auf einem Papierbogen, deutlich mit Edding geschrieben fest und hänge diesen später auf das große dunkelrote Plakat, zu den Wissens- und Forschungsanliegen.

L.: Das ist doch eine schöne Perspektive für dich, beruflich meine ich, da arbeiten wir jetzt mal dran.
Leon: Ach ja...
L.: Wie, ach ja? Warum so zurückhaltend? Du hast es doch in der Hand.
Leon: Ach scheiße, mein Leben ist doch eh´ verpfuscht. Ich bin im Heim und dann in dieser Schule hier, was soll aus meinem Leben schon noch werden?
L.: Ich weiß, die Ausgangslage ist so, doch du hast ziemlich gute Chancen...
Leon: Ich habe schon oft gedacht, dass ich von einer Brücke springe.
L.: Im Ernst, das hast du gedacht?
Leon: Ja.
L.: Hast du dir auch schon vorgestellt, wie du das konkret machst. Ich meine von welcher Brücke genau und wie genau du das machen willst?
Leon: Nee, so genau nicht.
L.: Gut, dann lass´ das auch mal und konzentriere dich lieber auf Dinge, die in deinem Leben schön sein und schön werden können. Stell´ dir doch mal vor, über Nacht geschähe jetzt ein Wunder und alles wäre ganz anders. Alles wäre so, wie du es gerne hättest und so, wie du dich wohlfühlen würdest.
Leon: Ach das gibt es doch nicht.
L.: In der Phantasie aber wohl. Komm schon, jetzt ist das Wunder passiert und dein Leben ist schön. Wie sieht es aus?
Leon: Ich habe eine Frau und wir wohnen in einer schönen Wohnung. Wir haben keine Schulden, und ich habe eine Arbeit, so was wie in der Betriebswerkstatt, also jetzt kein Bürojob, das wäre nichts für mich. Ich werde da gut behandelt, also nicht angeschrieen oder so und wir haben Spaß, die anderen da und ich.
L.: Gut, eine feine Sache. Ich sage dir was: Du kannst das erreichen und du wirst es erreichen. Der erste Schritt ist, dass wir uns hier zum Beispiel mit diesen

Elektronik-Berufen beschäftigen, und herausfinden, wie du schrittweise die dort gestellten Anforderungen erfüllen kannst.

Patrick und Max kommen schon wieder zurück. Patrick und Tim verbreiten erneut negative Stimmung. Ich schmeiße jetzt eine der Blumen aus dem Fenster, sagt Patrick. Ich kündige sofort ein Gespräch mit Vater und Schulleiter an, wenn er das tun sollte. Er hält eine der Pflanzen schon aus dem Fenster, holt sie aber wieder herein. Aus dem Kakteentopf, im dem ungünstigerweise pflaumengroße Kieselsteine liegen, nimmt er einige heraus und wirft sie nach unten, damit immerhin *etwas* nach unten fliegt. Ich weise auf Gefahren für unten auf dem Schulhof befindliche Personen hin.

Patrick: „Da war doch keiner! Du Hans! Watt willst du denn, he?" L.: „Du hast schon bessere Tage hier gehabt. Ich bin sicher, dass es nach dem Wochenende wieder besser geht. Ich kann euch hier meine Unterstützung zum Lernen anbieten, aber Lernen müsst ihr selber. Ein berühmter Mann hat gesagt: Du kannst das Pferd zum Wasser führen, aber trinken muss es selber.

So ist das auch hier. Ich zeige euch, wo ihr und wie ihr was zu trinken oder zu lernen finden könnt, aber lernen müsst ihr dann selber." Tim: „Watt soll dieser Scheiß denn jetzt? Ich schlag´ Sie gleich zusammen, so ein Scheiß´, so ein abgefucktes Gelaber!" Patrick: „Du Idiot, du Bastard, du Fliegenschiss, hast du nicht kapiert? Er meint, dass du verantwortlich bist, für das, was du hier lernst! Kapiert?!" L.: „Danke für die Übersetzung. Genauso habe ich es gemeint."

Niko, den Freund von Tim bitte ich, nach der Pause zu gehen, er schien sich auch sichtlich unwohl zu fühlen in dem aggressiven Klima. Er zeigt Verständnis für meine Entscheidung. Er wurde hier vermutlich als Zuschauer von außen, vor dem sich die anderen zu profilieren suchten, instrumentalisiert. Ich lege diesen Gedankengang auch offen, vor der ganzen Gruppe. Ob sie auch mit zu dem Elternabend kommen könnten, wollen Tim, Dominik und Leon wissen. Warum? frage ich, es ist doch ein Abend für die Eltern. „Ja, nachher erzählen sie noch was Negatives über mich!"

„Macht euch keine Sorgen, ich erzähle gar nichts Negatives über euch. Ich werde euren Eltern ein wenig erläutern, wie ich hier arbeite, was ich erreichen möchte mit euch usw.". „Das glaube ich nicht", sagt Tim, alle Lehrer haben meiner Mutter immer nur Schlechtes über mich erzählt, alle!" Dominik und Leon bekräftigen das.

„Nun wartet mal ab, es wird schon nicht so schlimm werden", sage ich. Nach der Pause sind Max, Patrick und Dominik verschwunden, irgendwo in der Stadt abgetaucht. Fabian ist ohnehin nicht da, nimmt sich noch ein wenig länger frei, weil man eben umzieht. Ich habe nur noch Leon und Acatey. Leon fängt mich am Lehrerzimmer ab, vermutlich aus Angst, mit Acatey irgendwo allein zu stehen. Ich muss aber noch zur Toilette, einem Verschlag auf dem Schulhof.

Leon soll mitkommen und draußen warten, schon taucht Acatey auf und beginnt sogleich Leon zu attackieren. Ich habe mein Geschäft noch nicht zuende verrichtet, da geht Acatey schon auf Leon los. So schnell wie möglich stürze ich nach draußen und gehe sogleich dazwischen, Acatey zischt vor Wut: „Du Hurensohn, du Missgeburt!", zerrt immer noch an Leon.

Ich stelle mich vor Acatey hin und frage ihn, ob er es heute schaffen wird, sich an drei Regeln zu halten: Keine Beleidigungen, keine körperliche Berührung eines anderen, keine Sachbeschädigungen? Er schweigt, seine Augen funkeln dunkel. „Was willst du, du Bastard?", schießt es aus ihm heraus. Ich wiederhole meine Fragen, einen Ton schärfer. „Ja Mann! Ich halte mich dran", kommt es ausweichend und gequält aus ihm heraus.

Auf der Treppe in den vierten Stock schon wieder der erste Angriff von Acatey in Richtung Leon. Ich wiederhole meine Forderung und gehe erneut dazwischen. In der Klasse geht Leon an einen PC, Acatey sogleich daneben an den anderen. Schon wieder fängt Acatey an, Leon anzuzischen: „Du Missgeburt, deine Mutter geht anschaffen, dich haben sie ausgeschissen..." usw.

Ich stelle Acatey einmal wieder versuchsweise Sinnfragen der folgenden Art: *Was tust du da? Wofür ist das gut? Was bringt dir das?* Das prallt aber völlig an ihm ab. Dann greift Acatey in Leons Tastatur hinein, stört dessen Spiel, reißt die einzige Startdiskette aus dem Laufwerk. Jetzt verlange ich von Acatey, dass er sofort die Klasse verlässt und nach Hause geht. Da er nicht gehen will, muss ich ihn selbst auf den Flur und nach draußen befördern. Das Fang-mich-doch-Spiel ist schnell zu meinen Gunsten entschieden. Ich gehe mit ihm hinunter, gebe ihm sein Fahrrad aus dem Schuppen heraus und sage ihm abschließend: „Du bist in dieser Klasse genauso willkommen, wie alle anderen. Aber die Eintrittskarte ist, dass du dich an die Regeln hältst, die ich dir genannt habe. Auf Wiedersehen."

Wieder oben, nutzt Leon seine Chance, Einzelzuwendung und Aufmerksamkeit zu bekommen. Er redet wie ein Wasserfall, kommt auf das Thema Misshandlung zurück, das Tim heute morgen ansprach. Tim berichtete von den vielen Prügeln, die er von seinem Vater bezogen hat, das hätte ihn hart gemacht, aufs Leben vorbereitet, jetzt könnten sie alle kommen. Zur Demonstration springt der kleine drahtige Kerl sofort auf und tritt wie ein Karatekämpfer um sich. Ich entlasse Tim, denn seine Unterrichtszeit ist um und ich bin mit Leon allein. Leon knüpft jetzt genau an diesem Thema Misshandlung an. Ich fege derweil langsam den Boden, der von Max´ Sonnenblumenkernen und den bunten Papieren der Süßigkeiten bedeckt ist, die ich zwischendurch verteilt habe.

Leon: Wissen Sie, ich habe meiner Mutter versprochen, nicht mehr zu prügeln. Gut, die anderen, der Tim, der Dominik, der Acatey, wahrscheinlich auch der Patrick, die sind irgendwann in ihrem Leben schwer misshandelt worden, aber gibt es ihnen das Recht, sich heute so aufzuführen?
L.: Es ist deine große Stärke, dass du so gut über dich und über all das, was sich in dir abspielt, nachdenken kannst, dass du diese Dinge wahrnimmst, dass du deine Aggressionen steuern kannst.
Leon: Ich habe es meiner Mutter versprochen. Deshalb halte ich mich ja auch bei Acatey so zurück.
L.: Du hast das schon vier Wochen lang geschafft, meine Anerkennung dafür!
Leon: Dabei bin ich selber total schrecklich misshandelt worden. Was meinen Sie wohl, wie der mich verdroschen hat, mein Vater. Jahrelang. Meine ganze Kindheit mit dem, das war eine einzige Misshandlung!
L.: Wie kam es denn dazu? Was waren die Anlässe?
Leon: Der war ja Alkoholiker, hat gesoffen wie ein Loch.
L.: Aber viele Leute werden von Alkohol auch entspannt und lustig. Was war bei ihm denn anders?
Leon: Der aber nicht! Er hat sich voll gesoffen und dann kam er immer an.
L.: Wie fing das denn an?

Leon: Er fasste mich an und zerrte an mir rum, fing an mich zu beschimpfen. Ich sagte dann, dass ich in mein Zimmer wollte. Er ließ mich aber nicht gehen. Ich versuchte, mich loszureißen, sagte ihm, dass er mich loslassen sollte, er hielt mich aber fest und fing an, mich zu schlagen.
L.: Wie hast du das alles ausgehalten?
Leon: Keine Ahnung. Ich habe ja auch einen Schaden.
L.: Du musst irgendwo in dir eine besondere Kraftreserve haben, dass du das alles so gut ausgehalten hast. Ich sehe gar keinen Schaden an dir, ganz im Gegenteil, wer kann die Dinge hier so gut reflektieren wie du? Du bist seelisch verletzt, das bist du.
Leon: Ja, das bin ich.
L.: Aber du kannst das verarbeiten und überwinden.
Leon: Und das eine Mal, wir waren in X tagsüber, und hatten den Park Y besucht, mit einem Arbeitskollegen von meiner Mutter, und es war zu spät, noch zurückzufahren.
L.: Ja, davon hast du schon mal erzählt.
Leon: Egal, das muss ich Ihnen noch mal ausführlich erzählen.
L.: Gut.
Leon: Also, ich schwöre ihnen, dass da nichts gelaufen ist, zwischen dem Mann und meiner Mutter, ich war ja auch noch die halbe Nacht wach, da kann gar nichts gewesen sein. Wir verbringen den nächsten Tag noch in X, kommen abends nach Hause, müde, klemmen unsere Handys noch ans Netz, wollen auch direkt ins Bett, weil wir so müde sind. Da steht mein Vater in der Tür, breitbeinig, mit 3,8 Promille. Das hat die Polizei nachher gemessen, der war ja in Übung. Ein anderer hätte mit den Promille längst in der Ecke gelegen, aber der war eben in Übung. So stand er da, breitbeinig, meine Mutter sagt, dass sie müde ist, dass sie nur noch schlafen will. Ich wollte eigentlich noch was zu essen, aber sie hatte gesagt, dass sie mir am nächsten Morgen ein Frühstück macht. Ich hatte o.k. gesagt, wir waren beide wirklich total müde, meine Mutter sagte zu ihm, dass sie so müde wäre. Ja vom Ficken! sagt mein Vater. Du bist so müde vom vielen Ficken, was! Er geht auf sie zu. Wehe du schlägst sie, sage ich, ich schlag dich tot! Da geht er schon auf sie los und schlägt sie voll ins Gesicht, mehrmals hintereinander. Sie blutet, hier (zeigt auf die Wangen), alles aufgeplatzt. Sie reißt eine Schublade auf, es war ja in der Küche, nimmt ein langes Küchenmesser und sagt zu ihm: So, jetzt komm! Er hält einen Moment an, sagt: Langsam, langsam, und ich renne nach draußen, nehme mein Handy und rufe die Polizei, sage denen: Hier, kommen Sie schnell, meine Eltern schlagen sich tot! Beeilen Sie sich. Aber kommen Sie ohne Blaulicht, wegen den Nachbarn. Ich wieder in die Küche, mein Vater am Boden, am röcheln, will ein Glas Wasser von mir, ich gebe ihm eins, er will noch eins. Das Wasser, das aus dem Hahn kommt, ist aber heiß, das war mir scheißegal, ich habe es über ihn geschüttet. Was glauben Sie, wie nervös ich war, ich war total durchgedreht, meine Mutter mit dem Messer in der Ecke, völlig fertig, am zittern, am weinen. Sie hat ja ein Herzproblem, da kommt der wieder hoch, und will wieder auf die los. Da schlage ich ihm mit dem Besenstiel drei, viermal in den Nacken. Jetzt ist er k.o. Ich

wasch das Messer unterm Wasserhahn ab, leg das wieder in die Schublade, so als wenn nichts wär´. Mann, bis die Polizei da war, das hat vielleicht gedauert, ich habe die Polizistin voll angeschrieen, wo verdammt noch mal sie denn geblieben sind, Sie alte Funz, habe ich geschrieen. Ich habe die richtig beleidigt, so wütend, so fertig war ich.
L.: Und dann?
Leon: Meinen Vater haben sie, der Krankenwagen kam jetzt, auf eine Bahre, und dann war der erst mal weg. Meine Mutter wollten sie ja mit auf die Wache nehmen. Wo ich hinkönnte, wollten sie wissen. Ich wusste es ja auch nicht. Meine Mutter total unter Schock, mit den Herzproblemen, die nimmt ja Beta-Blocker. Die Polizistin fragt mich, wo die sind. Ich such die auch sofort, fand sie auch. Ich müsste dann in ein Heim für die Nacht. Ich sag denen: Ich bleib bei meiner Mutter, ich geh in kein Heim. Mich kriegen Sie nicht von meiner Mutter weg.
L.: Und wie ging das aus?
Leon: Wir haben dann den Freund von meiner Mutter angerufen. Was meinen Sie, wie schnell der da war, nachts über die Autobahn, der muss regelrecht geflogen sein. Zu dem bin ich dann mit, für die nächsten Tage. Meine Mutter in die Untersuchungshaft. Wir haben Sie dann dort besucht, am nächsten Tag. Wollten die Polizisten uns zuerst nicht durchlassen. Was meinen Sie, wie sich der Freund von meiner Mutter da aufgebaut hat und dann haben Sie uns gleich durchgewunken.
L.: Es ist unglaublich, was du mitgemacht hast, was du erlebt hast. Aber es ist auch unglaublich, wie du das alles überstanden hast. Du musst über ganz besondere Kräfte verfügen! Und diese Kräfte werden dir auch bei allem Weiteren sehr nützlich sein.
Leon: Vielleicht.

26. Tag: Leon fragt mich, ob ich Creme hätte, er hätte so raue Lippen. Ich habe aber keine. Tim und Max sitzen oben auf dem, vielleicht 2,20 m hohen Schrank und wollen nicht herunterkommen. Irgendwie stößt Max Tim an und der fällt vom Schrank herunter auf eine Ecke des Gruppentisches, den sie immer wieder vor Fenster und Schrank schieben, um dort hochzuklettern. Mit schmerzverzerrtem Gesicht hält sich Tim ein Bein fest, sagt aber weiter nichts, fordert auch keine Hilfe von mir an.

Zum Klassenpflegschaftsabend kommen die Mutter von Max, die Mutter von Dominik, die Mutter von Acatey, die Mutter von Leon, gemeinsam mit ihrem Lebensgefährten und der Erzieher aus der Heimgruppe von Leon. Die Eltern lesen parallel zum Gespräch im Themenspeicher an der Wand.

Leons Eltern und der Sozialpädagoge aus der Heimgruppe äußern Zustimmung und Akzeptanz bezüglich der von mir in den Vordergrund gestellten Themen, ebenso die anderen Mütter. Die Mutter von Acatey wirkt eher ratlos. „Und wie ist das hier mit Unterricht?" fragt sie. Leons Mutter sagt, der Junge habe ein großes Problem, Fehler machen zu dürfen. Er müsse dringend schreiben üben. Jahrelang habe er seine diesbezüglichen Schwächen und Unsicherheiten überspielt. Als die anderen Eltern schon gegangen sind, bleibe ich noch eine Weile mit Leons Bezugspersonen sitzen, um über dessen spezielle Situation zu sprechen und Lösungsansätze zu entwickeln. Es geht dabei um Hausaufgaben, den Wochenplan, die unterrichtliche Mitarbeit, die Möglichkeit eines betrieblichen Praktikums.

27. Tag: Leon wird auf dem Schulhof, während der Pause, ziemlich heftig von älteren und stärkeren Schülern attackiert, das heißt getreten und geschlagen, an Kopf, Nacken und Rücken. Ich muss dazwischen gehen, um ihn zu schützen. Es gibt eine ziemlich hitzige Auseinandersetzung zwischen den Aggressoren und mir. Ich sage Leon, dass er bereits ins Schulgebäude gehen soll, das Pausenende wurde bereits eingeläutet, doch er geht nicht („Er wollte Sie nicht im Stich lassen", sagte mir die Mutter später).

Gemeinsam mit dem Schulleiter und dem Kollegium habe ich entschieden, dass Acatey nicht mehr am regulären Klassenunterricht teilnimmt. Er bekommt ab sofort drei Stunden Einzelförderung von mir, Stunden, die ich dazu verwenden werde, grundlegende soziale und kommunikative Fähigkeiten mit ihm zu erarbeiten und ihn in seiner Beziehungs- und Konfliktfähigkeit zu fördern. Außerdem lassen wir all das für ihn weiterlaufen, was bisher gut funktioniert hat, als da sind die zweistündige Fußball-AG, eine weitere Stunde Fußball mit einer anderen Klasse und den zweistündigen Mofakurs.

Die Mutter wirkt nicht begeistert, als ich ihr die neue Regelung mitteile. Ich diskutiere jedoch nicht mit ihr über diese Entscheidung, sondern betone die Chance, die für Acatey darin liegt, aus seiner negativen Rolle herauszukommen und weniger in Konflikte verwickelt zu sein. Dasselbe sage ich dem Jungen. Erstaunlicherweise protestiert er heute nicht

(Später wird er mich ständig fragen, wann denn die für ihn getroffene Sonderregelung endlich endet. Auch macht er in den ersten Tagen an die vier oder fünf Versuche, die Regelung zu ignorieren, kommt einfach zum regulären Unterricht usw., was ich jedoch zu keiner Zeit akzeptiert habe. Nach einigen Wochen werde ich Acatey schrittweise wieder in den regulären Unterricht zurücklassen. Das Tempo dieser Rückführung wird allerdings vom Verhalten des Jugendlichen abhängig gemacht).

In der letzten Stunde habe ich Acatey dann allein. Er schmollt, sitzt am Computer und macht ein Spiel. Ich erhitze Wasser mit dem Wasserkocher und spüle das Geschirr vom Frühstück, lege die nassen Teller und Becher auf Trockentücher usw. Ob er denn zu Hause auch mal in der Küche hilft? frage ich ihn. „Nein."

Ist in türkischen Familien nicht üblich, was? „Nein, ist es nicht." In deutschen Familien schon, sage ich. Meine Frau geht ja auch arbeiten. Also spüle ich auch mal, räume die Spülmaschine ein, decke den Tisch, räume den Tisch wieder ab usw. Hast du nicht Lust zu fegen? Dann hast du auch was zu tun. Außerdem bin ich dann schneller fertig und wir können was zusammen lesen oder besprechen. Acatey nimmt tatsächlich den Besen und beginnt zu fegen.

28. Tag: In der Pause bekommen wir Besuch von außen. Der Lebensgefährte von Leons Mutter und ein Freund von den „Wikingern", Schlagringe an den Fingern, T-Shirts mit Pitbull-Portraits. Sie wollen einmal sehen, wer Leon da immer so zusetzt und attackiert und den Jungs mal „ordentlich Bescheid sagen". Der Schulleiter erteilt den beiden Männern Hausverbot und bietet ihnen einen Gesprächstermin im Anschluss an die Pause an. Ich gehe raus auf die Straße und rede mit den Männern.

Acatey verlangt in den regulären Unterricht zurückzukehren. Ich nenne ihm die Aufnahmebedingungen. Keine Beschimpfungen, keine Prügeleien, keine Beschädigungen, erst dann.... „Du Missgeburt! Deutsche Kartoffel!" zischt er mich an. Er verlässt die für ihn eingerichtete Einzelstunde heute schon nach wenigen Minuten und verschwindet. Ich räume die Fördermaterialien wieder in den Schrank...

29. Tag: Leon bastelt im Unterricht. Er öffnet verschiedene Sprengkörper, gibt vor, das Pulver untersuchen zu wollen und füllt es schließlich in einen Tennisball. Den restlichen Hohlraum füllt er mit dünnem Papier und montiert eine Zündschnur hinein. Ich nehme ihm das Objekt weg, um möglichen Schaden zu verhindern, dies unter großen Protesten und Drohungen von seiner Seite...

Dominik, Max, Tim und Leon verlassen schon seit Tagen das Schulgelände während der Hofpause und ziehen auf der Einkaufsstraße umher. Zumeist kommen sie erheblich verspätet zum Unterricht zurück. Als sie dem Schulleiter mit Brötchen- und Safttüten in die Arme laufen, behaupten sie, ich hätte ihnen die Erlaubnis gegeben, in die Stadt zu gehen. Leon hat auch eine Packung Tischtennisbälle gekauft, wohl, um sie in Alu-Papier zu wickeln und anzuzünden?

Patrick berichtet in der Klasse in aller Ausführlichkeit von einem Pornofilm, den er zu Hause gemeinsam mit seinem Bruder angeschaut hat. Etwa zehn Personen, acht Männer und zwei Frauen, übten sich da in zwei Reihenkopulationen. Patrick erzählt sehr plastisch und detailreich, wechselt dann zu einem Film über Animal-Sex, den er ebenfalls mit dem Bruder angesehen hat... wieder sehr plastische Schilderungen.

Einerseits präsentiert er den Klassenkameraden seine ungewöhnlichen Bildeindrücke wie große Entdeckungen, andererseits distanziert er sich von dem Gesehenen. Am Ende des Vormittags ergibt es sich, dass Fabian alleine eine Stunde da ist. Ich mache was zur Sprachförderung mit ihm, Silben zusammensetzen, Wörter nach dem Alphabet ordnen. Er arbeitet tatsächlich zwanzig Minuten mit.

30. Tag: Die beiden neuen Computer sind da. Ich kümmere mich um die ordnungsgemäße Inventarisierung der einzelnen Teile, muss für alles unterschreiben und den Empfang bestätigen, kümmere mich auch um die Aufrüstung und Umrüstung eines der beiden Geräte, kläre noch offene Fragen mit dem Mann vom „Support". Doch sobald die Geräte laufen, werden sie von den Schülern beschlagnahmt und ehe ich auch nur ein Wort sagen kann, werden die ersten Spiele installiert. Counterstrike, Döner-

Mafia und dergleichen. Da ich nicht beurteilen kann, was das für Spiele sind, erhebe ich zunächst keinen Einspruch. Dann geht es nur noch um die Passwörter und den Zugang zu den Rechnern. Alle richten sich Zugänge und Konten ein, wer gerade nicht da ist, wird ausgebootet, heimlich das Passwort geändert usw. Konflikte bauen sich auf und müssen immer wieder bereinigt werden. Es bilden sich Allianzen und Gegenallianzen. Mehrfach kommt es zu Handgreiflichkeiten. Die Netzkabel der PCs werden aus dem Stecker gerissen. Lautes Geschrei und Getobe. Nach einigen Tagen wird sich das beruhigt haben, vorläufig. Dann sehe ich, was ich mir da mit Counterstrike eingehandelt habe.

Ein knallhartes Ballerspiel, wo Menschen mit einem Maschinengewehr durch Gebäudelabyrinthe gejagt und abgeschossen werden. Tim spielt mit der größten Leidenschaft. Zuhause spielt er das auch, sagt er, das Spiel sei ab sechzehn. Die Mutter grenze das Spiel aber zeitlich ein. Nie länger als eine halbe Stunde. Die Mutter denkt, sagt Tim, dass er hier seine Aggressionen ablassen kann. Besser in diesem Spiel als in der Wirklichkeit, an anderen Kindern, meint die Mutter.

Ich stehe vor der Frage, verbieten und runterwerfen oder inhaltlich thematisieren? Ich entscheide mich für Letzteres und verwickle die Jugendlichen, während sie in Grüppchen vor den PCs sitzen, teils aktiv spielen und teils nur zuschauen, in Gespräche über die Spiele. Außerdem entwickle ich ein Arbeitsblatt, das ich dem Wochenplan beihefte. Die Jungen müssen hier notieren, was sie über die Wirkung solcher Spiele auf Wahrnehmung und Verhalten der Spieler denken, ob sie PC-Spiele mit Gewalt darin für gefährlich halten, ob Aggressionen eher aufgebaut oder eher abgebaut werden.

Leon ist nun endgültig aus meinem schützenden Schatten herausgekommen und hat die Seite gewechselt. Er beginnt ständig, mich vor den anderen Schülern anzugreifen und zu beleidigen, macht sich plötzlich zu Führungsfigur für Ablehnung, Widerstand, Verweigerung und Auflehnung, hetzt gegen mich. Er will nun endgültig in der Gruppe der Klassenkameraden ankommen und dort akzeptiert werden. Hatte er zuerst den Ruf eines ängstlichen Jungen, der sich hinter dem Rücken des Lehrers versteckt, versucht er sich nun dadurch zu profilieren, dass er gnadenlos gegen mich kämpft. Als ich in der Pause zwei ineinander verknäuelte Streithähne auseinanderziehen will, springt er mir in den Weg und versucht, mich beständig an meinem Vorhaben zu hindern. So kommt es, dass ich erst Leon abschütteln muss, bevor ich in den heftigen Streit der beiden anderen am Boden kämpfenden Jungen, die schon von fünfzehn beifallspendenden Zuschauern umringt sind, eingreifen kann.

Acatey arbeitet heute in der Einzelförderung gut mit. Wir machen intensiv Sprachförderung in Deutsch. Nach vierzig Minuten ist die Luft aber raus. An die PCs kommt er nicht ran, wegen der Passwörter. Es gelingt ihm, sich zu beherrschen.

31. Tag: Es kommt eine Beschwerde aus einem nahegelegenen Reformhaus. Vier meiner Schüler, darunter Leon, Max und Tim, haben während der Hofpause dort die Besitzerin provoziert, belästigt und bedroht. Ich gehe mit den betreffenden Schülern hin, um die Sache aufzuklären. Nach Angaben der Ladenbesitzerin sind die Jungs in den Laden reingekommen, haben sich umgeschaut und als sie gefragt hat, ob sie ihnen weiterhelfen könnte, haben sie verneint. Sie verließen den Laden aber dennoch nicht. Auch andere Kunden hätten sich durch die Anwesenheit der Jugendlichen bedroht gefühlt. Schließlich bat die Ladenbesitzerin die Jugendlichen zu gehen, worauf Leon auf sie zugekommen sei und gesagt hätte: „Sie kriegen gleich eins auf die Fresse!"

Ich muss unweigerlich an das Spiel „Döner-Mafia" denken. Auch dort gehen immer wieder randalierende junge Männer in kleine Läden oder Imbissbuden und erpressen Schutzgelder, verbreiten Angst und Schrecken durch Drohungen und Gewaltanwendung. War das Spiel „Döner-Mafia" also die Vorlage für den Auftritt der Jungen in dem Reformhaus? Wie mit der ganzen Sache umgehen?

Leon hat Haarspray in der Jackentasche, zieht es plötzlich hervor, drückt auf den Knopf und gleichzeitig mit der anderen Hand entzündet er ein Feuerzeug. Ein siebzig Zentimeter langer und zwölf Zentimeter dicker Feuerstrahl zischt durch den Raum. Ich verlange, dass er die Sachen sofort in seinem Fach einschließt, nach dem Unterricht mit in die Heimgruppe nimmt und nicht wieder mit bringt. Ich rufe auch in der Heimgruppe an und berichte von den Vorfällen.

32. Tag: Leon hat wieder Haarspray und Feuer dabei und zeigt es mir auch noch provokativ. Ich kassiere die Sachen sofort ein. Seine Sprache ist heute erneut sehr beleidigend. Sage ich etwas zu ihm, antwortet er: „Typ, du kannst mir mal die Keule schmatzen!" Oder: „Mit Ihnen rede ich gar nicht mehr, Sie Witzfigur!" Während der ersten Pause erwirke ich beim Schulleiter einen eintägigen Schulausschluss für Leon, wegen dem Haarspray und dem Feuerstrahl. Als ich ihm das mitteile, regt sich der Jugendliche ziemlich auf. Einmal beschimpft er mich, dann appelliert er an mich, den Unterrichtsausschluss wieder rückgängig zu machen, was ich nicht tue.

33. Tag: Acatey sagt mir, seine Eltern hätten sich beim Schulamt beschwert, weil er nur neun Stunden Unterricht bekomme. Leon droht mir Prügel an, wenn ich es wagen würde, ihm einen neuen Wochenplan zu geben. Ich lenke das Thema auf sein bevorstehendes Praktikum in der Betriebswerkstatt. Er will sich keine Tipps geben lassen, so schreibe ich ein Plakat mit hilfreichen Sprachmustern für ein solches Plakat und hänge es an die Wand.

Mit einer Kleingruppe versuche ich an Preußlers Krabat zu arbeiten, verwickle die Jungs in ein Gespräch über das Buch, um zu sehen, wie weit sie schon gelesen haben, was daran möglicherweise für sie interessant ist, wo möglicherweise Verständnisschwierigkeiten liegen, male dabei ein Flipchart voll mit Stichworten, den Namen der Romanfiguren, ziehe Querverbindungen, kreise ein. Wer das nicht mitbekommen hat, den ziehe ich später einzeln heran, zu dem Flip-Chart, um auch bei denjenigen ein wenig Interesse zu wecken, die vorher Counterstrike gespielt haben, damit sie lesen, weiterlesen, ein zweites Mal vertieft in den Buch lesen usw.

Jonas schwänzt vermutlich schon seit Tagen. Wenn ich dort anrufe, dröhnt laute HipHop-Musik von einem Band. Einmal erreiche ich den Jungen doch. Er habe Husten, sagt er. Die Mutter selbst erreiche ich telefonisch nicht. Wenige Tage später ist der ganze Telefonanschluss abgeklemmt worden. Ich bereite eine informelle Schulbesuchsmahnung vor, nicht auf einem Formblatt, sondern verpackt in einen besorgten Brief an die Mutter. Ich muss mit dem Schulleiter darüber reden. Im vergangenen Jahr hat Jonas über siebzig Prozent der Schultage gefehlt. Wäre eine Zwangsvorführung denn überhaupt sinnvoll?

Meine tagebuchartige Dokumentation endet hier, weil eine Weiterführung dieser Aufzeichnungen den Rahmen dieses Buches sprengen würde. Die Dokumentation der ersten elf Tage befindet sich hinten in Band 1: „Beziehungsaufnahmen". Die Aufzeichnungen des 12. bis 22. Tages wurden Band 2: „Lebenswelterkundungen" beigegeben. Natürlich enthält jeder der dokumentierten Tage Elemente der Beziehungsaufnahme, der Lebenswelterkundung und, wenn auch kleine bescheidene Versuche, Veränderungen in Gang zu setzen. Ich entschied mich zu der Aufteilung dieses Materials auf die drei Bände, um es in etwas leichter verdaulichen *Happen* zu präsentieren.

Ein interessanter Impuls für die Leserinnen und Leser, insbesondere wenn sie sich noch in der Ausbildung befinden, könnte vielleicht das Folgende sein: Wie lässt sich auf der Basis der hier dokumentierten Ausgangssituation und unter den gegebenen strukturellen Bedingungen sinnvoll weiter arbeiten? Welche Möglichkeiten für die Verbesserung des Kommunikations- und Sozialverhaltens der Jugendlichen sind gegeben?

Was wären günstige und förderliche Methoden, um auf dem Gebiet des Kommunikations- und Sozialverhaltens voranzukommen? Welche Möglichkeiten für die Verbesserung des Lern- und Arbeitsverhaltens der Schüler kommen in Betracht? Was wären hilfreiche Methoden und Ansatzpunkte, um auf dem Gebiet des Lern- und Arbeitsverhaltens weiterzukommen?

Welche Ansatzpunkte für inhaltliche, das heißt an den Unterrichtsfächern orientierten Lernprozessen bieten sich? Wie lässt sich fachliches oder inhaltliches Lernen von hier aus fördern und in Gang bringen? Wie lässt sich am günstigsten mit den Eltern der Schüler kooperieren? Was wären hier erste Schritte? Welche weiteren Unterstützungs- und Interventionsmöglichkeiten liegen im außerschulischen Feld? Was könnte oder müsste auf der kollegialen Ebene geschehen, um diese komplexe und in hohem Maße herausfordernde Ausgangssituation weiter positiv zu beeinflussen? Welche Interventionen wurden bereits in Gang gebracht? Auf welchen Ebenen? Mit welchem Erfolg? Welche bereits vorhandenen Ressourcen kann die Lehrkraft hier nutzen? Welche weiteren Ressourcen könnten noch erschlossen werden? Welche Konzepte aus den Bereichen Verhaltensauffälligenpädagogik, Erziehungshilfe, Förderung der emotionalen und sozialen Entwicklung, Schulverweigerer-Projekte usw. lassen sich hier heranziehen und nutzen?

Wäre es nicht spannend und aufschlussreich, einmal eine mehrperspektivische Betrachtung im Hinblick auf eine solch komplexe, durch und durch realistische, Ausgangssituation, wie ich sie hier dokumentiert habe und wie sie ja über das Einzelschicksal eines Kindes oder Jugendlichen weit hinausgeht, zu versuchen? Wie sähe eine mögliche Umsetzung dieser sonderpädagogischen oder sozialpädagogischen Konzepte auf den verschiedenen Ebenen konkret aus?

Müssten auch Konzepte und Föderansätze aus anderen sonderpädagogischen Disziplinen herangezogen werden, etwa aus dem Bereich der Lernbehindertenpädagogik o.ä.? Wenn ja, wie könnten oder müssten diese im Rahmen einer umfassenden pädagogischen Strategie einbezogen werden, wie ließen sie sich konkret einsetzen und applizieren? Wie könnte ein geeignetes Coaching für die Jugendlichen und ihre Eltern aussehen? Was wären die hierin zu bearbeitenden Themen, Motive und Prinzipien? Wie könnte ein geeignetes Coaching für eine Lehrkraft, die sich in einer solchen Situation befindet, aussehen?

Unterrichten aus Leidenschaft?

Eine Anleitung zum Umgang mit Lernblockaden, widerständigem Verhalten und institutionellen Strukturen

von Joachim Bröcher

Lehrkräfte, die mit Lern- und Verhaltensproblemen konfrontiert sind, benötigen neben wissenschaftlichem Hintergrund und solidem didaktischem Handwerkszeug vor allem Strategien der „Sorge um sich" (Michel Foucault).

Das zu beherrschende Repertoire umfasst nach Joachim Bröcher *Verstehen, Intervention, Motivation, Verantwortung, Kooperation, Diskurs, Bewegung, Gelassenheit* und *Achtsamkeit*. Unter anderem wird eine Fülle an Episoden aus Grund-, Haupt- und Sonderschulen präsentiert. Das Heiter-Ermutigende und das Kritisch-Desillusionierende halten sich dabei die Waage. Ein Auszug aus dem Text:

„So logierte ich in einem Hotel in La Spezia, zu einigen Wanderungen im Gebiet der *Cinque Terre*. Eines morgens wollte der Besitzer wissen, ob der *dottore* Arzt sei? Ich gab mich als Sonderschullehrer zu erkennen und er entgegnete voller Pathos: *Questa professione è una vocazione, una passione...* , womit er es wohl getroffen hatte. Es handelt sich in der Tat um einen unvergleichlichen Beruf. Der ergraute *signore* schien mir die Tage des dolce vita von Herzen zu gönnen."

Universitätsverlag Winter, Heidelberg 2001, 333 S., 12 Abb.

Vater und Sohn auf Reisen

Ein (pädagogisches) Tagebuch

von Joachim Bröcher, Jan Bröcher und Philipp Bröcher

Natürlich sind die hier dokumentierten Reisen, einmal abgesehen von ihrer persönlichen, biographischen Bedeutung, auch pädagogische Anliegen, wie jede interessierte, liebevolle und vernünftige Zuwendung zu Kindern pädagogisch ist. Die im einzelnen gemachten Reiseerfahrungen weisen jedoch über den Horizont des Privaten hinaus, indem politisch-historische, künstlerisch-technische, naturgeschichtliche und philosophische Dimensionen unseres Daseins aus der Perspektive des Kindes neu entdeckt und im Sinne von Bildung erschlossen werden. Ziel ist, die elterlichen Handlungsmöglichkeiten und die Spielräume kindlicher Weltaneignung durch den gemeinsamen Blick auf die Phänomene auszuloten.

Wenn sie nicht lediglich gängigen Routinen folgt und Experimente wagt, wie die hier thematisierten Reisen von Vater und Sohn, dann hat auch die immer mehr ins Abseits geratende Lebensform der Familie wieder eine Chance auf echte Gemeinsamkeit und Gemeinschaft. Dies gerade durch die Verschiedenheit der Erfahrungen der einzelnen Familienmitglieder. Obwohl das Reisegeschehen naturgemäß in der Gegenwart spielt, ist es doch fortwährend auf die Gestaltung der näheren Zukunft hin ausgerichtet und zugleich sind diese Reisen auch Berührungen mit der Vergangenheit, die durch alles hindurch scheint.

Verlag Videel, Niebüll 2003, 360 S., 12 Abb.

Coaching als ästhetischer Prozess

Selbstgestaltung und Handlungserweiterung
im Beruf durch die Potenziale der Kunst

von Joachim Bröcher

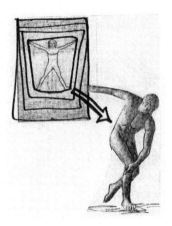

Berufstätige Menschen in Veränderungsprozessen sind die Adressaten der in diesem Buch dargelegten Arbeitsweise. Oftmals wird eine fehlende Balance erlebt zwischen den eigenen Zielen und Werthaltungen und denen der Personen, Organisationen und Institutionen, mit denen zusammengearbeitet wird. Dahinter steht möglicherweise die Tatsache, dass etwas Grundlegendes im eigenen beruflichen Selbstverständnis oder in den Arbeitsbeziehungen bisher nicht geklärt worden ist oder dass der persönliche Handlungsspielraum als zu eng erlebt wird.

Unter Verwendung von Bildmaterial aus Kunst und Medien werden diese Zusammenhänge auf eine spielerisch handelnde Weise erkundet und zugänglich gemacht. Die Freisetzung von kreativen, schöpferischen Potenzialen im Prozess des Collagierens, Umgestaltens, zeichnerischen Ergänzens usw. vermag im Sinne des Probehandelns Veränderungen auch in der beruflichen Wirklichkeit anzubahnen. Der hier beschrittene Weg „führt durch einen weniger befestigten Grenzstreifen, in dem man mehr zulässt. Im Experimentieren mit Kunst werden Chancen und Begrenzungen zukünftiger Entwicklungen erfassbar ... Jedes Bild bezieht sich auf Verwandlung und es ist auch selbst eine Verwandlung" (Wilhelm Salber).

Verlag Videel, Niebüll 2003, 168 Seiten, 47 Abb.

Hochintelligente kreativ begaben

von Joachim Bröcher

Im Rahmen dieser Untersuchung werden jene wissenschaftlichen Theorien und Ergebnisse ausgewertet und praxisbezogen diskutiert, die einer ganzheitlichen Förderung schöpferischen Denkens und Handelns bei Heranwachsenden mit einer überwiegend konvergenten, das heißt logisch-schlussfolgernden Intelligenzausprägung zugrunde gelegt werden können.

Die Analyse der besonderen psychosozialen Situation vieler Hochintelligenter lässt gerade die ganzheitliche Förderung divergenten, assoziativen und schöpferischen Denkens als Schlüsselvariable für eine effektivere Problemlösung, für produktive Neuentwürfe, aber auch für eine ausgeglichenere Persönlichkeitsentwicklung erscheinen.

Um jene stärker kreativen Intelligenzfunktionen nachträglich zu stimulieren und zu fördern, entwickelte der Verfasser vor dem Hintergrund seiner Erfahrungen aus begabungspädagogischen Projekten in den USA ein vierwöchiges, ganzheitliches Enrichmentmodell. Dieses wurde in den Universitären Sommercamps, heute SkyLight-Sommer-Campus, erprobt, wissenschaftlich evaluiert und in seiner Wirksamkeit empirisch bestätigt.

LIT Verlag, Münster, Hamburg, London 2005, 400 S., zahlr. Abb.